U0620639

唐人軼事彙編

二

周勛初　主編

嚴杰　武秀成　姚松　編

上海古籍出版社

唐人軼事彙編卷十

韋嗣立

1 韋承慶，長壽年中，與弟嗣立相代爲鳳閣舍人。長安三年，承慶又代嗣立爲天官侍郎，頃之，又代爲黄門侍郎，四職相代。時人曰：「大郎罷相，二郎拜相。」中宗授嗣立黄門侍郎，制曰：「芝蘭並秀，見謝、石之階庭；騏驥齊驅，有劉、山之昆季。」《廣卓異記》一五。《南部新書》戊。《乾𦠆子》(《紺珠集》七)。《唐詩紀事》一一。

2 見崔湜4。

3 兵部尚書韋嗣立，景龍中中宗與韋后幸其莊，封嗣立爲逍遥公，又改其居鳳凰原爲清虚原，鸚鵡谷爲幽棲谷。史部南院舊無選人坐，韋嗣立尚書之爲吏部，始奏請有司供牀褥，自後因爲故事。《隋唐嘉話》下。《唐語林》五。

4 嗣立莊在驪山鸚鵡谷，中宗幸之。嗣立獻食百轝，及木器藤盤等物。上封爲逍遥公，谷爲逍遥谷，原爲逍遥原。中宗留詩，從臣屬和，嗣立並鐫于石，請張説爲之序，薛稷書之。《唐詩紀事》一一。

5 開元中，嗣立自湯井還都，經其龍門北溪別業，忽懷驪山之勝，嘗有詩云：……時張説、崔泰之、崔日知在東都，皆和焉。先一日太平公主、上官昭容題詩數篇，故張説詩云：「舞鳳迎公主，雕龍賦婕妤。」《唐詩紀事》一一。

蘇　瓌

1 景龍末，朝綱失叙，風教既替，公卿大臣初拜命者，例許獻食，號爲「燒尾」。時蘇瓌拜僕射，獨不獻食。後因侍讌，宗晉卿謂瓌曰：「拜僕射竟不燒尾，豈不喜乎？」中宗默然。瓌奏曰：「臣聞宰相主調陰陽，代天理物。今粒食湧貴，百姓不足，臣見宿衛兵至有三日不得食者。臣愚不稱職，所以不敢燒尾耳。」晉卿無以對。《大唐新語》三。《譚賓録》（《廣記》一八七）。《唐會要》五一。

2 中宗暴崩，秘不發喪。韋庶人親總庶政，召宰相韋巨源等一十一人入禁中會議，遺詔令韋庶人輔少主知政事，授相王太尉，參謀輔政。宗楚客謂韋温曰：「今皇太后臨朝，宜停相王輔政。且太后於諸王居嫂叔之地，難爲儀注，是詔理全不可。」蘇瓌獨正色拒之，謂楚客等曰：「遺詔是先帝意，安可更改！」楚客、温等大怒，遂削相王輔政語，乃宣行之。《大唐新語》三。《唐會要》五一。

3 見蘇頲5。

蕭至忠

1 李承嘉爲御史大夫，謂諸御史曰：「公等奏事，須報承嘉知；不然，無妄聞也。」諸御史悉不禀之。承嘉厲而復言。監察蕭至忠徐進曰：「御史，人君耳目，俱握雄權，豈有奏事先咨大夫，臺無此例。設彈中丞、大夫，豈得奉諮耶？」承嘉無以對。《大唐新語》四。《唐會要》六一。

2　睿宗皇帝即位，悼太子殞身殉難，下詔曰：「曾氏之孝也，慈親惑於疑聽；趙虜之族也，明帝哀而望思。歷考前聞，率由舊典。太子，大行之子，元良守器，往羅搆間，困於讒嫉，莫顧鈇鉞，輕盜甲兵，有此誅夷，無不憤惋。今四凶滅服，十起何追，方申赤暈之冤，以抒黃泉之痛。可贈皇太子謚曰節愍。」先是宗楚客、紀處訥、冉祖雍等奏言：「相王及太平公主與太子同謀，請收付獄。」中宗命御史中丞蕭至忠鞫之，至忠泣而奏曰：「陛下富有四海，貴爲天子，豈不能保持一弟一妹，受人羅織。宗社存亡，實在於此。臣雖至愚，竊爲陛下不取。《漢書》云：『一尺布，尚可縫；一斗粟，尚可舂；兄弟二人不相容。』願陛下詳之。且往者則天欲立相王爲太子，相王累日不食，請迎陛下。固讓之誠，天下傳說。」且明祖雍所奏，咸是搆虛。中宗納其言，乃止。十起未詳。《大唐新語》五。《唐會要》六二。

3　姜皎薦源乾曜，玄宗見之，驟拜爲相，謂左右曰：「此人儀形莊肅，似蕭至忠，朕故用之。」左右對曰：「至忠以犯逆死，陛下何故比之？」玄宗曰：「我爲社稷計，所以誅之。然其人信美才也。」至忠嘗與友人期街中，俄而雪下，人或止之，至忠曰：「焉有與人期，畏雪不去？」遂命駕徑往，立於雪中，深尺餘，期者方至。及登廊廟，居亂后邪臣之間，不失其正。出爲晉州刺史，甚有異績。晚徒失職，爲太平公主所引，與之圖事，以及於禍害。《大唐新語》六。參見唐玄宗56。

宗楚客

1 天后内史宗楚客性諂佞。時薛師有嫪毐之寵，遂爲作傳二卷，論薛師之聖從天而降，不知何代人也，釋迦重出，觀音再生。期年之間，位至内史。《朝野僉載》五。

2 宗楚客造一新宅成，皆是文柏爲梁，沉香和紅粉以泥壁，開門則香氣蓬勃。磨文石爲階砌及地，着吉莫鞾者，行則仰仆。楚客被建昌王推得贓萬餘貫，兄弟配流。太平公主就其宅看，嘆曰：「看他行坐處，我等虚生浪死。」一年追入，爲鳳閣侍郎。景龍中，爲中書令。韋氏之敗，斬之。《朝野僉載》三。《續世説》七。《香譜》（《類説》五九）。

3 楚客，神龍初爲太僕卿，與武三思潛謀篡逆，累遷同三品。及三思誅，附安樂，而韋氏尤信任之。楚客嘗謂所親曰：「始吾在卑位，尤愛宰相；及居之，又思太極，南面一日足矣。」雖附韋氏，志窺宸極。《太上皇實録》（《通鑑考異》一二）。

4 監察御史崔琬具衣冠，對仗彈大學士、兵部尚書郢國公宗楚客及侍中紀處訥。時楚客在列，奏言：「臣以庸妄，叨居樞密，中外朋結謀臣，臣先奏聞，計垂天鑒。」上頷之，謂琬曰：「楚客事朕知，且去，待仗下來。」至仗下後，琬方績奏，敕令於西省對問。中書門下奏無狀，有進止即令復位。初，娑葛父子與阿史那忠節代爲仇讎，娑葛頻乞國家爲除忠節，安西都護郭元振表請如其奏。宗楚客固執，言「忠節竭誠於國，作扞玉關，若許娑葛除之，恐非威强拯弱之義」。上由是不許。無何，娑葛擅殺御史中丞馮嘉賓、殿中侍御史吕守素，破滅忠節，侵擾四鎮。時碎葉鎮守使中郎周以悌率鎮兵數百人大破之，奪其所侵忠節及于闐部衆數萬口。奏到，上大悦，拜以悌左屯衛將軍，仍以元振四鎮經略使授之，敕書簿責元振。宗議發勁卒，令以悌及郭虔瓘北討，仍邀吐蕃及西域諸部計會同擊娑葛。右臺御史大夫解琬議稱不可，後竟與之和。娑葛聞前議，大怨，乃付元振狀，稱宗先取忠節金。上以問之，宗具以前事奏。時太平、安樂二公主以親貴權寵，各立黨與，陰相傾奪，爰自要官宰臣皆分爲兩。時太平尤與宗不善，故諷琬以彈之。外傳取娑葛金，非也。《景鑒文館記》（《通鑑考異》一二）。

5 宗楚客兄秦客，潛勸則天革命，累遷内史。後以贓罪，流於嶺南而死。楚客無他材能，附會武三思，神龍中爲中書舍人。時西突厥、阿史那忠節不合，安西都護郭元振奏請徙忠節於内地，楚客與弟晉卿及紀處訥等納忠節厚賂，請發兵以討西突厥，不納元振之奏。突厥大怒，舉兵入寇，甚爲邊患。監察御史崔琬劾奏楚客等曰：「聞四牡項領，良御不乘；二心事君，明罰無捨。謹按宗楚客、紀處訥等性唯險詖，志越谿壑。幸以遭遇聖主，累忝殊榮，承愷悌之恩，居弼諧之地，不能刻意砥操，憂國如家，微效涓塵，以裨川岳。遂乃專作威福，敢樹朋黨。有無君之心，闕大臣之節。潛通獫狁，納賄易貲；公引頑凶，受賂無限。醜聞充斥，穢蹟昭彰。且境外交通，情狀難測，今娑葛反叛，邊鄙不寧，由此贓私，取怨外國。論之者取禍以結舌，語之者避罪而鉗口。晉卿昔居榮職，素闕忠誠，屢冒嚴刑，皆由黷貨。今又叨忝，頻沐殊恩，厚禄重權，當朝莫比，曾無悛改，乃狗贓私。此而容之，孰云其可！臣謬忝公直，義在觸邪，請除巨蠹，以答天造。」中宗不從，遽令與琬和解。俄而韋氏敗，楚客等咸誅。《大唐新語》二。《唐語林》三。

6 見蘇瓌2。

韋温

1 中宗朝，宗、紀、韋、武間爲雅會，各攜名香，比試優劣，名曰鬭香。惟韋温挾椒塗所賜，常獲魁。《清異録》下。《澄懷録》（張本《説郛》二三）。

崔湜

1 唐崔提，弱冠進士登科。不十年，掌貢舉，遷兵部。父挹，亦嘗爲禮部，至是父子累日同省爲侍郎。後三登宰輔，年始三十六。崔之初執政也，方二十七，容止端雅，文詞清麗。嘗暮出端門，下天津橋，馬上自吟：「春遊上林苑，花滿洛陽城。」張説時爲工部侍郎？望之杳然而嘆曰：「此句可效，此位可得，其年不可及也。」《翰林盛事》（《廣記》四九四）。又《能改齋漫録》一一引。《唐詩紀事》九。　案：《廣記》二六五崔湜條亦載此事，係談愷據《唐詩紀事》補。

2 崔仁師之孫崔湜並滌，及從兄涖，並有文翰，列居清要，每私宴之際，自比王謝之家。謂人曰：「吾之一門及出身歷官，未嘗不爲第一，丈夫當先據要路以制人，豈能默默受制於人！」故進取不已，而不能令終。《唐摭言》一二。又《廣記》一八四引。《廣記》二六五亦載此文。《唐詩紀事》九。

3 見武三思3。

4 中宗時，兵部尚書韋嗣立新入三品，户部侍郎趙彦昭假金紫，吏部侍郎崔湜復舊官，上命燒尾，令于興慶池設食。至時，勅衛尉陳設，尚書省諸司，各具采舟遊勝，飛樓結艦，光奪霞日。上與侍臣親貴臨焉。既而吏部船爲仗所隔，兵部船先至，嗣立奉觴獻壽。上問：「吏部船何在？」崔湜步自北岸促之，遇户部雙舸，上結重樓，兼胡樂一部，即呼至岸，以紙書作「吏部」字帖牌上，引至御前。上大悦，以爲兵部不逮也。俄有風吹動所帖之紙，爲嗣立所見，遽奏云：「非吏部船。」上令取牌，探紙見「户」字，大笑。嗣立請科湜罪，上不許，但罰酒而已。《封氏聞見記》五。《唐語林》五。

5 唐崔湜爲吏部侍郎貪縱，兄憑弟力，父挾子威，咸受囑求，贓污狼藉。父挹爲司業，受選人錢，湜不之知也，長名放之。其人訴曰：「公親將賂去，何爲不與官？」湜曰：「所親爲誰？吾捉取鞭殺。」曰：「鞭即遭憂。」湜大慚。主上以湜父年老，瓜初熟，賜一顆，湜以瓜遺妾，不及其父，朝野譏之。時崔、岑、鄭愔並爲吏部，京中謡曰：「岑羲獠子後，崔湜令公孫。三人相比接，莫賀咄最渾。」《朝野僉載》四。《廣卓異記》六。

6、7 見鄭愔4、5。

8 崔湜諂事張易之與韋庶人。及韋氏誅，附太平，有馮子都、董偃之寵。妻美，與二女並進儲闈，爲中書侍郎、平章事。或有人牓之曰：「託庸才於主第，進艷婦於春宫。」《朝野僉載》五。

9 崔湜之爲中書令，河東公張嘉貞爲舍人，湜輕之，常呼爲「張底」。後曾商量數事，意皆出人右，湜驚美久之，謂同官曰：「知無？張底乃我輩一般人，此終是其坐處。」湜死十餘載，河東公竟爲中書焉。《隋唐嘉話》下。《廣記》二六五引作《國史異纂》。《玉泉子》。

10 右丞盧藏用、中書令崔湜，太平黨，被流嶺南。至荆州，湜夜夢講坐下聽法而照鏡，問善占夢張猷。謂盧右丞曰："崔令公大惡夢。坐下聽講，法從上來也；鏡字，金傍竟也。其竟於今日乎！"尋有御史陸遺勉齎敕令湜自盡。《朝野僉載》三。

鄭愔

1 見來俊臣6。

2 鄭愔者，滄州人。來俊臣羅織文狀，皆愔草定。張易之兄弟薦爲殿中侍御史。易之敗，黜爲宣州司户。既而歸。武三思用事，將害桓、敬等，愔揣知其情，求謁三思。三思見之，愔先哭甚哀，既而大笑。三思怪問其故，對曰："前哭甚哀者，弔大王國破家亡也。後大笑者，賀大王得愔也。柬之等五人，爲上所忌，日夜爲計，非剪除不足以快其意，大王豈不知之？今據將相之權，有過人之智，廢則天兵不血刃，易於反掌。今料大王之勢，孰與則天？大王不去五王，身有累卵之危，此愔所以寒心也。"三思大悦，引與登樓，謀陷五王而殺之，皆崔湜、鄭愔之謀也。累遷吏部侍郎，賣官爲務，後與譙王重福搆逆而死。《大唐新語》九。

3 永徽年以後，人唱《桑條歌》云："桑條苐，女韋也樂。"至神龍年中，逆韋應之。諂佞者鄭愔作《桑條樂詞》十餘首進之，逆韋大喜，擢之爲吏部侍郎，賞縑百疋。《朝野僉載》一。又《廣記》一六三引。

4 中宗景龍末，崔湜、鄭愔同執銓管，數外倍留人。及注擬不盡，即用三考二百日闕。通夏不了，又用兩考二百日闕。其或未能處置，即且給公驗，謂之比冬。選人得官，有二年不能上者。有一人索遠得留，乃注校書郎。選司綱維紊壞，皆以崔、鄭爲口實。愔坐贓貶江州員外司馬。盧藏用承鄭氏之後，尚有七百餘人未授官，一切奏至冬處分，大遭怨讟。《封氏聞見記》三。《唐會要》七四。

5　鄭愔爲吏部侍郎掌選，贓污狼藉。引銓有選人繫百錢於靴帶上，愔問其故，答曰：「當今之選，非錢不行。」愔默而不言。時崔湜亦爲吏部侍郎掌選，有銓人引過，分疏云：「某能翹關負米。」湜曰：「君壯，何不兵部選？」答曰：「外邊人皆云『崔侍郎下，有氣力者即存』。」《朝野僉載》一。

6　唐鄭愔曾罵選人爲癡漢，選人曰：「僕是吴癡，漢即是公。」愔令詠癡，吴人曰：「榆兒復榆婦，造屋兼造車。十七八九夜，還書復借書。」愔本姓鄚，改姓鄭，時人號爲「鄚鄭」。《朝野僉載》四。又《廣記》二五五引。

祝欽明

1　唐禮部尚書祝欽明頗涉經史，不閑時務，博碩肥腯，頑滯多疑，臺中小吏號之爲「媪」。媪者肉塊，無七竅，秦穆公時野人得之。《朝野僉載》四。

崔敬嗣

1　唐崔敬嗣爲房州刺史，中宗安置在房州，官吏多無禮，敬嗣獨申禮敬，供給豐贍，中宗常德之。及登位，有益州長史崔敬嗣，既同名姓，每進擬官，皆御筆超拜之者數四。後引與語，知誤。訪敬嗣已卒，遣安石授其子注官，後官至顯達。其孫即光遠也。《譚賓録》（《廣記》一一七）。《南部新書》戊。《廣川書跋》七。

竇懷貞

1 竇懷貞爲京兆尹，神龍之際，政令多門，京尉由墨敕入臺者，不可勝數。或謂懷貞曰：「縣官相次入臺，縣事多辦否？」懷貞對曰：「倍辦於往時。」問其故，懷貞曰：「好者總在，僥倖者去故也。」聞者皆大噱。《大唐新語》一三。

2 竇從一爲御史大夫，中宗曰：「爲卿娶婦。」歲除宴設極盛，中席迎婦，却扇去花，乃一老嫗。後知是皇后乳母，宮中有國奢之號。《景龍文館記》（《類説》六）。

3 竇懷貞傾巧進用，累遣晉州長史，諂事中貴，盡得其歡心。韋庶人乳母王氏，本蠻婢也，懷貞聘之爲妻，封莒國夫人。俗爲嬭母之婿曰阿奢，懷貞每因謁見及進奏表狀，列其官次，署曰「翊聖皇后阿奢」。時人鄙之，呼爲奢，懷貞欣然自得。韋庶人敗，遂斬其妻，持首以獻。居憲臺及京尹，每視事，見無鬚者，誤以爲中官，必曲加承接。睿宗踐祚，懷貞位極人臣，道諛不悛，以至於敗。先天中，玄宗戡内難，懷貞投水死。《大唐新語》九。

4 見袁守一1。

5 景雲三年八月十七日，東方有流星，出五車至上台，又歲星犯左執法。時侍中竇懷貞請罷所職爲安國寺奴。罷職從之，爲寺奴不許。《南部新書》辛。

趙履温

1 趙履温爲司農卿，諂事安樂公主，氣勢迴山海，呼吸變霜雪。客謂張文成曰：「趙司農何如人？」曰：「猖獗小人，心佞而險，行僻而驕，折支勢族，舐痔權門，諂於事上，傲於接下，猛若飢虎，貪若餓狼。性愛食人，終爲人所食。」爲公主奪百姓田園，造定昆池，言定天子昆明池也，用庫錢百萬億。斜褰紫衫，爲公主背挽金犢車。險詖皆此類。誅逆韋之際，上御承天門，履温詐喜，舞蹈稱萬歲。上令斬之，刀劍亂下，與男同戮。人割一臠，肉骨俱盡。《朝野僉載》五。《續世説》一二。

李承嘉

1 見蕭至忠1。

2 見武三思3。

3 神龍中，户部尚書李承嘉不識字，不解書。爲御史大夫，兼洛州長史，名判司爲狗，罵御史爲驢，威振朝廷。《朝野僉載》六。

裴　談

1 中宗朝，御史大夫裴談崇奉釋氏。妻悍妬，談畏之如嚴君。嘗謂人：「妻有可畏者三：少妙之時，視之如生菩薩。及男女滿前，視之如九子魔母，安有人不畏九子魔母耶？及五十、六十，薄施妝粉，或黑，視之如鳩盤荼，安有人不畏鳩盤荼？」時韋庶人頗襲武氏之風軌，中宗漸畏之。內宴唱《迴波詞》，有優人詞曰：「迴波爾時栲栳，怕婦也是大好。外邊衹有裴談，内裏無過李老。」韋后意色自得，以束帛賜之。《本事詩·嘲戲》。參看任瓌2。

楊務廉

1 楊務廉，孝和時造長寧、安樂宅倉庫成，特授將作大匠，坐贓數千萬免官。又上章奏聞陝州三門，鑿山燒石，巖側施棧道牽船。河流湍急，所顧夫並未與價直，苟牽繩一斷，棧梁一絶，則撲殺數十人。取顧夫錢糴米充數，即注夫逃走，下本貫禁父母兄弟妻子。牽船皆令繫二鉱於胸背，落棧着石，百無一存，滿路悲號，聲動山谷。皆稱楊務廉人妖也，天生此妖以破殘百姓。《朝野僉載》二。

2 將作大匠楊務廉甚有巧思，常於沁州市内刻木作僧，手執一椀，自能行乞。椀中錢滿，關鍵忽發，自然作聲云「布施」。市人競觀，欲其作聲，施者日盈數千矣。《朝野僉載》六。

姚紹之

1 武三思干紀亂常，海内忿恚。張仲之、宋之遜、祖延慶等謀於袖中發銅弩射之，伺便未果。之遜子曇知之，以告冉祖雍。祖雍以聞，則天敕宰臣與御史大夫李承嘉於新開門案問。諸相懼三思，但僶俛，佯不應仲之等。唯李嶠獨與承嘉耳語，令御史姚紹之密致力士七十餘，引仲之對問。至則塞口反接，送於繫所。紹之謂仲之曰：「張三，事不諧矣。」仲之固言三思反狀，紹之命棒之而臂折。仲之大呼天子者七八，謂紹之曰：「反賊，我臂且折，當訴爾於天曹。」請裂汗衫與紹之，乃自誣反而族。紹之自此神氣自若，朝庭側目焉。尋坐贓污，憲司推之，獲贓五十餘貫，當死。韋庶人之黨護之，得免，放於嶺南。《大唐新語》一一。案：此事在中宗時，文中言及「則天」，有誤。

楊慎交　武崇訓

1 景龍中，妃主家競爲奢侈，駙馬楊慎交、武崇訓，至油灑地以築毬場。《隋唐嘉話》下。《廣記》二三六引作《國史異纂》。

盧藏用

1 盧藏用徵拜左拾遺，遷吏部侍郎、中書舍人，歷黄門侍郎、兼昭文館學士，轉尚書右丞。與陳伯玉、趙貞固友善。隱居之日，頗以貞白自衒；往來于少室、終南二山，時人稱爲假隱。自登朝，奢靡淫縱，車服鮮麗，趑趄詭佞，專事權貴。時議乃表其醜行。以阿附太平公主，流隴州。《譚賓録》（《廣記》二四〇）。

2 盧藏用始隱於終南山中，中宗朝累居要職。有道士司馬承禎者，睿宗迎至京，將還，藏用指終南山謂之曰：「此中大有佳處，何必在遠！」承禎徐答曰：「以僕所觀，乃仕宦捷徑耳。」藏用有慚色。藏用博學工文章，善草隸，投壺彈琴，莫不盡妙。未仕時，嘗辟穀練氣，頗有高尚之致。及登朝，附權要，縱情奢逸，卒陷憲綱，悲夫！《大唐新語》一〇。又《廣記》二五五引。

3 盧藏用，字子潛，京兆長安人。官至黄門侍郎。書則幼尚孫草，晚師逸少，雖闕於工，稍閒體範。八分之製，頗傷疏野。若況之前列，則有奔馳之勞；如傳之後昆，亦有規矩之法。子潛隸、行草入能。《書斷》（《法書要録》九）。

武平一

1 〔景龍三年〕正月八日立春，内出綵花賜近臣。武平一應制云：「鑾輅青旂下帝臺，東郊上苑望春來。黄鶯未解林間囀，紅蕊先從殿裏開。畫閣條風初變柳，銀塘曲水半含苔。欣逢睿藻先韶律，更促霞觴畏景催。」是日，中宗手勑批云：「平一年雖最少，文甚警新。悦紅蕊之先開，訝黄鶯之未囀。循還吟咀，賞嘆兼懷。今更賜花一枝，以彰其美。」所賜學士花，並令插在頭上。後所賜者，平一左右交插，因舞蹈拜謝。時崔日用乘酣飲，欲奪平一所賜花。上於簾下見之，謂平一曰：「日用何爲奪卿花？」平一跪奏曰：「讀書萬卷，從日月滿口虛張。賜花一枝，學平一終身不獲。」上及侍臣大笑，因更賜酒一杯。當時嘆美。《景龍文館記》（陶本《説郛》四六）。《唐詩紀事》一一。

2 内殿奏《合生歌》，其言淺穢。武平一諫曰：「妖胡娼妓，街童市女，談妃主之情貌，列王公之名質，詠歌蹈舞，號曰『合生』，不可施于宫禁。」《景龍文館記》（張本《説郛》七七、《類説》六）。

劉知幾

1 劉子玄直史館時，宰臣蕭至忠、紀處訥等並監修國史。子玄以執政秉權，事多掣肘，辭以著述無功，求解史任，奏記於至忠等，其略曰：「伏見每汲汲於勸誘，勤勤於課責云：『經籍事重，努力用心。』或歲序已奄，何時輟手。綱維不舉，督課徒勤。雖威以刺骨之刑，勗以懸金之賞，終不可得也。語云：『陳力就列，不能者止。』僕所以比者布懷知己，歷訟羣公，屢辭載筆之官，欲罷記言之職者，正爲此耳。當今朝號得人，國稱多士。蓬山之下，良直比肩；芸閣之間，英奇接武。僕既功虧刻鵠，筆未獲麟，徒殫太官之膳，虚索長安之米。乞以本職，還其舊居，多謝簡書，請避賢路。」文多不盡載。至忠惜其才，不許。宗楚客惡其正直，謂諸史官曰：「此人作書如是，欲置我於何地！」子玄著《史通》二十篇，備陳史册之體。

《大唐新語》九。《唐會要》六四。

2 開元初，左庶子劉子玄奏議，請廢鄭子《孝經》，依孔注；《老子》請停河上公注，行王弼注；《易》傳非子夏所造，請停。引今古爲證，文多不盡載。其略曰：「今所行《孝經》，題曰鄭氏。爰在近古，皆云是鄭玄，而魏晉之朝無有此説。後魏北齊之代，立於學宫。蓋虜俗無識，故致斯謬。今驗《孝經》，非鄭玄所注。河上公者，漢文帝時人，菴於河上，因以爲號。以所注《老子》授文帝，因冲空上天。此乃不經之鄙言，習俗之虚語。案《藝文志》，注《老子》有三家，而無河上公注。雖使纔别朱紫，粗分菽麥，亦皆嗤其過謬，況有識者乎？《藝文志》，《易》有十三家，而無子夏傳。」子玄争論，頗有條貫，會蘇、宋文吏，拘於流俗，不能發明古義，竟排斥之。深爲識者所嘆。《大唐新語》九。

崔琬

1 宗楚客與弟晉卿及紀處訥等恃權勢，朝野岳牧除拜多出其門，百寮惕懼，莫敢言者。監察御史崔琬不平之，乃具法冠，陳其罪狀，請收案問。中宗不許。明日，又進密狀，乃降敕曰：「卿列霜簡，忠在觸邪，遂能不懼權豪，便有彈射。眷言稱職，深領乃誠。然楚客等大臣，須存禮度。朕識卿姓名，知卿鯁直，但守至公，勿有迴避。」自此朝廷相謂曰：「仁者必有勇，其崔公之謂歟？」累遷刑部郎中。琬兄璆，以孝友稱，歷刑部員外、揚州司馬。丁母憂，晝夜哀號，水漿不入於口，不勝喪而卒。《大唐新語》二。

2 崔司知琬，中宗朝爲侍御史，彈宗楚客反，盛氣作色。帝優之不令問，因詔每彈人，必先進内狀，許乃可。自後以爲故事。《隋唐嘉話》下。

李福業　敬元禮

1 李福業爲侍御史，與桓、敬等匡復皇室。及桓、敬敗，福業放於番禺，匿志州參軍敬元禮家，吏搜獲之。與元禮俱死。福業將就刑，謝元禮曰：「子有老親，爲福業所累，愧其深矣。」元禮曰：「明公窮而歸我，我得已乎？今貽親以非疾之憂，深所痛切。」見者傷之。《大唐新語》六。

李　詳

1　桓彦範等既匡復帝室，勳烈冠古，武三思害其公忠，將誣以不軌誅之。大理丞李朝隱請問明狀，卿裴譚附會三思，異朝隱判，竟坐誅。譚遷刑部尚書，侍御史李詳彈之曰：「異李朝隱一判，破桓敬等五家。附會三思，狀驗斯在，天下聞者，莫不寒心。刑部尚書，從此而得。」略無迴避，朝庭壯之。詳解褐監亭尉，因校考，爲録事參軍所擠排。詳趨入，謂刺史曰：「録事恃糺曹之權，詳當要居之地，爲其妄褒貶耳。使詳秉筆，頗亦有詞。」刺史曰：「公試論録事狀。」遂援筆曰：「怯斷大案，好勾小稽。隱自不清，疑他總濁。階前兩競，鬭困方休；獄裏囚徒，非赦不出。」天下以爲譚笑之最矣。《大唐新語》二。《御史臺記》（《廣記》四九三）。《朝野僉載》四。　案：李詳，《大唐新語》原作「李祥」，誤。

唐襲秀　冉祖雍

1　唐方慶，武德中爲察非掾，太宗深器重之，引與六月同事。方慶辭曰：「臣母老，請歸養。」太宗不之逼。貞觀中，以爲藁城令。孫襲秀，神龍初爲監察御史。時武三思誣桓、敬等反，又稱襲秀與敬等有謀。至是爲侍御史冉祖雍所按，辭理竟不屈。或報祖雍云：「適有南使至，云桓、敬已死。」襲秀聞之，泫然流涕。祖雍曰：「桓彦範負國刑憲，今已死矣。祖雍按足下事，意未測，聞其死乃對雍流涕，何也？」襲秀曰：「桓彦範自負刑憲，然與襲秀有舊，聞其死，豈不傷耶！」祖雍曰：「足下下獄，聞諸弟俱縱酒而無憂色，何也？」襲秀曰：「襲秀何負於國家，但於桓彦範有舊耳。公若盡殺諸弟，不知矣；如獨殺襲秀，恐明公不得高枕而卧。」祖雍色動，握其手曰：「請無慮，當活公。」乃善爲之辭，得不坐。《大唐新語》三。

麻　察

1 魏元忠男昇娶榮陽鄭遠女，昇與節愍太子謀誅武三思、廢韋庶人，不克，爲亂兵所害，元忠坐繫獄。遠以此乃就元忠求離書。今日得離書，明日改醮。殿中侍御史麻察不平之，草狀彈曰：「鄭遠納錢五百萬，將女易官。先朝以元忠舊臣，操履堅正，豈獨尚兹賢行，實欲榮其姻戚，遂起復授遠河内縣令，遠子良解褐洛州參軍。既連婚國相，父子崇赫，迨元忠下獄，遂誘和離，今日得書，明日改醮。且元忠官歷三朝，榮躋十等，雖金精屢鑠，而玉色常温。遠胄雖參華，身實凡品。若言齊鄭非偶，不合結縭；既冰玉交歡，理資同穴。而下山之夫未遠，御輪之婿已周。無聞寄死託孤，見危授命，斯所謂滓穢流品，點辱衣冠，而乃延首靦顔，重塵清鑒。九流選叙，須有淄澠；四裔遐陬，宜從擯斥。雖渥恩周洽，刑罰免加；而名教所先，理資懲革。請裁以憲綱，禁錮終身。」遠以此廢棄。朝野咸賞察之公直。《大唐新語》三。

范獻忠

1 中宗朝，鄭普思承恩寵而潛圖不軌，蘇瓌奏請按之，以司直范獻忠爲判官。瓌奏收普思，普思妻得幸於韋庶人，持敕於御前對，中宗屢抑瓌而理普思，應對頗不中。獻忠歷階而進曰：「臣請先斬蘇瓌。」中宗問其故，對曰：「蘇瓌，國之大臣，荷榮貴久矣，不能先斬逆賊而後聞。今使其眩惑天聽，摇動刑柄，而普思反狀昭露，陛下爲其申理，此其反者不死。今聖躬萬福，豈有天邪？臣請死，終不能事普思。」獄乃定。朝廷咸壯之。《大唐新語》二。《唐會要》六一。

魏傳弓

1 〔神龍三年〕，監察御史魏傳弓劾奏内常侍輔信義縱暴，竇懷貞曰：「輔常侍深爲安樂公主所信任，權勢甚高，常成禍福，何得輒有糾彈？」傳弓曰：「今王綱漸壞，君子道消，正由此輩擅權耳。若得今日殺之，明日受誅，無所恨。」《唐會要》六一。

2 景龍元年九月十二日，又劾奏銀青光禄大夫西明寺主惠範奸贓四十萬，請寘於極法。上召之，有寬惠範之色。傳弓進曰：「刑賞者，國家大事。陛下賞已妄加，豈宜刑所不及？」削惠範官，放歸於第。《唐會要》六一。

宋務先

1 神龍中，每霖雨，必閉坊門禳災。右衛騎曹宋務先上疏云：「雨暘或愆，貌言爲咎。豈有一坊一市，遂能感召星靈；暫閉暫開，便欲發揮神道？至今巷議街言，共呼坊門爲宰相，謂能節宣風雨，燮調陰陽。如是則赫赫師尹便爲虛設，悠悠蒼生復何所望！」《續世說》六。《唐會要》四三。案：宋務先，《唐會要》、《新唐書》一一八作「宋務光」。

2 見趙仁奬1。

3 唐有監察御史不工文，而好作不已，既居權要，多爲人所詄，不之覺也。每篇輒爲宋務先書以光臺，月俸幾盡。其妻謂曰：「公經生，素非文筆，所稱篇詠，不爲外人所傳，此必臺中玩公，折俸助廚耳。奈何受人嗤玩！」自後雖吟詠不輟，不復出光臺錢矣。或問之，以妻言對。諸御史退，相謂曰：「彼有人焉，未可玩也。」乃止。《御史臺記》（《廣記》二五五）。

李景伯

1 景龍中，中宗遊興慶池，侍宴者遞起歌舞，并唱《下兵詞》方便以求官爵。給事中李景伯亦起唱曰：「迴波爾時酒卮，兵兒志在箴規。侍宴既過三爵，諠譁竊恐非宜。」於是乃罷坐。《隋唐嘉話》下。《廣記》一六四引作《國史異纂》。《大唐新語》三。案：《下兵詞》，他書多作《迴波詞》。

裴漼

1 〔景龍三年〕五月，李尚隱與監察御史李懷讓同奏吏部侍郎崔湜、鄭愔有所挾附，贓污狼藉，詔監察御史裴漼按其事。時安樂公主用事，諷漼寬之，漼遂對仗重彈奏，愔竟從貶削。一說靳常所劾，恐非。《唐會要》六一。

2 見劉幽求2。

周憬

1 中宗反正後，有武當縣丞壽春周憬，慷慨有節操，乃與王駙馬同皎謀誅武三思。事發，同皎見害，憬遁於比干廟中自刎，臨死謂左右曰：「比干，忠臣也。儻神道有知，明我以忠見殺。」《隋唐嘉話》下。《大唐新語》五。《唐語林》五。

甯嘉勗

1 節愍太子兵散遇害，宮寮莫敢近者。有永和縣丞甯嘉勗解衣裹太子首號哭。時人義之。宗楚客聞之大怒，收付制獄，貶平興丞，因殺之。睿宗踐祚，下詔曰：「甯嘉勗能重名節，事高欒、向，幽途已往，生氣凜然。静言忠義，追存褒寵，可贈永和縣令。」《大唐新語》五。

和元祐

1 和元祐爲貞化府長史。景龍末，元祐獻詩十首，其詞猥陋，皆寓言嬖幸，而意及兵戍。韋氏命鞫于大理，而將戮之，月餘而韋氏伏誅。其詩言若符讖。景雲初，以元祐爲千牛衛長史。《唐語林》五。

蔣欽緒

1　蕭至忠自晉州之入也，大理蔣欽緒即其妹婿，送之曰：「以足下之才，不憂不見用，無爲非分妄求。」至忠不答。蔣退而曰：「九代之卿族，一舉而滅，可哀也哉！」至忠既至，拜中書令，歲餘敗。《隋唐嘉話》下。《唐語林》三。

2　見韓琬2。

李令質

1　李令質爲萬年令，有富人同行盜，繫而按之。駙馬韋擢策馬入縣救盜者，令質不從。擢乃譖之於中宗。中宗怒，臨軒召見，舉朝爲之恐懼。令質奏曰：「臣必以韋擢與盜非親非故，故當以貨求耳。臣豈不懼擢之勢，但申陛下法，死無所恨。」中宗怒解，乃釋之。朝列賀之，曰：「設以獲譴，流於嶺南，亦爲幸也。」《大唐新語》二。

張沄

1　張沄自左拾遺左授許州司户，有侍佐自相毆競者，沄曰：「禮宗賢尚齒者，重耆德也。奈何耆舊而有喧競，此牧宰之政不行耳。沄主司户，忝參其議。」乃舉罰刺史已下俸，行鄉飲之禮，競者慚謝而退。

風俗爲之改焉。《大唐新語》一二。

尹思貞

1 尹思貞爲青州刺史，勉百姓農桑，蠶有四登者。巡察使路敬潛屆於境，部人以原蠶璽書旌。敬潛歎曰：「非善政所致，孰能至此！」遂以聞，璽書旌賞。或問思貞曰：「公敏行者，往與李承嘉忿競，何幾若斯？」思貞曰：「不能言者，時或有言。承嘉恃權相侮，僕義不受，然不知言之從何而至矣。」《大唐新語》六。

任正名

1 見張沛1。

2 見元福慶1。

3 周舒州刺史張懷肅好食人精，唐左司郎中任正名亦有此病。《朝野僉載》（張本《說郛》二）。

張　沛

1 張同州沛之在州也，任正名爲録事，劉幽求爲朝邑尉。沛奴下諸官，而獨呼二公爲劉大、任大，若平常之交。今上之誅韋氏，沛兄涉爲殿中監，見殺，并令誅沛。沛將出就州，正名時假在家，聞之遽出，曰：「朝廷初有大難，同州京之佐輔，奈何單使一至，便害州將，請以死守之。」於是勸令覆奏，因送沛於獄曰：「正名若死，使君可憂，不然無慮也。」時〔幽求〕方立元勳，用事於中，竟脱沛於難，二公之力。《隋唐嘉話》下。《大唐新語》六。《唐語林》三。

陸大同

1　陸大同爲雍州司田，時安樂公主、韋温等侵百姓田業，大同盡斷還之。長吏懼勢，謀出大同。會將有事南郊，時已十月，長吏乃舉牒令大同巡縣勸田疇，冀他判司摇動其按也。大同判云：「南郊有事，北陸已寒；丁不在田，人皆入室。此時勸課，切恐煩勞。」長吏益不悦，乃奏大同爲河東令，尋復爲雍州司倉。長吏新興王晉附會太平公主，故多阿黨。大同終不從。因謂大同曰：「雍州判佐不是公官，公何爲不别求好官？」大同曰：「某無身材，但守公直，素無廊廟之望，唯以雍州判佐爲好官。」晉不能屈。大同闔門雍睦，四從同居。法言即大同伯祖也。《大唐新語》二。

韋景駿

1　韋景駿爲肥鄉令，縣界漳水，連年泛濫。景駿審其地勢，增築隄防，遂無水患，至今賴焉。時河北大饑，景駿躬自巡撫貧弱，人吏立碑，以紀其德。肥鄉人有母子相告者，景駿謂之曰：「吾少孤，每見人養親，自痛終天無分。汝幸在温凊之地，何得如此？錫類不行，令之罪也。」因淚下嗚咽，仍取《孝經》與之，令其習讀。於是母子感悟，各請改悔。遷趙州長史，路由肥鄉，人吏驚喜，競來犒餞，留連彌日。有童幼數人，年甫十歲，亦在其中，景駿謂之曰：「計吾北去，此時汝輩未生，既無舊思，何慇懃之甚也？」咸對曰：「比聞長老傳説，縣中廨宇、學堂、館舍、堤橋並是明公遺蹟。將謂古人，不意得瞻覩，不覺欣戀倍於常也。」終于奉先令。子述，開元、天寶之際，爲工部侍郎，代吴兢修國史。《大唐新語》四。

唐九徵

1 唐九徵爲御史，監靈武諸軍。時吐蕃入寇蜀漢，九徵率兵出永昌郡千餘里討之，累戰皆捷。時吐蕃以鐵索跨漾水、濞水爲橋，以通西洱河，蠻築城以鎮之。九徵盡刊其城壘，焚其二橋，命管記閭丘均勒石於劍川，建鐵碑於滇池，以紀功焉。俘其魁帥以還。中宗不時加褒賞，左拾遺呼延皓論之，乃加朝散大夫，拜侍御史，賜繡袍、金帶、寶刀，累遷汾州刺史。開元末與吐蕃贊普書云：「波州鐵柱，唐九徵鑄。」即謂此是也。《大唐新語》一〇。

周仁軌

1 韋氏遭則天廢廬陵之後，后父韋玄貞與妻女等並流嶺南，被首領甯氏大族逼奪其女，不伏，遂殺貞夫妻，七娘等並奪去。及孝和即位，皇后當途，廣州都督周仁軌將兵誅甯氏，走入南海。軌追之，殺掠並盡。韋后隔簾拜，以父事之，用爲并州長史。後阿韋作逆，軌以黨與誅。《朝野僉載》(《通鑑考異》一二)。

趙仁奬

1 唐趙仁奬，河南人也。得販於殖業坊王戎墓北，善歌《黄麞》。與宦官有舊，因所託附。景龍中，乃負薪詣闕，遂得召見，云：「負薪助國家調鼎。」即日臺拜焉。睿宗朝，左授上蔡丞。使於京，訪尋臺中舊列，妄事歡洽。御史倪若水謂楊茂直曰：「此庸漢，妄爲傝茸。」乃奏之。中書令姚崇曰：「此是《黄麞》漢耶？」授當州悉當尉，馳驛發遣。仁奬在臺，既無餘能，唯以《黄麞》自衒。宋務先題之曰：「趙仁奬出王戎幕下，入朱博臺中，捨彼負薪，登茲列柏。行人不避驄馬，坐客唯聽《黄麞》。」時崔宣一使於都，仁奬附書於家，題云：「西京趙御史書，附到洛州殖業坊王戎墓北第一鋪，付妻一娘。」宣一以書示朝士。初，其左授上蔡，潘好禮自上蔡令拜御史，仁奬贈詩曰：「令乘驄馬去，丞脱繡衣來。」當時訝之，或以爲假手。仁奬初拜監察，謝朝貴，但云：「有幸把公馬足。」時朝士相隨，遇一胡負兩束柴，曰：「此胡合拜殿中。」或問其由，答曰：「趙仁奬負一束而拜監察，此負兩束，固合授殿中。」《御史臺記》（《廣記》二五九）。《實賓録》八。《唐詩紀事》一五。

袁守一

1 袁守一性行淺促，時人號爲「料鬥鳧翁鷄」。任萬年尉，雍州長史竇懷貞每欲鞭之。乃於中書令宗楚客門餉生菜，除監察，懷貞未知也。貞高揖曰：「駕欲出，公作如此檢校。」守一即彈之。月餘，貞除左臺御史大夫，守一請假不敢出，乞解。貞呼而慰之，守一兢惕不已。楚客知之，爲除右臺侍御史，於朝堂抗衡於貞曰：「與公羅師。」羅師者，市郭兒語，無交涉也。無何，楚客以反誅，守一以其黨配流端州。《朝野僉載》二。

李行言

1 行言，隴西人。兼文學幹事，《函谷關》詩爲時所許。中宗時，爲給事中。能唱《步虛歌》，帝七月七日御兩儀殿會宴，帝命爲之。行言於御前長跪，作三洞道士音詞歌數曲，貌偉聲暢，上頻嘆美。《唐詩紀事》一一。

趙不器

1 趙不器子夏日、冬曦、和璧、安貞、居貞、頤貞、彙貞，父子八人，皆進士及第。内冬曦、安貞，神龍二年考功崔彦昭下兄弟二人及第。時人謂之科第趙家。《登科記》（《廣卓異記》一九）。

趙冬曦

1 華陰太守趙冬曦，先人壟在鼓城縣。天寶初，將合附焉，啓其父墓，而樹根滋蔓，圍繞父棺，懸之於空，遂不敢發，以母柩置於其傍，封墓而返。宣城太守刁緬，改葬二親，緬亦納母棺於其側，封焉，後門緒昌盛也。冬曦兄弟七人，皆秀才，有名當世，四人至二千石。緬三爲將軍，門施長戟。《紀聞》(《廣記》三九〇》。

王希夷

1　王希夷，徐州人，孤貧好道。父母終，爲人牧羊取傭，供葬畢，隱於嵩山。師事道士，得修養之術。後居兖州徂徠山，刺史盧齊卿就謁，因訪以政事。希夷曰：「孔子云：『己所不欲，勿施於人。』可以終身行之矣。」玄宗東封，敕州縣禮致，時已年九十六。玄宗令張説訪其道異，説甚重之。以年老不任職事，乃下詔曰：「徐州處士王希夷，絶聖去智，抱一居貞，久謝囂塵，獨往林壑。屬封巒展禮，側席旌賢，賁然來思，應兹嘉召。雖紆綺季之跡，已過伏生之年。宜命秩以尊儒，俾全高於上齒。可中散大夫，守國子博士。特聽還山。」仍令州縣歲時贈束帛羊酒，並賜帛一百疋。《大唐新語》一〇。

梁載言

1　見傅巖1。

2　懷州刺史梁載言晝坐廳事，□□□忽有物如蝙蝠從南飛來，直入口中，翕然似吞一物。腹中遂絞痛，數日而卒。《朝野僉載》六。

傅巖

1　唐傅巖，魏州人，本名佛慶。嘗在左臺，監察中霤，而中霤小祠，無犧牲之禮。比迴，悵望曰：「初一爲大祠，乃全疏薄。」殿中梁載言詠之曰：「聞道監中霤，初言是大祠。狼傍索傳馬，傯動出安徽。衛司無帟幕，供膳乏鮮肥。形容消瘦盡，空往復空歸。」《御史臺記》（《廣記》二五五）。

趙謙光　賀遂涉

1　晉宋以還，尚書始置員外郎分判曹事。國朝彌重其遷。舊例：郎中不歷員外郎拜者，謂之「土山頭果毅」。言其不歷清資，便拜高品，有似長征兵士，便得邊遠果毅也。景龍中，趙謙光自彭州司馬入爲大理正，遷户部郎中。賀遂涉時爲員外，戲詠之曰：「員外由來美，郎中望不優。誰言粉署裏，翻作土山頭。」謙光酬之曰：「錦帳隨情設，金爐任意薰。唯愁員外署，不應列星文。」《大唐新語》一三。《譚賓録》（《廣記》二四九）。《雍洛靈異小録》（《詩話總龜》前集三八）。《唐詩紀事》二〇。

柳超

1　柳超者，唐中宗朝爲諫議大夫，因得罪，黜於嶺外。超以清儉自守，凡所經州郡，不干撓廉牧以自給。而領二奴掌閣、掌書，並一犬。至江州，超以鬱憤成疾。二奴欲圖其資裝，乃共謀曰：「可奉毒藥於諫議，我等取財而爲良人，豈不好乎？」掌書曰：「善。」掌閣乃啓超曰：「人言有密詔到，不全諫議命。諫議家族將爲奈何？」超曰：「然。汝等當修饌，伺吾食畢，可進毒於吾。吾甘死矣。」掌閣等聞言，乃備珍饌。掌閣在廚修辦，掌書進之於超。超食次，忽見其犬，乃分與食之，涕泣撫犬曰：「我今日死矣，汝託於何人耶？」犬聞之不食，走入廚，乃咬掌閣喉。復至堂前，嚙掌書。二奴俱爲犬所害，超未曉其事。後經數日，敕詔還京，而復雪免，方知其犬之靈矣。《集異記》（《廣記》四三七）。

盧崇道

1　太常卿盧崇道坐女婿中書令崔湜反，羽林郎將張仙坐與薛介然口陳欲反之狀，俱流嶺南。經年，無日不悲號，兩目皆腫，不勝悽楚，遂並逃歸。崇道至都宅藏隱，爲男娶崔氏女未成，有内給使來取充貴人，崇道乃賂給使，别取一崔家女去入内。事敗，給使具承，掩崇道，并男三人亦被糾捉，敕杖各决一百，俱至喪命。《朝野僉載》一。《唐詩紀事》一三。

彭君卿

1　中宗之時，有見鬼師彭君卿被御史所辱。他日，對百官總集，詐宣孝和敕曰：「御史不檢校，去却巾帶。」即去之。曰：「有敕與一頓杖。」大使曰：「御史不奉正敕，不合决杖。」君卿曰：「若不合，有敕且放却。」御史裹頭，仍舞蹈拜謝而去。觀者駭之。《朝野僉載》三。

2 見唐中宗6。

魏知古

1 蘇某，信都富人，有女十人，爲擇良婿。張文成往見焉，蘇曰：「此雖有才，不能富貴，幸得五品，即當死矣。」魏知古時已及第，然未有官，蘇云：「此雖形質黑小，然必當貴。」遂以長女嫁之。其女髮長七尺，黑光如漆，諸妹皆不及。有相者云：「此女富，不囓宿食。」諸妹笑知古曰：「只是貧漢得米旋煮，故無宿飯。」其後魏爲宰相，每食，一物已上官供。《定命録》（《廣記》二二四）。《酉陽雜俎》前集一二。

2 魏知古性方直，景雲末爲侍中。玄宗初即位，獵於渭川，時知古從駕，因獻詩以諷曰：「嘗聞夏太康，五弟訓禽荒。我后來冬狩，三驅盛禮張。順時鷹隼擊，講事武功揚。奔走來未及，翾飛豈暇翔。蜚熊從渭水，瑞翟相陳倉。此欲誠難縱，兹遊不可常。子雲陳《羽獵》，僖伯諫漁棠。得失鑒齊楚，仁恩念禹湯。邕熙諒在宥，亭毒匪多傷。《辛甲》今爲史，《虞箴》遂孔彰。」手詔褒美，賜物五十段。後兼知吏部尚書，典選事，深爲稱職。所薦用人，遂咸至大官。《大唐新語》一。《唐語林》五。

3 見姚崇13。

4 開元初，工部尚書魏知古卒。宋璟聞之，歎曰：「叔向，古之遺直；子産，古之遺愛。能兼之者，其魏公乎？」《大唐新語》一二。《唐詩紀事》一五。

5 唐工部尚書魏知古性雅正，善屬文，年七十，卒於位。妻蘇氏不哭。比至，香水洗浴，唅襲訖，舉聲一慟而絶，與尚書同日合喪。時奇其節，以爲前代未之有。《廣記》二七〇。《南部新書》庚。

李日知

1 李侍中日知初爲大理丞。武后方肆誅戮，大卿胡元禮承旨欲陷人死，令日知改斷，再三不從。元禮使謂李曰：「胡元禮在，此人莫覓活。」李起謂使者：「日知諮卿：李日知在，此人莫覓死。」竟免之。《隋唐嘉話》下。《大唐新語》四。《唐語林》三。參看胡元禮1。

2 刑部尚書李日知自爲畿赤，不曾打杖行罰，其事亦濟。及爲刑部尚書，有令史受敕三日，忘不行者。尚書索杖剥衣，喚令史總集，欲決之。責曰：「我欲笞汝一頓，恐天下人稱你云撩得李日知嗔，喫李日知杖。你亦不是人，妻子亦不禮汝。」遂放之。自是令史無敢犯者，設有稽失，衆共謫之。《朝野僉載》五。

3 昆明池者，漢孝武所穿，有蒲魚利，京師賴之。中宗朝，安樂公主請焉，帝曰：「前代已來，不以與人。不可。」主不悦，因大役人徒，別掘一池，號曰「定昆池」。既成，中宗往觀，令公卿賦詩。李黄門日知詩云：「但願暫思居者逸，無使時傳作者勞。」及睿宗即位，謂之曰：「當時朕亦不敢言，非卿中正，何能若是！」無何而遷侍中。《隋唐嘉話》下。又《能改齋漫録》六引。《大唐新語》三。《唐語林》一。

4 李日知爲侍中，子弟纔總角而婚名族，識者非之：「宰相當存久遠，敦風俗，奈何爲促薄之事耶！」《大唐新語》一一。案：此條李日知原作李知白，誤，據新、舊《唐書·李日知傳》改正。

5 李日知爲侍中，頻乞骸骨，詔許之。初，日知將欲陳請，不與妻謀。及還飾裝，將出居別業，妻驚曰：「家室屢空，子弟名宦未立，何爲辭職也？」日知曰：「書生至此已過分，人情無厭，若恣其心，是無止足也。」《大唐新語》三。

薛登

1 僧惠範恃權勢逼奪生人妻，州縣不能理。其夫詣臺訴冤，中丞薛登、侍御史慕容珣將奏之，臺中懼其不捷，請寢其議，登曰：「憲司理冤滯，何所迴避！朝彈暮黜，亦可矣。」登坐此出爲岐州刺史。時議曰：「仁者必有勇，其薛公之謂歟！」《大唐新語》四。

慕容珣

1 見唐睿宗9。

柳澤

1 柳澤，睿宗朝太平公主用事，奏斜封官復舊職，上疏諫曰：「藥不毒不可以觸疾，詞不切不可以裨過。是以習甘旨者，非攝養之方；邇諛佞者，積危殆之本。陛下即位之初，納姚、宋之計，咸黜斜封。近日又命斜封，是斜封之人不忍棄也，先帝之意不可違也。若斜封之人不忍棄，是韋月將、燕欽融之流不可褒贈，李多祚、鄭克義之徒不可清雪。陛下何不能忍於此，而獨忍於彼？使善惡不定，反覆相攻，致令君子道消，小人道長，爲正者銜冤，附僞者得志，將何以止奸邪？將何以懲風俗耶？」睿宗遂從之，因而擢澤拜監察御史。《大唐新語》二。《唐語林》三。

辛替否

1　睿宗朝，雍令劉少徵憑恃岑羲親姻，頗黷于貨。殿中侍御史辛替否按之，羲囑替否以寬其罪。替否謂同列曰：「少徵恃勢貪暴。吾忝憲司，奈何懼勢寬縱罪人，以侮王法。」少徵竟處死。《大唐新語》四。

案：岑羲，原作「岑義」，據《新唐書·辛替否傳》改。

敬昭道

1　延和中，沂州人有反者，詿誤坐者四百餘人。將隸于司農，未即路，繫州獄，大理評事敬昭道援赦文刊而免之。時宰相切責大理：奈何免反者家口。大理卿及正等失色，引昭道以見執政，執政怒而責之。昭道曰：「赦云『見禁囚徒』。沂州反者家口並繫在州獄，此即見禁也。」反覆詰對，至于五六，執政無以奪之，詿誤者悉免。昭道遷監察御史。先是夔州征人舒萬福等十人次于巴陽灘，溺死。昭道因使巴渝，至萬春驛，方睡，見此十人祈哀。纔寐覺，至于再三，乃召驛吏問之，驛人對如夢。昭道即募善游者出其屍，具酒殽以酹之，觀者莫不歔欷。乃移牒近縣，備棺櫝歸之故鄉。征人聞者，無不感激。《大唐新語》四。

又《廣記》一六六引。

徐彦伯

1 徐彦伯常侍，睿宗朝以相府之舊，拜羽林將軍。徐既文士，不悦武職，及遷，謂賀者曰：「不喜有遷，且喜出軍耳。」（《隋唐嘉話》下。《唐語林》五。）

2 唐徐彦伯爲文，多變易求新，以「鳳閣」爲「鵷閣」，以「龍門」爲「虬户」，以「金谷」爲「銑溪」，以「玉山」爲「瓊岳」，以「芻狗」爲「卉犬」，以「竹馬」爲「篠驂」，以「月兔」爲「魄兔」，以「風牛」爲「飈犢」，後進效之，謂之「澁體」。（《朝野僉載》（《紺珠集》三）。又《類説》四〇引。《唐詩紀事》九。）

薛稷

1 薛稷字嗣通，乃河東汾陰人，收之從子也。少有才藻，爲流輩所推。外祖魏徵家藏書畫甚多，至於表疏之類，無所不有，皆虞世南、褚遂良真蹟。稷既飫觀，遂鋭意學之，而書畫並進。善花鳥人物雜畫，而猶長於鶴，故言鶴必稱稷，以是得名。且世之養鶴者多矣，其飛鳴飲啄之態度，宜得之爲詳，然畫鶴少有精者。凡頂之淺深；氅之黳淡，喙之長短，脛之細大，膝之高下，未嘗見有一一能寫生者也。又至於别其雄雌，辨其南北，尤其所難。雖名手，號爲善畫，而畫鶴以姹爪傅地，亦其失也。故稷之於此，頗極其妙，宜得名于古今焉。昔李杜以文章妙天下，而李太白有稷之畫讚，杜子美有稷之鶴詩，皆傳于世。蓋不識其人，視其所與，信不誣矣。稷在睿宗朝歷官至太子少保，封晉國公。唐史自有傳。今御府所藏七。

《宣和畫譜》一五。

2 薛稷，河東人，官至太子少保。書學褚公，尤尚綺麗媚好。膚肉得師之半，可謂河南公之高足。甚爲時所珍尚。……稷隸、行入能，魏、草書亦其亞也。《書斷》（《法書要録》九）。又《廣記》二〇八引。

3 稷外祖魏徵家富圖籍，多有虞、褚舊跡。鋭精模倣，筆態遒麗，當時無及之者。又善畫。博采古跡，埒於祕書。《譚賓録》（《廣記》二〇八）。

4 薛稷，天后朝位至少保，文章學術，名冠時流。學書師褚河南，時稱「買褚得薛，不失其節」。畫蹤如閻立本。今秘書省有畫鶴，時號一絶。曾旅遊新安郡，遇李白，因相留，請書永安寺額，兼畫西方佛一壁。筆力瀟灑，風姿逸秀，曹、張之匹也。二蹟之妙，李翰林題贊現在。又蜀郡亦有鶴並佛像、菩薩、青牛等傳於世，並居神品。《唐朝名畫録》。又《廣記》二一一引作《唐畫斷》。案：李白與薛稷活動年代不相接，此文言二人相遇，誤。

5 則天朝，薛稷亦善畫，今尚書省側考功員外郎廳有稷畫鶴，宋之問爲讚；工部尚書廳有稷畫樹石，東京尚書坊岐王宅亦有稷畫鶴，皆稱精絶。稷位至太子少保。《封氏聞見記》五。《兩京記》（《御覽》一八五）。

狄光嗣

1 狄光嗣，仁傑長子也，歷淄、許、貝等州刺史。居喪備禮，睿宗朝，起復太府少卿。光嗣頻表不赴，乃降敕曰：「朕念卿家門忠於王室，奪卿情理，以展殊恩。屢表固陳，詞理懇至，循環省覽，有足可矜。今遂所情，用勸浮薄。待卿情理云畢，更俟後命。」仍編入史。《大唐新語》一二。

王志愔

1 汴州刺史王志愔飲食精細，對賓下脱粟飯。商客有一驢，日行三百里，曾三十千不賣。市人報價云：「十四千。」愔曰：「四千金少，更增一千。」又令買單絲羅，疋至三千。愔問：「用幾兩絲？」對曰：「五兩。」愔令豎子取五兩絲來，每兩别與十錢手功之直。《朝野僉載》三。又《廣記》二四三引。

司馬承禎

1 司馬承禎，字子微。博學能文，攻篆迴爲一體，號曰「金剪刀書」。隱於天台山玉霄峯，自號白雲子。有服餌之術。則天累徵之不起。睿宗雅尚道教，屢加尊異，承禎方赴召。睿宗問陰陽術數之事，承禎對曰：「《老子》經云：『損之又損，以至於無爲。』且心目所見知，每損之尚未能已，豈復攻乎異端而增智慮哉！」睿宗曰：「理身無爲，則清高矣；理國無爲，如之何？」對曰：「國猶身也。老子曰：『留心於淡，合氣於漠，順物自然，乃無私焉，而天下理。』《易》曰：『聖人者，與天地合其德。』是知天不言而信，無爲而成。無爲之旨，理國之要。」睿宗深賞異，留之，欲加寵位，固辭。無何，告歸山，乃賜寶琴、花帔以遣之。公卿多賦詩以送，常侍徐彦伯撮其美者三十餘篇，爲製序，名曰《白雲記》，見傳於世。時盧藏用早隱終南山，後登朝，居要官，見承禎將還天台，藏用指終南謂之曰：「此中大有佳處，何必在天台！」承禎徐對曰：「以僕所觀，乃仕途之捷徑耳。」藏用有慙色。玄宗有天下，深好道術，累徵承禎到京，留於内殿，頗加禮敬。問以延年度世之事，承禎隱而微言，玄宗亦傳而祕之，故人莫得知也。由是玄宗理國四十餘年，雖禄山犯闕，鑾輿幸蜀，及爲上皇，回，又七年，方始晏駕。誠由天數，豈非道力之助延長耶？初，玄宗登封太嶽回，問承禎：「五嶽何神主之？」對曰：「嶽者，山之巨，能出雲雨，潛儲神仙，國之望者爲之，然山林之神也，亦有仙官主之。」于是詔五嶽於山頂列置仙官廟，自承禎始也。《廣記》二一。《大唐新語》一〇。《南部新書》庚。

2　司馬天師，名承禎，字紫微。形狀類陶隱居，玄宗謂人曰：「承禎，弘景後身也。」天降車，上有字曰：「賜司馬承禎。」尸解去日，白鶴滿庭，異香郁烈。承禎號白雲先生，故人謂車爲「白雲車」。至文宗朝，並張騫海槎同取入内。《尚書故實》。

3　司馬承禎，字子微。自梁陶隱居至先生，四世傳授仙法。開元中，自天台徵至，天子師之十五年。至王屋山，勑造陽臺觀居之。嘗畫於屋壁，又工篆隸，詞采衆藝皆類於隱居焉。制雅琴，鎮銘美石爲之，詞刻精絶。開元中，彦遠高王父河東公獲受教於先生。玄宗皇帝制碑，具述其妙。二十三年，屍解，白雲從堂户出，雙鶴繞壇而上。年八十一。謚貞一先生。《歷代名畫記》九。

許宣平

1　許宣平，新安歙人也。唐睿宗景雲中，隱於城陽山南塢，結菴以居，不知其服餌，但見不食。顔色若四十許人，行如奔馬。時或負薪以賣，擔常掛一花瓠及曲竹杖，每醉騰騰拄之以歸。獨吟曰：「負薪朝出賣，沽酒日西歸。路人莫問歸何處，穿入白雲行翠微。」爾來三十餘年，或拯人懸危，或救人疾苦。城市人多訪之，不見，但覽庵壁題詩云：「隱居三十載，石室南山巔。静夜翫明月，明朝飲碧泉。樵人歌壠上，谷鳥戲巖前。樂矣不知老，都忘甲子年。」好事者多詠其詩。有時行長安，於驛路洛陽、同、華間傳舍是處題之。天寶中，李白自翰林出，東遊經傳舍，覽詩吟之，嗟嘆曰：「此仙詩也。」乃詰之於人，得宣平之實。白於是遊及新安，涉溪登山，累訪之不得，乃題其菴壁曰：「我吟傳舍詩，來訪真人居。煙嶺迷高跡，雲林隔太虚。窺庭但蕭索，倚柱空躊躇。應化遼天鶴，歸當千歲餘。」是冬野火燎其庵，莫知宣平蹤跡。《續仙傳》（《廣記》二四）。《古今詩話》（《詩話總龜》前集四七）。《唐詩紀事》七五。

史崇玄

1 道士史崇玄，懷州河内縣縫韉人也。後度爲道士，僑假人也，附太平爲太清觀主。金仙、玉真出俗，立爲尊師。每入内奏請，賞賜甚厚，無物不賜。授鴻臚卿，衣紫羅裙帔，握象笏，佩魚符，出入禁闈，公私避路。神武斬之，京中士女相賀。《朝野僉載》五。

賀玄景

1 景雲中，有長髮賀玄景，自稱五戒賢者。同爲妖者十餘人，於陸渾山中結草舍，幻惑愚人子女，傾家産事之。紿云至心求者必得成佛。玄景爲金簿袈裟，獨坐暗室，令愚者竊視，云佛放光，衆皆懾伏。緣于懸崖下燒火，遣數人於半崖間披紅碧紗爲仙衣，隨風習颺，令衆觀之。誑曰：「此仙也。」各令着仙衣以飛就之，即得成道。尅日設齋，飲中置莨菪子，與衆餐之。女子好髮者，截取爲剃頭，串仙衣，臨崖下視，眼花恍忽，推崖底，一時燒殺，没取資財。事敗，官司來檢，灰中得焦拳屍骸數百餘人。敕決殺玄景，縣官左降。《朝野僉載》五。

李畬母

1 監察御史李畬母清素貞潔，畬請禄米送至宅，母遣量之，賸三石。問其故，令史曰：「御史例不槩賸。」又問車脚幾錢，又曰：「御史例不還脚錢。」母怒，令還所賸米及脚錢以責畬，畬乃追倉官科罪。諸御史皆有慚色。《朝野僉載》三。

符鳳妻

1 符鳳妻，字玉英。有節操，美而艷。以事徙儋州，至南海，逢獠賊所劫，鳳死之。妻被脅爲非禮。英曰：「今遭不幸，非敢惜身；以一婦人奉拾餘男子，君焉用？請推一長者爲匹，兒之願也。」賊然之。英曰：「容待妝飾訖，引就船中，不亦善乎？」有頃，盛裝束罷，立於船頭，謂諸賊曰：「不謂今朝奄逢倉卒，寧爲玉碎，不爲瓦全。」言訖，投於海。羣賊驚，救之，不獲。《朝野僉載》(臺灣史語所藏談刻本《廣記》二七〇)。案：中華書局校點本此條爲談愷所補，實出於《新唐書·列女傳》。

唐人軼事彙編卷十一

姚崇

1 陜州刺史王當有女，甚愛之，集州縣文武官，令善相者擇婿。相者曰：「此無貴婿，惟識果毅姚某者有貴子，可嫁之，終必得力。」當從其言，遂嫁之，時人咸笑焉。乃元崇也。時年二十二，好獵，都未知書。嘗詣一親表飲，遂遇相者，謂之曰：「公甚貴，異日必爲宰相。」歸以告其母。母勸令讀書，崇遂割放鷹鷂，折節學仕。爲孝敬挽郎，舉，下筆成章。後爲同州刺史。《唐史》（《分門古今類事》九）。案：《定命録》（《廣記》二二一）以相者爲袁天綱，誤，二人年代實不相及。

2 姚崇初不悦學，年逾弱冠，常過所親，見《修文殿御覽》，閱之，喜，遂耽玩墳史，以文華著名。歷牧常、揚，吏並建碑紀德。再秉衡軸，天下欽其公直。外甥任弈、任昇少孤，養在崇家，乃與之立家産，謂之曰：「汝，吾無間然矣，惜殊宗而代疏矣。」命與其子同名，冀無別也。時人多之。《大唐新語》六。

3 長安末，諸酷吏並誅死，則天悔於枉濫，謂侍臣曰：「近者朝臣多被周興、來俊臣推勘，遞相牽引，咸自承伏。國家有法，朕豈能違。中間疑有濫者，更使近臣就獄推問，得報皆自承引，朕不以爲疑，即可其奏。自周興、俊臣死，更不聞有反逆者。然已前就戮者，豈不有冤濫耶？」夏官侍郎姚崇對曰：「自垂拱已後，被告身死破家者，皆枉酷自誣而死，告事者特以爲功。天下號爲羅織，甚於漢之黨錮。陛下令近臣就獄推問者，近臣亦不自保，何敢輒有動摇。賴上天降靈，聖情發寤，誅滅凶豎，朝廷宴安。今日已後，微軀及一門百口，保見在内外官吏無反逆者。」則天大悦曰：「已前宰相皆順成其事，陷朕爲淫刑之主。聞卿所説，甚合朕心。」乃賜銀一千兩。《大唐新語》三。

4 見唐睿宗7。

5 姚元崇初拒太平得罪，上頗德之。既誅太平，方任元崇以相，進拜同州刺史。張説素不叶，命趙彦昭驟彈之，不許。居無何，上將獵於渭濱，密召元崇會於行所。初，元崇聞上講武於驪山，謂所親曰：「準式，車駕行幸，三百里内刺史合朝覲，元崇必爲權臣所擠，若何？」參軍李景初進曰：「某有兒母者，其父即教坊長入内，相公儻致厚賂，使其冒法進狀，可達。」公然之，輒效。燕公説使姜皎入曰：「陛下久卜河東總管，重難其人。臣有所得，何以見賞？」上曰：「誰邪？如愜，有萬金之賜。」乃曰：「馮翊太守姚元崇，文武全材，即其人也。」上曰：「此張説意也。卿罔上，當誅。」皎首服萬死，即詔中官追赴行在。上方獵於渭濱，公至，拜馬首。上言：「卿頗知獵乎？」元崇曰：「臣少孤，居廣成澤，目不知書，唯以射獵爲事。四十年，方遇張憬藏，謂臣當以文學備位將相，無爲自棄。爾來折節讀書。今雖官位過忝，至於馳射，老而猶能。」於是呼鷹放犬，遲速稱旨。上大悦。上曰：「朕久不見卿，思有顧問，卿可於宰相行中行。」公行猶後。上縱轡久之，顧曰：「卿行何後？」公曰：「臣官疏賤，不合參宰相行。」上曰：

「可兵部尚書同平章事。」公不謝，上顧訝焉。至頓，上命宰臣坐。公跪奏：「臣適奉作弼之詔不謝者，欲以十事上獻，有不可行，臣不敢奉詔。」上曰：「悉數之，朕當量力而行，然後定可否。」公曰：「自垂拱已來，朝廷以刑法理天下，臣請聖政先仁義，可乎？」上曰：「朕深心有望於公也。」又曰：「聖朝自喪師青海，未有牽復之悔，臣請三數十年不求邊功，可乎？」上曰：「可。」又曰：「自太后臨朝以來，喉舌之任，或出於閹人之口，臣請中官不預公事，可乎？」上曰：「懷之久矣。」又曰：「自武氏諸親，猥侵清切權要之地，繼以韋庶人、安樂、太平用事，班序荒雜，臣請國親不任臺省官，凡有斜封待闕員外等官，悉請停罷，可乎？」上曰：「朕素志也。」又曰：「比來近密佞幸之徒，冒犯憲網者，皆以寵免，臣請行法，可乎？」上曰：「朕切齒久矣。」又曰：「比因豪家戚里，貢獻求媚，延及公卿方鎮，亦爲之，臣請除租庸賦税之外，悉杜塞之，可乎？」上曰：「願行之。」又曰：「太后造福先寺，中宗造聖善寺，上皇造金仙、玉真觀，皆費鉅百萬，耗蠹生靈。凡寺觀宫殿，臣請止絶建造，可乎？」上曰：「朕每睹之，心即不安，而況敢爲者哉？」又曰：「先朝褻狎大臣，或虧君臣之敬，臣請陛下接之以禮，可乎？」上曰：「事誠當然，有何不可？」又曰：「自燕欽融、韋月將獻直得罪，由是諫臣沮色。臣請凡在臣子，皆得觸龍鱗，犯忌諱，可乎？」上曰：「朕非唯能容之，亦能行之。」又曰：「吕氏産、禄，幾危西京，馬、竇、閻、梁，亦亂東漢，萬古寒心，國朝爲甚，臣請陛下書之史册，永爲殷鑒，作萬代法，可乎？」上乃潸然良久曰：「此事真可爲刻肌刻骨者也。」公再拜曰：「此誠陛下致仁政之初，是臣千年一遇之日，臣敢當弼諧之地。天下幸甚，天下幸甚。」又再拜，蹈舞稱萬歲者三。從官千萬，皆出涕。上曰：「坐！」公坐於燕公之下，燕公讓不敢坐。

上問，對曰：「元崇是先朝舊臣，合首坐。」公曰：「張説是紫微宮使，今臣是客宰相，不合首坐。」上曰：「可紫微宮使居首坐。」《開元昇平源》。又《通鑑考異》一二引。案：《通鑑考異》曰：「似好事者爲之，依託吴兢名，難以盡信。」

6　姚崇以拒太平公主，出爲申州刺史，玄宗深德之。太平既誅，徵爲同州刺史。素與張説不叶，説諷趙彦昭彈之，玄宗不納。俄校獵于渭濱，密召崇會於行所，玄宗謂曰：「卿頗知獵乎？」崇對曰：「此臣少所習也。臣年三十，居澤中，以呼鷹逐兔爲樂，猶不知書。張璟〔藏〕謂臣曰：『君當位極人臣，無自棄也。』爾來折節讀書，以至將相。臣少爲獵師，老而猶能。」玄宗大悦，與之偕馬臂鷹，遲速在手，動必稱旨。玄宗懽甚，樂則割鮮，閒則咨以政事，備陳古今理亂之本上之，可行者必委曲言之。玄宗心益開，聽之亹亹忘倦。軍國之務，咸訪於崇。崇罷冗職，修舊章，内外有叙。又請無赦宥，無度僧，無數遷吏，無任功臣以政。玄宗悉從之，而天下大理。《大唐新語》一。《唐語林》二。

7　姚元崇初牧荆州，三年，受代日，闔境民吏泣擁馬首，遮道不使去，所乘之馬鞭鐙，民皆截留之，以表瞻戀。新牧具其事奏之，褒詔美焉。就賜中金一千兩。《開元天寶遺事》上。又《雲仙雜記》一〇引。《唐語林》一。案：據史傳，姚崇未曾牧荆州。

8～11　見唐玄宗14、16～18。

12　見武皇后21。

13　魏知古起諸吏，爲姚崇引用，及同升也，崇頗輕之。無何，請知古攝吏部尚書、知東都選士事，以吏部尚書宋璟門下過官，知古心銜之，思有以中之者。時崇二子並分曹洛邑，會知古至，恃其家君，頗招顧請託。知古歸，悉以上聞。他日，上召崇，從容謂曰：「卿子才乎？皆何官也？又安在？」崇揣知上意，因奏云：「兩人皆分司東都矣。其爲人欲而寡慎，是必以事干知古。然臣未及問之耳。」上始以丞相子重言之，欲微動崇，而意崇私其子，或爲之隱。及聞崇所奏，大喜，且曰：「卿安從知之？」崇曰：「知古微時，是臣之所慰薦，以至榮達。臣之子愚，謂知古見德，必容其非，故必干之。」上於是明崇不私其子之過，而薄知古之負崇也。上欲斥之，崇爲之請曰：「臣有子無狀，撓陛下法，陛下特原之，臣爲幸大矣。而由臣逐知古，海内臣庶必以陛下爲私臣矣，非所以裨元化也。」上久乃許之。翌日，以知古爲工部尚書，罷知政事。《次柳氏舊聞》。

14 紫微舍人倪若水贓至八百貫，因諸王内宴，姚元崇諷之曰：「倪舍人正直，百司嫉之，欲成事，何不爲上言之？」諸王入，衆共救之，遂釋，一無所問。主書趙誨受蕃餉一刀子，或直六七百錢，元崇宣敕處死。後有降，崇乃批曰：「別敕處死者，決一百，配流。」大理決趙誨一百不死，夜遣給使縊殺之。《朝野僉載》(《通鑑考異》一二)。

15 開元中，申王撝奏：「辰府録事閻楚珪，望授辰府參軍。」玄宗許之。姚崇奏曰：「臣昔年奏旨，王公駙馬所有奏請，非降墨敕，不可商量。其楚珪官，請停。」詔從之。《大唐新語》四。

16 上幸東都，至繡嶺宮，當時炎酷，上以行宮狹隘，謂左右曰：「此有佛寺乎？吾將避暑於廣廈。」或云：「六軍填委於其中，不可速行。」上謂高力士曰：「姚崇多計，第往覘之。」力士回奏云：「姚崇方絺綌乘小駟按轡於木陰下。」上悦曰：「吾得之矣。」遽命小駟，而頓消暑溽，乃歎曰：「小事尚如此，觸類而長之，天下固受其惠矣。」《明皇雜録》（《通鑑考異》一二）。又張本《説郛》三二引。《類説》一六有節文。《白孔六帖》三引作《開元記》。《五色線》上。

17 姚崇爲紫微令，舊例給舍直次，不讓宰相。崇以年位俱高，不依其請。令史持直簿詣之，崇批其簿曰：「告直令史，遣去又來，必欲取人，有同司命。老人年事，終不擬當。」給舍見之歡笑，不復逼也。後遂停宰相直宿。《大唐新語》一三。又《廣記》二五引。《文昌雜録》一。

18 姚梁公與崔監司在中書。梁公有子喪，在假旬日，政事委積，處置皆不得。言于玄宗，玄宗曰：「朕以天下事本付姚崇，以卿坐鎮雅俗。」及梁公出，頃刻間决遣盡畢。時齊平陽爲舍人，在旁見之。梁公自以爲能，頗有得色，乃問平陽曰：「余之爲相，比何等人？」齊未及對。梁公曰：「何如管、晏？」曰：「不可比管、晏。管、晏作法，雖不及後，猶及其身。相公前入相，所立法令施未竟，悉更之，以此不及。」梁公曰：「然則竟如何？」曰：「相公可謂救時之相也。」梁公投筆曰：「救時之相，豈易得乎？」時齊平陽善知今事，高仲舒善知古事。姚作相，凡質疑問難，皆此二人。因嘆曰：「欲知古事，問高仲舒；欲知今事，問齊澣，即無敗政矣！」《唐語林》三。《戎幕閒談》（《類説》五二）。

19 見源乾曜4。

20 見張説10。

21 姚元崇與張説同爲宰輔，頗疑阻，屢以其相侵，張銜之頗切。姚既病，誡諸子曰：「張丞相與我不叶，舋隙甚深。然其人少懷奢侈，尤好服玩，吾身殁之後，以吾嘗同寮，當來弔。汝其盛陳吾平生服玩寶帶重器，羅列於帳前，若不顧，汝速計家事，舉族無類矣；目此，吾屬無所虞，便當録其玩用，致於張公，仍以神道碑爲請。既獲其文，登時便寫進，仍先礱石以待之，便令鐫刻。張丞相見事遲於我，數日之後當悔，若卻徵碑文，以刊削爲辭，當引使視其鐫刻，仍告以聞上訖。」姚既殁，張果至，目其玩服三四，姚氏諸孤，悉如教誡。不數日文成，叙述該詳，時爲極筆。其略曰：「八柱承天，高明之位列；四時成歲，亭毒之功存。」後數日，張果使使取文本，以爲詞未周密，欲重爲删改。姚氏諸子仍引使者示其碑，乃告以奏御。使者復命。悔恨拊膺，曰：「死姚崇猶能算生張説，吾今知才之不及也遠矣。」《明皇雜録》上。又《廣記》一七〇引。

22 初，姚崇引〔宋〕璟爲中丞，再引之入相。崇善應變，故能成天下之務；璟善守文，故能持天下之政。二人執性不同，同歸於道，叶心翼贊，以致刑措焉。《大唐新語》一。《唐語林》一。

23 姚元崇爲宰相，憂國如家，愛民如子，未嘗私於喜怒，惟以忠孝爲意。四方之民，皆畫元崇之真神事焉，求之有福。《開元天寶遺事》上。

24 姚開府凡三爲相，而必兼兵部，至於軍鎮道里與騎卒之數，皆暗能計之矣。《隋唐嘉話》下。《唐語林》二。

25 見裴光庭1。

26 姚崇每與兒孫會集，曰：「外甥自非疏，但别姓耳。」遣與兒姪連名。《唐語林》一。

27 見成敬奇1。

28 見魏光乘1。

宋璟

1 劉禹錫上權舍人書曰：昔宋廣平之沉下僚也，蘇公味道時爲繡衣直指使者，廣平投以《梅花賦》，蘇盛稱之，自是方列於聞人之目。《唐詩紀事》一四。

2 皮日休《桃花賦序》曰：余常慕宋廣平之爲相，貞姿勁質，剛態毅狀，疑其鐵腸石心，不能吐婉媚辭。然覩其文而有《梅花賦》，清便富艷，得南朝徐、庾之體。《唐詩紀事》一四。

3 宋璟未第時，因於日中覽鏡，鏡影忽成「相」字。璟因此自負，遂修相業，後如其志。《開元天寶遺事》上。

4 見王晙1。

5 張易之、昌宗方貴寵用事，潛相者言其當王，險薄者多附會之。長安末，右衛西街有牓云：「易之兄弟、長孫汲、裴安立等謀反。」宋璟時爲御史中丞，奏請窮理其狀。則天曰：「易之已有奏聞，不可加罪。」璟曰：「易之爲飛書所逼，窮而自陳。且謀反大逆，法無容免，請勒就臺勘當，以明國法。易之等久蒙驅使，分外承恩，臣言發禍從，即入鼎鑊。然義激於心，雖死不恨。」則天不悦。内史楊再思遽宣敕命，令璟出，璟曰：「天顔咫尺，親奉德音，不煩宰臣擅宣王命。」左拾遺李邕歷階而進曰：「宋璟所奏，事關社稷，望陛下可其所奏。」則天意若解，乃傳命令易之就臺推問。斯須，特敕原之，仍遣易之、昌宗就璟拜謝。拒而不見，令使者謂之曰：「公事當公言之，私見即法有私也。」璟謂左右：「恨不先打豎子腦破，而令混亂國經，吾負此恨。」時朝列呼易之、昌宗爲五郎、六郎，璟獨以官呼之。天官侍郎鄭杲謂璟曰：

「中丞奈何喚五郎爲卿？」璟曰：「鄭杲何庸之甚！若以官秩，正當卿號；若以親故，當爲張五郎、六郎矣。足下非張氏家僮，號五郎、六郎何也？」杲大慚而退。《大唐新語》二。《唐語林》三。《唐會要》六一。

6 宋璟嘗侍宴朝堂，張易之兄弟皆爲列卿位，舉筯待璟，久之方至。先執酒向西拜謝，飲不盡卮，遽稱腹痛而歸。《續世説》三。

7 宋璟，則天朝以頻論得失，内不能容，而憚其公正，乃敕璟往揚州推按。奏曰：「臣以不才，叨居憲府，按州縣乃監察御史事耳，今非意差臣，不識其所由，請不奉制。」無何，復令按幽州都督屈突仲翔。璟復奏曰：「御史中丞，非軍國大事不當出使。且仲翔所犯贓污耳，今高品有侍御史，卑品有監察御史，今敕臣，恐非陛下之意，當有危臣，請不奉制。」月餘，優詔令副李嶠使蜀。嶠喜，召璟曰：「叨奉渥恩，與公同謝。」璟曰：「恩制示禮數，不以禮遣璟，璟不當行，謹不謝。」乃上言曰：「臣以憲司，位居獨坐。今隴蜀無變，不測聖意令臣副嶠，何也？恐乖朝庭故事，請不奉制。」易之等冀璟出使，當别以事誅之。既不果，伺璟家有婚禮，將刺殺之。有密以告者，璟乘事舍於他所，乃免。易之尋伏誅。《大唐新語》二。《唐語林》三。

8 武三思得幸於中宗，京兆人韋月將等不堪憤激，上書告其事。中宗惑之，命斬月將。黄門侍郎宋璟執奏，請按而後刑。中宗愈怒，不及整衣履，岸巾出側門，迎謂璟曰：「朕以爲已斬矣，何以緩之？」命促斬，璟曰：「人言宫中私於三思，陛下竟不問而斬，臣恐有竊議。」固請按而後刑。中宗大怒，璟曰：「請先斬臣，不然，終不奉詔。」乃流月將於嶺南，尋使人殺之。《大唐新語》二。《唐語林》三。《唐會要》六二。

9　見唐睿宗7。

10　宋璟爲廣府都督，玄宗思之，使内侍楊思勗馳馬往追。璟拜恩就馬，在路竟不與思勗交一言。思勗以將軍貴倖殿庭，因訴于玄宗。上嗟嘆良久，即拜刑部尚書。《封氏聞見記》九。《唐語林》三。

11、12　見唐玄宗14、20。

13　見姚崇22。

14　玄宗令宋璟製諸王及公主邑號，續遣中使宣詔令，更作一佳號，璟奏曰：「七子均養，鳲鳩之德。至錫名號，不宜有殊。今奉此旨，恐母寵子異，非正家國之大訓，王化之所宜，不敢奉詔。」玄宗從之。《大唐新語》三。

15　見蘇頲16。

16　宋璟愛民恤物，朝野歸美，時人咸謂璟爲有脚陽春，言所至之處，如陽春煦物也。《開元天寶遺事》下。

17　端午日，玄宗賜宰臣鍾乳。宋璟既拜賜，而命醫人鍊之，醫請將歸家鍊。子弟諫曰：「此乳珍異，他者不如，今付之歸，恐招欺換。」璟誡之曰：「自隱爾心然，疑他心耶？仗信示誠，猶恐不至，矧有猜責，豈可得乎？」《大唐新語》七。《芝田録》（《類説》一一）。《唐語林》一。

18　有薦山人范知濬文學，并獻其所爲文，宋璟判曰：「觀其《良宰論》，頗涉佞諛。山人宜極言讜議，豈宜偷合苟容！」抑而不奏。《續世説》一二。

19　開元初，突厥寇邊。時天武軍將子郝靈筌出使迴，引回紇部落，斬突厥默啜獻首於闕下。自謂有不世之功。時宋璟爲相，以天子少好武，恐徼功者生心，痛抑其賞。逾年，始受中郎將，靈筌遂嘔血而死。《南部新書》己。

20 宋璟與蘇瓌子頲同時爲相。按蘇頲除紫薇侍郎平章事，時璟歎曰：「吾與蘇家父子同時爲丞相，至如寬厚博物，僕射亦有之，若正直賢明，則頲過其父。」推此爲論，繼代爲相有如此，頲與其父同秉衡者，古無所聞。璟初共其父比肩，又與其子同列。如璟年德重，久居台位，又無其比。《卓異記》。

21 見蘇頲8。

22 見裴光庭4。

23 開元中，宋璟疾負罪而妄訴不已者，付御史臺治之。會天旱，有優人作魃戲於上前，問：「魃何爲出？」對曰：「負冤者二百餘人，相公悉以繫獄，故魃不得不出。」未幾，罷璟相。《記纂淵海》八九。

24 宋開府璟雖耿介不羣，亦深好聲樂，尤善羯鼓。樂部行王詢云：「南山起雲，北山起雨」，即開府所爲也。始承恩顧，與上論鼓事，曰：「不是青州石末，即是魯山花甆。撚小碧上，掌下須有朋去聲肯之聲。」據此，乃是漢震第二鼓也。且鏃用石末、花甆，固是腰鼓，掌下朋肯聲，是以手拍，非羯鼓明矣。第二鼓者，左以杖，右以手指。又開府謂上曰：「頭如青山峯，手如白雨點，此即羯鼓之能事也。山峯取不動，雨點取碎急。」上與開府兼擅兩鼓，而羯鼓偏好，以其比漢震稍雅細焉。開府之家悉傳之。東都留守鄭叔則祖母，即開府之女。今尊賢里鄭氏第有小樓，即宋夫人習鼓之所也。開府孫沇亦工之，並有音律之學。貞元中進《樂書》三卷，德宗覽而嘉之。又知是開府之孫，遂召對賜坐，與論音樂，喜甚。數日，又召至宣徽，張樂使觀焉，曰：「有舛誤乖謬，悉可言之。」沇沈吟曰：「容臣與樂官商摧講論，具狀條奏。」上使宣徽使、教坊使就教坊，與樂官參議數日，然後進奏。二使奏：「樂工多言沇不解聲律，不審節拍，兼有聵疾，不可議樂。」上頗異之，又召宣徽使對，沇曰：「臣年老多病，耳實失聰，若迫於聲律，不致無業。」上又使作樂，曲罷，問其得失，承禀舒遲，衆工多笑之。沇顧笑者，忽忿怒作色，奏曰：「曲雖妙，其間有不可者。」上驚問之，即指一琵琶云：「此人大逆戕忍，不日間兼即抵法，不宜在至尊前。」又指一笙云：「此人神魂已游墟墓，不可更留供奉。」上尤驚異，令主者潛伺察之。旋而琵琶者爲同輩告訐，稱六七年前，其父自縊，不得端由。即令按鞫，遂伏其罪。笙者乃憂恐不食，旬日而卒。上益加知遇，面賜章綬，累召對，每令沇察樂。樂工惴恐脅息，不敢正視。沇懼罹禍，辭病而退。《羯鼓録》。又《御覽》五八三、五六八引，《廣記》二〇五引。《唐語林》五。

25 明教坊龍興觀西南隅，開府宋璟宅。南門之東，國子司業崔融宅。璟造宅悉東西相對，不爲斜曲，以避惡名。融爲則天哀策，用思精苦，下直，馬過其門不覺，文就而卒。《兩京記》（《御覽》一八〇）。

26 見唐玄宗107。

劉幽求

1 見張沛1。

2 「小子謀餐而已，案：此上有脱文。此人豈享富貴者乎？」幽求聞之，拂衣而出。盧令遽下堦捉幽求衣，伸謝之，幽求竟去。盧回，謂諸郎官曰：「輕笑劉生，禍從此始。」盧令竟爲宗、紀所排，左遷金州司馬。六月，中宗晏駕。十五日酺酒間，裴漼卧於私第，幽求忽來詣漼，直入卧内，戴檝耳帽子，著白襴衫，底著短緋白衫，執漼手曰：「裴三！死生一决。」言訖而去。漼大驚，不測其故，謂其妻曰：「僕竟坐與案：此下有脱文。非笑此子，恐禍在須臾。」明日時去清明九十九日。中宗小祥，百官率慰少帝。是日，月華門至辰巳後方開，傳聲曰：「斬決使劉相公出。」衣黄金甲，佩櫜鞬，統萬騎，兵士白刃耀日，自宗、紀及前時邪黨輕笑者，咸受戮於朝。又喚兵部員外郎裴漼，漼股慄而前，幽求曰：「相識否？」漼答曰：「不識。」劉曰：「幽求與公俱以本官一例赴中書上任。」其夜凡制誥百餘首，皆幽求作也。自爲拜相白麻云：「前朝邑尉劉幽求忠貞貫日，義勇横秋，首建雄謀，果成大業，可中書舍人，參知機務。賜甲第一區，金銀器皿十牀，細婢十人，馬百匹，錦綵千段，仍給鐵券，特恕十死。」翌日，命金州司馬盧齊卿京兆少尹知府事。載柳沖常侍所著《姓系》劉氏卷中。《唐語林》三。　案：此條原出《常侍言旨》。

3 劉幽求自朝邑尉爲中書舍人，三日内拜相。《獨異志》下。

4 見王晙2。

崔日用

1 崔日用爲御史中丞，賜紫。是時佩魚須有特恩，亦因内宴，中宗命羣臣撰詞，日用曰：「臺中鼠子直須諳，信足跳梁上壁龕。倚翻燈脂污張五，還來齧帶報韓三。莫浪語，直王相，大家必若賜金龜，賣卻貓兒相報賞。」中宗亦以金魚賜之。《本事詩·嘲戲》。又《詩話總龜》前集三九引。《唐詩紀事》一〇。

2　平王誅逆韋，崔日用將兵杜曲，誅諸韋略盡，綳子中嬰孩亦捏殺之。諸杜濫及者非一。浮休子曰：此逆韋之罪，疏族何辜！亦如冉閔殺胡，高鼻者横死；董卓誅閹人，無鬚者枉戮。死生命也。《朝野僉載》一。

3　上宴日，日用起舞，自歌云：「東館總是鵷鸞，南臺自多杞梓。日用讀書萬卷，何忍不蒙學士？墨制簾下出來，微臣眼看喜死。」其日以日用兼修文館學士，制曰：「日用書窮萬卷，學富三冬。」日用舞蹈拜謝。日用，滑州人。中宗時，武三思、宗楚客權寵交扇，日用多所結納。才辯絶人，能乘機反覆取富貴。韋氏平，遂爲相。嘗謂人曰：「吾平生所事，皆適時制變，不專始謀。然每一反思，若芒刺在背云。」明皇時，日用猶被寵眷，帝賦詩宴遊，多預酬唱。《送張説巡邊應制》云：「吉日四黄馬，宣王六月兵。擬清鷄鹿塞，先指朔方城。」日用有才辯，惟是奸佞耳。中宗時，《七日應制》云：「曲江苔色冰前液，上苑梅香雪裏嬌。」亦佳語也。《唐詩紀事》一〇。

4　開元中，崔日用爲汝州刺史。宅舊凶，世無居者，日用既至，修理灑掃，處之不疑。其夕，日用堂中明燭獨坐。半夜後，有烏衣數十人自門入，至坐堦下，或有跛者眇者。日用問：「君輩悉爲何鬼，來此恐人。」其跛者自陳云：「某等罪業，悉爲猪身，爲所放散在諸寺，號長生猪。然素不樂此生受諸穢惡，求死不得，恒欲於人申説，人見悉皆恐懼。今屬相公爲郡，相投轉此身耳。」日用謂之曰：「審若是，殊不爲難。」俱拜謝而去。翌日，寮佐來見日用，莫不驚其無恙也。衙畢，使奴取諸寺長生猪。既至，或跛或眇，不殊前見也。歎異久之，令司法爲作名，乃殺而賣其肉，爲造經像，收骨葬之。他日又來謝恩，皆作少年狀，云：「不遇相公，猶十年處於穢惡。無以上報，今有寶劍一雙，各值千金，可以除辟不祥，消彌凶厲也。」置劍牀前，再拜而去。日用問：「我當何官？」答云：「兩日内爲太原尹。」更問得宰相否，默而不對。《廣異記》（《廣記》四三九）。

崔日知

1 唐京兆尹崔日知處分長安、萬年及諸縣左降流移人，不許暫停，有違晷刻，所由决杖。無何，日知貶歙縣丞，被縣家催，求與妻子别不得。《朝野僉載》（《廣記》一二二）。

2 崔潞府日知，歷職中外，恨不居八座。及爲太常，於都寺廳事後起一樓，正與尚書省相望，人謂之崔公望省樓。《隋唐嘉話》下。又《廣記》一八七引作《國史異纂》。

陸象先

1 陸象先爲益州長史，奏嘉邛路遠，請鑿岷山之南，以從捷近。發卒從役，居人不堪，多道亡瘐死，行旅無利。左拾遺張宣明監姚嶲諸軍事，兼招慰使，仍親驗其路，審其難險，移牒益州曰：「此路高山臨雲，深谷無景，至有斗絶巨險，殆不通人蹤。經之者必摶壁傍崖，脅息而度。雖竟日登頓，二十許里，木人猶堪淚下，鐵馬亦可蹄穿。」象先覽之兢惕，遽罷役，仍舊路以聞。蜀人賴焉。《大唐新語》九。

2 陸象先爲蒲州刺史，有小吏犯罪，但慰勉而遣之。録事曰：「此例皆合於杖。」象先曰：「人情相去不遠，此豈不解吾意？若論必須行杖，當自汝始。」録事慚懼而退。常謂人曰：「天下本自無事，只是愚人擾之，始爲煩耳。但静其源，何憂不簡。」前後歷典數州，其政如一，人吏咸思之。《大唐新語》七。

3　陸兗公爲同州刺史，有家僮遇參軍不下馬，參軍怒，欲賈其事，鞭背見血。入白兗公曰：「卑吏犯某，請去官。」公從容謂曰：「奴見官人不下馬，打也得，不打也得；官人打了，去也得，不去也得。」參軍不測而退。《國史補》上。又《廣記》一七七引。《唐語林》三。

4　馮翊之東窟谷，有隱士趙存者，元和十四年，壽逾九十，服精朮之藥，體甚輕健。自云父諱君乘，亦享遐壽。嘗事兗公陸象先，言兗公之量固非凡可以測度。兗公崇信内典，弟景融竊非曰：「家兄溺此教，何利乎？」象先曰：「若果無冥道津梁，百歲之後，吾固當與汝等；萬一有罪福，吾則分數勝汝。」及爲馮翊太守，參軍等多名族子弟，以象先性仁厚，於是與府寮共約戲賭。一人曰：「我能旋笏于廳前，硬努眼眶，衡揖使君，唱喏而出，可乎？」衆皆曰：「誠如是，甘輸酒食一席。」其人便爲之。象先視之如不見。又一參軍曰：「爾所爲全易。吾能于使君廳前，墨塗其面，着碧衫子，作神舞一曲，慢趨而出。」羣寮皆曰：「不可。誠敢如此，吾輩當斂俸錢五千，爲所輸之費。」其二參軍便爲之。象先亦如不見。皆賽所賭，以爲戲笑。其第三參軍又曰：「爾之所爲絶易。吾能于使君廳前，作女人梳妝，學新嫁女拜舅姑四拜，則如之何？」衆曰：「如此不可。仁者一怒，必遭叱辱，倘敢爲之，吾輩願出俸錢十千，充所輸之費。」其第三參軍遂施粉黛，高髻笄釵，女人衣，疾入，深拜四拜。象先又不以爲怪。景融大怒曰：「家兄爲三輔刺史，今乃成天下笑具！」象先徐語景融曰：「是渠參軍兒等笑具，我豈爲笑哉？」初，房琯嘗尉馮翊，象先下孔目官黨芬，于廣衢相遇，避馬遲，琯拽芬下，决脊數十下。芬訴之，象先曰：「汝何處人？」芬曰：「馮翊人。」又問：「房琯何處官人？」芬曰：「馮翊尉。」象先曰：「馮翊尉决馮翊百姓，告我何也？」琯又入見，訴其事，請去官。象先曰：「如黨芬所犯，打亦得，不打亦得；官人打了，去亦得，不去亦得。」後數年，琯爲弘農湖城令，移攝閿鄉。值象先自江東徵入，次閿鄉，日中遇琯，留迫至昏黑，琯不敢言。忽謂琯曰：「攜衾裯來，可以宵話。」琯從之，竟不交一言。到闕日，薦琯爲監察御史。景融又曰：「比年房琯在馮翊，兄全不知之。今别四五年，因途次會，不交一詞。到闕薦爲監察御史，何哉？」公曰：「汝不自解。房琯爲人，百事不欠，只欠不言。今則不言矣，是以爲用之。」班行間大伏其量矣。《乾𦠆子》（《廣記》四九六）。

5 陸象僊家號象爲鈍公子……以避諱故也。《清異録》上。

張説

1 張説母夢有一玉燕自東南飛來，投入懷中而有孕，生説。果爲宰相，其至貴之祥也。《開元天寶遺事》上。

2 燕公説之少也，元懷景知其必貴，嫁女與之。後張至宰相，其男女數人婚姻榮盛，男尚公主，女爲三品夫人。《定命録》（《廣記》一七〇）。

3 則天初革命，大搜遺逸，四方之士應制者向萬人。則天御雒陽城南門，親自臨試。張説對策爲天下第一。則天以近古以來未有甲科，乃屈爲第二等。其警句曰：「昔三監翫常，有司既糾之以猛；今四罪咸服，陛下宜計之以寬。」拜太子校書。仍令寫策本於尚書省，頒示朝集及蕃客等，以光大國得賢之美。《大唐新語》八。

4 魏元忠以摧辱二張，反爲所搆，云結少年欲奉太子。則天大怒，下獄勘之，易之引張説爲證，召大臣，令元忠與易之、説等定是非。説佯氣逼不應。元忠懼，謂説曰：「張説與易之共羅織魏元忠耶？」説叱曰：「魏元忠爲宰相，而有委巷小兒羅織之言，豈大臣所謂？」則天又令説言元忠不軌狀，説曰：「臣不聞也。」易之遽曰：「張説與元忠同逆。」則天問其故，易之曰：「説往時謂元忠居伊、周之地。臣以伊尹放太甲，周公攝成王之位，此其狀也。」説奏曰：「易之、昌宗大無知！所言伊周，徒聞其語耳，詎知伊、周爲臣之本末。元忠初加拜命，授紫綬，臣以郎官拜賀。元忠曰：『無尺寸之功而居重任，不勝畏懼。』臣曰：『公當伊、周之任，何愧三品。』然伊、周歷代書爲忠臣，陛下不遣臣學伊、周，使臣將何所學？」説又曰：「易之以臣宗室，故託爲黨。然附易之有台輔之望，附元忠有族滅之勢。臣不敢面欺，亦懼元忠冤魂耳。」遂焚香爲誓。元忠免死，流放嶺南。《大唐新語》二。《唐語林》三。

5 長安三年，張易之、昌宗欲作亂，將圖皇太子，遂譖御史大夫、知政事魏元忠。昌宗奏言：「可用鳳閣舍人張説爲證。」説初不許，遂賂以高官，説被逼迫，乃僞許之。昌宗乃奏：「元忠與太平公主所寵司禮丞高戩交通密謀，構造飛語曰：『主上老矣，吾屬當挾皇太子，可謂耐久。』」時則天春秋高，惡聞其語。鳳閣侍郎宋璟恐説阿意，乃謂曰：「大丈夫當守死善道。」殿中侍御史張廷珪又謂曰：「朝聞道，夕死可矣。」起居郎劉知幾又謂曰：「無污青史，爲子孫累。」明日，上引皇太子、相王及宰相等於殿廷，遣昌宗與元忠、高戩對於上前。上謂曰：「具述其事。」説對曰：「臣今日對百寮，請以實録。」因厲聲言：「魏元忠實不反，總是昌宗令臣誣枉耳。」是日，百寮震懼。上聞説此對，謂宰相曰：「張説傾巧，翻覆小人，且總收禁，待更勘問。」異日，又召，依前對問。昌宗乃屢誘掖逼促之，説視昌宗言曰：「乞陛下看取，天子前尚逼臣如此。況元忠實無反語，奈何欲令臣空虚加誣其罪！今大事去矣，伏願記之。」易之、昌宗必亂社稷。」天后默然，令所司且收禁。掌諫議大夫、知政事朱敬則密表奏曰：「魏元忠素稱忠正，張説又所坐無名，俱令抵罪，恐失天下之望，願加詳察。」乃貶元忠爲高要尉，説流欽州。時人議曰：昌宗等包藏禍心，遂與説計議，欲擬謀害大臣。宋璟等知説巧詐，恐損良善，遂與之言，令其内省。向使説元來不許昌宗虚證元忠，必無今日之事，乃是自招其咎。賴識通變，轉禍爲福，不然，皇嗣殆將危矣。後數年，説拜黄門侍郎，同中書門下平章事，因至史館，讀則天實録，見論證對元忠事，乃謂著作佐郎兼修國史吴兢曰：「劉五修實録，劉五即子玄也。論魏齊公事，殊不相饒假，與説毒手。」當時説驗知是吴兢書之，所以假託劉子玄。兢從容對曰：「是兢書之，非劉公修述，草本猶在。其人已亡，不可誣枉於幽魂，令相公有怪耳。」同修史官蘇、宋等見兢此對，深驚異之，乃歎曰：「昔董狐古之良史，即今是焉。」説自後頻祈請刪削數字，兢曰：「若取人情，何名爲直筆。」《唐會要》六四。

6 見崔湜1。

7 見唐睿宗7。

8 見唐玄宗10。

9 開元初，玄宗詔太子賓客元行沖修魏徵撰次《禮記疏》，擬行之於國學。及成，奏上之。中書令張説奏曰：「今上《禮記》，是戴聖所編。歷代傳習，已向千載，著爲經教，不可刊削。至魏，孫炎始改舊本，以類相比，有同鈔書，先儒所非，竟不行用。貞觀中，魏徵因炎舊書，更加釐正，兼爲之注。先朝雖加賜賚，其書亦竟不行。今行沖勒成一家，然與先儒義乖，章句隔絶。若欲行用，竊恐未可。」詔從之，留其書於内府，竟不頒下。時議以爲説之通識過於魏徵。《大唐新語》七。

10 姚崇爲相，忽一日對於便殿，舉左足不甚輕利。上曰：「卿有足疾耶？」崇曰：「臣有腹心之疾，非足疾也。」因前奏張説罪狀數百言，上怒曰：「卿歸中書，宜宣與御史中丞共按其事。」而説未之知，會朱衣吏報午後三刻，説乘馬先歸。崇急呼御史中丞李林甫以前詔付之。林甫語崇曰：「説多智謀，是必困之，宜以劇地。」崇搆曰：「丞相得罪，未宜太偪。」林甫曰：「公必不忍耶！説當無害。」林甫正將詔付於御史，中路以馬墜告假。説之未遭崇搆也，前旬月有教授書生私通於侍婢最寵者，會擒得奸狀以聞於説，説怒甚，將窮獄於京兆尹。書生厲聲曰：「覩色不能禁，亦人之常情也。公貴爲相，豈無緩急有用人乎？靳於一婢女耶！」説奇其言而釋之，以侍兒與歸。書生一跳跡去，旬月餘無所聞知。忽一日直訪於説，憂色滿面，且言：「某感公之恩，思有謝者久之。今方聞公爲姚相國所搆，外獄將具，公不知之，危將至矣。某願得公平生所寶者，用計於九公主，必能立釋之。」説因自歷指狀所寶之物，書生告云：「未足解公之難。」又凝思久之，忽曰：「近有雞林郡夜明簾爲寄信者。」書生曰：「吾事濟矣。」因請手札數行，懇以情言，遂急趍出，逮夜始及九公主邸第，書生具以説旨言之，兼用簾爲贄。且請公主曰：「上獨不念在東宮時思必始終恩加張丞相乎？而今反用快不利張丞相之心耶？」明旦公主入謁，具爲奏之。上感動，急命高力士就御史臺宣前所按事並宜罷之。書生亦不再見張丞相矣。《松窗雜録》。又《廣記》四九四引。《珊瑚鈎詩話》三。

11　張説之謫岳州也，常鬱不樂。時宰以説機辨才略，互相排擯。蘇頲方當大用，而張説與瓌相善，張因爲《五君詠》致書，封其詩以遺頲，戒其使曰：「候忌日近暮送之。」使者既至，因忌日齎書至頲門下。會積陰累旬，近暮，弔客至，多説先公寮舊。頲因覽詩，嗚咽流涕，悲不自勝。翌日，乃上封事，陳説忠貞謇諤，嘗勤勞王室，亦人望所屬，不宜淪滯於遐方。上乃降璽書勞問，俄而遷荊州長史。陸象先、韋嗣立、張廷珪、賈曾，皆以讁逐歲久，因加甄收。頲常以説父之執友，事之甚謹，而説重其才器，深加敬慕焉。《明皇雜録》下。又《廣記》二三五引。《唐詩紀事》一四。

12　見姚崇21。

13　燕國公張説，倖佞人也。前爲并州刺史，諂事特進王毛仲，餉致金寶不可勝數。後毛仲巡邊，會説於天雄軍大設，酒酣，恩敕忽降，授兵部尚書、同中書門下三品。説謝訖，便把毛仲手起舞，嗅其韡鼻。《朝野僉載》五。

14　玄宗朝，張説爲麗正殿學士，常獻詩曰：「東壁圖書府，西垣翰墨林。諷詩關國體，講《易》見天心。」玄宗深佳賞之，優詔答曰：「得所進詩，甚爲佳妙。風雅之道，斯焉可觀。並據才能，略爲贊述，具如別紙，宜各領之。」玄宗自於彩箋上八分書説贊曰：「德重和鼎，功逾濟川。詞林秀發，翰苑光鮮。」其徐堅已下，並有贊述，文多不盡載。《大唐新語》八。

15 開元中，陸堅爲中書舍人，以麗正學士或非其人，而所司供擬過爲豐贍，謂朝列曰：「此亦何益國家，空致如此費損。」將議罷之。張説聞之，謂諸宰相曰：「説聞自古帝王，功成則有奢縱之失，或興造池臺，或躭玩聲色。聖上崇儒重德，親自講論，刊校圖書，詳延學者。今之麗正，即是聖主禮樂之司，永代規模不易之道。所費者細，所益者大。陸子之言，爲未達也。」玄宗後聞其言，堅之恩眄，從此而減。《大唐新語》一。《續世説》一。《唐詩紀事》一四。案：陸堅，《續世説》從《舊唐書·張説傳》誤作「徐堅」。

16 張説拜集賢學士，於院廳讌會，舉酒，説推讓不肯先飲，謂諸學士曰：「學士之禮，以道義相高，不以官班爲前後。説聞高宗朝修史學士有十八九人，時長孫太尉以元舅之尊，不肯先飲，其守九品官者亦不許在後，乃取十九杯一時舉飲。長安中，説修《三教珠英》，當時學士亦高卑懸隔，至於行立前後，不以品秩爲限也。」遂命數杯一時同飲，時議深賞之。《大唐新語》七。

17 見張九齡4。

18 明皇封禪泰山，張説爲封禪使。説女婿鄭鎰，本九品官，舊例封禪後，自三公以下皆遷轉一級，惟鄭鎰因説驟遷五品，兼賜緋服。因大脯次，玄宗見鎰官位騰躍，怪而問之，鎰無詞以對。黄幡綽曰：「此乃泰山之力也。」《酉陽雜俎》前集一二。

19 見唐玄宗37。

20 玄宗東封迴，右丞相張説奏曰：「吐蕃醜逆，誠負萬誅，然國家久事征討，實亦勞心。今甘、涼、河、鄯徵發不息，已數十年於兹矣，雖有尅捷，亦有敗軍，此誠安危之時也。聞其悔過請和，惟陛下許其稽顙，以息邊境，則蒼生幸甚。」玄宗曰：「待與王君㚟籌之。」説出，謂源乾曜曰：「君㚟勇而無謀，好兵以求相。兩國和好，何以爲功？彼若入朝，則吾計不行矣。」竟如其言。説懼君㚟黷兵，終致傾覆。時巂州獲鬬羊，因上鬬羊表以諷焉。玄宗不納。至十五年九月，吐蕃果犯瓜州，殺刺史田元獻，並害君㚟，大殺掠男女，取軍貲倉糧而去。君㚟馳赴肅州以襲之，還至甘州鞏筆驛，爲吐蕃所擊，師徒大敗，君㚟死之，咸如説言。《大唐新語》七。

21 中書舍人張均知考，父左相張説知京官考，特注曰：「父教子忠，古之善訓。祁奚舉子，義不務私。至如潤色王言，章施帝載，道參墳典，例絶常功。恭聞前烈，尤難其任。豈以嫌疑，敢撓綱紀。考上下。」《玄宗實録》（《廣記》一八六）。《唐會要》八一。《南部新書》戊。

22 見王灣1。

23 張説既致仕，在家修養，乃乘閒往景山之陽，於先塋建立碑表。玄宗仍賜御書碑額以寵之。其文曰：「嗚呼！積善之墓。」與宣父延陵季子墓誌同體也。朝野以爲榮。及説薨，玄宗親製神道碑，其略曰：「長安中，公爲鳳閣舍人，屬麟臺監張易之誣搆大臣，作爲飛語。御史大夫魏元忠即其醜正，必以中傷。天后致投杼之疑，中宗憂掘蠱之變。是時敕公爲證，啗以右職。一言刺回，四國交亂。公重爲義，死且不辭，庭辯無辜，中旨有忤，左右爲之惕息，而公以之抗詞。反元忠之塋魂，出太子於坑陷。人謂此舉義重於生。由是長流欽州，守正故也。」文多不盡載。《大唐新語》一一。

24　張説獨排太平之黨，請太子監國，平定禍亂，迄爲宗臣，前後三秉大政，掌文學之任，凡三十年。爲文思精，老而益壯，尤工大手筆，善用所長，引文儒之士以佐王化。得僧一行贊明陰陽律曆，以敬授人時，封太山，祠脽上，舉闕禮，謁五陵，開集賢，置學士，功業恢博，無以加矣。尚然諾于君臣、朋友之際，大義甚篤。及薨，玄宗爲之罷元會。《大唐新語》一。

25　張燕公説，有宰輔之才，而多詭詐，復貪財賄。時人亦多之，亦汙之。每中書議事，及衆僚巡廳，或有所忤，立便叱罵，爲衆所嫌。故朝彦相謂曰："「張公之言，毒於極刑。」言好面辱人也。《開元天寶遺事》下。

26　玄宗朝宰相盧懷慎無疾暴終，夫人崔氏止兒女，不令號哭，曰："「公命未盡，我得知之。」語曰："「公清儉而廉潔，蹇進而謙退，四方賂遺，毫髮不留。與張燕公同時爲相，張納貨山積，其人尚在。奢儉之報，豈虚也哉？」及宵分，公復生。左右以夫人之言啓陳，公曰："「理固不同。冥司有三十爐，日夕鼓橐，爲説鑄横財，我無一焉，惡可匹哉？」言訖復絶。《獨異志》上。又《廣記》一六五引。

27　張説于元宵召諸姬共宴，苦于無月，夫人以雞林夜明簾懸之，炳于白日。夜半月出，惟説宅無光，簾奪之也。《採蘭雜志》(《瑯嬛記》中)。

28　張燕公有石緑鏡臺，得自明川道士。玄宗聞其有異，取以精炭十車燒之，不變，乃已。《類聚記》(《雲仙雜記》六)。

29　張燕公好求山東婚姻，當時皆惡之。及後與張氏爲親者，乃爲甲門。《國史補》上。又《廣記》一八四引。

30 張文貞公第某女嫁盧氏，嘗爲舅盧公求官，候公朝下而問焉，公不語，但指搘牀龜而示之。女拜而歸室，告其夫曰：「舅得詹事矣。」《大唐傳載》。又《廣記》二七一引。《南部新書》丁。《唐語林》三。

31 見蘇頲19。

32 見李泌1。

33 玄宗令張燕公撰華嶽碑，首四句或云一行禪師所作。或云碑之文鑿破，亂取之曰：「巉巉太華，柱天直上。青崖白谷，仰見仙掌。」《國史補》上。

34 見唐玄宗175。

35 張說攜麗正文章謁友生，時正行宮中媚香，號化樓臺，友生焚以待說，說出文置香上，曰：「吾文享是香無忝。」《徵文玉井》(《雲仙雜記》三)。

36 蜀小將韋少卿，韋表微堂兄也。少不喜書，嗜好劄青。其季父嘗令解衣視之，胸上刺一樹，樹杪集鳥數十。其下懸鏡，鏡鼻繫索，有人止於側牽之。叔不解問焉，少卿笑曰：「叔不曾讀張燕公詩否？『挽鏡寒鴉集』耳。」《酉陽雜俎》前集八。又《廣記》二六四引。

37 開元中，張說爲宰相。有人惠說一珠，紺色有光，名曰記事珠。或有闕忘之事，則以手持弄此珠，便覺心神開悟，事無巨細，涣然明曉，一無所忘。說祕而至寶也。《開元天寶遺事》上。

38 見唐玄宗151。

39 張說、徐堅同爲集賢學士十餘年，好尚頗同，情契相得。時諸學士凋落者衆，唯說、堅二人存焉。

説手疏諸人名，與堅同觀之。堅謂説曰：「諸公昔年皆擅一時之美，敢問孰爲先後？」説曰：「李嶠、崔融、薛稷、宋之問，皆如良金美玉，無施不可。富嘉謩之文，如孤峯絶岸，壁立萬仞，叢雲鬱興，震雷俱發，誠可畏乎！若施於廊廟，則爲駭矣。閻朝隱之文，則如麗色靚妝，衣之綺繡，燕歌趙舞，觀者忘憂。然類之《風》《雅》，則爲俳矣。」堅又曰：「今之後進，文詞孰賢？」説曰：「韓休之文，有如太羹玄酒，雖雅有典則，而薄於滋味。許景先之文，有如豐肌膩體，雖穠華可愛，而乏風骨。張九齡之文，有如輕縑素練，雖濟時適用，而窘於邊幅。王翰之文，有如瓊林玉斝，雖爛然可珍，而多有玷缺。若能箴其所闕，濟其所長，亦一時之秀也。」《大唐新語》八。又《廣記》一九八引。《續世説》四。

40 巾子制，頂皆方平；仗内即頭小而圓鋭，謂之「内樣」。開元中，燕公張説當朝文伯，冠服以儒者自處。玄宗嫌其異己，賜内樣巾子，長脚羅幞頭。燕公服之入謝，玄宗大悦。因此令内外官僚百姓並依此服。自後巾子雖時有高下，幞頭羅有厚薄，大體不變焉。《封氏聞見記》五。《唐語林》四。

41 三拜中書：燕國張説。按中書故事本云：説三拜此命，終始無玷，自古未有。《卓異記》。

42 三代自中書舍人拜侍郎：燕公張説自中書舍人拜工部侍郎、子均自中書舍人拜禮部侍郎、孫濛自中書舍人拜禮部侍郎。按張公三代自中書舍人拜侍郎，奕世無比，時號爲佳美者耳。《卓異記》。

43 見泓師3、唐肅宗18。

盧懷慎

1 姚崇嘗謁告十餘日，政事委積，盧懷慎不能決，皇恐入謝於上，上曰：「朕以天下事委姚崇，以卿坐鎮雅俗耳。」《古今事文類聚》別集二二。

2 唐盧懷慎，清慎貞素，不營資産，器用屋室，皆極儉陋。既貴，妻孥尚不免飢寒，而於故人親戚散施甚厚。爲黄門侍郎，在東都掌選事，奉身之具，纔一布囊耳。後爲黄門監兼吏部尚書，卧病既久，宋璟、盧從愿常相與訪焉。懷慎卧於弊箦單席，門無簾箔，每風雨至，則以席蔽焉。常器重璟及從愿，見之甚喜，留連永日，命設食，有蒸豆兩甌、菜數莖而已，此外翛然無辦。因持二人手謂曰：「二公當出入爲藩輔，聖上求理甚切，然享國歲久，近者稍倦於勤，當有小人乘此而進，君其志之。」不數日而終。疾既篤，因手疏薦宋璟、盧從愿、李傑、李朝隱。上覽其表，益加悼惜。既殁，家無留儲，唯蒼頭自鬻以給喪事。上因校獵於城南，望墟落間，環堵卑陋，其家若有所營，因馳使問焉。還白懷慎大祥，方設齋會。上因爲罷獵，憫其貧匱，即以縑帛贈之。《明皇雜録》（《廣記》一六五）。案：《避暑録話》上有考辨之言。

3 夏侯鈛謁盧懷慎，坐終日，得竹粉湯一盞。《洛都要紀》（《雲仙雜記》六）。

4 見張説26。

5 見楊炎2。

6 見魏光乘1。

7 盧懷慎，其先范陽人，祖父悊爲靈昌令，因家焉。懷慎少清儉廉約，不營家業。累居右職。及秉鈞衡，器用服飾無金玉文繡之麗，所得俸禄，皆隨時分散，而家無餘蓄，妻子不免匱乏。及薨，贈荆州大都督，謚曰文成。玄宗幸東都，下詔曰：「故檢校黄門監盧懷慎，衣冠重器，廊廟周材，訏謨當三傑之一，學行總四科之二。等平津之輔漢，同季文之相魯。節鄰於古，儉實可師。雖清白瑩然，籯金非寶；然妻孥貧窶，儋石屢空。言念平昔，彌深軫悼。宜恤凌統之孤，用旌晏嬰之德。宜賜物一百段，米粟二百石。」明年，車駕還京師，望見懷慎别業，方營大祥齋，憫其貧乏，即賜絹五百疋。制蘇頲爲之碑，仍御書焉。子奂歷任以清白聞，爲陝郡太守。開元二十四年，玄宗還京師，次陝城頓，賞其政能，題贊於其廳事曰：「專城之重，分陝之雄。人多惠愛，性實謙沖。亦既利物，存乎匪躬。爲國之寶，不墜家風。」天寶初，爲晉陵太守。嶺南利兼山海，前後牧守贓污者多，乃以奂爲嶺南太守，貪吏斂跡，人庶愛之。《大唐新語》三。

源乾曜

1 泓師自東洛迴，言於張説：「缺門道左有地甚善。公試請假三兩日，有百僚至者，貧道於簾間視其相甚貴者，付此地。」説如其言，請假兩日，朝士畢集。泓云：「或已貴，大福不再；或不稱此地，反以爲禍。」及監察御史源乾曜至，泓謂説曰：「此人貴與公等，試召之，方便授以此。」説召乾曜與語，源云：「乾曜大塋在缺門，先人尚未啓祔。今請告歸洛，赴先遠之期，故來拜辭。」説具述泓言，必同行尤佳。源辭以家貧不辦此，言不敢煩師同行。後泓復經缺門，見其地已爲源氏墓矣。迴謂説曰：「天贊源氏者，合窆處本高，今則窆矣； 合高處本窆，今則高矣。其安墳及山門角缺之所，皆作者。問其價，乃賒買耳。問其卜葬者，村夫耳。問其術，乃憑下俚斗書耳。其制度一一自然如此，源氏子大貴矣。」乾曜自京尹拜相，爲侍中近二十年。《戎幕閒談》（《廣記》三八九）。

2 見唐玄宗56。

3 見李林甫4。

4 源乾曜爲宰相，移政事牀。時姚元崇歸休，及假滿來，見牀移，忿之。曜懼，下拜。玄宗聞之而停曜。宰相諱移牀，移則改動，曜停後元崇亦罷，此其驗也。《朝野僉載》六。

5 見郗昂2。

蘇頲

1 蘇頲年五歲，裴談過其父。頲方在，乃試誦庾信《枯樹賦》，將及終篇，避「談」字，因易其韻曰：「昔年移柳，依依漢陰。今看搖落，悽悽江潯。樹猶如此，人何以任。」談駭嘆久之，知其他日必主文章也。《朝野僉載》四。《廣人物志》（《廣記》一六九）。《南部新書》丁。《續世説》四。

2 蘇頲少不得父意，常與僕夫雜處，而好學不倦。每欲讀書，又患無燈燭，常於馬廐竈中旋吹火光照書誦焉。其苦學如此。後至相位。《開元天寶遺事》下。《唐語林》二。

3 蘇瓌初未知頲，常處頲於馬廄中，與傭僕雜作。一日，有客詣瓌，候於廳所，頲擁篲趨庭，遺墜文書。客取視之，乃《詠崑崙奴》詩也。其詞曰：「指頭十挺墨，耳朵兩張匙。」客心異之。久而瓌出，與客淹留。客笑語之餘，因詠其詩，并言形貌，問：「何人？非足下宗族庶孽耶？若加禮收舉，必蘇氏之令子也。」瓌自是稍稍親之。適有人獻瓌兔，懸於廊廡間。瓌乃召頲詠之，立呈詩曰：「兔子死闌殫，持來掛竹竿。試將明鏡照，何異月中看。」瓌大驚奇，驟加禮敬。頲由是學問日新，文章蓋代。及上平內難，一夕間制詔絡繹，無非頲出，代稱小許公也。《開天傳信記》。又《廣記》一七五引。《唐語林》三。《唐詩紀事》一〇。

4 中宗嘗召宰相蘇瓌、李嶠子進見，二丞相子皆童年，上近撫於赭袍前，賜與甚厚。因語二兒曰：「爾日憶所通書，可奏爲吾者言之。」頲應曰：「木從繩則正，后從諫則聖。」嶠子失其名。亦進曰：「斮朝涉之脛，剖賢人之心。」上曰：「蘇瓌有子，李嶠無兒。」《松窗雜録》。又《廣記》四九三引。《唐語林》三。《唐詩紀事》一〇。

5 蘇頲聰悟過人，日誦數千言，雖記覽如神，而父瓌訓厲至嚴，常令衣青布襦伏于牀下，出其頸受榎楚。及壯，而文學該博，冠于一時；性疏俊嗜酒。及玄宗既平內難，將欲草制書，難其人，顧謂瓌曰：「誰可爲詔，試爲思之。」瓌曰：「臣不知其他，臣男頲甚敏捷，可備指使。然嗜酒，幸免沾醉，足以了其事。」玄宗遽命召來。至時宿酲未解，粗備拜舞。嘗醉嘔殿下，命中使扶卧於御前，玄宗親爲舉衾以覆之。既醒，受簡筆，立成，才藻縱橫，詞理典贍。玄宗大喜，撫其背曰：「知子莫若父，有如此耶！」由是器重，已注意於大用矣。韋嗣立拜中書令，瓌署官告，頲爲之辭，薛稷書，時人謂之三絕。頲纔能言，有京兆尹過瓌，命頲詠「尹」字，乃曰：「丑雖有足，甲不全身，見君無口，知伊少人。」瓌與東明觀道士周彥雲素相往來，周時欲爲師建立碑碣，謂瓌曰：「成某志不過煩相君諸子，五郎文，六郎書，七郎致石。」瓌大笑，口不言而心服其公。瓌子頲第五，詵第六，冰第七，詵善八分書。《明皇雜録》上。又《廣記》一七四引。

6 景龍三年九月，蘇瓌拜右僕射，同中書門下三品，與男中書舍人頲聯事。奏請出爲外官，遂進秘書監。御筆批云：「僕射不綰中書，蘇頲不改也。」明日固讓，上曰：「欲得卿長在中書。」遂與父聯事通直。《唐會要》八二。

7 蘇頲少聰俊，一覽千言。景龍二年六月二日，初定内難；唯頲爲中書舍人，在太極後閣。時頲尚年少，初當劇任，文詔填委，動以萬計。時或憂其不濟，而頲手操口對，無毫釐差失。主書韓禮、譚子陽轉書詔草，屢謂頲曰：「乞公稍遲，禮等書不及，恐手腕將廢。」中書令李嶠見之，歎曰：「舍人思若湧泉，嶠等所不測也。」《譚賓録》（《廣記》二〇一）。《唐會要》五五。

8 蘇頲，神龍中給事中，並修弘文館學士，轉中書舍人。時父瓌爲宰相，父子同掌樞密，時人榮之。屬機事填委，制誥皆出其手。中書令李嶠歎曰：「舍人思如泉湧，嶠所不及也。」後爲中書侍郎，與宋璟同知政事。璟剛正，多所裁斷，頲皆順從其美。璟甚悦之，嘗謂人曰：「吾與彼父子前後皆同時爲宰相。僕射長厚，誠爲國器；獻可替否，罄盡臣節，頲過其父也。」後罷政事，拜禮部尚書而薨。及葬日，玄宗遊咸宜宫，將舉獵，聞頲喪出，愴然曰：「蘇頲今日葬，吾寧忍娛遊乎！」遂中路還宫。《大唐新語》一。《唐語林》二。

9 蘇頲爲中書舍人，父右僕射瓌卒，頲哀毁過禮。有敕起復，頲表固辭不起。上使黄門侍郎李日知就宅喻旨，終坐無言，乃奏曰：「臣見瘠病羸疫，殆不勝哀。臣不忍言，恐其殞絶。」上惻然，不之逼也。故時人語曰：「蘇瓌有子，李嶠無兒。」《朝野僉載》（《御覽》四一四）。

10 長安春時，盛於遊賞，園林樹木無閒地，故學士蘇頲應制云：「飛埃結紅霧，遊蓋飄青雲。」帝覽之嘉賞焉。遂以御花親插頲之巾上，時人榮之。《開元天寶遺事》下。《唐語林》二。《唐詩紀事》一〇。

11 玄宗謂宰臣曰：「從工部侍郎有得中書侍郎者否？」對曰：「任賢用能，非臣等所及。」上曰：「蘇頲可除中書侍郎，仍令移入政事院，便供政事食。」明日加知制誥。有政事食，自頲始也。及入謝，固辭。上曰：「朕常欲用卿，每有一好官缺，即望諸宰臣論及，此皆卿之故人，遂無薦者，朕嘗爲卿歎息。中書侍郎，朕極重惜，自陸象先改後，朕每思無出卿者。」俄而弟詵爲給事中，頲上表陳讓。上曰：「古來有内舉不避親者乎？」頲曰：「晉大夫祈奚是也。」上曰：「若然，朕自用蘇詵，何得屢言？近日即父子猶同中書，兄弟有何不得？卿言非至公也。」他日謂頲曰：「前朝有李嶠、蘇味道，時謂之蘇李，朕今有卿及李乂，亦不謝之。卿所制文誥，朕自識之。自今以後，進書皆須別録一本，云臣某撰，朕便留篋中也。」至今爲故事。《大唐新語》六。《唐會要》五四。

12 見李乂1。

13 蘇頲與李乂對掌文誥，玄宗顧念之深也。八月十五夜，於禁中直宿，諸學士翫月，備文酒之宴。時長天無雲，月色如畫，蘇曰：「清光可愛，何用燈燭？」遂使撤去。《開元天寶遺事》下。

14 見唐玄宗51。

15 上初以林邑國進白鸚鵡，惠利之性特異常者，因暇日以金飾之，示於三相。上再三美之。時蘇頲初入相，每以忠讓勵上，因前進曰：「書云：『鸚鵡能言，不離飛鳥。』臣願陛下深以爲誡。」《松窗雜録》。又《廣記》一六四引。《唐語林》五。

16 蘇瓌：開元七年五月己丑朔，日有蝕之，玄宗素服候變，撤樂減膳，省囚徒，多所原放，水旱州皆定賑恤，不急之務，一切停罷。瓌與宋璟諫曰：「陛下頻降德音，勤恤人隱，令徒已下刑盡責保放，惟流死等色，則情不可寬，此古人所以慎赦也。恐言事者，直以月蝕修刑，日蝕修德，或云分野應災祥，冀合上旨。臣以爲君子道長，小人道消，女謁不行，讒夫漸遠，此所謂修德。囹圄不擾，甲兵不黷，理官不以深苛，軍將不以輕進，此所謂修刑也。若陛下常以此留念，縱日月盈虧，將因此而致福，又何患乎！且君子恥言浮於行，故曰：『予欲無言』，又曰：『天何言哉，四時行焉，百物生焉。』要以至誠動天，不在制書頻下。」玄宗深納之。《大唐新語》三。　案：據《舊唐書》八八，蘇瓌已卒於景雲元年，蘇頲開元四年入相，此爲蘇頲之事。

17 見張說11。

18 唐尚書蘇頲，少時有人相之云：「當至尚書，位終二品。」後至尚書三品，病亟，呼巫覡視之，巫云：「公命盡，不可復起。」頲因復論相者之言，巫云：「公初實然。由作桂府時殺二人，今此二人地下訴公，所司減二年壽，以此不至二品。」頲夙蒞桂州，有二吏訴縣令，頲爲令殺吏。乃嗟歎久之而死。《廣異記》（《廣記》一二二）。《分門古今類事》二〇。

19 鄭□□云：「張燕公文逸而學奥；蘇許公文似古，學少簡而密。張有《河朔刺史冉府君碑》，序金城郡君云：『蕣華前落，藁瘞城隅。天使馬悲，啓滕公之室；人看鶴舞，閉王母之墳。』亦其比也。」公又云：「張巧于才，近世罕比。《端午三殿侍宴詩》云：『甘露垂天酒，芝盤捧御書。含丹同蝘蜓，灰骨慕蟾蜍。』上親解紫拂菻帶以賜焉。蘇嘗夢書壁云：『元老見逐，讒人孔多。既誅羣凶，方宣大化。』後十三年視草禁中，拜劉幽求左僕射制，上親授其意，及進本，上自益前四句，乃夢中之詞也。」《唐語林》二。案：唐蘭考此條爲《劉賓客嘉話録》佚文。

20 張九齡常覽蘇頲文卷，謂同僚曰：「蘇生之俊贍無敵，真文陣之雄帥也。」《開元天寶遺事》下。案：《容齋隨筆》一言：「頲爲相時，九齡元未達也。」

21 學士蘇頲有一錦紋花石，鏤爲筆架，嘗置於硯席間，每天欲雨，即此石架津出如汗，逡巡而雨。頲以此常爲雨候，固無差矣。《開元天寶遺事》下。

張嘉貞

1 張嘉貞落魄有大志，亦不自異，亦不下人。自平鄉尉免歸鄉里，布衣環堵之中，蕭然自得。時人莫之知也。張循憲以御史出，還次蒲州驛。循憲方復命，使務有不决者，意頗病之，問驛吏曰：「此有好客乎？」驛吏白以嘉貞。循憲召與相見，咨以其事積時疑滯者，嘉貞隨機應之，莫不豁然。及命表，又出意外。他日，則天以問循憲，具以實對，因請以己官讓之。則天曰：「卿能舉賢，美矣。朕豈可無一官自進賢耶？」乃召見内殿，隔簾與語。嘉貞儀貌甚偉，神彩俊傑，則天甚異之。因奏曰：「臣生於草萊，目不覩闕廷之事。陛下過聽，引至天庭，此萬代之一遇。然咫尺之間，若披雲霧，臣恐君臣之道，有所未盡。」則天曰：「善。」遽命捲簾。翌日，拜監察御史。開元初，拜中書舍人，遷并州長史，天平軍節度使。有告其反者，鞫之無狀。玄宗將罪告事者，嘉貞諫曰：「准法，告事不實，雖有反坐。此則不然。天下無虞，重兵利器，皆委邊將。若告事者一不當，隨而罪之，臣恐握兵者生心，爲他日之患。且臣備陛下腹心，不宜爲臣以絶言事之路。」玄宗大悦，許以衡軸處之。嘉貞因曰：「臣聞時難得而易失，及其過也，雖聖賢不能爲時。昔馬周起徒步謁聖主，血氣方盛，太宗用之盡其才，纔五十而終。向用稍晚，則無及也。今臣幸少壯，陛下不以臣不肖，雅宜及時用之。他日衰老，何能爲也！」玄宗曰：「卿第往太原，行當召卿。」卒用之爲相。在職尚簡易，善疏决。論者稱之。《大唐新語》六。《劉賓客嘉話録》。《南部新書》癸。

2 見崔湜9。

3 開元中，上急於爲理，尤注意於宰輔，常欲用張嘉貞爲相，而忘其名。夜令中人持燭於省中，訪直宿者爲誰，還奏中書侍郎韋抗，上即令召入寢殿。上曰：「朕欲命一相，嘗記得風標爲當時重臣，今爲北方諸伯，不欲訪左右，旬日念之，終忘其名，卿試言之。」抗奏曰：「張齊邱今爲朔方節度。」上即令草詔，仍令宫人持燭，抗跪于御前，援筆而成，上甚稱其敏捷典麗，因促命寫詔勑。抗歸宿省中，上不解衣以待旦，將降其詔書。夜漏未半，忽有中人復促抗入見。上迎謂曰：「非張齊邱，乃太原節度張嘉貞。」別命草詔。上謂抗曰：「維朕志先定，可以言命矣。適朕因閲近日大臣章疏，首舉一通，乃嘉貞表也。因此洒然，方記得其名，此亦天啓，非人事也。」上嘉其得人，復歎用舍如有人主張。《明皇雜録》上。又《廣記》一四八引。案：《容齋隨筆》三載此事，云「予考其事大爲不然」云云。

4 河東公鎮并州，上問：「有何事，第言之。」奏曰：「臣有弟嘉祐，遠牧方州，手足支離，常繫念慮。」上因口敕：「張嘉祐可忻州刺史。」河東屬郡，上意不疑，張亦不讓，豈非至公無隱出於常限者乎！《尚書故實》。

5 公自言四世祖河東公爲中書令着緋。綽安邑宅中，曾有河東公任中書令着緋真。又説傅遊藝居相位着緑。《尚書故實》。

6 中書令河東公，開元中居相位。有張憬藏能言休咎，一日忽詣公，以一幅紙大書「台」字授公，公曰：「余見居台司，此何意也？」後數日，貶官台州刺史。《尚書故實》。又《廣記》七七引。案：《廣記》以河東公爲裴光庭，誤。參見盧齊卿1。

7 見郭元振3。

8 張氏嘉貞生延賞，延賞生弘靖，國朝已來，祖孫三代爲相，唯此一家。弘靖既拜，薦韓皐自代。韓氏休生滉，滉生皐，二代爲相，一爲左僕射，終不登廊廟。《國史補》中。

9 四代掌綸誥：張嘉貞、延賞、弘靖、次宗。從嘉貞至弘靖，掌綸誥繼世，人以爲冠古絶今。次宗又拜焉，前古未有，士林稱之。《卓異記》。

張嘉祐

1 張嘉祐爲相州刺史，至郡，詢故事，皆云前後太守多不生出郡城，苟不流死則貶。嘉祐按其圖籍，自後周尉遲迥死王事始也，乃爲迥立廟，四時享之。後三年，入拜大金吾。到吴競加以冕服，而其後皆榮遷去。《獨異志》下。

蕭嵩

1 見邵景1。

3 見唐玄宗51。

3 蕭嵩爲相，引韓休爲同列，及在位，稍與嵩不協。嵩因乞骸骨，上慰嵩曰：「朕未厭卿，卿何庸去！」嵩俯伏曰：「臣待罪相府，爵位已極，幸陛下未厭臣，得以乞身，如陛下厭臣，臣首領之不保，又安得自遂？」因隕涕。上爲之改容曰：「卿言切矣，朕思之未决，卿第歸，至夕當有使，如無使，旦日宜如常朝謁也。」及日暮，命力士詔嵩曰：「朕惜卿，欲固留，而君臣始終，貴全大義，亦國家美事也。今除卿右丞相。」是日，荆州始進柑子，上以素羅包其二以賜之。《次柳氏舊聞》。《廣記》一六四引作《柳氏史》。

4 見裴光庭4。

5 曲江遊賞，雖云自神龍以來，然盛於開元之末。何以知之？案《實録》：天寶元年，敕以太子太師蕭嵩私廟逼近曲江，因上表請移他處，敕令將士爲嵩營造。嵩上表謝，仍讓令將士創造。敕批云：「卿立廟之時，此地閒僻；今傍江修築，舉國勝遊。與卿思之，深避喧雜。事資改作，遂命官司。承已拆除，終須結構。已有處分，無假致辭！」《唐摭言》三。參看楊炎8。

6 見馮光震1。

裴光庭

1 姚元崇開元初爲中書令，有善相者來見，元崇令密於朝堂目諸官後當爲宰輔者，見裴光庭，白之。時光庭爲武官，姚公命至宅與語，復使相者於堂中垂簾重審焉。光庭既去，相者曰：「定矣。」姚公曰：「宰相者，所以佐天成化，非其人莫可居之。向者與裴君言，非應務之士，詞學又寡，寧有其禄乎？」相者曰：「公之所云者才也，僕之所述者命也，才與命固不同焉。」姚默然不信。後裴公果爲宰相數年，及在廟堂，亦稱名相。《定命録》（《廣記》二二一）。

2 裴光庭累典名藩，皆有異政。明皇謂宰輔曰：「裴光庭性逐惡，如扇驅蚊蚋焉。」《開元天寶遺事》下。

3 開元十八年，蘇晉爲吏部侍郎，而侍中裴光庭每過官，應批退者，但對衆披簿，以朱筆點頭而已。晉遂榜選院云：「門下點頭者，更引注擬。」光庭以爲侮己，不悦。時有門下主事閻麟之爲光庭心腹，專知吏部過官，每麟之裁定，光庭隨口下筆，時人語曰：「麟之手，光庭口。」《唐會要》七四。又《廣記》一八六引。《南部新書》甲、丁。

《唐語林》三。　案：「裴光庭」，原作「袁光庭」，據《唐語林》改。

4 初，裴光庭娶武三思女，高力士私焉。光庭有吏材，力士爲之推轂，因以入相，時彦鄙之，宋璟、王晙酒後舞《回波樂》以爲戲謔。光庭患之，乃奏：「天下三十餘州缺刺史，昇平日久，人皆不樂外官，請重臣兼外官領刺史以雄其望。」於是擬璟揚州，晙魏州，陸象先荆州，凡十餘人。蕭嵩執奏：「天下務重，實賴舊臣宿德訪其得失，今盡失之，則朝廷空矣。」上乃悟，遂止。《唐朝年代記》（《通鑑考異》一三）。案：《通鑑考異》云：「按《實録》，是歲（今案：指開元十八年）閏六月，以太子少保陸象先兼荆州長史，璟、晙未嘗除外官。今不取。」

裴耀卿

1 岐王薨，册讓皇帝，凡壙内置千味食。監護使裴耀卿奏曰：「尚食所料水陸等味一千餘種，每色瓶盛，安於藏内，皆是非時瓜果，及馬牛驢犢麞鹿肉，并諸藥酒三十餘色，儀注禮儀，並無所憑。」遂減省之。《南部新書》癸。

2、3 見唐玄宗43、143。

4 裴耀卿勤於王事，夜看案牘，晝决獄訟。常養一雀，每夜至初更時有聲，至五更則急鳴，耀卿呼爲知更雀。又於廳前，有一大桐樹，至曉則有羣鳥翔集，以此爲出廳之候，故呼爲報曉鳥。時人美焉。《開元天寶遺事》上。

張九齡

1 張九齡母夢九鶴自天而下，飛集于庭，遂生九齡。《九齡家傳》（《錦繡萬花谷》前集一八）。

2 張九齡少年時，家養羣鴿，每與親知書信往來，只以書繫鴿足上，依所教之處飛往投之。九齡目之爲飛奴。時人無不愛訝。《開元天寶遺事》上。

3 張九齡累歷刑獄之司，無所不察。每有公事赴本司行勘，胥吏輩未敢訊劾，先取則於九齡。因於前，面分曲直，口撰案卷，囚無輕重，咸樂其罪。時人謂之張公口案。《開元天寶遺事》下。《唐語林》一。

4 玄宗將封禪泰山，張説自定升山之官，多引兩省工録及己之親戚。中書舍人張九齡言於説曰：「官爵者，天下之公器，德望爲先，勞舊爲次。若顛倒衣裳，則譏議起矣。今登封沛澤，千載一遇，清流高品不沐殊恩，胥吏末班先加章紱，但恐制出之後，四方失望。今進草之際，事猶可改。」説曰：「事已決矣。悠悠之談，何足慮也。」果爲宇文融所劾。《大唐新語》三。《唐會要》五五。

5 牛仙客爲涼州都督，節財省費，軍儲所積萬計。崔希逸代之，具以聞，詔刑部尚書張利貞覆之，有實。玄宗大悦，將拜爲尚書。張九齡諫曰：「不可。尚書，古之納言，有唐以來，多用舊相居之。不然，歷踐内外清貴之地、妙行德望者充之。仙客本河湟一吏典耳，拔昇清流，齒班常伯，此官邪也。又欲封之，良爲不可。漢法，非有功不封。唐尊漢法，太宗之制也。邊將積穀帛，繕兵器，蓋將帥之常務。陛下念其勤勞，賞之金帛可也，尤不可列地封之。」玄宗怒曰：「卿以仙客寒士嫌之耶？若是，如卿豈有門籍！」九齡頓首曰：「荒陬賤類，陛下過聽，以文學用臣。仙客起自胥吏，目不知書。韓信，淮陰一壯士耳，羞與絳、灌同列。陛下必用仙客，臣亦耻之。」玄宗不悦。翌日，李林甫奏：「仙客宰相材，豈不堪一尚書？九齡文吏，拘於古義，失於大體。」玄宗大悦，遂擢仙客爲相。先是，張守珪累有戰功，玄宗將授之以宰相。九齡諫曰：「不可。宰相者，代天理物，有其人而後授，不可以賞功。若開此路，恐生人心。傳曰：國家之敗，由官邪也。官濫爵輕，不可理也。若賞功臣，即有故事。」玄宗乃止。九齡由是獲譴。自後朝士懲九齡之納忠見斥，咸持禄養恩，無敢庭議矣。《大唐新語》七。

6 明皇以李林甫爲相，後因召張九齡問可否，九齡曰：「宰相之職，四海具瞻，若任人不當，則國受其殃，只如林甫爲相，然寵擢出宸衷，臣恐他日之後禍延宗社。」帝意不悦。忽一日，帝曲宴近臣於禁苑中，帝指示於九齡、林甫曰：「檻前盆池中所養魚數頭，鮮活可愛。」林甫曰：「賴陛下恩波所養。」九齡曰：「盆池之魚猶陛下任人，他但能裝景致助兒女之戲爾。」帝甚不悦。時人皆美九齡之忠直。《開元天寶遺事》上。《吹劍三録》。

7 張九齡在相位，有謇諤匪躬之誠，玄宗既在位年深，稍怠庶政，每見帝無不極言得失。李林甫時方同列，聞帝意，陰欲中之。時欲加朔方節度使牛仙客實封，九齡因稱其不可，甚不叶帝旨。他日林甫請見，屢陳九齡頗懷誹謗。於時方秋，帝命高力士持白羽扇以賜，將寄意焉。九齡惶恐，因作賦以獻，又爲《歸燕》詩以貽林甫。其詩曰：「海燕何微渺，乘春亦蹇來。豈知泥滓賤，只見玉堂開。繡户時雙入，華軒日幾迴。無心與物競，鷹隼莫相猜。」林甫覽之，知其必退，恚怒稍解。九齡洎裴耀卿罷免之日，自中書至月華門，將就班列，二人鞠躬卑遜，林甫處其中，抑揚自得。觀者竊謂一雕挾兩兔。俄而詔張、裴爲左右僕射，罷知政事。林甫視其詔，大怒曰：「猶爲左右丞相耶？」二人趨就本班，林甫目送之。公卿以下視之，不覺股栗。《明皇雜録》下。又《詩話總龜》前集一七引。《本事詩·怨憤》。《唐詩紀事》一五。案：《通鑑考異》一三、《避暑録話》上有考辨。

8 見李林甫27。

9 見武惠妃1。

10 張九齡見朝之文武僚屬趨附楊國忠，争求富貴，惟九齡未嘗及門，楊甚銜之。九齡常與識者議曰：「今時之朝彦，皆是向火乞兒，一旦火盡灰冷，暖氣何在？當凍屍裂體，棄骨於溝壑中，禍不遠矣。」果然因禄山之亂，附炎者皆罪累族滅，不可勝數。九齡之先見，信夫神智博達也！向火言附炎也。《開元天寶遺事》下。案：《容齋隨筆》一有辨正。

11 見楊國忠28。

12 張九齡開元中爲中書令，范陽節度使張守珪奏裨將安禄山頻失利，送就戮於京師。九齡批曰：「穰苴出軍，必誅莊賈；孫武行令，亦斬宫嬪。守珪軍令若行，禄山不宜免死。」及到中書，九齡與語久之，因奏曰：「禄山狼子野心，而有逆相，臣請因罪戮之，冀絶後患。」玄宗曰：「卿勿以王夷甫識石勒之意，誤害忠良。」更加官爵，放歸本道。至德初，玄宗在成都思九齡之先覺，詔曰：「正大廈者，柱石之力，昌帝業者，輔相之臣。生則保其雄名，殁則稱其盛德。飾終未允於人望，加贈實存於國章。故中書令張九齡，維岳降神，濟川作相，開元之際，寅亮成功，讜言定於社稷，先覺合於蓍龜。永懷賢弼，可謂大臣。竹帛猶存，樵蘇必禁。爰從八命之秩，更重三台之位。可賜司徒，仍令遣使，就韶州致祭者。」《大唐新語》一。《唐語林》三。參見安禄山4。

13～17 見唐玄宗42、99、100、155、156。

18 張九齡善談論，每與賓客議論經旨，滔滔不竭如下坂走丸也，時人服其俊辯。《開元天寶遺事》下。

19 張曲江語人曰：「學者常想胸次吞雲夢澤，筆頭湧若耶溪，量既并包，文亦浩瀚。」《徵文玉井》(《雲仙雜記》一)。

20 見李泌2。

21 見賀知章3。

22 故事：皆搢笏于帶，然後乘馬。張九齡體羸不勝，因設笏囊，使人持之馬前。遂以爲常制。《唐明皇雜録》(《事物紀原》二)。《事始》(張本《説郛》一〇)。《南部新書》甲。參見陳希烈3。

23 張曲江里第之側有古柏，嘗因狂風發其一根，解爲器具，花紋甚奇，人以公之手筆冠世，目之曰「文章樹」。《清異録》上。

鍾紹京

1 唐鍾紹京位至中書令，朝廷稱紹京有三絶：建立功勳，一也；忠鯁謇諤，二也；筆翰殊絶，三也。《實賓録》四。

2 近日有鍾尚書紹京，亦爲好事，不惜大費破産求書，計用數百萬錢，惟市得右軍行書五紙，不能致真書一字。賬懷瓘《書估》(《法書要録》四)。

3 鍾紹京，虔州贛人，魏太尉繇十五代孫。以善書直鳳閣，武后時，署諸宫殿、明堂，及銘九鼎，皆其筆也。尤善草隸。當時呼爲小鍾。其字畫妍媚，遒勁有法。石泉公王方慶素尚毫翰，每還私第，必請紹京盛論法書。方慶常疾，須紹京言書輒差，右相楊再思以爲鍾君可愈王侍郎疾也。張昌宗搜訪天下圖書，以紹京妙識古今，奏請直秘書，寶匣奇蹟，莫不遍覽。明皇在藩邸，愛重其書，及即位，拜户部尚書、太子詹事。紹京嗜書畫，如王羲之、獻之、褚遂良真蹟，家藏至數十百卷。《書小史》九。

王琚

1 上於藩邸時，每戲遊城南韋、杜之間。因逐狡兔，意樂忘返，與其徒十數人，飢倦甚，休息於封部大樹下。適有書生延上過其家，家貧，止於村妻、一驢而已。上坐未久，書生殺驢拔蒜備饌，酒肉霶霈。上顧而奇之，及與語，磊落不凡，問其姓名，乃王琚也。自是上每遊韋、杜間，必過琚家，琚所諮議合意，益親善焉。及韋氏專制，上憂甚，獨密言於琚，曰：「亂則殺之，又何疑也？」上遂納琚之謀，戡定禍難。累拜爲中書侍郎，實預配享焉。《開天傳信記》。又《廣記》四九四引。《唐語林》四。

2 〔王〕琚以謟諛自進，未周年爲中書侍郎。其母氏聞之，自洛赴京，戒之曰：「汝徒以謟媚險詖取容，色交自達，朝廷側目，海内切齒。吾嘗恐汝家坟隴無人守之！」琚慚懼，表請侍母。上初大怒，後許之。《朝野僉載》（《通鑑考異》一二）。

3 郴州刺史王琚刻木爲獺，沉於水中，取魚引首而出。蓋獺口中安餌，爲轉關，以石縋之則沉。魚取其餌，關即發，口合則銜魚，石發則浮出矣。《朝野僉載》六。又《廣記》二二六引。

王毛仲

1 王毛仲本高麗人，玄宗在藩邸，與李宜得服勤左右，帝皆愛之。每侍宴，與姜皎同榻，坐於帝前。既而貴倨恃舊，益爲不法，帝常優容之，每遣中官問訊。毛仲受命之後，稍不如意，必恣其凌辱，而後遣還。高力士、楊思勗忌之頗深，而未嘗敢言於帝。毛仲妻李氏既誕育三日，帝命力士賜以酒食金帛甚厚，仍命其子爲五品官。力士既還，帝曰：「毛仲喜否，復有何詞？」力士曰：「出其兒以示臣，熟眄襁中曰：『此兒豈不消三品官？』」帝大怒曰：「往誅韋氏，此賊尚持兩端，避事不入，我未嘗言之。今敢以赤子恨我耶！」由是恩義益衰。帝自先天在位，後十五年至開府者惟四人：后父王仁皎、姚崇、宋璟、王毛仲而已。《明皇雜録》上。又《廣記》一八八引。

李宜得

1 李宜得本賤人，背主逃匿。當玄宗起義，與王毛仲等立功，宜得官至武衛將軍。舊主遇諸途，趨而避之，不敢仰視。宜得令左右命之，主甚惶懼。至宅舍，請居上坐，宜得自捧酒食，舊主流汗辭之。流連數日。遂奏云：「臣蒙國恩，榮禄過分；臣舊主卑瑣，曾無寸禄。臣請割半俸，解官以榮之。願陛下遂臣愚款。」上嘉其志，擢主爲郎將，宜得復其秩。朝廷以此多之。《朝野僉載》四。

姜皎

1　姜皎之未貴也，好弋獵，獵還入門，見僧，姜曰：「何物道人在此？」僧云：「乞飯。」姜公令取肉食與之。僧食訖而去，其肉並在。姜公使人追問，僧云：「公大富貴。」姜曰：「如何得富貴？」僧曰：「見真人即富貴矣。」姜曰：「何時得見真人？」僧舉目看曰：「今日即見真人。」姜手臂一鷂子，直二十千，與僧相隨騎馬出城，偶逢上皇亦獵，時爲臨淄王，見鷂子識之曰：「此是某之鷂子否？」姜云：「是。」因相隨獵，俄而失僧所在。後有女巫至，姜問云：「汝且看今日有何人來？」女巫曰：「今日天子來。」姜笑曰：「天子在宮裏坐，豈來看我耶？」俄有叩門者云：「三郎來。」姜出見，乃上皇。自此倍加恭謹，錢馬所須，無敢惜者。後上皇出潞府，百官親舊盡送，唯不見姜，上皇怪之。行至渭北，於路側獨見姜公供帳，盛相待。上皇忻然與別，便定君臣之分。後姜果富貴。《定命録》(《廣記》二二四)。案：姜皎，《新唐書·姜謨傳》作姜晈。

2　見陸贄10。

3　見魏光乘1。

姜晦

1　姜晦自兵部侍郎拜吏部，從前銓中廊宇，布棘以防內外，猶不免交通。晦至，盡去之，大開門，示無所禁，初屬置者，晦輒知之，召論，莫不首伏。初，朝廷以晦革銓司舊制，頗憂之；既而銓綜流品皆得其叙，而美聲洋溢。《封氏聞見記》三。《大唐新語》一〇。

2 唐姜晦爲吏部侍郎，眼不識字，手不解書，濫掌銓衡，曾無分別。選人歌曰：「今年選數恰相當，都由座主無文章。案後一腔凍猪肉，所以名爲姜侍郎。」《朝野僉載》四。

3 見王怡1。

高力士

1 高公所生母麥氏，即隋將鐵杖曾孫。始與母別時，年十歲。母撫其首泣曰：「與汝分別，再見無時。然汝胸上七黑子，他人云必貴。吾若不死，得重見。記取此言。汝常弄吾臂上雙金環，吾亦留看，待見汝伺之，慎勿忘却。」即與訣別。向三十年後，知母在瀧州，雖使人迎候，終不敢望見。及到，子母並不相識。母問曰：「與汝別時語記否？」「胸前有黑子。」母曰：「在否？」即解衣視之，母亦出金環示之。一時號泣，累日不止。上聞，登時召見，封越國夫人，便於養父母家安置。十餘年後卒，葬東京原。燕公誌墓曰：「驗七黑於子心，辨雙環於母臂。」即此事也。其妻，東平呂氏，故岐州刺史玄悟之女，躬行婦道，有逾常禮。《高力士外傳》。

2、3 見唐玄宗16、22。

4 翊善坊保壽寺，本高力士宅，天寶九載捨爲寺。初鑄鐘成，力士設齋慶之。舉朝畢至，一擊百千。

有規其意，連擊二十杵。經藏閣規構危巧，二塔火珠，受十餘斛。河陽從事李涿，性好奇古，與僧智增善，嘗俱至此寺，觀庫中舊物。忽於破甕中得物如被，幅裂污坌，觸而塵起。涿徐視之，乃畫也。因以縣圖三及縑三十獲之，令家人裝治之，大十餘幅。訪於常侍柳公權，方知張萱所畫石橋圖也。玄宗賜高，因留寺中。後爲鬻畫人宗牧言於左軍，尋有小使領軍卒數十人至宅，宣敕取之，即日進入。先帝好古，見之大悦，命張於雲韶院。《酉陽雜俎》續集六。又《廣記》二一三引。《圖畫見聞誌》五。《唐詩紀事》五七。

5 見李白15。

6 上意將幸西蜀，有中使常清奏曰：「國忠久在劍南，又諸將吏或有連謀，慮遠防微，須深詳議。」中官陳全節奏曰：「太原城池固莫之比，可以久處，請幸北京。」中官郭希奏曰：「朔方地近，被帶山河，鎮遏之雄，莫之與比。以臣愚見，不及朔方。」中使駱承休奏曰：「姑臧一郡嘗霸中原，秦、隴、河、蘭皆足徵取，且巡隴右，駐蹕涼州，翦彼鯨鯢，事將取易。」左右各陳其意見者十餘輩。高力士在側而無言。上顧之曰：「以卿之意，何道堪行？」力士曰：「太原雖固，地與賊鄰，本屬禄山，人心難測。朔方近塞，半是蕃戎，不達朝章，卒難教馭。西涼懸遠，沙漠蕭條，大駕順動，人馬非少，先無備擬，必有闕供，賊騎起來，恐見狼狽。劍南雖窄，土富人繁，表裏江山，内外險固；以臣所料，蜀道可行。」上然之。即除韋諤御史中丞，充置頓使。《幸蜀記》(《通鑑考異》一五)。

7、8 見唐玄宗98、114。

9 見唐肅宗16。

10、11 見唐玄宗118、119。

12 九月三十日至巫州，隨身手力，不越十人；所餘衣糧，纔至數月。殷憂待罪，首尾三年。經一年，忽見本道觀察第五國珍，謫至夷州。與第五相飲，賦詩曰：「烟燻眼落膜，瘴染面朱虞。」謂同病曰：「宰相猶如此，餘何以堪！」左右聞之，皆爲揮涕。又於園中見薺菜，土人不解吃，便賦詩曰：「兩京秤斤買，五溪無人採。夷夏雖有殊，氣味應不改。」使拾之爲羹，甚美。或登山臨水，以永終日。至元年建辰月，有制：流人一切放還。至建巳月，二聖昇遐，今上即位，改元爲寶應元年。六月，巫州二聖遺詔到，號天叩地，悲不自勝，制服持喪，禮過常度。每一號慟，數迴氣絶，晝夜無時，傷感行路，恨不得親奉陵寢而使永隔幽明。哀毁既深，哽咽成疾。七月，發巫山至朗州，八月病漸亟。謂左右曰：「吾年已七十九，可謂壽矣。官至開府儀同，可謂貴矣。既貴且壽，死何恨焉。所恨者二聖昇遐，攀號不逮；孤魂旅櫬，飄泊何依？」泣下霑襟，視之盡血。言畢，以寶應元年八月十八日終於朗州開元寺之西院。遠近聞之，莫不傷嘆。九月，靈櫬發朗州，十一月至襄州。有詔令復舊官爵，追贈廣州都督。喪事行李，一切官給，陪葬玄宗陵。《高力士外傳》。

13 高力士既謫于巫州，山谷多薺，而人不食，力士感之，因爲詩寄意：「兩京作斤賣，五溪無人採。夷夏雖有殊，氣味終不改。」其後會赦，歸至武溪，道遇開元中羽林軍士，坐事謫嶺南，停車訪舊，方知上皇已厭世。力士北望號泣，嘔血而死。《明皇雜録》補遺。又《廣記》四九五引。又《詩話總龜》前集二四、《類説》一六引。《唐詩紀事》二〇。

14 事徵：高力士呼二兄、呼阿翁、呼將軍、呼火老、五輪磑、初施棨戟、常卧鹿牀、長六尺五寸、陪葬泰陵、詠薺、齒成印、上國下國、夢鞭、吕氏生髭。《酉陽雜俎》續集六。《唐詩紀事》二〇。

薛訥

1 今上之初，吐蕃傾國作寇，某官薛訥爲元帥以禦之，大捷而還，時有賀者退曰：「薛公謙而有禮，宜有凱旋。」《隋唐嘉話》下。

王晙

1 魏元忠爲二張所搆，左授高要尉。王晙密狀以申明之。宋璟時爲鳳閣舍人，謂晙曰：「魏公且全已爾，今子冒其威嚴而理之，坐見子狼狽也。」晙曰：「魏公忠而獲罪，晙爲義所激，必顛沛無恨。」璟歎曰：「璟不能申魏公之枉，深負朝廷矣。」《大唐新語》六。

2 劉幽求既翊戴睿宗，後爲中書令崔湜所搆，放於番禺。湜令南海都尉周利貞殺之。時王晙爲桂州都督，知利貞希時宰意，留幽求於桂州。利貞屢移牒索之，晙終不遣。湜又切逼晙遣幽求，晙報曰：「劉幽求有社稷大功，窮投於荒裔，無當死之罪，奈何坐觀夷滅耶？」幽求懼俱不全，謂晙曰：「吾忤大臣而見保，恐勢不可全，徒仰累耳。」晙曰：「足下所犯非辜，明也。晙如獲罪，放於滄海，亦無所恨。」竟不遣。俄而湜誅，幽求復登用也。《大唐新語》六。

3 玄宗嘗賜握兵都將郭知運等四人天軍節度，太原尹王晙獨不受，上表曰：「臣事君，猶子事父。在三之義，寧有等差。豈有經侍宮闈多臣子敢當恩貺？」以死自誓，固辭不受，優詔許之。《大唐新語》七。

案：王晙，原誤作「王皎」，據《新唐書》一一一改。

4 見裴光庭4。

5 王晙氣充雄壯，有龍虎之狀，募義激勵，有古人之風。馭下整肅，人吏畏而義之。晙卒後，信安王禕于幽州討奚告捷，奏稱：軍士咸見晙領兵爲前軍討賊。户部郎中楊伯成上疏，請爲晙墳增封域，降使享祭，優其子孫。玄宗從之。《譚賓録》（《廣記》三〇一）。

張守珪

1 見盧齊卿1、2。

2 張守珪，陝州平陸人也。自幽州入覲，過本縣，見令李元，申桑梓之禮。見陝尉李桎梏裴冕，冕呼：「張公！困厄中豈能相救？」至靈寶，便奏充判官。冕後至宰輔。《唐語林》三。《大唐傳載》。

3、4 見安禄山1、3。

裴旻

1 裴旻爲龍華軍使，守北平。北平多虎，旻善射，嘗一日斃虎三十有一，因憩山下，四顧自若。有一老父至曰：「此皆彪也，似虎而非，將軍若遇真虎，無能爲也。」旻曰：「真虎安在乎？」老父曰：「自此而北三十里，往往有之。」旻躍馬而往，次叢薄中，果有真虎騰出，狀小而勢猛，據地一吼，山石震裂。旻馬辟易，弓矢皆墜，殆不得免。自此慚愧，不復射虎。《國史補》上。又《廣記》四二八引。

2 裴旻爲幽州都督，孫佺北征，被奚賊圍之。旻馬上立走，輪刀雷發，箭若星流，應刀而斷。賊不敢取，蓬飛而去。《朝野僉載》六。

3 見吴道玄。1、3。

4 相傳裴旻山行，有山蜘蛛垂絲如疋布，將及旻，旻引弓射殺之，大如車輪，因斷其絲數尺收之。部下有金創者，剪方寸貼之，血立止也。《酉陽雜俎》前集一四。《南部新書》庚。

王君㚟

1 唐王君㚟攝御史中丞，判涼州都督事，玄宗於廣達樓引君㚟及妻夏氏宴設，賜金帛。夏氏亦勇决，每君㚟臨陣，夏氏亦有戰功。涼州有回紇、契苾、思結、（陣）〔渾〕四部落爲酋長。君㚟微時往來涼府，爲回紇所輕，及君㚟爲河西節度使，回紇等怏怏，耻在麾下。君㚟奏回紇等部落難制，潛有謀叛，遂留四部都督。後四部落黨與謀叛君㚟以復怨。會吐蕃間道往突厥，君㚟率精騎往肅州掩之，還至甘州南鞏筆驛，四部落伏兵突起，君㚟與賊力戰，自朝至晡，左右盡死，遂殺君㚟。《譚賓録》（《廣記》一九一）。

2 見張説20。

宋青春　季廣琛

1 開元中，河西騎將宋青春驍果暴戾，爲衆所忌。及西戎歲犯邊，青春每陣，常運劍大呼，執馘而旋，未嘗中鋒鏑，西戎憚之，一軍始賴焉。後吐蕃大北，獲生口數千。軍帥令譯問衣大蟲皮者：「爾何不能害青春？」答曰：「嘗見龍突陣而來，兵刃所及，若叩銅鐵，以爲神助將軍也。」青春乃知劍之有靈。青春死後，劍爲瓜州刺史季廣琛所得，或風雨後，迸光出室，環燭方丈。哥舒鎮西知之，求易以他寶，廣琛不與，因贈詩：「刻舟尋化去，彈鋏未酬恩。」《酉陽雜俎》前集六。又《廣記》二三一引。《南部新書》乙。

李　傑

1 李傑爲河南尹，有寡婦告其子不孝。其子不能自理，但云「得罪於母，死所甘分」。傑察其狀，非不孝子，謂寡婦曰：「汝寡居，惟有一子，今告之，罪至死，得無悔乎？」寡婦曰：「子無賴，不順母，寧復惜乎！」傑曰：「審如此，可買棺木來取兒屍。」因使人覘其後。寡婦既出，謂一道士曰：「事了矣。」俄而棺至，傑尚冀有悔，再三喻之，寡婦執意如初。道士立於門外，密令擒之，一問承伏：「某與寡婦私，嘗苦兒所制，故欲除之。」傑放其子，杖殺道士及寡婦，便以向棺盛之。《朝野僉載》五。《隋唐嘉話》下。又《廣記》一七一引作《國史異纂》。《大唐新語》四。《疑獄集》一。

2 唐長孫昕，皇后之妹夫，與妻表兄楊仙玉乘馬，二十餘騎並列瓜撾，於街中行。御史大夫李傑在坊内參姨母，僮僕在門外，昕與仙郎使奴打傑左右。傑出來，並波按頓。須臾，金吾及萬年縣官並到，送縣禁之。昕妻父王開府將二百騎劫昕等去。傑與金吾、萬年以狀聞上，奉敕斷昕殺。積杖至數百而卒。《朝野僉載》（《廣記》二六三）。

畢構　畢栩

1 畢構爲益州長史，兼按察使，多所舉正，風俗一變。玄宗降璽書以慰之：「卿孤潔獨行，有古人之風。自臨蜀川，弊訛頓易。覽卿前後執奏，何異破柱求奸。諸使之中，在卿爲最。」乃賜以衣服。終於户部尚書。構性至孝，初丁繼親憂，其蕭氏、盧氏兩妹，皆在襁褓，親乳之，乳爲之出。及其亡也，二妹皆慟哭，絶者久之，言曰：「雖兄弟無三年之禮，吾荷鞠育，豈同常人。」遂三年服。朝野之人，莫不涕泗。構弟栩任太府主簿，留司東都，聞構疾，星馳赴京，侍醫藥者累月。既而哀毁骨立，變服視事，逾年未嘗言笑，深爲朝野所重。《大唐新語》六。

2 西蜀有兄弟訟財者，獄久不決。畢構爲廉察，呼其兄弟，以人乳飲之。皆感悟，復同居。《芝田録》（《類説》一一）。又張本《説郛》七四引。

盧從愿

1 景雲元年，盧從愿爲吏部侍郎，精心條理，大稱平允。其冒名僞選，及虚增功狀之類，皆能擿發其事。典選六年，頗有聲稱，時人云：「前有裴、馬，後有盧、李。」謂裴行儉、馬載、李朝隱。《唐會要》七四。又《廣記》一八六引。《南部新書》丁。

2 唐景雲中，盧從愿爲侍郎，杜暹自婺州參軍注鄭縣尉，後爲户部尚書。盧自益州長史入朝，杜立於上，乃曰：「選人定如何？」盧曰：「亦由僕藻鑒，遂使明公展千里之足。」《譚賓録》（《廣記》一六九）。《唐會要》七五。又《廣記》一八六引。

3 玄宗命宇文融爲括田使，融方恣睢，稍不附己者，必加誣譖。密奏以爲盧從愿廣置田園，有地數百頃。帝素器重，亦倚爲相者數矣，而又族望官婚鼎盛於一時，故帝亦重言其罪，但目從愿爲「多田翁」。從愿少家相州，應明經，常從五舉，制策三等，授夏縣尉。自明經至吏部侍郎，才十年，自吏部員外至侍郎，只七個月。《明皇雜録》上。

4 見唐玄宗50。

倪若水

1 開元中，朝廷選用羣官，必推精當，文物既盛，英賢出入，皆薄其外任，雖雄藩大府，由中朝冗員而授，時以爲左遷。班景倩自揚州採訪使入爲大理少卿，路由大梁，倪若水爲郡守，西郊盛設祖席。宴罷，景倩登舟，若水望其行塵，謂掾吏曰：「班公是行，何異登仙乎？爲之騶殿，良所甘心。」默然良久，方整回駕。既而爲詩投相府，以道其誠，其詞爲當時所稱賞。《明皇雜録》下。又《廣記》四九四引。

2 倪若水爲汴州刺史，玄宗嘗遣中官往淮南採捕鵁鶄及諸水禽，上疏諫曰：「方今九農並作，田夫擁耒，蠶婦持桑。而以此時採捕奇禽異鳥，供園池之玩，遠自江嶺，達於京師，力倦擔負，食之以魚肉，間之以稻糧。道路觀者，莫不言陛下賤人而貴鳥。陛下當以鳳凰爲凡鳥，麒麟爲凡獸，則鵁鶄、鸂鶒之類，曷足貴也！陛下昔龍潛藩邸，備歷艱危，今氛祲廓清，高居九五，玉帛子女充於後庭，職貢珍奇盈於内府，過此之外，又何求哉？」手詔答曰：「朕先使人取少雜鳥，其使不識朕意，將鳥稍多。卿具奏之，詞誠忠懇，深稱朕意。卿達識周材，義方敬直，故輟綱轄之重，以處方面之權。果能閒邪存誠，守節彌固，骨鯁忠烈，遇事無隱，言念忠讜，深用喜慰。今賜卿物四十段，用答至言。」《大唐新語》二。《唐語林》五。

3 見姚崇14。

4 倪若水藏書甚多，列架不足，疊牕安置，不見天日。子弟直日看書，借書者先投束修羊。《唐餘録》（《雲仙雜記》三）。

5 見魏光乘1。

席豫

1 唐開元初，席豫以監察御史按覆河西，去河西兩驛，下食。求羊肝不得，撻主驛吏，外白肝至。見肝在盤中搖動不息，豫顰蹙良久，令持去。乃取一絹，爲羊鑄佛。《廣異記》（《廣記》一一五）。

崔琳

1 開元十一年十二月，吏部侍郎崔琳掌銓，收選人盧怡、裴敦復、于儒卿等十數人。無何，皆入臺省，衆以爲知人。《唐會要》七五。又《廣記》一八六引。《譚賓録》（《廣記》一七〇）。

2 見唐玄宗50。

3 崔琳羣從多至大官。每宴集，組綬相輝，設一搨置象笏，猶重疊其上。三十年間無中外緦麻之喪。《明皇雜録》（《類説》一六）。又《事文類聚》前集五二引。

高仲舒

1 見姚崇18。

崔沔

1 開元、天寶之間，傳家法者：崔沔之家學，崔均之家法。《大唐傳載》。《唐語林》一。

2 見李栖筠2。

崔均

1 見崔沔1。

王丘

1 開元八年七月，王丘爲吏部侍郎，拔擢山陰尉孫逖、桃林尉張鏡微、湖城尉張晉明、進士王泠然、李昂等。不數年，登禮閣，掌綸誥焉。《唐會要》七五。又《廣記》一八六引。《譚賓録》(《廣記》一七〇)。

2 見蕭穎士3。

裴寬

1 潤州刺史韋詵自以族望清華，嘗求子婿，雖門地貴盛，聲名藉甚者，詵悉以爲不可。遇歲除日，閒無事，妻孥登城眺覽，見數人方於園圃有所瘞。詵異之，召吏指其所訪求焉。吏還，白曰：「所見乃參軍裴寬所居也。」令與寬俱來。詵詰其由，寬曰：「某常自戒義，不以苞苴污其家。今日有人遺鹿，置之而去，既不能自欺，因與家僮瘞於後園，以全其所守。不謂太守見之。」詵因降階曰：「某有息女，願授君子。」裴拜謝而去。歸謂其妻曰：「嘗求佳婿，今果得之。」妻問其誰，即向之城上所見瘞物者。明日，復召來，韋氏舉家視其簾下。寬衣碧衫，疏瘦而長，舊制：八品以下衣碧。入門，其家大噱，呼爲鸛鵲。詵妻涕泣于帷下。既退，詵謂其妻曰：「愛其女，當令作賢公侯之妻，奈何白如瓠者，人奴之材？」詵竟以女妻之。而韋氏與寬偕老，其福壽貴盛，親族莫有比焉。故開元、天寶推名家舊望，以寬爲稱首。《明皇雜録》上。又《廣記》一六九引。

2 裴寬尚書罷郡西歸，汴流中，日晚維舟，見一人坐樹下，衣服極弊，因命屈之，與語，大奇之，遂爲見知：「以君才識必自當富貴，何貧也？」舉船錢帛奴婢貺之。客亦不讓所惠，語訖上船，奴婢偃蹇者鞭撻之，裴公益奇之。其人乃張徐州也。《幽閒鼓吹》。又《廣記》一六九引。《唐語林》三。

3 上命裴寬爲河南尹，寬性好釋氏，師事普寂禪師，旦夕造謁焉。居一日，寬詣寂，寂曰：「有少事，未暇款語，且請遲回休憩也。」寬乃屏賓從，止於空室。見寂潔滌正堂，焚香端坐。坐未久，忽聞扣門連聲云：「一行天師至。」一行入，詣作禮，禮寂之足。禮訖，附耳密語，其貌絶恭。寂但顧云無不可者，語訖入禮，禮語如是三。寂唯云：「是，是！」一行語訖，降階入南堂，自闔其扉。寂乃徐命弟子云：「遣聲鐘，一行和尚滅度矣。」左右疾走視之，一如其言。後寂滅度，寬復衰絰。葬之日，徒步出城送之，甚爲搢紳所譏也。《開天傳信記》。又《廣記》九二引。

4 見李林甫18。

蘇　晉

1 見裴光庭3。

2 蘇晉作曲室，爲飲所，名酒窟。又地上每一塼鋪一甌酒，計甎約五萬枚。晉日率友朋，次第飲之，取盡而已。《醉仙圖記》（《雲仙雜記》四）。《澄懷録》（陶本《説郛》二三）。

3 唐蘇晉，頲之子也，學浮屠術，嘗得胡僧慧澄繡彌勒佛一本，寶之，嘗曰：「是佛好飲米汁，正與吾性合，吾願事之，他佛不愛也。」《五雜俎》一六。

李乂

1 乂爲紫微侍郎，與蘇頲對掌綸誥，明皇曰：「前有味道、嶠，朕今有頲、乂。」皆號蘇、李。時宰輔子將授太廟，頲草詞久不就，曰：「以遵仲尼之問。」而未能續。乂曰：「何不云『宜採方山之能』？」頲伏其敏。《唐詩紀事》一〇。

孫逖

1 逖，河南人。年十五，崔齊公日用試《土火爐賦》，援翰立成。甫冠，三擅甲科。吏侍王丘試《竹簾賦》，降階約拜，待以殊禮。其典誥也，宰相張九齡掎摭疵瑕，沉吟久之，不能易一字。公除庶子，苑咸草詔曰：「西掖掌綸，朝推無對。」張説命二子施伯仲之禮。江夏李邕自陳州入計，繕録其集，詣公託知己之分。可謂人文之宗師，國風之哲匠也。已上顔真卿序其文。逖終刑部侍郎。《唐詩紀事》二六。　案：此出《顔魯公文集》一二《相國刑部侍郎贈尚書右僕射孫逖文公集序》。

李尚隱

1 臺儀，自大夫已下至監察，通謂之五院御史。國朝踐歷五院者共三人，爲李尚隱、張魏公延賞、温僕射造也。《尚書故實》。又《廣記》一八七引。

崔隱甫

1 見唐玄宗142。

李齊物

1 河南尹李齊物，天寶中，左遷竟陵太守。郡城南樓有白煙，刺史不改即死。土人以爲常占。齊物被黜，意甚恨恨。樓中忽出白煙，乃發怒云：「吾不畏死，神如余何！」使人尋煙出處。云：「白煙悉白蟲，恐是大蛇。」齊物令掘之，其孔漸大，中有大蛇，身如巨甕。命以鑊煎油數十斛，沸則灼之。蛇初雷吼，城堞震動，經日方死。乃使人下塹塞之。齊物亦更無他。《廣異記》(《廣記》四五七)。

2 見裴冕4。

徐安貞

1 徐侍郎安貞，久居中書省。常參李右丞議，恐其罪累，乃逃隱衡山岳寺，爲東林掇蔬行者，而暗啞不言者數年。後值修建佛殿，僧中選善書者題其梁，已二三人矣，而徐行者跨過。掌事怒，以杖連擊其背。行者乃畫地曰：「某口雖不言，昔年曾學大書也，乞試之。」及試，乃題數行，羣僧皆悦服，因遣盡書之。時李北海邕遊岳過寺，觀其題處曰：「不知徐公在此。」乃召至，握手而言曰：「朝列於公，已息論矣。」遂解其布褐，飾以簪裳。僧嘗杖擊者，潛匿無地。徐謂邕曰：「吾恐逢非罪，遯跡深山。凡庸僧輩，安能識我？汝無疑也。」江夏公因戲之云：「徐郎曾吟『峴山思駐馬，漢水憶迴舟。』又：『暮雨水猶濕，春風帆正開』。」徐曰：「暗啞之日，時亦默而誦之。」因同載北歸，止潭州，察使水亭相迓。徐侍郎指李北海呼曰：「行者瀟湘逢故人，得隨歸客，止乎汀洲之娱，若幽谷之覩太陽者矣。不然委頓巖谷，卒於寺隸也。」《雲溪友議》中。又《詩話總龜》前集一四引。《唐詩紀事》二五。《書小史》一。

姜師度

1 唐先天中，姜師度於長安城中穿渠，繞朝堂坊市，無所不至。上登西樓望之，師度堰水瀧柴柢而下，遂授司農卿。於後水漲則奔突，水縮則竭涸。又前開黄河，引水向棣州，費億兆功，百姓苦其淹漬，又役夫塞河。開元六年，水汎溢，河口堰破，棣州百姓一概没盡。師度以爲功，官品益進。又有傅孝忠爲太史令，自言明玄象，專行矯譎。京中語曰：「姜師度一心看地，傅孝忠兩眼相天。」神武即位，知其矯，並斬之。《朝野僉載》四。

2 司農卿姜師度明於川途，善於溝洫，嘗於薊北約魏帝舊渠，傍海新創，號曰平虜渠，以避海難，餽運利焉。時太史令傅孝忠明於玄象，京師爲之語曰：「傅孝忠兩眼窺天，姜師度一心看地。」言其思穿鑿之利也。《大唐新語》四。

3 開元初，司農卿姜師度引洛水灌朝邑澤，盡發以修堤堰，墓爲水所湍擊，今寖穨削焉。《隋唐嘉話》下。

4 姜師度好奇詭，爲滄州刺史兼按察，造搶車運糧，開河築堰，州縣鼎沸。於魯城界内種稻置屯，穗蟹食盡，又差夫打蟹。苦之，歌曰：「鹵地抑種稻，一概被水沫。年年索蟹夫，百姓不可活。」又爲陜州刺史，以永豐倉米運將别徵三錢，計以爲費。一夕忽云得計，立注樓，從倉建槽，直至於河，長數千丈，而令放米。其不快處，具大杷推之，米皆損耗，多爲粉末。兼風激揚，凡一函失米百石，而動即千萬數。遣典庾者償之，家産皆竭；復遣輸户自量，至有償數十斛者。甚害人，方停之。《朝野僉載》二。

蕭炅

1 張九齡知蕭炅不學，故相調謔。一日送芋，書稱「蹲鴟」。蕭答云：「損芋拜嘉，惟蹲鴟未至耳。然僕家多怪，亦不願見此惡鳥也。」九齡以書示客，滿坐大笑。《諧噱録》（陶本《説郛》三四）。《青棠集》（《瑯嬛記》上）。

2 沙堤起天寶三年，因蕭京兆炅奉請，於要路築甬道以通車騎，而覆沙其上。《大唐傳載》。

鄭繇

1　鄭繇少工五言。開元初，山範爲岐州刺史，繇爲長史，範失白鷹，深所愛惜，因爲《失白鷹》詩以致意焉。其詩曰：「白晝文章亂，丹霄羽翮齊。雲間呼暫下，雪裏放還迷。梁苑驚池鶩，陳倉拂野鷄。不知遼廓外，何處别依棲？」甚爲時所諷詠。子審，亦以文章知名。《大唐新語》八。

鄭審

1　鄭公審開元中爲殿中侍御史，充館驛使，令每傳舍立辰堠，自公始也。《大唐傳載》。

任正理

1　唐李宏，汴州浚儀人也，凶悖無賴，狼戾不仁。每高鞍壯馬，巡坊歷店，嚇庸調租船綱典，動盈數百貫，彊貸商人巨萬，竟無一還。商旅驚波，行綱側膽。任正理爲汴州刺史，上十餘日，遣手力捉來，責情決六十，杖下而死。工商客生酣飲相歡，遠近聞之，莫不稱快。《朝野僉載》(《廣記》二六三)。

柳齊物

1　見柳婕好1。

柳範女

1 玄宗柳婕妤有才學，上甚重之。婕妤妹適趙氏，性巧慧，因使工鏤板爲雜花，象之而爲夾結。因婕妤生日，獻王皇后一匹，上見而賞之，因敕宮中依樣製之。當時甚祕，後漸出，遍于天下，乃爲至賤所服。《唐語林》四。

劉巨麟

1 劉巨麟開元中爲廣州刺史，弟仲邱爲麗政殿學士，兄弟友愛。有羅浮道者爲巨麟合丹劑，將分半以遺仲邱，命刀中破之，分銖無差焉。《大唐傳載》。

2 劉巨麟開元末爲廣府都督，在州恒養一犬，雄勁多力，犬至馴附，有異於他。巨麟常夜迎使，犬忽遮護，不欲令出。巨麟亦悟曰：「犬不使我行耶？」徘徊良久，人至，白使近，巨麟叱曰：「我行部從如雲，寧有非意之事？」使家人關犬而出。上馬之際，犬亦隨之，忽咋一從者喉中，頃之死。巨麟驚愕。搜死者懷中，得利匕首。初巨麟常鞭箠此僕，故修其怨，私欲報復，而犬逆知之，是以免難。《摭異記》（《廣記》四三七）。

段崇簡

1 深州刺史段崇簡性貪暴，到任令里正括客，云不得稱無。上户每取兩人，下户取一人，以刑脅之，人懼，皆妄通。通訖，簡云：「不用唤客來，但須見主人。」主人到，處分每客索絹一疋，約一月之内得絹三十車。罷任，發至鹿城縣，有一車裝絹未滿載，欠六百疋，即唤里正，令滿之。里正計無所出，遂於縣令、丞、尉家一倍舉送。至都，拜柳州刺史。《朝野僉載》三。又《廣記》二四三引。

敬讓

1 開元七年正月二十一日，上御紫宸殿，朝集使魏州長史敬讓、辰州長史周利貞俱欲奏事，左臺御史翟璋監殿廷，揖利貞先進。讓以父暉爲利貞所斃，不勝憤恨，遂越次而奏：「利貞受武三思使，枉害臣父。」璋劾讓不待監引，請付法。上曰：「讓訴父枉，不可不矜；朝儀亦不可不肅，可奪一季禄而已。」貶利貞爲邕州長史。《唐會要》六二。

袁楚客

1 見唐玄宗164。

張方回

1 右拾遺張方回，精神不爽，時人呼爲癡漢子。每朝政有失，便抗疏論之，精彩昂然，進不懼死。明皇常謂：「右拾遺張方回，忠賢人也。」《開元天寶遺事》上。

袁仁敬

1 開元二十一年七月，大理卿袁仁敬暴卒。繫囚聞之，皆慟哭悲歌曰：「天不恤冤人兮，何奪我慈親兮。有理無由申兮，痛哉安訴陳兮。」《唐會要》六六。《唐書》(《御覽》二三一)。

崔皎

1 崔皎爲長安令，邠王守禮部曲數輩盜馬，承前以上長令不敢按問，奴輩愈甚，府縣莫敢言者。皎設法擒捕，羣奴潛匿王家，皎命就擒之，奴懼，盡縊殺懸於街樹，境内肅然。出爲懷州刺史。歷任内外，咸有聲稱也。《大唐新語》四。

韓琬

1 見王本立1。

2 韓琬少負才華，長安中爲高郵主簿，使於都場，以州縣徒勞，率然題壁曰：「筋力盡於高郵，容色衰於主簿，豈言行之缺，而友朋之過歟？」景龍中，自亳州司户應制，集於京，吏部員外薛欽緒考琬，策入高等，謂琬曰：「今日非朋友之過歟？昔嘗與魏知古、崔璩、盧藏用聽《涅槃經》於大雲寺，會食，之舊舍，偶見題壁。諸公曰：『此高郵主簿歎後時耶！』顧問主人，方知足下，即末有含蓄意，祈以相汲，今日方申。」琬謝之曰：「士感知己，豈期十年之外，見君子之深心乎？」《大唐新語》六。案：「薛欽緒」，《新唐書》一一二作「蔣欽緒」，是。

3 唐蕭誠初拜員外，於朝列安閒自若。侍御史王旭曰：「蕭子從容省達。」韓琬應聲答曰：「蕭任司録，早已免杖。豈止今日方省撻耶。」聞者歡笑。《御史臺記》（《廣記》二五〇）。

元福慶

1 唐元福慶，河南人。拜右臺監察，與韋虛名、任正名頗事軒昂。殿中監察朱評之詠曰：「韋子凝而密，任生直且狂，可憐元福慶，也學坐癡牀。」正名聞之，乃自改爲「俊且强」。《御史臺記》（《廣記》二五〇）。

吕太一

1 吕太一拜監察御史裏行，自負才華而不即真，因詠院中竹葉以寄意焉。其詩曰：「濯濯當軒竹，青青重歲寒。心貞徒見賞，籜小未成竿。」同列張沈和之曰：「聞君庭竹詠，幽意歲寒多。歎息爲冠小，良工將奈何。」後遷户部員外。户部與吏部鄰司。吏部移牒户部，令牆宇悉豎棘以防令史交通。太一牒報曰：「眷彼吏部，銓綜之司。當須簡要清通，何必豎籬插棘。」省中賞其俊拔。《大唐新語》八。《御史臺記》（《廣記》四九四）。《南部新書》辛。

陸南金

1 陸南金博涉經史，言行脩謹。開元初，太常少卿盧崇道犯贓，自嶺南逃歸，匿於南金家。俄爲讐人所發，侍御史王旭按之。崇道詞引南金，旭處以極法。南金弟趙璧請代兄死。南金執稱弟實自誣，以身當死。兄弟争死，旭問其故，趙璧曰：「兄長有能幹，家亡母未葬，小妹未嫁，自惟幼劣，生無所益，身自請死。」旭上其狀。玄宗嘉而宥之。張説、陸象先等咸相欽重，累遷庫部員外。南金祖士季爲隋王侗記室兼侍讀。侗稱制，授侍郎。王充將行篡奪，侗謂士季曰：「隋有天下三十餘載，朝廷文武遂無忠烈乎？」士季對曰：「見危授命，臣之夙心。今請因其啓事，便加手刃。」後事洩，充遂停士季侍讀。貞觀初，爲太學博士而卒。《大唐新語》六。

張瑝　張琇

1 張審素爲巂州都督，有告其贓者，敕監察楊汪按之。汪途中爲審素之黨所劫，對汪殺告事者。汪到益州，誣審素謀反，搆成其罪，遂斬之，籍没其家。子琇與兄瑝年幼，徙嶺外，後各逃歸。汪後更名萬頃，轉殿侍御史。開元二十三年，瑝、琇於東都候萬頃，手刃之，繫表於斧刃，言復讐之狀，遂奔逃。行至汜水，爲吏所得。時人皆矜琇等幼稺孝烈，能復父讐，多言合從矜恕。張九齡欲活之。裴曜卿、李林甫固言不可，玄宗以爲然，顧謂九齡等曰：「復讐禮所許，殺人亦格律具存。孝子之心，義不顧命。國家設法，焉得容此。殺人成復讐之志，赦之虧格律之道。然道路喧議，當須告示。」乃下詔曰：「張瑝兄弟同殺，推問款成，律有正條，俱合至死。近聞士庶頗有喧詞，矜其爲父報讐，或言本罪冤濫。但國家設法，事存久要，蓋以濟人，期於止殺。咎繇作士，法在必行；曾參殺人，亦不可恕。不能加以刑戮，肆諸市朝，宜付河南府告示。」瑝、琇既死，士庶痛之，爲作哀誄，牓於衢路。市人斂錢於死處造義井。並葬於北邙，恐爲萬頃家人所發，作疑冢數所於其所。其爲時人之所痛悼者如此。《大唐新語》五。

王　旭

1 殿中侍御史王旭括宅中別宅女婦風聲色目，有稍不承者，以繩勒其陰，令壯士彈竹擊之，酸痛不可忍。倒懸一女婦，以石縋其髮，遣證與長安尉房恒奸，經三日不承。女婦曰：「侍御如此，若毒兒死，必訴於冥司；若配入宫，必申於主上。終不相放。」旭慚懼，乃舍之。《朝野僉載》二。

2 見李全交1。

3 見李嵩1。

4 見魏光乘2。

李　嵩

1 監察御史李嵩、李全交，殿中王旭，京師號爲「三豹」。嵩爲赤黧豹，交爲白額豹，旭爲黑豹。皆狼戾不軌，鴆毒無儀，體性狂疏，精神慘刻。每訊囚，必鋪棘卧體，削竹籤指，方梁壓髁，碎瓦搘膝，遣仙人獻果、玉女登梯、犢子懸駒、驢兒拔橛、鳳凰曬翅、獼猴鑽火、上麥索、下闌單，人不聊生，囚皆乞死。肆情鍛鍊，證是爲非，任意指麾，傅空爲實。周公、孔子，請伏殺人，伯夷、叔齊，求其劫罪。訊劾乾塹，水必有期，推鞫濕泥，塵非不久。來俊臣乞爲弟子，索元禮求作門生。被追者皆相謂曰：「牽牛付虎，未有出期，縛鼠與猫，終無脱日。妻子永別，友朋長辭。」京中人相要，作呪曰：「若違心負教，横遭三豹。」其毒害也如此。《朝野僉載》二。

李全交

1 監察御史李全交素以羅織酷虐爲業，臺中號爲「人頭羅刹」；殿中王旭號爲「鬼面夜叉」。訊囚引枷柄向前，名爲驢駒拔橛；縛枷頭着樹，名曰犢子懸車；兩手捧枷，累磚於上，號爲仙人獻果；立高木之上，枷柄向後拗之，名玉女登梯。考柳州典廖福、司門令史張性，並求神狐魅，皆遣唤鶴作鳳，證蛇成龍也。《朝野僉載》二。

2 見李嵩1。

3 岐王府參軍石惠恭與監察御史李全交詩曰：「御史非長任，參軍不久居。待君遷轉後，此職還到余。」因競放牒往來，全交爲之判十餘紙以報，乃假手於拾遺張九齡。《朝野僉載》二。

4 見魏光乘1。

王怡

1 王怡爲中丞，憲臺之穢；姜晦爲掌選侍郎，吏部之穢；崔泰之爲黄門侍郎，門下之穢。號爲「京師三穢」。《朝野僉載》二。

2 開元四年，中丞王怡以糺獲贓錢，疊石重造永濟橋，以代舟船，行人頗濟焉。在壽安之西。《南部新書》戊。

嚴安之

1 嚴安之、崔譚俱爲赤尉，力行猛政。譚恐安之名出己右，每事欲先之。安之使伍伯執大杖引前，譚則益麄其杖。安之越麄，譚亦轉麄之。如此至杖大如椽，力不能舉。安之遂令執小杖，譚亦益細其杖。安之越細，譚亦轉細之。如此至杖大如筯，不能用。安之患其壓己，遂都去其杖，使伍伯空手而行。譚果不能學。《封氏聞見記》九。

2 上御勤政樓大酺，縱士庶觀看。百戲競作，人物填咽，金吾衛士白棒雨下，不能制止。上患之，謂力士曰：「吾以海内豐稔，四方無事，故盛爲宴樂，與百姓同歡，不知下人喧亂如此，汝何方止之？」力士曰：「臣不能也。陛下試召嚴安之處分打場，以臣所見，必有可觀。」上從之。安之到則周行廣場，以手板畫地示衆曰：「踰此者死！」以是終五日酺宴，咸指其地畫曰「嚴公界境」，無一人敢犯者。《開天傳信記》。

又《廣記》一六四引。《南部新書》甲。《續世説》二。《唐語林》一。

張孝嵩

1 京兆人高麗家貧，於御史臺替勳官遞送文牒。其時令史作僞帖，付高麗追人，擬嚇錢。事敗，令史逃走，追討不獲。御史張孝嵩捉高麗拷，膝骨落地，兩脚俱攣，抑遣代令史承僞。準法斷死訖，大理卿狀上：故事，準《名例律》，篤疾不合加刑。孝嵩勃然作色曰：「脚攣何廢造僞？」命兩人舁上市，斬之。

《朝野僉載》二。

2 見魏光乘1。

唐人軼事彙編卷十二

顔元孫

1 顔元孫，字聿修，昭甫之子。少孤，養於舅殷仲容家。尤善草隸。仲容以能書爲天下所宗，人造請者牋盈几，輒令代遣，得者欣然，莫之能辨。玄宗出諸家書迹數十卷，曰：「聞公能書，可爲定其真僞。」公分别以進。玄宗大悦，賜箋籐筆墨衣服等物。著《干禄字書》，行於世。《書小史》九。

尹知章

1 尹知章字文叔，絳州翼城人。少時性懵，夢一赤衣人持巨鑿破其腹，若内草茹於心中，痛甚，驚寤。自後聰敏爲流輩所尊。開元中，張説表諸朝，上召見延英。上問曹植《幽思賦》何爲遠取景物爲句，意旨安在。知章對以植所謂賦作不徒然。若「倚高臺之曲嵎」，望且重也；「處幽僻之閒深」，位至卑也；「望翔雲之悠悠，嗟朝霽而夕陰」，以爲物無止定之意，而上多改易也；「顧秋華之零落」，歲將暮也；「感歲暮而傷心」，年將易也；「觀躍魚於南沼」，使智者居於明，非得志也；「聆鳴鶴於北林」，怨且和也；「搦素筆而慷慨」，守文而感也；「揚太雅之哀吟」，憫其時也；「仰清風以嘆息」，思濯煩也；「寄予思於悲切」，志在古也；「信有心而在遠」，措者大也；「重登高以臨川」，及上下也；「何余心之煩錯，寧翰墨之能傳」，意不盡也。此幽思所以賦也。上敬異之，擢禮部侍郎、集賢院正字。《龍城録》下。

徐堅

1 徐堅多識典故，七入書府。《大唐遺事》(《類説》二一)。又《緯略》一〇引。

2 見唐玄宗151。

陸堅

1 見張説18。

元行沖

1 元行沖賓客爲太常少卿，有人於古墓中得銅物，似琵琶而身正圓，莫有識者。元視之曰：「此阮咸所造樂具。」乃令匠人改以木，爲聲甚清雅，今呼爲阮咸者是也。《隋唐嘉話》下。又《御覽》六一二引作《國朝傳記》、《廣記》二〇三引作《國史異纂》。《南部新書》丁。參見李勉21。

2 見元愷1。

陽嶠

1 陽嶠爲祭酒，謂人曰：「吾雖三品，非不榮貴，意常不逾疇昔一尉也。」時議重之。《大唐新語》三。

案：陽嶠，原作「楊嶠」，據兩《唐書·陽嶠傳》改。

康子元

1 康子元，越人，念《易》數千遍，行坐不釋卷。開元中，張説薦爲麗正學士。《南部新書》丁。

侯行果

1 開元十一年，詔學士侯行果等每日侍讀《周易》。其後皇太子奏請講《周易》，上謂人曰：「吾更選一明《易》而有名行，亦無出於侯行果者。」又令行果隔日爲皇太子講《易》。《古今事文類聚》新集二五。

賈曾

1 賈曾除中書舍人，以父名忠，固辭之。言者以中書是曹司名，父之名又同音名别，于禮無嫌。曾乃就職。《南部新書》甲。

薛令之

1 神龍二年，閩長溪人薛令之登第。開元中，爲東宫侍讀。時宫僚閒淡，以詩自悼，書於壁曰：「朝日上團團，照見先生盤。盤中何所有，苜蓿上闌干。飰澁匙難綰，羹稀箸多寬。只可謀朝夕，何由度歲寒？」上因幸東宫，見焉，索筆續之曰：「啄木嘴距長，鳳凰毛羽短。若嫌松桂寒，任逐桑榆暖。」令之因此引疾東歸。肅宗即位，詔徵之，已卒。《閩中名仕傳》(《廣記》四九四)。又《太平御覽》九二三引。《唐摭言》一五。《唐語林》五。《古今詩話》(《詩話總龜》前集三一)。《唐詩紀事》二〇。

王迴質

1 王迴質自山東褐衣召拜壽王等侍讀，蒙賜帛、牀褥、衣衾等。令迴質坐牀上，羅列所賜，使金吾舁歸其家。觀者如堵，咸曰稽古之力也。晉桓榮亦是。《說苑》(《廣卓異記》一五)。

許景先

1 故事：每三月三日、九月九日賜王公以下射，中鹿賜爲第一，院賜綾，其餘布帛有差。至開元八年秋，舍人許景先以爲徒耗國賦而無益於事，罷之。其禮至今遂絶。《隋唐嘉話》下。案：今本《劉賓客嘉話録》亦載此條，唐蘭考爲誤入。

韋述　孔至

1 著作郎孔至，二十傳儒學，撰《百家類例》，品第海内族姓，以燕公張説爲近代新門，不入百家之數。駙馬張垍，燕公之子也，盛承寵眷。見至所撰，謂弟埱曰：「多事漢，天下族姓何關爾事，而妄爲升降！」埱素與至善，以兄言告之。時工部侍郎韋述，諳練士族，舉朝共推。每商榷姻親，咸就諮訪。至書初成，以呈韋公，韋公以爲可行也。及聞垍言，至懼，將追改之，以情告韋。韋曰：「孔至休矣！大丈夫奮筆將爲千載楷則，奈何以一言而自動揺。有死而已，胡可改也！」遂不復改。《封氏聞見記》一〇。《唐語林》二。

毋　煚

1 右補闕毋煚，博學有著述才，上表請修古史，先撰目録以進。玄宗稱善，賜絹百疋。性不飲茶，製《代茶餘序》，其略曰：「釋滯銷壅，一日之利暫佳；瘠氣侵精，終身之累斯大。獲益則歸功茶力，貽患則不爲茶災。豈非福近易知，禍遠難見。」煚直集賢，無何，以熱疾暴終。初，煚夢着衣冠上北邙山，親友相送，及至山頂，回顧，不見一人，意惡之。及卒，僚友送至北邙山，咸如所夢。玄宗聞而悼之，贈朝散大夫。《大唐新語》一一。又《御覽》八六七、《廣記》一四三引。　案：毋煚《御覽》作「毋景」，《廣記》作毋旻，誤。

賀知章

1 賀公自太常少卿遷禮部侍郎、兼集賢學士，一日併謝二恩。源乾曜與張説同秉政，乾曜曰：「賀公久著盛名，今日一時兩恩，足爲學者光輝。然學士與侍郎，何者爲美？」説對曰：「侍郎，自皇朝已來爲衣冠之華選，自非實望具美，無以居之，然終具員之吏，又非往賢所慕。學士者，懷先王之道，爲搢紳軌儀，蘊揚班之詞彩，兼游夏之文學，始可處之無愧。二美之中，此爲其最美。」《唐書》（《廣卓異記》八）。《大唐新語》一一。

2 賀監爲禮部侍郎，時祁王贈制云惠昭太子，補齋挽郎。賀大納苞苴，爲豪子相率詬辱之。吏遽掩門，賀梯牆謂曰：「諸君且散，見説寧王亦甚慘澹矣！」《唐語林》五。《侯鯖録》八。

3 賀知章爲祕書監，累年不遷。張九齡罷相，于朝中謂賀曰：「九齡多事，意不得與公遷轉，以此爲恨！」賀素詼諧，應聲答曰：「知章蒙相公庇蔭不少。」張曰：「有何相庇？」賀曰：「自相公在朝堂，無人敢駡知章作獠；罷相以來，爾汝單字，稍稍還動。」九齡大慚。《封氏聞見記》一〇。

4 見李白8、9。

5 賀祕監、顧著作，吴越人也，朝英慕其機捷，競嘲之，乃謂南金復生中土也。每在班行，不妄言笑。賀知章曰：「鈒鏤銀盤盛蛤蜊，鏡湖蓴菜亂如絲。鄉曲近來佳此味，遮渠不道是胡兒。」顧況和曰：「鈒鏤銀盤盛炒蝦，鏡湖蓴菜亂如麻。漢兒女嫁吴兒婦，吴兒盡是漢兒爺。」《雲溪友議》中。《唐詩紀事》一七。

6 唐賀知章，會稽永興人。進士擢第，太常少卿，秘書監，爲太子諸王侍讀。性落托放縱，逸思過人。年八十餘，因醉賦詩，問左右曰：「紙多少？」對曰：「有十幅。」乃書。告老乞歸鄉里，皇帝及皇太子諸王皆賦送行詩，賜越中剡田以給之。《獨異志》上。

7 賀知章字季真，越州永興人。擢第後復登超拔羣類科。天姿夷曠，談論警發，能文，善草隸，當世稱重。恐不能遽取，每於燕閒游息之所，具筆研佳紙候之。偶意有愜適，不復較其高下，揮毫落紙，纔數十字，已爲人藏去，傳以爲寶。晚節尤放誕，自號四明狂客。脱落簪紱之累，嬉戲里巷間，與物無忤。每醉必作爲文詞，初不經意，卒然便就，行草相間，時及於怪逸，尤見真率。往往自以爲奇，使醒而復書，未必爾也。書時惟問紙有幾幅，或曰十幅，則詞隨十幅盡，或曰二十幅，則隨二十幅，意乃止。然多多益辦，不見筆力之衰。忽有佳處，人謂其機會與造化争衡，非人工可到。《宣和書譜》一八。

8 賀知章，字季真，會稽人。官至秘書監。自號四明狂客。善草隸。嘗與張旭遊於人間，凡人家廳館好墻壁及屏幛，忽忘機興發，筆落數行，如蟲豸飛走，雖古之張、索不如也。好事者具筆硯從之，意有所愜，不復拒，然每紙纔十數字，世傳以爲寶。《書小史》九。

9 賀知章性放曠，美談笑，當時賢達咸傾慕。陸象先即知章姑子也，知章特相親善。象先謂人曰：「賀兄言論調態，真可謂風流之士。」晚年縱誕，無復規檢，自號四明狂客。醉後屬詞，動成篇卷。文不加點，咸有可觀。又善草隸書，好事者共傳寶之。請爲道士歸鄉，捨宅爲觀，上許之，仍拜子爲會稽郡司馬，御製詩以贈行。《譚賓録》(《廣記》二〇二)。

10 賀知章，西京宣平坊有宅，對門有小板門，常見一老人乘驢出入其間。積五六年，視老人顔色衣服如故，亦不見家屬。詢問里巷，皆云是西市賣錢貫王老，更無他業。察其非凡也，常因暇日造之。老人迎接甚恭謹，唯有童子爲所使耳。賀則問其業，老人隨意問答。因與往來，漸加禮敬，言論漸密，遂云善黄白之術。賀素信重，願接事之。後與夫人持一明珠，自云在鄉日得此珠，保惜多時，特上老人，求説道法。老人即以明珠付童子，令市餅來。童子以珠易得三十餘胡餅，遂延賀。賀私念寶珠特以輕用，意甚不快。老人曰：「夫道者可以心得，豈在力争！慳惜未止，術無由成，當須深山窮谷，勤求致之，非市朝所授也。」賀意頗悟，謝之而去。數日失老人所在。賀因求致仕，入道還鄉。《原化記》（《廣記》四二）。

11 賀知章祕書監，有高名，告老歸吴中，上嘉重之，每事優異焉。知章將行，涕泣辭上。上曰：「何所欲？」知章曰：「臣有男未有定名，幸陛下賜之，歸爲鄉里榮。」上曰：「爲道之要莫若信，孚者，信也。履信思乎順，卿子必信順之人也，宜名之曰孚。」知章再拜而受命。知章久而謂人曰：「上何謔我耶？我實吴人，孚乃爪下爲子。豈非呼我兒爲爪子耶？」《開天傳信記》。又《廣記》二五五引。《羣居解頤》（張本《説郛》三二、陶本《説郛》二四）。

12 太子賓客、集賢院學士賀知章，年八十六，卧病五日，冥冥不知。男曾子哀號訴天，請以身代，遂疾損。乃上表乞爲道士還鄉。玄宗許之，乃捨宅爲觀，賜名千秋，并與男曾子會稽郡司馬，賜緋。小子田，亦度爲道士，兼賜帛一百疋，道衣兩對。又賜鑑湖剡川一曲，元乞官湖數頃爲放生池，因賜剡川一曲。詔令供張東門，百寮祖餞，御製送詩并序。《唐書》（《廣卓異記》三）。《唐詩紀事》一七。

13 洛陽振德坊皆貧民，例享糟糠之薄。賀知章目爲糠市。《從容録》（《雲仙雜記》八）。

14 賀知章忽鼻出黄膠，醫者謂飲酒之過。《從容録》（《雲仙雜記》五）。

李邕

1 李北海年十七，攜三百縑就納國色，偶遇人啓護，傾囊救之。《唐摭言》四。

2 宋璟劾張昌宗等反狀，武后不應。李邕立階下，大言曰：「璟所陳社稷大事，陛下當聽。」后色解，即可璟奏。邕出，或讓曰：「子位卑，一忤旨，禍不測。」邕曰：「不如是，名亦不傳。」《唐語林》五。參看宋璟5。

3 李邕自刺史入計京師，邕素負才名，頻被貶斥。皆以邕能文養士，賈生、信陵之流。執事忌勝，剥落在外。人間素有聲稱，後進不識，京洛阡陌聚看，以爲古人，或將眉目有異。衣冠望風，尋訪門巷。又中使臨問，索其新文。復爲人陰中，竟不得進改。天寶初，爲汲郡、北海太守。性豪侈，不拘細行，馳獵縱逸。後柳勣下獄，吉温令勣引邕，議及休咎，厚相賂遺，詞狀連引，敕祁順之、羅希奭馳往，就郡决殺之。邕早擅才名，尤長碑記，前後所製凡數百首。受納饋送，亦至鉅萬。自古鬻文獲財，未有如邕者。《譚賓録》（《廣記》二〇一）。《南部新書》甲。

4 唐江夏李邕之爲海州也，日本國使至海州，凡五百人，載國信，有十船，珍貨數百萬。邕見之，舍於館，厚給所須，禁其出入。夜中，盡取所載而沉其船。既明，諷所館人白云：「昨夜海潮大至，日本國船盡漂失，不知所在。」於是以其事奏之，敕下邕，令造船十艘，善水者五百人，送日本使至其國。邕既具舟及水工，使者未發，水工辭邕，邕曰：「日本路遥，海中風浪，安能却返？前路任汝便宜從事。」送人喜。行數日，知其無備，夜盡殺之，遂歸。邕又好客，養亡命數百人，所在攻劫，事露則殺之。後竟不得死，且坐其酷濫也。《紀聞》（《廣記》二四三）。

5 見崔顥1。

6 見徐安貞1。

7 邕剛毅忠烈，臨難不苟免，少習文章，嫉惡如讎，不容於衆，邪佞爲之側目。然雖詘不進，而文名天下。盧藏用謂之如干將鏌鎁，難與争鋒，但虞傷缺耳。邕初學變右軍行法，頓挫起伏，既得其妙，復乃擺脱舊習，筆力一新。李陽冰謂之書中仙手。裴休見其碑云：「觀北海書，想見其風采。」大抵人之才術多不兼稱，王羲之以書掩其文，李淳風以術映其學，文章書翰俱重於時，惟邕得之。當時奉金帛而求邕書，前後所受鉅萬餘，自古未有如此之盛者也。觀邕之墨蹟，其源流實出於羲之。議者以謂骨氣洞達，奕奕如有神力，斯亦名不浮於實也。杜甫作歌以美之曰：「聲華當健筆，灑落富清製。」爲世之所仰慕，率皆如是。今御府所藏行書十。《宣和書譜》八。

8 唐人説李邕前後撰碑八百首。《海録碎事》一八。

9 唐李邕善書，仍自刻，多假立刻字人名，如伏靈芝、黄仙鶴之類是也。《法書苑》（《紺珠集》一二、《類説》五八、張本《説郛》七八、陶本《説郛》八六）。

10 蕭誠自矜札翰，李邕恒自言別書。二人俱在南中，蕭有所書，將謂稱意，以呈李邕，邕輒不許。蕭疾其掩己，遂假作古帖數幅，朝夕把翫，令其故暗，見者皆以爲數百年書也。蕭詒邕云：「有右軍真蹟，寶之已久，欲呈大匠。」李欣然願見。蕭故遲回旬日，未肯出也。後因論及，李固請見，曰：「許而不出，得非詐乎？」蕭于是令家童歸見取，不得。驚曰：「前某客來見之，當被竊去！」李誠以爲信矣。蕭良久曰：「吾置在某處，遂忘之。」遽令走取。既至，李尋繹久之，不疑其詐，云是真物，平生未見。在坐者咸以爲然。數日，蕭往候邕，賓客雲集，因謂李曰：「公常不許誠書，昨所呈數紙，幼時書，何故呼爲真蹟？鑒將何在？」邕愕然曰：「試更取之。」及見，略開視，置牀上曰：「子細看之，亦未能好。」《封氏聞見記》一〇。

參見蕭誠1。

李昂

1 開元二十四年，李昂爲考功，性剛急，不容物，乃集進士，與之約曰：「文之美惡，悉知之矣。考校取舍，存乎至公。如有請託於人，當悉落之。」昂外舅嘗與進士李權鄰居，相善，爲言之於昂。昂果怒，集貢士數權之過。權曰：「人或猥知，竊聞之於左右，非求之也。」昂因曰：「觀衆君子之文，信美矣。然古人有言，瑜不掩瑕，忠也。其有詞或不安，將與衆詳之，若何？」衆皆曰：「唯。」及出，權謂衆人曰：「向之斯言，意屬吾也。昂與此任，吾必不第矣。文何籍爲？」乃陰求瑕。他日，昂果摘權章句小疵，牓於通衢以辱之。權引謂昂曰：「禮尚往來。來而不往，非禮也。鄙文之不臧，既得而聞矣。而執事有雅什，嘗聞於道路，愚將切磋，可乎？」昂怒而應曰：「有何不可！」權曰：「『耳臨清渭洗，心向白雲閒。』豈執事辭乎？」昂曰：「然。」權曰：「昔唐堯衰怠，厭倦天下，將禪許由。由惡聞，故洗耳。今天子春秋鼎盛，不揖讓於足下，而洗耳何哉？」昂聞，惶駭，訴於執政，以權不遜，遂下權吏。初，昂以强愎不受屬請，及有吏議，求者莫不允從。由是庭議，以省郎位輕，不足以臨多士。乃使吏部侍郎掌焉。憲司以權言不可窮竟，乃寢罷之。《大唐新語》一〇。《唐摭言》一。《唐詩紀事》一七。

王翰

1 開元初，宋璟爲尚書，李乂、盧從愿爲侍郎，大革前弊，據闕留人，紀綱復振。時選人王翰頗攻篇什，而跡浮僞，乃竊定海内文士百有餘人，分作九等，高自標置，與張説、李邕並居第一，自餘皆被排斥。陵晨于吏部東街張之，甚于長名。觀者萬計，莫不切齒。從愿潛察獲，欲奏處刑憲，爲勢門保持，乃止。《封氏聞見記》三。

2 翰工詩，多壯麗之詞。文士祖詠、杜華等，嘗與遊從。華母崔氏云：「吾聞孟母三遷，吾今欲卜居，使汝與王翰爲鄰，足矣。」其才名如此。《唐才子傳》一。

王灣

1 王灣，登先天進士第，開元初，爲滎陽主簿。馬懷素欲校正羣籍，灣在選中，各部撰次。後爲洛陽尉。殷璠云：灣詞翰早著，爲天下所稱最者，不過一二。遊吴中，《江南意》云：「海日生殘夜，江春入舊年。」詩人以來，無聞此句。張公居相府，手題於政事堂，每示能文，令爲楷式。《唐詩紀事》一五。《唐才子傳》一。

王之渙

1 開元中，詩人王昌齡、高適、王涣之齊名。時風塵未偶，而遊處略同。一日天寒微雪，三詩人共詣旗亭，貰酒小飲。忽有梨園伶官十數人，登樓會讌。三詩人因避席隈映，擁爐火以觀焉。俄有妙妓四輩，尋續而至，奢華艷曳，都冶頗極。旋則奏樂，皆當時之名部也。昌齡等私相約曰：「我輩各擅詩名，每不自定其甲乙，今者可以密觀諸伶所謳，若詩入歌詞之多者，則爲優矣。」俄而一伶拊節而唱，乃曰：「寒雨連江夜入吴，平明送客楚山孤。洛陽親友如相問，一片冰心在玉壺。」昌齡則引手畫壁曰：「一絶句。」尋又一伶謳之曰：「開篋淚霑臆，見君前日書。夜臺何寂寞，猶是子雲居。」適則引手畫壁曰：「一絶句。」尋又一伶謳曰：「奉帚平明金殿開，强將團扇共徘徊。玉顔不及寒鴉色，猶帶昭陽日影來。」昌齡則又引手畫壁曰：「二絶句。」涣之自以得名已久，因謂諸人曰：「此輩皆潦倒樂官，所唱皆《巴人》《下俚》之詞耳，豈《陽春》《白雪》之曲，俗物敢近哉！」因指諸妓之中最佳者曰：「待此子所唱，如非我詩，吾即終身不敢與子争衡矣。脱是吾詩，子等當須列拜床下，奉吾爲師。」因歡笑而俟之。須臾，次至雙鬟發聲，則曰：「黄沙遠上白雲間，一片孤城萬仞山。羌笛何須怨楊柳，春風不度玉門關。」涣之即擨歈二子曰：

「田舍奴，我豈妄哉？」因大諧笑。諸伶不喻其故，皆起詣曰：「不知諸郎君何此歡噱？」昌齡等因話其事。諸伶競拜曰：「俗眼不識神仙，乞降清重，俯就筵席。」三子從之，飲醉竟日。《集異記》二。　案：王涣之，即王之涣。

孟浩然

1 孟浩然，襄陽人也。……閒游祕省，秋月新霽，諸英聯詩，次當浩然，句曰：「微雲淡河漢，疏雨滴梧桐。」舉座嗟其清絶，咸以之閣筆，不復爲繼。《唐詩紀事》二三引王士源《孟浩然集序》。《唐才子傳》二。

2 襄陽詩人孟浩然，開元中頗爲王右丞所知。句有「微雲淡河漢，疏雨滴梧桐」者，右丞吟詠之，常擊節不已。維待詔金鑾殿，一旦，召之商較風雅，忽遇上幸維所，浩然錯愕伏床下，維不敢隱，因之奏聞。上欣然曰：「朕素聞其人。」因得詔見。上曰：「卿將得詩來耶？」浩然奏曰：「臣偶不齎所業。」上即命吟。浩然奉詔，拜舞念詩曰：「北闕休上書，南山歸敝廬；不才明主棄，多病故人疏。」上聞之憮然曰：「朕未曾棄人，自是卿不求進，奈何反有此作！」因命放歸南山。終身不仕。《唐摭言》一一。《臨漢隱居詩話》。《詩話總龜》前集三一。《唐才子傳》二。《北夢瑣言》七、《唐詩紀事》二三分别言孟因李白、張説而見玄宗。

3 孟浩然一日周旋竹間，喜色可掬，又見網師得魚尤甚喜躍。友人問之，答云：「吾適得句，中有魚、竹二物，不知竹有幾節，魚有幾鱗，疑致疏謬，今見二物，乃釋然矣。」《玄山記》（《雲仙雜記》三）。

4 孟浩然眉毫盡落，裴祐袖手衣袖至穿，王維至走入醋甕，皆苦吟者也。《詩源指訣》（《雲仙雜記》二）。

陳章甫

1 舊舉人應及第，關檢無籍者不得與第。陳章甫制策登科，吏部牓放。章甫上書：「昨見牓云：『户部報無籍記者。』昔傅説無姓，殷后置于鹽梅之地；屠羊隱名，楚王延以三旌之位，未聞徵籍也。范睢改姓易名爲張禄先生，秦用之以霸；張良爲韓報仇，變姓名而遊下邳，漢祖用之爲相，則知籍者所以計租賦耳，本防羣小，不約賢路。若人有大才，不可以籍棄之；苟無其德，雖籍何爲！今員外吹毛求瑕，務在駮放，則小人也卻尋歸路，策藜杖，著草衣，田園芸蕪，鋤犂尚在。」所司不能奪，特諮執政收之，天下稱美焉。《封氏聞見記》三。《唐語林》八。

李頎

1 頎，東川人。開元二十三年賈季鄰榜進士及第。調新鄉縣尉。性疏簡，厭薄世務。慕神仙，服餌丹砂，期輕舉之道，結好塵喧之外。一時名輩，莫不重之。《唐才子傳》二。

崔曙

1 見邢和璞1。

2 唐崔曙應進士舉，作《明堂火珠詩》，續有佳句曰：「夜來雙月滿，曙後一星孤。」其言深爲工文士推服。既夭殁，一女名星星而無男。當時咸異之。《明皇雜録》（《廣記》一九八）。《本事詩·徵咎》。

3　見武皇后18。

祖　詠

1　有司試《終南山望餘雪》詩，詠賦云：「終南陰嶺秀，積雪浮雲端。林表明霽色，城中增暮寒。」四句即納於有司。或詰之，詠曰：「意盡。」《唐詩紀事》二〇。《南部新書》乙。

2　開元中，進士唱第尚書省，落第者至省門散去。詠吟曰：「落去他兩兩三三戴帽子，日暮祖侯吟一聲，長安竹柏皆枯死。」《唐詩紀事》二〇。

崔　顥

1　崔顥有美名，李邕欲一見，開館待之。及顥至，獻文，首章曰：「十五嫁王昌。」邕叱起曰：「小子無禮！」乃不接之。《國史補》上。《唐語林》三。《唐詩紀事》二一。《唐才子傳》一。

2　唐崔顥題黄鶴樓詩云：「昔人已乘白雲去，此地空餘黄鶴樓。黄鶴一去不復返，白雲千載空悠悠。晴川歷歷漢陽樹，芳草萋萋鸚鵡洲。日暮家山何處在，烟波江上使人愁。」太白負大名，尚曰：「眼前有景道不得，崔顥題詩在上頭。」欲擬之較勝負，乃作《登鳳凰臺》詩。《該聞録》（《類説》一九）。又《苕溪漁隱叢話》前集五引。《唐詩紀事》二一。《唐才子傳》一。

3 顥苦吟詠，當病起清虚，友人戲之曰：「非子病如此，乃苦吟詩瘦耳。」遂爲口實。《唐才子傳》一。

王昌齡

1 開元中，琅琊王昌齡自吴抵京國，舟行至馬當山，屬風便，而舟人云：「貴識至此，皆合謁廟，以祈風水之安。」昌齡不能駐，亦先有禱神之備，見舟人言，乃命使賫酒脯紙馬，獻於大王，兼有一量草履子上大王夫人。而以一首詩令使者至彼而禱之，詩曰：「青驄一匹崐崙牽，奏上大王不取錢。直爲猛風波滚驟，莫怪昌齡不下船。」讀畢而過。當市草履子時，兼市金錯刀子一副，貯在履子内，至禱神時，忘取之，誤并履子將往，使者亦不曉焉。昌齡至前程，偶覓錯刀子，方知誤并將神廟所矣。又行數里，忽有赤鯉魚長可三尺，躍入昌齡舟中。昌齡笑曰：「自來之味。」呼侍者烹之。既剖腹，得金錯刀子，宛是誤送廟中者。昌齡歎息曰：「鬼神之情亦昭然。常聞葛仙公命魚送書，古詩有剖鯉得素書，今日亦頗同。」《博異志》。又《廣記》三〇〇引。

薛據

1 開元中，河東薛據自恃才名，于吏部參選，請授萬年縣録事。吏曹不敢注，以諮執政，將許之矣。諸流外共見宰相訴云：「醖署丞等三官，皆流外之職，已被士人奪卻。惟有赤縣録事是某等清要，今又被進士欲奪，則某等一色之人無措手足矣。」于是遂罷。《封氏聞見記》三。《唐摭言》一二。又《廣記》一八六引。《唐詩紀事》

二五。

張諲

1 張諲官至刑部員外郎。明《易》象，善草隸，工丹青，與王維、李頎等爲詩酒丹青之友，尤善畫山水。王維答詩曰：「屏風誤點惑孫郎，團扇草書輕内史。」李頎詩曰：「小王破體閒文策，落日梨花照空壁。書堪記室妬風流，畫與將軍作勍敵。」《歷代名畫記》一〇。《唐詩紀事》二〇。《唐才子傳》二。

尉遲匡

1 見李林甫17。

任之良

1 任之良應進士舉，不第，至關東店憩食，遇一道士亦從西來，同主人歇。之良與語，問所從來，云：「今合有身名稱意，何不却入京？」任子辭以無資糧，到京且無居處。道士遂資錢物，並與一帖，令向肅明觀本院中停。之良至京，詣觀安置，偶見一道士讀經，謂良曰：「太上老君二月十五日生。」因上表，請以玄元皇帝生日燃燈。上皇覽表依行。仍令中書召試，使與一官。李林甫拒，乃與别敕出身。《定命録》（《廣記》二二四）。

史青

1 史青，零陵人。其先名籍秦隨。幼而聰敏，博聞强記。開元初，上表自薦：「臣聞曹子建七步成章，臣愚以爲七步太多。若賜召試，五步之内，可塞明詔。」明皇試以《除夜》、《上元觀燈》、《竹火籠》等詩，惟《除夜》最佳，云：「今歲今宵盡，明年明日催。寒隨一夜去，春逐五更來。氣色空中改，容顔暗裏摧。風光人不覺，已入後園梅。」《唐宋詩》以爲王湮作。明皇稱賞，授左監門衛將軍。《零陵總記》(《詩話總龜》前集一一)。

常敬忠

1 開元初，潞州常敬忠十五明經擢第。數年之間，遍通五經。上書自舉，并云「一遍能誦千言」。勑付中書考試。張燕公問曰：「學士能一遍誦千言，能十遍誦萬言乎？」對曰：「未曾自試。」燕公遂出一書，非人間所見也。謂之曰：「可十遍誦之。」敬忠依命，危坐而讀，每遍畫地以記。讀七遍，起曰：「此已誦得。」燕公曰：「可滿十遍。」敬忠曰：「若十遍，即是十遍誦得；今七遍已誦得，何要滿十。」燕公執本臨試，觀覽不暇，而敬忠誦之已畢，不差一字。見者莫不嘆羨。即日聞奏，恩命引對，賜緑衣一副，兼賞禮物，拜東宫衙佐，仍直集賢院，侍講《毛詩》。百餘日中，三度改官，特承眷遇。爲儕類所嫉，中毒而卒。《封氏聞見記》一〇。《唐語林》三。

員俶

1 見李泌1。

韓襄客

1 韓襄客者，漢南女子，爲歌詩知名襄、漢間。孟浩然贈詩曰：「只爲陽臺夢裏狂，降來教作神仙客。」襄客《閨怨詩》曰：「連理枝前同設誓，丁香樹下共論心。」先公熙寧中迓虜使成堯錫，見遺衣服，刺此聯於裏肚上，其下復刺丁香、連理、男女設誓之狀。虜人重此句爲佳製。《詩史》（《詩話總龜》前集一三）。

張旭

1 張長史釋褐爲蘇州常熟尉，上後旬日，有老父過狀，判去，不數日復至，乃怒而責曰：「敢以閒事屢擾公門！」老父曰：「某實非論事，但覩少公筆跡奇妙，貴爲篋笥之珍耳。」長史異之，因詰其何得愛書。答曰：「先父愛書，兼有著述。」長史取視之，曰：「信天下工書者也。」自是備得筆法之妙，冠于一時。《幽閒鼓吹》。又《廣記》二〇八引。《書小史》九。

2 張旭草書得筆法，後傳崔邈、顏真卿。旭言：「始吾見公主擔夫爭路，而得筆法之意。後見公孫氏舞劍器，而得其神。」旭飲酒輒草書，揮筆而大叫，以頭揾水墨中而書之，天下呼爲「張顛」。醒後自視，以爲神異，不可復得。後輩言筆札者，歐、虞、褚、薛，或有異論，至張長史，無間言矣。《國史補》上。又《廣記》二〇八引。《書小史》九。《澄懷録》（陶本《説郛》二三）。

3 張長史曰：「褚河南論書云：『用筆如印泥畫沙。』初不悟，後於江岸見沙地平淨，以錐畫字，媚好可愛，始信。」長史之言，貴藏鋒也。《書訣墨藪》（《紺珠集》二）。

4 張旭曰：「孤蓬自振，驚沙坐飛，草聖盡於此矣！」有寒士與旭爲隣，日數四致簡，得其報章，遂鬻於市，因獲富足。《書法苑》（《類説》五八）。

5 張旭醉後唱《竹枝曲》，反復必至九回乃止。《醉録》（《雲仙雜記》四）。

蕭　誠

1 蕭誠，蘭陵人。官至右司員外郎。工正書，善摹勒。弟諒亦善書，世謂「誠真諒草」。開元中，時尚褚、薛，誠爲之最善。李邕每不重誠，誠因採西山野麻、虢郡士穀，造五色斑文紙，作王右軍書帖與之，邕覽翫不悟，謂其真迹。誠因道其所撰，邕乃歎服。《書小史》一〇。《書法苑》（《類説》五八）。參見李邕10。

吴道玄

1 吴道玄，字道子，東京陽翟人也。少孤貧，天授之性，年未弱冠，窮丹青之妙。浪跡東洛。時明皇知其名，召入内供奉。開元中，駕幸東洛，吴生與裴旻將軍、張旭長史相遇，各陳其能。時將軍裴旻厚以金帛召致道子，於東都天宮寺，爲其所親，將施繪事。道子封還金帛，一無所受，謂旻曰：「聞裴將軍舊矣，爲舞劍一曲，足以當惠。觀其壯氣，可助揮毫。」旻因墨縗爲道子舞劍。舞畢，奮筆，俄頃而成，有若神助，尤爲冠絶，道子亦親爲設色。其畫在寺之西廡。又張旭長史亦書一壁。都邑士庶皆云：「一日之中，獲睹三絶。」又畫玄元廟，五聖千官，宮殿冠冕，勢傾雲龍，心歸造化。故杜員外甫詩云：「森羅迴地軸，妙絶動宮牆。」明皇天寶中忽思蜀道嘉陵江山水，遂假吴生驛駟，令往寫貌。及迴日，帝問其狀，奏曰：「臣無粉本，並記在心。」後宣令於大同殿壁圖之，嘉陵江三百餘里山水，一日而畢。時有李思訓將軍山水擅名，帝亦宣於大同殿圖，累月方畢。明皇云：「李思訓數月之功，吴道玄一日之跡，皆極其妙也。」又畫内殿五龍，其鱗甲飛動，每天欲雨，即生煙霧。吴生常持《金剛經》，自識本身。天寶中，有楊庭光與之齊名，遂潛寫吴生真於講席衆人之中，引吴生觀之，一見便驚，謂庭光曰：「老夫衰醜，何用圖之。」因斯歎伏。凡畫人物、佛像、神鬼、禽獸、山水、臺殿、草木，皆冠絶於世，國朝第一。張懷瓘嘗謂道子乃張僧繇後身，斯言當矣。又按《兩京耆舊傳》云：寺觀之中，圖畫牆壁，凡三百餘間。變相人物，奇蹤異狀，無有同者。其見在爲人所覩之妙者，上都興唐寺御注金剛經院，妙跡爲多，兼自題經文。慈恩寺前文殊、普賢，西面廡下降魔、盤龍等壁，又小殿前門菩薩，景公寺地獄壁，帝釋、梵王、龍神，永壽寺中三門兩神，及諸道觀寺院，不可勝紀，皆妙絶一时。景玄每觀吴生畫，不以裝背爲妙，但試筆絶蹤，皆磊落逸勢。又數處圖壁，祇以墨蹤爲之，近代莫能加以彩繪。凡圖圓光，皆不用尺度規畫，一筆而成。景玄元和初應舉，住龍興寺，猶有尹老者年八十餘，嘗云：「吴生畫興善寺中門内神圓光時，當時坊市老幼，日數百人，競候觀之，縛闌，施錢帛與之齊。及下筆之時，望者如堵。風落電轉，規成月圓。諠呼之聲，驚動坊邑，或謂之神也。」又嘗聞景公寺老僧玄縱云：「吴生畫此寺地獄變相時，京都屠沽漁罟之輩見之而懼罪改業者，往往有之，率皆修善。」所畫並爲後代人規式也。《唐朝名畫録》。《廣記》二一二引作《唐畫斷》。

2 吴道玄，陽翟人。好酒使氣，每欲揮毫，必須酣飲。學書於張長史旭、賀監知章，學書不成，因工畫。曾事逍遥公韋嗣立爲小吏。因寫蜀道山水，始創山水之體，自爲一家。其書迹似薛少保，亦甚便利。初任兗州瑕丘縣尉。初名道子，玄宗召入禁中，改名道玄，因授内教博士，非有詔不得畫。張懷瓘云：吴生之畫，下筆有神，是張僧繇後身也。可謂知言。官至寧王友。開元中，將軍裴旻善舞劍，道玄觀旻舞劍，見出没神怪，既畢，揮毫益進。《歷代名畫記》九。又《御覽》七五一引。

3 吴道子善畫神。開元中，將軍裴旻居母喪，詣道子，請於東都天宫寺圖神鬼數壁，以資冥助。答曰：「廢畫已久，若將軍有意，爲吾纏結舞劍一曲，庶因猛厲，獲通幽冥。」旻於是脱去衰服，若常時妝飾，走馬如飛，左旋右抽。擲劍入雲，高數十丈，若電光下射，旻引手執鞘承之，劍透空而下。觀者數千人，無不悚慄。道子於是援毫圖壁，俄頃之際，魔魅化出，颯然風起，爲天下之壯觀。道子平生所畫，得意無出於是。《獨異志》中。又《廣記》二一二引。《圖畫見聞誌》五。

4 常樂坊趙景公寺，隋開皇三年置，本曰弘善寺，十八年改焉。南中三門裏東壁上，吴道玄白畫地獄變，筆力勁怒，變狀陰怪，睹之不覺毛戴，吴畫中得意處。《酉陽雜俎》續集五。

5《跋吴道玄地獄變相圖後》：吴道玄作此畫，視今寺刹所圖，殊弗同。了無刀林沸鑊，牛頭阿旁之像，而變狀陰慘，使觀者腋汗毛聳，不寒而栗，因之遷善遠罪者衆矣。孰謂丹青爲末技歟！《東觀餘論》下。

6 故興元鄭公尚書題〔平康坊菩薩寺〕北壁僧院，詩曰：「但慮彩色污，無虞臂胛肥。」置寺碑陰，雕飾奇巧，相傳鄭法士所起樣也。初，會覺上人以施利起宅十餘畝，工畢，釀酒百石，列缾甕於兩廡下，引吴道玄觀之，因謂曰：「檀越爲我畫，以是賞之。」吴生嗜酒，且利其多，欣然而許。予以蹤跡似不及景公寺畫。中三門内東門塑神，善繼云是吴生弟子王耐兒之工也。其側一鬼有靈，往往百姓戲犯之者得病，口目如之。《酉陽雜俎》續集五。

7 又道子訪僧請茶，僧不加禮，遂請筆硯，於壁上畫驢一頭而去。一夜，僧房家具並踏破，被惱亂不可堪。僧知是道子，懇邀到院祈求，乃塗却畫處。《盧氏雜説》（《廣記》二一二）。《唐語林》五。

8 禁中舊有吴道子畫鍾馗，其卷首有唐人題記曰：「明皇開元講武驪山歲，翠華還宮，上不懌，因痁作，將踰月，巫醫殫伎不能致良。忽一夕夢二鬼，一大一小。其小者衣絳，犢鼻屨，一足跣，一足懸一屨，搢一大筠紙扇，竊太真紫香囊及上玉笛，遶殿而奔。其大者戴帽，衣藍裳，袒一臂，鞹雙足，乃捉其小者，刳其目，然後擘而啖之。上問大者曰：『爾何人也？』奏云：『臣鍾馗氏，即武舉不捷之士也。誓與陛下除天下之妖孽。』夢覺，痁若頓瘳，而體益壯。乃詔畫工吴道子，告之以夢，曰：『試爲朕如夢圖之。』道子奉旨，恍若有覩，立筆圖訖以進，上瞠視久之，撫几曰：『是卿與朕同夢耳。何肖若此哉！』道子進曰：『陛下憂勞宵旰，以衡石妨膳，而痁得犯之。果有蠲邪之物，以衛聖德。』因舞蹈，上千萬歲壽。上大悦，勞之百金，批曰：『靈祇應夢，厥疾全瘳。烈士除妖，實須稱獎。因圖異狀，頒顯有司。歲暮驅除，可宜徧識，以祛邪魅，兼静妖氛。仍告天下，悉令知委。』」熙寧五年，上令畫工摹搨鐫板，印賜兩府輔臣各一本。《夢溪補筆談》三。

9 崇仁一作聖坊資聖寺浄土院門外，相傳吴生一夕秉燭醉畫，就中戟手，視之惡駭。院門裏盧楞枷，嘗學吴勢，吴亦授以手訣，乃畫總持三門寺，方半，吴大賞之，謂人曰：「楞枷不得心訣，用思太苦，其能久乎！」畫畢而卒。《酉陽雜俎》續集六。

10 宣陽坊静域寺，本太穆皇后宅。寺僧云，三階院門外是神堯皇帝射孔雀處。禪院門内外，《游目記》云，王昭隱畫。門西裏面和修吉龍王有靈。門内之西，火目藥叉及北方天王甚奇猛。門東裏面賢門也，野叉部落鬼首上蟠蛇，汗烟可懼。東廊樹石險怪，高僧亦怪。西廊萬壽菩薩院門裏南壁，皇甫軫畫鬼神及雕，形勢若脱。軫與吴道玄同時，吴以其藝逼己，募人殺之。《酉陽雜俎》續集六。又《廣記》二一二引。《圖畫見聞誌》五。

翟琰

1 翟琰者，吴生弟子也。吴生每畫，落筆便去，多使琰與張藏布色，濃澹無不得其所。《歷代名畫記》九。《宣和畫譜》二。《圖繪寶鑑》二。

張　藏

1　張藏，亦吴弟子也。裁度麤快，思若湧泉，寺壁十間，不旬而畢。然六法不及師之門牆。亦好細畫。《歷代名畫記》九。

李思訓

1　唐開元中，諸衛將軍李思訓，子昭道爲中舍，俱得山水之妙。時人云大李將軍、小李將軍是也。思訓格品高奇，山川妙絶，鳥獸草木，皆其能。中舍之圖山水鳥獸，甚多繁巧，智思筆力不及也。天寶中，玄宗召思訓畫大同殿壁兼掩障。異日因奏對，詔云：「卿所畫掩障，夜聞水聲。」通神之佳手，國朝山水第一。思訓神品，昭道妙上品。《唐畫斷》（《廣記》二一一）。《唐朝名畫録》。

2　見吴道玄1。

3　李思訓，宗室也，即林甫之伯父。早以藝稱於當時。一家五人，並善丹青，思訓弟思誨、思誨子林甫、林甫弟昭道、林甫姪湊。世咸重之。書畫稱一時之妙。官至左武衛大將軍，封彭城公。開元六年，贈秦州都督。其畫山水樹石，筆格遒勁，湍瀨潺湲，雲霞縹緲，時覩神仙之事，窅然巖嶺之幽。時人謂之大李將軍也。《歷代名畫記》九。又《御覽》七五一引。《宣和畫譜》一〇。《圖繪寶鑑》二。

4　李思訓畫一魚，甫完，未施藻荇之類，有客叩門，出看，尋入，失去畫魚。使童子覓之，乃風吹入池水内，拾視之，惟空紙耳。後思訓臨池，往往見一魚如所畫者。嘗戲畫數魚投池内，經日夜終不去。《卧游記》(《瑯嬛記》上)。

李昭道

1 思訓子昭道，林甫從弟也，變父之勢，妙又過之。官至太子中舍。創海圖之妙。世上言山水者，稱大李將軍、小李將軍。昭道雖不至將軍，俗因其父呼之。《歷代名畫記》九。《宣和畫譜》一〇。《圖繪寶鑑》二。

2 見李思訓1。

3 武后時，殘虐宗支，爲宗子者亦皆惴恐，不獲安處。故雍王賢作《黄臺瓜辭》以自況，冀其感悟。而昭道有《摘瓜圖》著戒，不爲無補爾！《宣和畫譜》一〇。

馮紹正

1 唐開元中，關輔大旱，京師闕雨尤甚，亟命大臣遍禱於山澤間而無感應。上於龍池新創一殿，因召少府監馮紹正，令於四壁各畫一龍。紹正乃先於西壁畫素龍，奇狀蜿蜒，如欲振躍。繪事未半，若風雲隨筆而生，上及從官於壁下觀之，鱗甲皆溼。設色未終，有白氣若簾廡間出，入於池中，波湧濤洶，雷電隨起。侍御數百人皆見白龍自波際乘雲氣而上。俄頃，陰雨四布，風雨暴作，不終日而甘霖遍於畿内。《明皇雜録》下。又《廣記》二一二引。《唐朝名畫録》。《唐語林》五。案：《白孔六帖》八二引《盧氏雜説》亦載此事，「馮紹正」誤作「馬紹正」。

2 將軍高力士特承玄宗恩寵。遭母喪,左金吾大將軍程伯獻、少府監馮紹正二人直就力士母喪前披髮哭,甚於己親。朝野聞之,不勝耻笑。《朝野僉載》五。《譚賓録》(《廣記》二四〇)。

韋無忝

1 韋無忝侍郎,京兆人也,明皇時以畫鞍馬、異獸獨擅其名。時人號稱「韋畫四足,無不妙也」。開元、天寶中,外國曾獻獅子,既畫畢,酷似其狀。後獅子放歸本國,惟畫者在焉。凡展圖觀覽,百獸見之皆驚懼。又明皇射獵,一箭中兩野猪,詔於玄武門寫之。傳在人間,皆妙之極也。……《異獸圖》後流落於人間,往往見之。今京都寺觀之内,或有畫處,凡攻馬獸者,皆稱妙絶。《唐朝名畫録》。《御覽》七五一、《廣記》二一二引作《唐畫斷》。《宣和畫譜》一三。

張萱

1 張萱,京兆人也。嘗畫貴公子,鞍馬屏障,宫苑士女,名冠於時。善起草,點綴景物,位置亭臺,樹木花鳥,皆窮其妙。又畫《長門怨》,約詞攄思,曲盡其旨,即「金井梧桐秋葉黄」也。又畫《貴公子夜遊圖》、《宫中七夕乞巧圖》、《望月圖》,皆多幽思,愈前古也。畫士女乃周昉之倫。其貴公子、宫苑、鞍馬,皆稱第一,故居妙品也。《唐朝名畫録》。又《廣記》二一三、《御覽》七五一引作《唐畫斷》。

2 見高力士4。

楊惠之

1 楊惠之，不知何處人。唐開元中，與吴道子同師張僧繇筆迹，號爲畫友，巧藝並著，而道子聲光獨顯，惠之遂都焚筆硯，毅然發忿，專肆塑作，能奪僧繇畫相，乃與道子争衡。時人語曰：「道子畫，惠之塑，奪得僧繇神筆路。」其爲人稱歎也如此。惠之嘗於京兆府長樂鄉北太華觀塑玉皇尊像，及汴州安業寺浄土院大殿内佛像，睿宗延和元年七月二十七日改爲大相國寺。及枝條千佛，東經藏院殿後三門二神，當殿維摩居士像，又於河南府廣愛寺三門上五百羅漢，及山亭院楞伽山，皆惠之塑也。……逮唐末廣明中，冤句人黄巢賊亂京洛，焚燎寺宇幾盡矣，惟惠之手迹，惜其神妙，率不殘毁。……惠之嘗於京兆府塑倡優人留盃亭像，成之日，惠之亦手裝染之，遂於市會中面牆而置之。京兆人視其背，皆曰：「此留盃亭也。」其神巧多此類。後著《塑訣》一卷，行于世。《五代名畫補遺》。

2 東都北邙山有玄元觀，南有老君廟。臺殿高敞，下瞰伊、洛。神仙泥塑之像皆開元中楊惠之所製，奇巧精嚴，見者增敬。《劇談録》下。又《廣記》二一二引。《唐語林》五。

3 慧聚寺有毘沙門天王像，形模如生，乃唐楊惠之所作。惠之初學畫，見吴道子藝甚高，遂更爲塑工，亦能名天下。徐稚山侍郎以此像得塑中三昧，嘗紀其事，謂其旁二侍女尤佳，且戒後人不可妄加塗飾。近爲一俗工修治，遂失初意。《中吴紀聞》一。《吴郡志》四三。

陳閎

1 陳閎，會稽人也，善寫真及畫人物士女。本道薦之於國，明皇開元中召入供奉。每令寫御容，冠絶當代。又畫明皇射猪鹿兔雁并按舞圖及御容，皆承詔寫焉。又寫太清宫肅宗御容，龍顔鳳態，日角月輪之狀，而筆力滋潤，風彩英奇，若符合瑞應，實天假其能也。國朝閻令公之後，一人而已。今咸宜觀内天尊殿中畫上仙，及圖當時供奉道士、庖中等真容，皆奇絶。曾畫故吏部徐侍郎本行經幡十二口，今在焉。又有士女，亦能機織成功德佛像，皆妙絶無比。惟寫真有入神，人物士女，可居妙品。《唐朝名畫録》。《御覽》七五一、《廣記》二一二引作《唐畫斷》。

2 陳閎，會稽人，爲永王府長史。傳寫兼工人物、鞍馬，其得意處，輩流見之，莫不斂衽。開元中，明皇召入供奉，每令寫御容，妙絶當時。又嘗於太清宫寫肅宗，不惟龍顔鳳姿，日角月宇之狀逼真，而筆力英逸，真與閻立本竝馳争先。故一時人多從其學。韓幹亦以畫馬進，明皇怪其無閎筆法，使令師之。其器重故可知也。今御府所藏十有七。《宣和畫譜》五。《圖繪寶鑑》二。

蘇靈芝

1 蘇靈芝，儒生也，史亡其傳。嘗爲易州刺史郭明肅書《候臺記》，在幽燕之地，中州患難得，故胡人以墨本詣榷場易絹十端，方與一本。其後石刻爲胡人所碎。或傳奉使者過彼，辨經界，指候臺爲證，故胡人碎而没之。靈芝行書有二王法，而成就頓放，當與徐浩雁行。戈脚復類世南體，亦善於臨倣者。在唐人翰墨中固不易得，蓋是集衆善而成一家者也。今御府所藏行書一。《宣和書譜》一〇。

李龜年

1　李龜年、彭年、鶴年兄弟三人，開元中皆有才學盛名。鶴年詩尤妙，唱《渭城》。彭年善舞。龜年善打羯鼓，玄宗問：「卿打多少杖？」對曰：「臣打五千杖訖。」上曰：「汝殊未，我打卻三豎櫃也。」後數年，有聞打一豎櫃，因賜一拂杖羯鼓棬。後流傳至建中三年，任使君又傳一弟子，使君令取江陵漆盤底瀉水棬中，竟日不散，以其至平。又云：人聞鼓棬只在調豎慢，此棬一調之後，經月如初。今不知所存。《大唐傳載》。《傳記》（《廣記》二〇五）。《唐語林》五。

2　唐開元中，樂工李龜年、彭年、鶴年兄弟三人皆有才學盛名。彭年善舞。鶴年、龜年能歌，尤妙製《渭川》。特承顧遇，於東都大起第宅，僭侈之制，踰於公侯。宅在東都通遠里，中堂制度甲於都下。今裴晉公移於定鼎門外別墅，號緑野堂。其後龜年流落江南，每遇良辰勝賞，爲人歌數闋，座中聞之，莫不掩泣罷酒。則杜甫嘗贈詩，所謂「岐王宅裏尋常見，崔九堂前幾度聞。正值江南好風景，落花時節又逢君。」崔九堂，殿中監滌、中書令湜之第也。《明皇雜録》下。又《廣記》二〇四引。

3　見李白15。

4　李龜年至岐王宅，聞琴聲，曰：「此秦聲。」良久又曰：「此楚聲。」主人入問之，則前彈者隴西沈妍也，後彈者揚州薛滿二妓。大服，乃贈之破紅綃、蟾酥麨。龜年自負，强取妍秦音琵琶捍撥而去。《辨音集》(《雲仙雜記》二)。

5　明皇幸岷山，百官皆竄辱，積屍滿中原，士族隨車駕也。伶官張野狐觱栗，雷海清琵琶，李龜年唱歌，公孫大娘舞劍。初，上自擊羯鼓，而不好彈琴，言其不俊也。又寧王吹簫，薛王彈琵琶，皆至精妙，共爲樂焉。唯李龜年奔迫江潭，杜甫以詩贈之，曰：「岐王宅裏尋常見，崔九堂前幾度聞。正值江南好風景，落花時節又逢君。」龜年曾於湘中採訪使筵上唱：「紅豆生南國，秋來發幾枝。贈君多採擷，此物最相思。」又：「清風朗月苦相思，蕩子從戎十載餘。征人去日殷勤囑，歸雁來時數附書。」此詞皆王右丞所製，至今梨園唱焉。歌闋，合座莫不望行幸而慘然。龜年唱罷，忽悶絶仆地。以左耳微暖，妻子未忍殯殮，經四日乃蘇，曰：「我遇二妃，令教侍女蘭苕唱祓禊畢，放還。」且言主人即復長安，而有中興之主也，謂龜年：「有何憂乎？」《雲溪友議》中。《西溪叢語》上。

李　謩

1　明皇嘗於上陽宮夜後按新翻一曲，屬明夕正月十五日，潛遊燈下，忽聞酒樓上有笛奏前夕新曲，大駭之。明日，密遣捕捉笛者，詰驗之。自云：「其夕竊於天津橋玩月，聞宮中度曲，遂於橋柱上插譜記之。臣即長安少年善笛者李謩也。」明皇異而遣之。元稹《連昌宮詞》(《全唐詩》四一九)。

2　謩，開元中吹笛爲第一部，近代無比。有故自教坊請假至越州，公私更醼，以觀其妙。時州客舉進士者十人，皆有資業，乃醵二千文同會鏡湖，欲邀李生湖上吹之，想其風韻，尤敬人神。以費多人少，遂相約各召一客，會中有一人，以日晚方記得，不遑他請，其鄰居有獨孤生者年老，久處田野，人事不知，茅屋數間，嘗呼爲獨孤丈，至是遂以應命。到會所，澄波萬頃，景物皆奇。李生拂笛，漸移舟於湖心。時輕雲蒙籠，微風拂浪，波瀾陡起。李生捧笛，其聲始發之後，昏曀齊開，水木森然，髣髴如有鬼神之來。坐客皆更贊詠之，以爲鈞天之樂不如也。獨孤生乃無一言，會者皆怒，李生爲輕己，意甚忿之。良久，又靜思作一曲，更加妙絶，無不賞駭。獨孤生又無言，鄰居召至者甚慚悔，白於衆曰：「獨孤村落幽處，城郭稀至，音樂之類，率所不通。」會客同誚責之，獨孤生不答，但微笑而已。李生曰：「公如是，是輕薄爲，復是好手？」獨孤生乃徐曰：「公安知僕不會也？」坐客皆爲李生改容謝之。獨孤曰：「公試吹《涼州》。」至曲終，獨孤生曰：「公亦甚能妙，然聲調雜夷樂，得無有龜茲之侶乎？」李生大駭，起拜曰：「丈人神絶，某亦不自知，本師實龜茲人也。」又曰：「第十三疊誤入《水調》，足下知之乎？」李生曰：「某頑蒙，實不覺。」獨孤生乃取吹之。李生更有一笛，拂拭以進，獨孤視之，曰：「此都不堪取，執者粗通耳。」乃換之。曰：「此至入破，必裂，得無悋惜否？」李生曰：「不敢。」遂吹。聲發入雲，四座震慄，李生蹙踖不敢動。至第十三疊，揭示謬誤之處，敬伏將拜。及入破，笛遂敗裂，不復終曲。李生再拜，衆皆帖息，乃散。明旦，李生並會客皆往候之，至則唯茅舍尚存，獨孤生不見矣。越人知者皆訪之，竟不知其所去。《逸史》（《廣記》二〇四）。

3 笛者，羌樂也，古有《落梅花》曲。開元中，有李謨獨步於當時。後祿山亂，流落江東。越州刺史皇甫政月夜泛鏡湖，命謨吹笛，謨爲之盡妙。倏有一老父泛小舟來聽，風骨冷秀，政異之，進而問焉。老父曰：「某少善此，今聞至音，輒來聽耳。」政即以謨笛授之。老父始奏一聲，鏡湖波浪摇動，數疊之後，笛遂中裂，即探懷中一笛以畢其曲。政視舟下，見二龍翼舟而聽。老父曲終，以笛付謨，謨吹之，竟不能聲，即拜謝以求其法。頃刻，老父入小舟，遂失所在。《樂府雜録》。案：《集異記》（《廣記》八二）載李子牟事，事相類。

4 李牟秋夜吹笛于瓜洲，舟檝甚隘。初發調，羣動皆息。及數奏，微風颯然而至。又俄頃，舟人賈客，皆怨歎悲泣之聲。《國史補》下。又《廣記》二〇四引作李謩。

5 李舟好事，嘗得村舍煙竹，截以爲笛，鑑如鐵石，以遺李牟。牟吹笛天下第一，月夜泛江，維舟吹之，寥亮逸發，上徹雲表。俄有客獨立于岸，呼船請載。既至，請笛而吹，甚爲精壯，山河可裂，牟平生未嘗見。及入破，呼吸盤擗，其笛應聲粉碎，客散不知所之。舟著記，疑其蛟龍也。《國史補》下。又《廣記》二〇四引作李謩。

段師

1 古琵琶絃用鵾雞筋。開元中，段師能彈琵琶，用皮絃，賀懷智破撥彈之，不能成聲。《酉陽雜俎》前集六。又《廣記》二〇五引。

2 見康崑崙1。

孫處秀

1 唐玄宗時，樂人孫處秀善吹笛，好作犯聲，當時皆以爲新意流美，樂人皆效之。其聲變態日增，因有犯調。犯調即今之所尚也。《樂纂》(《御覽》五八〇)。

念　奴

1 念奴，天寶中名倡，善歌。每歲樓下酺宴，累日之後，萬衆喧隘。嚴安之、韋黄裳輩辟易不能禁，衆樂爲之罷奏。明皇遣高力士大呼於樓上曰：「欲遣念奴唱歌，邠二十五郎吹小管篴，看人能聽否？」未嘗不悄然奉詔。其爲當時所重也如此。然而明皇不欲奪俠遊之盛，未嘗置在宫禁，或歲幸湯泉，時巡東洛，有司潛遣從行而已。元稹《連昌宫詞》自注(《全唐詩》四一九)。

2 念奴者，有姿色，善歌唱，未常一日離帝左右。每執板當席顧眄，帝謂妃子曰：「此女妖麗，眼色媚人。」每囀聲歌喉，則聲出於朝霞之上，雖鐘鼓笙竽嘈雜而莫能遏。宫妓中帝之鍾愛也。《開元天寶遺事》上。

尹永新

1 尹琳者，其先擢爲晉平南將軍、廣州刺史，封鄱陽侯。擢死，葬于廬陵永新縣積慶鄉，今墳猶存。而諸尹僅數百家，皆其子孫也。唐開元中，尹氏女姿容頗麗，性識敏慧，不因保姆而妙善唱歌。因重陽與羣女戲登南山文峯，而同輩命之歌，乃顰眉緩頰，怡然一曲，聲逗數十里。故俗耆舊云：「尹氏之歌，聞于長安。」時刺史因行部至邑，聞而問之，左右或對以尹氏之女，乃使召之。見其容質娉婷，年方及笄，因表進入宮，封爲唱歌供奉。日受恩寵，喉音妙絶，爲天下第一。于時海内樂人及至王公貴戚，共以邑名呼爲「尹永新」，僉曰：「自秦娥之後，一人而已。」後元會大燕含光殿，盡放長安百姓及戎狄之長入觀。大内時燕方酣，百戲繁劇，而羣音囂喧，無由遏禦，聖情煩撓。左右計無所出，高力士因推永新出，纔歌一聲，羣噪皆默。于是皇襟洞豁，至夕而終。今存始歌處，後人號爲玉女峯焉。立廟祠，四時祭祀。或天色愆亢，禱之能雨。及唐宋有任翰林大學士者，改其鄉爲才德里，爲大學琳之子孫，乃其後焉。《江南野史》六。

案：尹永新，《樂府雜録》名「許永新」。

2　見韋青1。

3　宮妓永新者善歌，最受明皇寵愛，每對御奏歌，則絲竹之聲莫能遏。帝常謂左右曰：「此女歌直千金。」《開元天寶遺事》下。

盧鴻

1　玄宗徵嵩山隱士盧鴻，三詔乃至。及謁見，不拜，但罄折而已。問其故，鴻對曰：「臣聞老子云：『禮者，忠信之薄』，不足可依。山臣鴻，敢不忠信奉見。」玄宗異之，詔入賜讌，拜諫議大夫，賜以章服，並辭不受。乃給米百石，絹五百疋，還隱居之所。《大唐新語》一〇。又《廣記》二〇二引。

2 見一行1。

3 頗喜寫山水平遠之趣，非泉石膏肓、煙霞痼疾，得之心，應之手，未足以造此。畫《草堂圖》，世傳以比王維輞川草堂，蓋是所賜一丘一壑，自己足了此生，今見之筆，乃其志也。《宣和畫譜》一〇。

白履忠

1 白履中博涉文史，隱居大梁，時人號爲梁丘子。開元中，王志愔表薦堪爲學官，可代馬懷素、褚無量入閣侍讀。乃徵赴京師，履中辭以老疾，不任職事，授朝散大夫。尋請歸鄉，手詔曰：「卿孝悌立身，静退敦俗，年過從耄，不雜風塵。盛德早聞，通班是錫。豈唯精賁山藪，實欲獎勸人倫。且遊上京，徐還故里。」遂停留數月。《大唐新語》一〇。案：新、舊《唐書·隱逸傳》皆作白履忠。

2 白履忠博涉文史，隱居梁城，王志愔、楊瑒皆薦之。尋請還鄉，授朝散大夫。鄉人謂履忠曰：「吾子家貧，竟不霑一斗米，一匹帛。雖得五品，止是空名，何益於實也？」履忠欣然曰：「往歲契丹入寇，家家盡署排門夫，履忠特以讀少書籍，縣司放免，至今惶愧。雖不得禄賜，且是五品家，終身高卧，免有徭役，不易得之也。」《譚賓録》（《廣記》四九四）。

李含光

1 李含光善書，或曰筆迹過其父。一聞此語，而終身不書。含光，即司馬天師弟子。《南部新書》丁。

郭休

1 太白山有隱士郭休，字退夫，有運氣絶粒之術。於山中建茅屋百餘間，有白雲亭、鍊丹洞、注《易》亭、修真亭、朝玄壇、集神閣。每於白雲亭與賓客看山禽野獸，即以槌擊一鐵片子，其聲清響，山中鳥獸聞之，集於亭下，呼爲唤鐵。《開元天寶遺事》上。又《雲仙雜記》一〇引。

2 郭休隱居太山，畜一胡孫，謹恪不踰規矩，呼曰尾君子。《清異録》上。

3 隱士郭休有一拄杖，色如朱染，叩之則有聲，每出處遇夜，則此杖有光，可照十步之内。登危陟險，未嘗足失，蓋杖之力焉。《開元天寶遺事》下。

陶峴

1 陶峴者，彭澤令之孫也。開元中，家於崐山，富有田業。擇家人不欺而了事者，悉付之家事，身則汎艚江湖，遍遊煙水，往往數歲不歸。見其子孫成人，初不辨其名字也。峴之文學，可以經濟，自謂疏脱，不謀仕宦。有生知初，通於八音。命陶人爲甓，潛記歲時，敲取其聲，不失其驗。撰《樂録》八章，以定八音之得失。自制三舟，備極堅巧。一舟自載，一舟置賓，一舟貯飲饌。客有前進士孟彦深、進士孟雲卿、布衣焦遂，各置僕妾共載。而峴有女樂一部，奏清商曲。逢奇遇興，則窮其景物，興盡而行。峴且名聞朝廷，又值天下無事，經過郡邑，無不招延。峴拒之曰：「某麋鹿閒人，非王公上客。」亦有未招而自詣者，係方伯之爲人，江山之可駐耳。吴越之士號爲水仙。《甘澤謡》。又《廣記》四二〇引。《唐詩紀事》二四。《吴郡志》二二。

焦遂

1 焦遂與李白號爲酒八仙，口吃，對客不出一言，醉後酬結如注射，時目爲「酒吃」。《唐史拾遺》(《分門集注杜工部詩》一〇、《天中記》四四)。

元愷

1 元愷博學善天文，然恭慎，未嘗言之。宋璟與之同鄉曲，將加薦舉，兼遺米百石，皆拒而不受。元行冲爲刺史，邀至州，問以經義，因遺衣服。愷辭曰：「微軀不宜服新麗，恐不勝其美以速咎也。」行冲乃泥污而與之，不獲已而受。及還家，取素絲五兩以酬之，曰：「義不受過望之財。」《大唐新語》一〇。

趙蕤

1 趙蕤者，梓州鹽亭縣人也。博學韜鈐，長於經世。夫婦俱有節操，不受交辟。撰《長短經》十卷，王霸之道，見行於世。《北夢瑣言》五。

李筌

1 李筌郎中爲荆南節度判官，集《閫外春秋》十卷，既成，自鄙之，曰：「常文也。」乃注黄帝《陰符經》，兼成大義，至「禽獸之制在氣」，經年懵然不解。忽夢烏衣人引理而教之。其書遂行於世，僉謂鬼谷、留侯復生也。所謂玄黿食蟒，黄腰服虎，飛鼠斷猿，稂犰嚙鶴，以小服大，皆得烏衣之旨，筌遂通其義也。筌後爲鄧州刺史，常夜占星宿而坐。一夕，三更，東南隅忽見異氣，明旦，呼吏於郊市，如産男女者，不以貧富，悉取至焉。過十餘輩，筌視之曰：「皆凡骨也。」重令於村落搜訪之。乃得牧羊胡婦一子，李君慘容曰：「此假天子也。」座客勸殺之，筌以爲不可，曰：「此胡雛必爲國盜，古亦如然，殺假恐生真矣。」則安禄山生於南陽，異人先知之矣。梁代志公讖曰：「兩角女子緑衣裳，端坐太行邀君王，一止之月自滅亡。」解曰：「兩角女子，『安』字也；緑衣，『禄』字也；太行，『山』字也；一止，『正』字也。」禄山果于正月死也。後李遐周讖曰：「樵市人將盡，函關馬不歸；道逢山下鬼，環上繫羅衣。」又曰：「此天下之事，不可卒去。」是以石勒致鹿奔之兆，桓玄動星光之瑞，王夷甫、宋高祖非不欲早害玄、勒，稱於太平，殺之不得矣。梁武帝視太白之變，而下殿奔，後愧於夷狄之主。凡爲大盜者，必有異也。筌首知之，知之而不可禳也。《雲溪友議》上。《分門古今類事》九。

張果

1 張果老先生者，隱於恒州枝條山，往來汾晉。時人傳其長年秘術。耆老咸云：「有兒童時見之，自言數百歲。」則天召之，佯屍於妒女廟前。後有人復於恒山中見。至開元二十三年，刺史韋濟以聞，詔通事舍人裴晤馳驛迎之。果對晤氣絶如死。晤焚香啓請，宣天子求道之意，須臾漸蘇。晤不敢逼，馳還奏之。乃令中書舍人徐嶠、通事舍人盧重玄賚璽書迎之。果隨嶠至東都，於集賢院肩輿入宫，倍加禮敬。公卿皆往拜謁。或問以方外之事，皆詭對。每云：「余是堯時丙子年生。」時人莫能測也。又云：「堯時爲侍中。」善於胎息，累日不食，時進美酒及三黄丸。尋下詔曰：「恒州張果老，方外之士也。跡先高上，心入窅冥，是混光塵，應召城闕。莫知甲子之數，且謂羲皇上人。問以道樞，盡會宗極。今將行朝禮，爰申寵命。可銀青光禄大夫。仍賜號通玄先生。」累陳老病，請歸恒州，賜絹三百疋，並扶持弟子二人，並給驛舁至恒州。弟子一人放回，一人相隨入山。無何壽終，或傳屍解。《大唐新語》一〇。　案：《明皇雜録》下、《次柳氏舊聞》、《獨異志》下、《宣室志》八、《唐語林》五等記張果事，多荒誕無稽，茲不録。

葉法善

1 孝和帝令内道場僧與道士各述所能，久而不决。玄都觀葉法善取胡桃二升，並殼食之並盡。僧仍不伏。法善燒一鐵鉢，赫赤兩合，欲合老僧頭上，僧唱「賊」，袈裟掩面而走。孝和撫掌大笑。《朝野僉載》三。

2 唐玄宗於正月望夜，上陽宫大陳影燈，設庭燎，自禁門望殿門，皆設蠟炬，連屬不絶，洞照宫室，熒煌如晝。時尚方都匠毛順心多巧思，結構繒采，爲燈樓二十間，高百五十尺，懸以珠玉金銀。每微風一至，鏘然成韻。仍以燈爲龍鳳虎豹騰躍之狀，似非人力。有道士葉法善在聖真觀，上促命召來。既至，潛引法善觀於樓下，人莫知者。法善謂上曰：「影燈之盛，天下固無與比。惟涼州信爲亞匹。」上曰：「師頃嘗遊乎？」法善曰：「適自彼來，便蒙召。」上異其言，曰：「今欲一往，得否？」法善曰：「此易耳。」于是令上閉目，約曰：「必不得妄視。若有所視，必當驚駭。」上依其言，閉目距躍，身在霄漢。已而足及地，法善曰：「可以觀覽。」既視，燈燭連亘十數里，車馬駢闐，士女紛雜。上稱其善久之。法善曰：「觀覽畢，可回矣。」復閉目，與法善騰虛而上。俄頃還故處，而樓下歌吹猶未終。法善至西涼州，將鐵如意質酒肆。異日，上命中官託以他事使涼州，因求如意以還。法善又嘗引上遊於月宮，因聆其天樂。上自曉音律，默記其曲，而歸傳之，遂爲《霓裳羽衣曲》。《廣德神異録》（《廣記》七七）。案：《廣記》二六引《集異記》及《仙傳拾遺》記葉法善事甚詳，類皆荒誕難信之談，文長不録。

3　道士葉法善，精於符籙之術，上累拜爲鴻臚卿，優禮待焉。法善居玄真觀，嘗有朝客數十人詣之，解帶淹留，滿座思酒。忽有人叩門，云：「麴秀才。」法善令人謂曰：「方有朝寮，未暇瞻晤，幸吾子異日見臨也。」語未畢，有一美措傲睨直入，年二十餘，肥白可觀，笑揖諸公，居末席，抗聲談論，援引古人，一席不測，衆聳觀之。良久蹔起，如風旋轉。法善謂諸公曰：「此子突入，語辯如此，豈非魃魅爲惑乎？試與諸公取劍備之。」麴生復至，扼腕抵掌，論難鋒起，勢不可當。法善密以小劍擊之，隨手失墜於階下，化爲瓶榼，一座驚懾，遽視其所，乃盈瓶醲醞也。咸大笑，飲之，其味甚嘉。坐客醉而揖其瓶曰：「麴生風味，不可忘也。」《開天傳信記》。又《廣記》三六八引。

邢和璞

1 邢和璞偏得黄老之道，善心算，作《潁陽書疏》。……又曾居終南，好道者多卜築依之。崔曙年少，亦隨焉。伐薪汲泉，皆是名士。《酉陽雜俎》前集二。又《廣記》二一五引。《白孔六帖》五。

2 見房琯3。

姜撫

1 唐姜撫先生，不知何許人也。嘗著道士衣冠，自云年已數百歲，持符，兼有長年之藥，度世之術，時人謂之姜撫先生。玄宗皇帝高拱穆清，棲神物表，常有昇仙之言。姜撫供奉，別承恩澤，於諸州採藥及修功德。州縣牧宰，趨望風塵，學道者乞容立於門庭，不能得也。有荆巖者，於太學四十年不第，退居嵩少，自稱山人，頗通南北史，知近代人物。嘗謁撫，撫箇踞不爲之動。荆巖因進而問曰：「先生年幾何？」撫曰：「公非信士，何暇問年幾？」巖曰：「先生既不能言甲子，先生何朝人也？」撫曰：「梁朝人也。」巖曰：「梁朝絶近，先生亦非長年之人。不審先生，梁朝出仕，爲復隱居？」撫曰：「吾爲西梁州節度。」巖叱之曰：「何得誑妄！上欺天子，下惑世人！梁朝在江南，何處得西梁州？只有四平、四安、四鎮、四征將軍，何處得節度使？」撫慙恨，數日而卒。《辯疑志》（《廣記》二八八）。《賓退録》一〇。

張氳

1　洪崖先生有二。其一：三皇時伶倫得仙者，號洪崖。……其一：唐有張氳，亦號洪崖先生。按本傳及《豫章職方乘》云：氳，晉州神山縣人，隱姑射山。開元七年，召至長安，見玄宗於湛露殿。十六年，洪州大疫，氳至施藥，病者立愈。州以上聞，玄宗意其爲氳，驛召之，果氳也。常服烏方帽，紅蕉衣，黑犀帶，跨白驢，從者負六角扇，垂雲笠，鐵如意，往來市間，人莫知其幾歲。今人好圖其像者，即此是也。豫章有洪崖，蓋古洪崖得道處也，後張洪崖亦至其處。豫章人立祠於洪井，洪崖遂至無辨。《雲谷雜記》補編二。

裴㒞然

1　舊制，京城内金吾曉暝傳呼，以戒行者。馬周獻封章，始置街皷，俗號「鼕鼕」，公私便焉。有道人裴㒞然，雅有篇詠，善畫，好酒，常戲爲《渭川歌》，詞曰：「遮莫鼕鼕動，須傾湛湛杯。金吾儻借問，報道玉山頽。」甚爲時人所賞。《大唐新語》九。《歷代名畫記》九。《唐詩紀事》七五。　案：《歷代名畫記》曰：「釋㒞然，俗姓裴氏，楚州刺史思訓之子。」

師夜光

1　唐師夜光者，薊門人。少聰敏好學，雅尚浮屠氏，遂爲僧，居于本郡。僅十年，盡通内典之奧。又有沙門惠達者，家甚富，有金錢巨萬，貪夜光之學，因與爲友。是時玄宗皇帝好神仙釋氏，窮索名僧方士，而夜光迫於貧，不得西去，心常怏怏。惠達知之，因以錢七十萬資其行，且謂夜光曰：「師之學藝材用，愚竊以爲無出於右者。聖上拔天下英俊，吾子必將首出羣輩，沐浴恩渥。自此託跡緇徒，爲明天子臣，可翹足而待也。然當是時，必有擁篲子門，幸無忘半面之舊。」夜光謝曰：「幸師厚貺我，得遂西上。儻爲君之五品，則以報師之惠矣。」夜光至長安，因賂九仙公主左右，得召見温泉。命内臣選碩學僧十輩，與方士議論，夜光在選。演暢玄奧，發揮疑義，羣僧無敢比者。上奇其辯，詔賜銀印朱綬，拜四門博士，日侍左右，賜甲第，洎金錢繒綵以千數。時號幸臣。惠達遂自薊門入長安訪之。夜光聞惠達至，以爲收債於己，甚不懌。惠達悟其旨，因告去。既以北歸月餘，夜光慮其再來，即密書與薊門帥張廷珪：「近者惠達師至輦下，誣毁公繕完兵革，將爲逆謀。人亦頗有知者。以公之忠，天下莫不聞之。積毁銷金，不可不戒。」廷珪驚怒，即召惠達鞭殺之。……其後數日，夜光卒。《宣室志》（《廣記》一一一）。

一行

玄宗既召見一行，謂曰：「師何能？」對曰：「惟善記覽。」玄宗因詔掖庭取宫人籍以示之。周覽既畢，覆其本，記念精熟，如素所習讀。數幅之後，玄宗不覺降御榻爲之作禮，呼爲聖人。先是，一行既從釋氏，師事普寂於嵩山。師嘗設食于寺，大會羣僧及沙門，居數百里者，皆如期而至，聚且千餘人。時有盧鴻者，道高學富，隱於嵩山，因請鴻爲文讚嘆其會。至日，鴻持其文至寺，其師受之，致於几案上。鐘梵既作，鴻請普寂曰：「某爲文數千言，況其字僻而言怪，盍於羣僧中選其聰悟者，鴻當親爲傳授。」乃令召一行。既至，伸紙微笑，止於一覽，復致於几上。鴻輕其疏脱而竊怪之。俄而羣僧會於堂，一行攘袂而進，抗音興裁，一無遺忘。鴻驚愕久之，謂寂曰：「非君所能教導也，當從其遊學。」一行因窮大衍，自此訪求師資，不遠數千里。嘗至天台國清寺，見一院，古松數十步，門有流水。一行立於門屏間，聞院中僧於庭布算，其聲蔌蔌。既而謂其徒曰：「今日當有弟子求吾算法，已合到門，豈無人道達耶？」即除一算。又謂曰：「門前水合却西流，弟子當至。」一行承言而入，稽首請法，盡受其術焉。而門水舊東流，今忽改爲西流矣。邢和璞嘗謂尹愔曰：「一行其聖人乎？漢之洛下閎造大衍曆，云後八百歲當差一日，則有聖人定之，今年期畢矣。而一行造大衍曆，正在差謬，則洛下閎之言信矣。」一行又嘗詣道士尹崇借揚雄《太玄經》，數日，復詣崇還其書。崇曰：「此書意旨深遠，吾尋之數年，尚不能曉，吾子試更研求，何遽還也？」一行曰：「究其義矣。」因出所撰《太衍玄圖》及《義訣》一卷以示崇，崇大嗟服，曰：「此後生顔子也。」至開元末，裴寬爲河南尹，深信釋氏，師事普寂禪師，日夕造焉。居一日，寬詣寂，寂云：「方有小事，未暇欵語，且請遲回休憩也。」寬乃屏息，止於空室。見寂潔正堂，焚香端坐。坐未久，忽聞叩門，連云：「天師一行和尚至矣。」一行入，詣寂作禮，禮訖，附耳密語，其貌絶恭，但頷云：「無不可者。」語訖禮，禮訖又語，如是者三，寂惟云：「是是，無不可者。」一行語訖，降階入南室，自闔其户。寂乃徐命弟子云：「遣鐘，一行和尚滅度矣。」左右疾走視之，一行如其言滅度。後寬乃服衰絰葬之，自徒步出城送之。

《酉陽雜俎》前集五。《開天傳信記》。《明皇雜録》補遺。又《廣記》九二引以上三書。《宋高僧傳》五。

2 沙門一行，俗姓張，名遂，郯公公謹之曾孫。年少出家，以聰敏學行，見重於代。玄宗詔於光文殿改撰曆經。後又移就麗正殿，與學士參校曆經。一行乃撰《開元大演曆》一卷，《曆議》十卷，《曆立成》十二卷，《曆書》二十四卷，《七政長曆》三卷，凡五部五十卷。未及奏上而卒。張説奏上，詔令行用。初，一行造黃道游儀以進，御製《游儀銘》付太史監，將向靈臺上，用以測候。分遣太史官大相元太等馳驛往安南、朗、兗等州，測候日影，同以二分二至之日正午時量日影，皆數年乃定。安南量極高二十一度六分，冬至日長七尺九寸二分，春秋二分長二尺九寸三分，夏至影在表南三寸三分。蔚州横野軍北極高四十度，冬至日影長一丈五尺八分，春秋二分長六尺六寸二分，夏至影在表北二尺二寸九分。此二所爲中土南北之極。其朗、兗、太原等州，並差殊不同。一行用勾股法算之，云：大約南北極相去纔八萬餘里。修曆人陳玄景亦善算術，歎曰：「古人云『以管窺天，以蠡測海』，以爲不可得而致也。今以丈尺之術，而測天地之大，豈可得哉！若依此而言，則天地豈得爲大也。」其後參校一行曆經，並精密，迄今行用。《大唐新語》二三。又《廣記》二一五引。

3 見唐玄宗152。

4 明皇在長安，詔一行鑄渾儀及大衍曆。先是，漢洛下閎云：「此曆後一千年差一日，有聖人出而正之。」至是果一千年。因以一行爲聖人。僧一行，本名璲，俗張氏，後出家改名敬賢。遷化，詔起塔銅人原，謚大惠禪師，並御製碑八分書。《續博物志》一。《紀異録》(《類説》一二)。

5 一行公本不解弈，因會燕公宅，觀王積薪棋一局，遂與之敵。笑謂燕公曰：「此但争先耳，若念貧道四句乘除語，則人人爲國手。」《酉陽雜俎》前集一二。又《廣記》二二八引。

6 唐太宗問一行世數，禪師製葉子格進之。葉子，言「二十世李」也。當時士大夫宴集皆爲之。《澠水燕談録》九。案：「唐太宗」疑爲「唐玄宗」之誤。

7 僧一行博覽無不知，尤善於數，鈎深藏往，當時學者莫能測。幼時家貧，鄰有王姥，前後濟之數十萬。及一行開元中承上敬遇，言無不可，常思報之。尋王姥兒犯殺人罪，獄未具，姥訪一行求救。一行曰：「姥要金帛，當十倍酬也。明君執法，難以請求，如何？」王姥戟手大駡曰：「何用識此僧！」一行從而謝之，終不顧。……詰朝，中使叩門急召。至便殿，玄宗迎問曰：「太史奏昨夜北斗不見，是何祥也，師有以禳之乎？」一行曰：「後魏時，失熒惑。至今，帝車不見，古所無者，天將大警於陛下也。夫匹婦匹夫不得其所，則隕霜赤旱。盛德所感，乃能退舍。感之切者，其在葬枯出繫乎？釋門以瞋心壞一切善，慈心降一切魔。如臣曲見，莫若大赦天下。」玄宗從之。又其夕，太史奏北斗一星見，凡七日而復。《酉陽雜俎》前集一。《明皇雜録》補遺。又《廣記》九二引。《南部新書》辛。《宋高僧傳》五。

8 僧一行窮數有異術。開元中嘗旱，玄宗令祈雨，一行言當得一器，上有龍狀者，方可致雨。上令於内庫中遍視之，皆言不類。數日後，指一古鏡，鼻盤龍，喜曰：「此有真龍矣。」乃持入道場，一夕而雨。或云是揚州所進，初範模時，有異人至，請閉户入室，數日開户，模成，其人已失。有圖並傳於世。此鏡五月五日，於揚子江心鑄之。《酉陽雜俎》前集三。又《廣記》三九六引。

9 一行將卒，留物一封，命弟子進於上。發而視之，乃蜀當歸也。上初不諭，及幸蜀回，乃知微旨，深歎異之。《開天傳信記》。又《廣記》一三六引。《南部新書》壬。《唐語林》五。

10 明皇在大明宫，一行曰：「陛下當有萬里之行。」復遺上金合子，有急即開。及禄山犯闕，上啓之，有當歸一塊，上乃幸蜀。《紀異録》（《類説》一二）。參看《宋高僧傳》五。

11、12 見唐玄宗104、105。

13 一行老病將死，玄皇執手問之曰：「更有何事相救？」行曰：「尚有二事。」其一曰：「勿遣胡人掌重兵。不獲已用之，勿與内宴。若使見富貴，必反逆以取。」其二曰：「禁兵勿付漢官，須令内官監統。」及幸蜀，臨渭水，與肅皇别，歎曰：「吾不用一行之言。」後方置神策軍。《南部新書》壬。

14 唐開元十五年，一行禪師臨寂滅遺表云：「他時慎勿以宗子爲相，蕃臣爲將。」後李林甫擅權於内，安禄山弄兵於外，東都爲賊所陷。《廣德神異録》（《廣記》一四〇）。

泓師

1 見張敬之1。

2 見韋安石1。

3 泓復與張燕公説置買永樂東南第一宅，有求土者，戒之曰：「此宅西北隅最是王地，慎勿於此取土。」越月，泓又至，謂燕公：「此宅氣候忽然索漠甚，必恐有取土于西北隅者。」公與泓偕行，至宅西北隅，果有取土處三數坑，皆深丈餘。泓大驚曰：「禍事！令公富貴止一身而已。更二十年外，諸郎君皆不得天年。」燕公大駭曰：「填之可乎？」泓曰：「客土無氣，與地脈不相連，今總填之，亦猶人有瘡痏，縱以他肉補之，終無益。」燕公子均、垍皆爲禄山委任，授賊大官，克復後，三司定罪，肅宗時以減死論。太上皇召肅宗謂曰：「張均弟兄皆與逆賊作權要官，就中張垍更與賊毀阿奴家事，犬彘之不若也，其罪無赦！」肅宗下殿叩頭再拜曰：「臣比在東宫，被人誣譖，三度合死，皆張説保護，得全首領，以至今日。張説兩男一度合死，臣不能力争，脱死者有知，臣將何面目見張説於地下？」嗚咽俯伏。太上皇命左右曰：「扶皇帝起。」乃曰：「與阿奴處置，張垍宜長流遠惡處，竟終于嶺表。張均宜棄市，更不要苦救這箇也。」肅宗掩泣奉詔，故均遇害。皆如其言。《戎幕閒談》（《廣記》七七）。《明皇十七事》（《類説》二一）。參看唐肅宗18。

4　見源乾曜1。

5　泓師云：「長安永寧坊東南是金盞地，安邑里西是玉盞地。」永寧爲王太傅鍔地，安邑爲馬北平燧地。後王、馬皆進入官。王宅累賜韓令弘及史憲誠、李載義等，所謂「金盞破而成」也；馬燧爲奉誠園，所謂「玉破而不完」也。《大唐傳載》。《廣記》四九七。《唐語林》七。

6　李吉甫安邑宅，及牛僧孺新昌宅，泓師號李宅爲玉杯，（牛宅爲金椀。玉杯）一破，無復可全；金椀或傷，庶可再製。牛宅本將作大匠康䛒宅。䛒自辨岡阜形勢，以其宅當出宰相，後每年命相有按，䛒必引頸望之，宅竟爲僧孺所得。李後爲梁新所有。《盧氏雜説》（《廣記》四九七）。《唐語林》七。《續前定録》。

無畏

1 無畏三藏初自天竺至，所司引謁於上，上見而敬信焉。上謂三藏曰：「師自遠而來，困倦，欲於何方休息耶？」三藏進曰：「臣在天竺國時，聞西明寺宣律師持律第一，願依止焉。」上可之。宣律禁誡堅苦，焚修精潔。三藏飲酒食肉，言行麄易，往往乘醉而喧，穢汚絪席，宣律頗不甘心。忽中夜，宣律捫虱，將投於地，三藏半醉，連聲呼曰：「律師撲死佛子！」宣律方知是神異人也，整衣作禮，投而師事之。《開天傳信記》。又《廣記》九二引。

義福

1 唐開元中，有僧義福者，上黨人也。梵行精修，相好端潔，縉紳士庶翕然歸依。嘗從駕往東都，所歷郡縣，人皆傾向，檀施巨萬，皆委之而去。忽一日召其學徒，告已將終。兵部侍郎張均、中書侍郎嚴挺之、刑部侍郎房琯、禮部侍郎韋陟，常所禮謁，是日亦同造焉。義福乃昇座爲門徒演法，乃曰：「吾没于是日，當以訣别耳。」久之，張謂房曰：「某宿歲餌金丹，爾來未嘗臨喪。」言訖，張遂潛去。義福忽謂房曰：「某與張公遊有數年矣，張有非常之咎，名節皆虧，向來若終法會，足以免難，惜哉！」乃攜房之手曰：「必爲中興名臣，公其勉之。」言訖而終。及禄山之亂，張均陷賊庭，授僞署，房琯贊兩朝，竟立大節。《明皇雜録》補遺。又《廣記》九七引。

馬待封

1 開元初，修法駕，東海馬待封能窮伎巧。於是指南車、記里鼓、相風鳥等，待封皆改修，其巧踰於古。待封又爲皇后造妝具，中立鏡臺，臺下兩層，皆有門户。后將櫛沐，啓鏡奩後，臺下開門，有木婦人手執巾櫛至，后取已，木人即還。至於面脂妝粉，眉黛髻花，應所用物，皆木人執，繼至，取畢即還，門户復閉。如是供給皆木人。后既妝罷，諸門皆闔，乃持去。其妝臺金銀彩畫，木婦人衣服裝飾，窮極精妙焉。待封既造鹵簿，又爲后帝造妝臺。如是數年，敕但給其用，竟不拜官，待封耻之。又奏請造欹器、酒山撲滿等物，許之。皆以白銀造作。其酒山撲滿中，機關運動，或四面開定，以納風氣，風氣轉動，有陰陽向背，則使其外泉流吐納，以挹杯斝，酒使出入，皆若自然，巧踰造化矣。既成奏之，即屬宫中有事，竟不召見。待封恨其數奇，於是變姓名，隱於西河山中。至開元末，待封從晉州來，自稱道者吴賜也，常絶粒。與崔邑令李勁造酒山撲滿、欹器等。酒山立於盤中，其盤徑四尺五寸，下有大龜承盤，機運皆在龜腹内。盤中立山，山高三尺，峯巒殊妙。盤以木爲之，布漆其外，龜及山皆漆布脱空，彩畫其外。山中虚，受酒三斗。繞山皆列酒池，池外復有山圍之。池中盡生荷，花及葉皆鍛鐵爲之，花開葉舒，以代盤葉，設脯醢珍果佐酒之物於花葉中。山南半腹有龍，藏半身於山，開口吐酒。龍下大荷葉中，有杯承之，盃受四合，龍吐酒八分而止，當飲者即取之。飲酒若遲，山頂有重閣，閣門即開，有催酒人具衣冠執板而出。於是歸盞於葉，龍復注之，酒使乃還，閣門即閉。如復遲者，使出如初，直至終宴，終無差失。山四面東西皆有龍吐酒。雖覆酒於池，池内有穴，潛引池中酒納於山中，比席闌終飲，池中酒亦無遺矣。欹器二，在酒山左右，龍注酒其中。虛則欹，中則平，滿則覆，則魯廟所謂侑坐之器也，君子以誡盈滿，孔子觀之以誡焉。杜預造欹器不成，前史所載。若吴賜也，造之如常器耳。《紀聞》(《廣記》二二六)。

周廣

1 開元中，有名醫紀朋者，吴人也。嘗授祕訣於隱士周廣，觀人顔色談笑，便知疾深淺，言之精詳，不待診候。上聞其名，徵至京師，令於掖庭中召有疾者，俾周驗焉。有宫人每日昃則笑歌啼號，若中狂疾，而又足不能及地，周視之曰：「此必因食且飽，而大促力，頃復仆於地而然也。」周乃飲以雲母湯。既已，令熟寐之，覺，乃失所苦。問之，乃言：「嘗因大華公主載誕三日，宫中大陳歌吹，某乃主謳者，懼其聲不能清，且常食㹠蹄羹，遂飽而當筵歌數曲。曲罷，覺胷中甚熱，戲於砌臺乘高而下，未及其半，復有後來者所激，因仆於地，久而方蘇而病狂，因兹足不能及地也。」上大異之。有黄門奉使自交廣而至，拜舞於殿下，周顧謂曰：「此人腹中有蛟龍，明日當産一子，則不可活也。」上驚問黄門曰：「卿有疾否？」乃曰：「臣馳馬大庾嶺，時當大熱，既困且渴，因於路傍飲野水，遂腹中堅痞如石。」周即以消石雄黄煮而飲之，立吐一物，不數寸，其大如指，細視之，鱗甲備具，投之以水，俄頃長數尺。周遽以苦酒沃之，復如故形，以器覆之。明日，器中已生一龍矣。上深加禮焉，欲授以官爵，周固請還吴中，上不違其意，遂令還鄉。水部員外劉復爲周作傳，叙述甚詳。《明皇雜録》(《廣記》二一九)。又《御覽》九三〇、《吴郡志》四三引。

宋單父

1 洛人宋單父，字仲孺。善吟詩，亦能種藝術。凡牡丹變易千種，紅白鬭色，人亦不能知其術。上皇召至驪山，植花萬本，色樣各不同，賜金千餘兩。内人皆呼爲花師。亦幻世之絶藝也。《龍城録》下。又《五色線》下引。《異人録》（《類説》一二）。

王元寶

1 王元寶，都中巨豪也。常以金銀疊爲屋，壁上以紅泥泥之。於宅中置一禮賢堂，以沉檀爲軒檻，以碔砆甃地面，以錦文石爲柱礎。又以銅線穿錢甃於後園花徑中，貴其泥雨不滑也。四方賓客，所至如歸。故時人呼爲王家富窟。《開元天寶遺事》下。

2 元寶好賓客，務於華侈，器玩服用，僭於王公，而四方之士盡歸而仰焉。常於寢帳牀前雕矮童二人，捧七寶博山爐，自暝焚香徹曉，其驕貴如此。《開元天寶遺事》下。

3 長安富室王元寶起高閣，以銀鏤三稜屏風代籬落，密置香槽，自花鏤中出，號含薰閣。《清異録》下。

4 元寶家有一皮扇子，製作甚質。每暑月宴客，即以此扇子置於坐前，使新水灑之，則颯然風生，巡酒之間，客有寒色，遂命撤去。明皇亦曾差中使去取看，愛而不受，帝曰：「此龍皮扇子也。」《開元天寶遺事》下。

5 巨豪王元寶每至冬月大雪之際，令僕夫自本家坊巷口掃雪爲逕路，躬親立於坊巷前，迎揖賓客，就本家具酒炙宴樂之，爲暖寒之會。《開元天寶遺事》上。

6 開元中，富人王元寶嘗會賓客，明日，親友問之曰：「時來高會，有何高談？」元寶不文，視屋良久曰：「但費錦纏頭耳。」《古今事文類聚》續集一四。

7 長安富民王元寶、楊崇義、郭萬金等，國中巨豪也，各以延納四方多士，競於供送。朝之名寮往往出於門下，每科場文士集於數家，時人目之爲豪友。《開元天寶遺事》上。

8 又有王元寶者，年老好戲謔，出入里市，爲人所知。人以錢文有元寶字，因呼錢爲王老，盛流於時矣。《西京記》（《廣記》四九五）。《兩京新記》三。《玉泉子》（《類説》二五）。《南部新書》辛。

9 唐富人王元寶，玄宗問其家財多少，對曰：「臣請以一縑繫陛下南山一樹，南山樹盡，臣縑未窮。」時人謂錢爲王者，以有元寶字也。《獨異志》中。又《雲仙雜記》九、《廣記》四九五、《廣卓異記》一引。《南部新書》辛。

10 玄宗御含元殿，望南山，見一白龍横亘山上，問左右，曰：「不見。」急召元寶，見一白物横在山頂，不辨於狀。左右貴人啓曰：「何臣等不見，元寶獨見之也？」帝曰：「我聞至富敵至貴，朕天下之主，而元寶天下之富，故耳。」《獨異志》中。冬《廣記》四九五、《廣卓異記》一引。《南部新書》辛。

李載

1 李載者，燕代豪傑。常臂鷹攜妓以獵，旁若無人，方伯爲之前席，終不肯任。載生栖筠，爲御史大夫，磊落可觀，然其器不及父。栖筠生吉甫，任相國八年，柔而多智。公慚卿，卿慚長，近之矣。吉甫生德裕，爲相十年，正拜太尉，清直無黨。《國史補》中。

王逸客

1 開元末，功臣王逸客爲閑廐使，莊在泥溝西岸，數爲劫盜，捕訪不獲。嚴安之爲河南尉，以狀白中丞宋遥，遥入奏，始擒之。并獲賊脚崔詡。詡在安定公主錦坊，俱就執伏，搜得骸骨兩井。逸客以鐵券免死，流嶺表。從此洛陽北路清矣。《南部新書》戊。

鄭昈

1 鄭昈性通脱，與諸甥姪談笑無間。曾被飄瓦所擊，頭血淋漓，玉簪俱折。家人惶遽來視。外甥王某在後至，曰：「二十舅今日頭璧俱碎。」昈大叫曰：「我不痛。」裹傷，亟命酒，酣飲盡興。昈後至户部員外郎，滁州刺史云。《封氏聞見記》一〇。《唐語林》六。

2 鄭滁州昈於曲江見令史醉池岸，云：「更一轉，即入流矣。」《大唐傳載》。《唐語林》五。

邢璹

1 唐邢璹之使新羅也，還歸，泊于炭山，遇賈客百餘人，載數船物，皆珍翠、沈香、象犀之屬，直數千萬。璹因其無備，盡殺之，投於海中而取其物。至京，懼人知也，則表進之。敕還賜璹，璹恣用之。後子綷與王鉷謀反，邢氏遂亡。亦其報也。《廣記》一一六。

李　虚

1　唐開元十五年，有敕天下村坊佛堂，小者並拆除，功德移入側近佛寺，堂大者，皆令閉封。天下不信之徒並望風毁拆。雖大屋大像，亦殘毁之。敕到豫州，新息令李虚嗜酒倔强，行事違戾，方醉而州符至，仍限三日報。虚見大怒，便約胥正，界内毁拆者死。於是一界並全。虚爲人好殺愎戾，行必違道，當時非惜佛宇也，但以忿限故全之。全之亦不以介意。《紀聞》（《廣記》一〇四）。

元彦沖　梁昇卿

1　開元二十年九月二十一日，是中書舍人梁昇卿私忌，二十日晚欲還，即令傳制，報給事中元彦沖，令宿衛。會彦沖已出，昇卿至宅，令狀報。彦沖以旬假與親朋聚宴，醉中詬曰：「汝何不直？」昇卿又作書報云：「明辰是先忌。」比往復，日已暮矣。其夜，有中使賫黄勑見直官，不見，迴奏，上大怒，出彦沖爲邠州刺史。因新昌公主進狀申理，公主即彦沖甥張垍之妻，云：「元不承報，此是中書省之失。」由是出昇卿爲莫州刺史。《唐會要》八二。

李令問

1　李令問開元中爲秘書監，左遷集州長史。令問好服玩飲饌，以奢聞于天下。其炙驢罌鵝之屬，慘毒取味。天下言服饌者，莫不祖述李監，以爲美談。《靈怪録》（《廣記》三三〇）。《南部新書》丙。

魏光乘

1　唐兵部尚書姚元崇長大行急，魏光乘目爲「趕蛇鸛鵲」。黄門侍郎盧懷慎好視地，目爲「覷鼠猫兒」。殿中監姜皎肥而黑，目爲「飽椹母猪」。紫微舍人倪若水黑而無鬚，目爲「醉部落精」。舍人齊處沖好眇目視，目爲「暗燭底覓虱老母」。舍人吕延嗣長大少髮，目爲「日本國使人」。又有舍人鄭勉爲「醉高麗」。目拾遺蔡孚「小州醫博士詐諳藥性」。又有殿中侍御史，短而醜黑，目爲「烟薰地朮」。目御史張孝嵩爲「小村方相」。目舍人楊伸嗣爲「（熟）〔熱〕鏊上猢猻」。目補闕袁輝爲「王門下彈琴博士」。目員外郎魏恬爲「祈雨婆羅門」。目李全交爲「品官給使」。目黄門侍郎李廣爲「飽水蝦蟇」。由是坐此品題朝士，自左拾遺貶新州新興縣尉。《朝野僉載》四。

2　世説曹著輕薄才，長於題目人。嘗目一達官爲「熱鏊上猢猻」，其實舊語也。《朝野僉載》云：魏光乘好題目人。姚元之長大行急，謂之「趁蛇鸛鵲」。侍御史王旭短而黑醜，謂之「烟薰木蛇」。楊仲嗣躁率，謂之「熱鏊上猢猻」。《酉陽雜俎》續集四。

邵景 韋鏗

1 唐邵景，安陽人。擢第，授汾陰尉，累轉歙州司倉，遷至右臺監察、考功員外。時神武皇帝即位，景與殿中御史蕭嵩、韋鏗俱昇殿行事，職掌殊别。而制出，景、嵩俱授朝散大夫，而鏗無命。景、嵩狀貌類胡，景鼻高而嵩鬚多，同時服朱紱，對立於庭。鏗獨簾中竊窺而詠曰：「一雙胡子著緋袍，一箇鬚多一鼻高。」相對廳前捺且立，自慙身品世間毛。」舉朝歡詠之。他日，睿宗御承天門，百僚備列，鏗忽風眩而倒。鏗肥而短，景詠之曰：「飄風忽起團圞迴，倒地還如着脚槌。莫怪殿上空行事，却爲元非五品才。」《御史臺記》(《廣記》二五五)。《大唐新語》一三。《唐語林》五。

張敬忠 王上客

1 尚書郎，自兩漢已後，妙選其人。唐武德、貞觀已來，尤重其職。吏、兵部爲前行，最爲要劇，自後行改入，皆爲美選。考功員外專掌試貢舉人，員外郎之最望者。司門、都門、屯田、虞水、膳部、主客，皆在後行，閒簡無事。時人語曰：「司門、水部，入省不數。」角觝之戲有假作吏部令史與水部令史相逢，忽然俱倒，良久起，云：「冷熱相激，遂成此疾。」先天中，王上客爲侍御史，自以才望清雅，妙當入省，常望前行。忽除膳部員外郎，微有悵惋。吏部郎中張敬忠戲詠之曰：「有意嫌兵部，專心取考功。誰知脚蹭蹬，幾落省牆東。」膳部。在省中最東北隅，故有此句。《兩京新記》(《廣記》二五〇)。《大唐新語》一三。《南部新書》丁。《詩話總龜》前集三九。《唐語林》五。《唐詩紀事》一三。案：王上客，《南部新書》作王主敬。

李謹度

1 御史中丞李謹度，宋璟引致之。遭母喪，不肯舉發，訃到皆匿之。官寮苦其無用，令本貫瀛州申謹度母死。尚書省牒御史臺，然後哭。其庸猥皆此類也。《朝野僉載》二。

康䛒

1 唐玄宗既用牛仙客爲相，頗憂時議不叶，因訪於高力士：「用仙客相，外議以爲如何？」力士曰：「仙客出於胥吏，非宰相器。」上大怒曰：「即當康䛒。」蓋上一時恚怒之詞，舉其極不可者。或有竊報䛒，以爲上之語恩渥頗深，行當爲相矣。䛒聞之，以爲信然。翌日，盛服趨朝，既就列，延頸北望，冀有成命，觀之者無不掩口。然時論亦以長者目焉。䛒爲將作大匠，多巧思，尤能知地。常謂人曰：「我居是宅中，不爲宰相耶？」問之者益爲嗤笑。《明皇雜録》補遺。又《廣記》二六〇引。

2 見泓師6。

盧廙　李畬

1 唐殿中内供奉盧廙持法細密，雖親故貴勢，無所迴避。舉止閒雅，必翔而後集。嘗於景龍觀監官行香，右臺諸御史亦預焉。臺中先號右臺爲高麗僧。時有一胡僧徙倚於前庭，右臺侍御史黄守禮指之曰：「何胡僧而至此？」廙徐謂之曰：「亦有高麗僧，何獨怪胡僧爲？」一時歡笑。廙與李畬俱非善射者，嘗三元禮射，廙、畬雖引滿射，俱不及垛而墜。互言其工拙，畬戲曰：「畬與盧箭俱三十步。」左右不曉，畬曰：「畬箭去垛三十步，盧箭去身三十步。」歡笑久之。《御史臺記》（《廣記》二四九）。《南部新書》甲。案：李畬，《南部新書》作「李畲」，誤。又《南部新書》以競射爲開元七年事。

馮光震

1 開元中，中書令蕭嵩以《文選》是先代舊業，欲注釋之。奏請左補闕王智明、金吾衛佐李玄成、進士陳居等注《文選》。先是，東宫衛佐馮光震入院校《文選》，兼復注釋。解「蹲鴟」云：「今之芋子，即是着毛蘿蔔。」院中學士向挺之、蕭嵩撫掌大笑。智明等學術非深，素無修撰之藝，其後或遷，功竟不就。《大唐新語》九。又《御覽》九八〇引。《譚賓録》（《廣記》二五九、《類説》一五）。《乾𦠆子》（陶本《説郛》二三）。《觀林詩話》。

楊光遠

1 進士楊光遠，惟多矯飾，不識忌諱，遊謁王公之門，干索權豪之族，未嘗自足；稍有不從，便多誹謗，常遭有勢者撻辱，略無改悔。時人多鄙之，皆云楊光遠慚顔厚如十重鐵甲也。《開元天寶遺事》上。

王　熊

1 王熊爲澤州都督，府法曹斷掠糧賊，惟各決杖一百。通判，熊曰：「總掠幾人？」法曹曰：「掠七人。」熊曰：「掠七人，合決七百。法曹曲斷，府司科罪。」時人哂之。前尹正義爲都督公平，後熊來替，百姓歌曰：「前得尹佛子，後得王癩獺。判事驢咬瓜，喚人牛嚼沫。見錢滿面喜，無鏹從頭喝。嘗逢餓夜叉，百姓不可活。」《朝野僉載》二。

崔　愘

1 唐申王府長史崔愘，趨權附勢之士也。鼕鼕鼓聲，即造形要，直至夜，號爲黄鸝，竟無所得。《實賓録》八。

杜　豐

1 齊州歷城縣令杜豐，開元十五年東封泰山，豐供頓，乃造棺器三十枚，寘行宮。諸官以爲不可。豐曰：「車駕今過，六宫偕行，忽暴死者，求棺如何可得？若事不預備，其悔可追乎？」及置頓使入行宫，見棺木陳于幕下，光彩赫然，驚而出，謂刺史曰：「聖主封嶽，祈福祚延長。此棺器者，誰之所造？且將何施？何不祥之甚！」將奏聞。刺史令求豐，豐逃于妻卧牀下，詐稱賜死，其家哭之。賴妻兄張摶爲御史解之，乃得已。豐子鍾，時爲兖州參軍，都督令掌厩馬芻豆。鍾曰：「御馬至多，臨日煮粟，恐不可給，不如先辦。」乃以鑊煮粟豆二千餘石，納于窖中，乘其熱封之。及供頓取之，皆臭敗矣，乃走。猶懼不免，命從者市半夏半升，和羊肉煮而食之，取死，藥竟不能爲患而愈肥。時人云：「非此父不生此子。」《紀聞》（《廣記》四九四）。

唐人軼事彙編卷十三

李林甫

1 李林甫少孤，爲元氏姨所育，住在伊川。時林甫年十歲，與諸兒戲于路旁，有老父歎而目焉，人問之，老父曰：「富貴誠不自知。」指李公曰：「此童後當爲中書令，凡二十年。所歎與凡小戲誰辨也。」《定命録》（《廣記》二二二）。

2 唐右丞相李林甫，年二十尚未讀書，在東都，好遊獵打毬，馳逐鷹狗。每於城下槐壇下，騎驢擊鞠，略無休日。既憊，捨驢，以兩手返據地歇。一日，有道士甚醜陋，見李公踞地，徐言曰：「此有何樂，郎君如此愛也？」李怒顧曰：「關足下何事？」道者去。明日又復言之。李公幼聰悟，意其異人，乃攝衣起謝。道士曰：「郎君雖善此，然忽有顛墜之苦，則悔不可及。」李公請自此修謹，不復爲也。道士笑曰：「與郎君後三日五更會於此。」曰：「諾。」及往，道士已先至，曰：「爲約何後？」李乃謝之。曰：「更三日復來。」李公夜半往。良久，道士至，甚喜，談笑極洽，且曰：「某行世間五百年，見郎君一人。已列仙籍，合白日昇天，如不欲，則二十年宰相，重權在己。郎君且歸，熟思之。後三日五更復會於此。」李公迴，計之曰：「我是宗室，少豪俠，二十年宰相，重權在己，安可以白日昇天易之乎？計已決矣。」及期往白，道士嗟嘆咄叱，如不自持，曰：「五百年始見一人，可惜，可惜！」李公悔，欲復之。道士曰：「不可也，神明知矣。」與之叙別曰：「二十年宰相，生殺權在己，威振天下。然慎勿行陰賊，當爲陰德，廣救拔人，無枉殺人，如此則三百年後，白日上昇矣。官禄已至，可便入京。」李公匍匐泣拜，道士握手與別。時李公堂叔爲庫部郎中，在京，遂詣。叔父以其縱蕩，不甚記録之，頗驚曰：「汝何得至此？」曰：「某知向前之過，今故候覲，請改節讀書，願受鞭箠。」庫部甚異之，亦未令就學，每有賓客，遣監杯盤之飾，無不修潔。或謂曰：「汝爲吾著某事。」雖雪深没踝，亦不去也。庫部益親憐之，言於班行，知者甚衆。自後以蔭叙，累官至贊善大夫，不十年，遂爲相矣。權巧深密，能伺上旨，恩顧隆洽，獨當衡軸，人情所畏，非臣下矣。數年後，自固益切，大起大獄，誅殺異己，冤死相繼，都忘道士槐壇之言戒也。《逸史》（《廣記》一九）。

3 開元中有相者不知姓名，自言衡山來，人謂之衡相，在京舍宣平里。時李林甫爲太子諭德，往見之，入門，則鄭少微、嚴杲已在中庭。相者引坐，謂李公曰：「自僕至此，見人衆矣，未有如公貴者也。且國家以刑法爲重，則公典司寇之職。朝廷以銓管爲先，則公居冢宰之任。然又秉丹青之筆，當節制之選。加以列茅分土，窮榮極盛，主恩綢繆，人望浹洽。兼南省之官，秩增數四；握中樞之務，載盈二九。搢紳仰威，黎庶瞻惠，將古所未有也。」顧嚴、鄭曰：「預聞此者，非不幸也。公二人宜加禮奉，否則悔吝生矣。」時嚴、鄭各負才名，李猶聲譽未達，二公有轥轢之心，及聞相者言，以爲甚不然，唯唯而起，更不復問。李因辭去。後李公拜中書，鄭時已爲刑部侍郎，因述往事，謂鄭曰：「曩者宣平相人，咸以荒唐之説，乃微有中者。」無何，鄭出爲岐州刺史，與所親話其事。未期，又貶爲萬州司馬。嚴自郎中亦牧遠郡。《定命録》（《廣記》二二二）。

4 李林甫開元初爲中允，時源乾曜爲侍中，是中表之戚，託其子求司門郎中。乾曜曰：「郎官須有素行才望高者，哥奴豈是郎官耶？」數日除諭德。哥奴，林甫小字。《南部新書》乙。

5 開元中，右相李林甫爲國子司業，頗振綱紀。洎登廟堂，見諸生好説司業時事。諸生希旨，相率署石建碑于國學都堂之前。後因釋奠日，百寮畢集，林甫見碑，問之祭酒班景倩，具以事對。林甫戚然曰：「林甫何功而立碑，誰爲此舉？」意色甚厲。諸生大懼得罪，通夜琢滅，覆之于南廊。天寶末，其石猶在。《封氏聞見記》五。

6 自開元二十二年，吏部置南院，始懸長名，以定留放。時李林甫知選，寧王私謁十人，林甫曰：「就中乞一人賣之。」于是放選牓云：「據其書判，自合得留。緣囑寧王，且放冬集。」《國史補》下。又《廣記》一八六引。

7 開元中，吏部侍郎被寧王憲囑親故十人官，遂詣王請見云：「十人之中，有商量去者乎？」王云：「九人皆不可矣，一人某者聽公。」吏部歸，九人皆超資好官，獨某者當時出，云：「據其書判，自合得官。緣囑寧王，且放冬集。」《大唐傳載》。

8 見唐玄宗43。

9 李林甫居相位一十九年，誅鋤海内人望，自儲君以下，無不累息。初，開元後，姚、宋等一二老臣多獻可替否，以爭天下大體，天下既理，上心亦泰。張九齡上所拔，頗以後進少之，九齡尤謇諤，數犯上，上怒而逐之。上雄才豁達，任人不疑，晚得林甫，養成君欲，未嘗有逆耳之言。上愛之，遂深居高枕，以富貴自樂。大臣以下，罕得對見。事無大小，責成林甫。林甫雖不文，而明練吏事，慎守綱紀，衣冠非常調，無進用之門。而陰賊忍殺，未嘗以愛僧見于容色。上左右者雖饔人厮養，無不賂之，故動静輒知。李適之初入相，疏而不密，林甫賣之，乃曰：「華山之下有金鑛焉，採之可以富國，上未知之耳。」適之善其言，他日，從容以奏。上悦，顧問林甫，林甫曰：「臣知之久矣。華山，陛下本命也，王氣所在，不可發之。故臣不敢言。」上遂薄適之，因曰：「自今奏事，先與林甫議之，無輕脱。」自是適之束手矣。非其所引進，皆以罪誅。威震海内，諫官但持禄養資，無敢論事。獨補闕杜中猶再上疏，翌日，被黜爲下邽令。林甫召諸諫官謂曰：「今明主在上，羣臣將順之不暇，何用多言！君不見立仗馬乎，終日無聲，而食三品料，及其一鳴，即黜去。雖欲再鳴，其可得乎？」由是諫諍之路絶失。晚年多冤讐，懼其報復，出廣車僕，金吾静街，前驅百步之外。居則以磚甃屋，以板幙牆，家人警衛，如禦大敵。其自防也如此。故事：宰臣騎從，三五人而已，士庶不避于路。至是騎從百餘人，爲左右翼，公卿以下趨避，自林甫始也。《譚賓録》(《廣記》二四〇)。

10 上與李林甫議立太子，意屬忠王。林甫從容言於上曰：「古者建立儲君，必推賢德，苟非有大勳於社稷，則惟元子。」上默然曰：「朕長子琮，往年因獵苑中，所傷面目尤甚。」林甫曰：「破面不猶愈於破國乎！陛下其圖之。」上微感其言，徐思之。林甫亦素知其疾，意欲動摇肅宗，而託附武惠妃，因以壽王瑁爲請；竟以肅宗孝友聰明，中外所屬，故姦邪之計莫得行焉。《明皇雜録》(《通鑑考異》一三)。

11、12 見張九齡6、7。

13、14 見李適之2、4。

15 玄宗宴於勤政樓下，巷無居人，宴罷，帝猶垂簾以觀。兵部侍郎盧絢謂帝已歸宮掖，垂鞭按轡，縱横樓下，絢負文雅之稱，而復風標清粹。帝一見不覺目送之，問左右曰：「誰？」近臣具以絢名氏對之，帝亟稱其蘊藉。是時林甫方持權忌能，帝左右寵倖，未嘗不厚以金帛爲賄，由是帝之動静，林甫無不知之。翌日，林甫召絢之子弟謂曰：「賢尊以素望清崇，今南方籍才，聖上有交廣之寄，可乎？若憚遐方，即當請老，不然，以賓詹仍分務東洛，亦優賢之命也。」子歸而具道建議可否，于是絢以賓詹爲請。林甫恐乖衆望，出爲華州刺史，不旬月，誣其有疾，爲郡不理，授太子詹事員外安置。《明皇雜録》下。

16 見蕭穎士8。

17 李相公林甫，當開元之際，與巷陌交通，權等人主。天下之能名，須出其門也。如不稱意者，必遭竄逐之禍。雖楊國忠之盛，未得侔焉。其姬愛之衆，皆不勝其珠翠。嘗賜宮娥二人，一者潛歸私家，經旬方還，相公亦乃不知。其榮顯謂之右座相公，軒蓋諸侯，見者如履冰谷。舉子尉遲匡，幽并耿概之士也，以頻年不第，投書于右座，皆擊刺之説。匡有《暮行潼關》之作，云：「明日飛出海，黄河流上天。」又《觀内人樓上踏歌》曰：「芙蓉初出水，桃李忽無言。」又《塞上曲》云：「夜夜月爲青塚鏡，年年雪作黑山花。」相公鑒此句曰：「得非才子乎？若使匡伏恨銜冤，不假陶鑄之力，則從四夷八蠻，分爲左衽矣！豈爲進人乎？豈爲賢相乎？」及得相見，右座曰：「有一蕭穎士，既叨科第，輕時縱酒，不遵名教，嘗忤吏部王尚書丘，然以文識該通，孰爲其敵，君子不遺其言，幾至鞭撲。子之詩篇，幸未方於穎士，且吾之名，復異於王公，言王吏部。重欲相干，三思可矣。」匡知右座見怒，惶怖而趨出。恓屑無依，退歸林墅。罷甯戚之高歌，効約成之獨樂。登山臨水，勞灼灼之音焉。《雲溪友議》中。《唐詩紀事》二三。

18 李林甫夢一人，細長有髯，逼林甫，推之不去。林甫寤而言曰：「此裴寬欲謀替我。」《譚賓録》（《廣記》二七九）。

19 天寶中，李林甫爲相，專權用事。先是，郭元振、薛訥、李適之等，咸以立功邊陲，入參鈞軸。林甫懲前事，遂反其制，始請以蕃人爲邊將，冀固其權。言於玄宗曰：「以陛下之雄才，國家富强，而諸蕃未滅者，由文吏爲將怯懦不勝武事也。陛下必欲滅四夷，威海内，莫若武臣；武臣莫若蕃將。夫蕃將生而氣雄，少養馬上，長於陣敵，此天性然也。若陛下感而將之，使其必死，則狄不足圖也。」玄宗深納之，始用安禄山，卒爲戎首。雖理亂安危係之天命，而林甫奸宄，實生亂階，痛矣哉！《大唐新語》一一。《譚賓録》（《廣記》二四〇）。

20、21 見安禄山20、21。

22 相傳李林甫爲相，若嫉其人，即以倡鬼日除授，無得免禍。《愛日齋叢鈔》二。

23 平康坊南街廢鑾院，即李林甫舊宅也。林甫於正堂後別創一堂，製度彎曲，有却月之形，名曰月堂。土木秀麗精巧，當時莫儔也。林甫每欲破滅人家，即入月堂，精思極慮，喜悅而出，必不存焉。《開天傳信記》。又《廣記》三六二引。《侯鯖録》三。

24 李林甫妬賢嫉能，不協羣議，每奏御之際，多所陷人，衆謂林甫爲肉腰刀。又云林甫嘗以甘言誘人之過，譖於上前，時人皆言林甫甘言如蜜。朝中相謂曰：「李公雖面有笑容，而肚中鑄劍也。」人日憎怨，異口同音。《開元天寶遺事》下。

25 李林甫爲性狠狡，不得士心，每有所行之事，多不協羣議，而面無和氣。國人謂林甫精神剛戾，常如索鬬雞。《開元天寶遺事》下。

26 見唐玄宗107。

27 李林甫每與同僚議及公直之事，則如癡醉之人，未嘗問答；或語及阿徇之事，則響應如流。張曲江常謂賓客曰：「李林甫議事如醉漢腦語也，不足可言。」《開元天寶遺事》下。

28 李右相在廟堂，進士王如泚者，妻翁以伎術供奉玄宗，欲與改官，拜謝而請曰：「臣女壻王如泚，見應進士舉，伏望聖恩回换，與一及第。」上許之，付禮部宜與及第。侍郎李暐以詔旨執政。右相曰：「如泚文章堪及第否？」暐曰：「與亦得，不與亦得。」右相曰：「若爾，未可與之。明經進士，國家取才之地，若聖恩優異，差可與官；今以及第與之，將何以觀材。」林甫即自聞奏取旨。如泚賓朋讌賀，車馬盈門；忽中書下牒禮部，「王如泚可依例考試」，聞者愕然失錯矣。《封氏聞見記》三。《唐語林》一。

29 正月，户部奏大閲天下貢物於都堂。其日放朝，宰相與百官皆赴户部宴會，一時特盛。開元中，曾以大閲一日貢物賜李林甫，九州任土，盡歸人臣之家。國史書其事也。《輦下歲時記》（陶本《説郛》六九）。

30 李林甫子壻鄭平爲户部員外郎，嘗與林甫同處。一日，林甫就院省其女，遇平方櫛髮，見林甫坐處甘露羹，取而食之，曰：「縱當華皓，必當鬢黑。」明日，果有中使至，賜林甫食，中有甘露羹，遂以與平。平食訖，一旦髮毛如黳。《明皇雜録》（《御覽》八六一、《海録碎事》一〇上）。

31　寺之制度，鐘樓在東，唯此寺緣李右座林甫宅在東，故建鐘樓於西。寺內有郭令玳瑁鞭及郭令王夫人七寶帳。寺主元竟，多識釋門故事，云李右座每至生日常轉請此寺僧就宅設齋。有僧乙嘗嘆佛，施鞍一具，賣之，材直七萬。又僧廣有聲名，口經數年，次當嘆佛，因極祝右座功德，冀獲厚賜。齋畢，簾下出綵篚，香羅帕籍一物如朽釘，長數寸。僧歸失望，慚惋數日。且意大臣不容欺已，遂擕至西市，示於商胡。商胡見之，驚曰：「上人安得此物，必貨此不違價。」僧試求百千，胡人大笑曰：「未也，更極意言之。」加至五百千，胡人曰：「此直一千萬。」遂與之。僧訪其名，曰：「此寶骨也。」《酉陽雜俎》續集五。又《廣記》四〇三引。　案：寺指長安平康坊菩提寺。

32　見李遐周1。

33　李林甫寡薄，中表有誕子者，以書賀之云：「知有弄麞之慶。」《南部新書》甲。

34　李林甫亦善丹青。高詹事與林甫詩曰：「興中唯白雲，身外即丹青。」余曾見其畫迹，甚佳，山水小類李中舍也。《歷代名畫記》九。

35　李林甫有女六人，各有姿色，雨露之家，求之不允。林甫廳事壁間，開一橫窗，飾以雜寶，縵以絳紗。常日使六女戲於窗下，每有貴族子弟入謁，林甫即使女於窗中自選可意者事之。《開元天寶遺事》上。

李適之

1 李適之入仕，不歷丞簿，便爲别駕；不歷兩畿官，便爲京兆尹；不歷御史及中丞，便爲大夫；不歷兩省給舍，便爲宰相；不歷刺史，便爲節度使。《獨異志》（《廣記》四九四）。《南部新書》己。《唐詩紀事》二〇。

2 李適之性簡率，不務苛細，人吏便之。雅好賓客，飲酒一斗不亂，延接賓朋，晝決公務，庭無留事。及爲左相，每事不讓李林甫。林甫憾之，密奏其好酒，頗妨政事。玄宗惑焉，除太子少保。適之遽命親故歡會，賦詩曰：「避賢初罷相，樂聖且銜杯。爲問門前客，今朝幾箇來？」舉朝伏其度量。適之在門下也，性疏而不忌，林甫嘗賣之曰：「華山之下，有金鑛焉，採之可以富國，上未之知耳。」適之心善其言，他日款曲奏之，玄宗大悦。顧問林甫，對曰：「臣知之久矣。華山，陛下本命，王氣所在，不可發掘，故臣不敢言。」適之由是漸見疏退。林甫陰搆陷之，貶於袁州，遣御史羅奭就州處置。適之聞命排馬牒到，仰藥而死。子霅，亦見害。《大唐新語》七。

3 見李林甫9。

4 李適之既貴且豪，常列鼎於前，以具膳羞。一旦，庭中鼎躍出相鬬，家僮告適之，乃往其所，酹酒自誓，而鬬亦不解，鼎耳及足皆落。明日，適之罷知政事，拜太子少保。時人知其禍未止也。俄爲李林甫所陷，貶宜春太守。適之男霅，爲衞尉少卿，亦貶巴陵郡别駕。適之至州，不旬月而終。時人以林甫迫殺之。霅乃迎喪至都，李林甫怒猶未已，令人誣告，於河南府杖殺之。適之好飲，退朝後，即速賓朋親戚，談話賦詩，曾不備於林甫。初，適之在相位日，曾賦詩曰：「朱門長不備，親友恣相過。今日過五十，不飲復如何！」及罷相，作詩曰：「避賢初罷相，樂聖且銜盃。借問門前客，今朝幾箇來？」及死非其罪，時人冤歎之。《明皇雜録》上。又《廣記》三六二引。《詩話總龜》前集二四。《唐詩紀事》二〇。

5 開元末，宰相李適之疏直坦夷，時譽甚美。李林甫惡之，排誣罷免。朝客來，雖知無罪，謁問甚稀。適之意憤，日飲醇酣，且爲詩曰：「避賢初罷相，樂聖且銜杯。爲問門前客，今朝幾箇來？」李林甫愈怒，終遂不免。《本事詩·怨憤》。

6 李適之有酒器九品：蓬萊盞、海川螺、舞仙盞、瓠子巵、幔捲荷、金蕉葉、玉蟾兒、醉劉伶、東溟樣。蓬萊盞上有山象三島，注酒以山没爲限。舞仙盞有關捩，酒滿則仙人出舞，瑞香毬子落盞外。《逢原記》(《雲仙雜記》二)。

陳希烈

1 見薛季昶2。

2 進士周逖改次《千字文》，更撰《天寶應道千字文》，將進之請頒行天下，先呈宰執。右相陳公迎問之曰：「有添換乎？」逖曰：「翻破舊文，一無添換。」又問：「翻破盡乎？」對曰：「盡。」右相曰：「『枇杷』二字如何翻破？」逖曰：「惟此二字依舊。」右相曰：「若有此，還是未盡。」逖逡巡不能對而退。《封氏聞見記》一〇。《南部新書》庚。

3《梁職儀》曰：「八座尚書以紫紗裹手版，垂白絲於首如筆。」《通志》曰：「今録僕射、尚書手版以紫皮裹之，名曰笏。梁中世已來，唯八座尚書執笏者，白筆綴頭，以紫紗囊之，其餘公卿但執手版。」今人相傳云：陳希烈不便税笏，騎馬以帛裹，令左右執之。李右座見云便爲將來故事。甚失之矣。《酉陽雜俎》續集四。參見張九齡21。

楊國忠

1 楊國忠本張易之之子。天授中，張易之恩幸莫比，每歸私第，詔令居樓上，仍去其梯。母恐張氏絶嗣，乃密令女奴蠙珠上樓，遂有娠而生國忠。《天寶故事》(《通鑑考異》一四)。《楊太真外傳》下。案：《通鑑考異》曰：「其説曖昧無稽，今不取。」

2 楊國忠出使於江浙，其妻思念至深，荏苒成疾。忽晝夢與國忠交，因而有孕，後生男名朏。洎至國忠使歸，其妻具述夢中之事，國忠曰：「此蓋夫妻相念情感所致。」時人無不譏誚也。《開元天寶遺事》上。

3 見李泌4。

4 〔天寶〕十一年，楊國忠初知選事，進士孫季卿曾謁國忠，言：「禮部帖經之弊大，舉人有實才者，帖經既落，不得試文。若先試雜文，然後帖經，則無餘才矣。」國忠然之。無何，有勑，進士先試帖經，仍前後開一行。是歲收入，有倍常歲。《封氏聞見記》三。《唐語林》八。

5 選曹每年皆先立版牓，懸之南院。選人所通文書，皆依版樣。一字有違，即被駮落，至有三十年不得官者。楊國忠爲尚書，創爲押例，選深者先授官，有文狀闕失，許續通，不令駁放。淹滯之流，翕然歸美。其五品已上及清要官，吏部不注，送名中書門下者，各量資次臨時勅除。歷任有淺深，官資有高下，故授任者或稱「檢校」，或稱「兼試」、「知攝」、「内供奉」之類，名目非一。《封氏聞見記》三。

6〔李〕林甫薨後，楊國忠爲(左)〔右〕相，兼總銓衡。從前注擬，皆約循資格，至國忠創爲押例，選深者盡留，乃無才與不才也。選人等求媚于時，請立碑于尚書省門，以頌聖主得賢臣之意。勅京兆尹鮮于仲通撰文，玄宗親改定數字。鐫畢，以金填改字處。識者竊非之曰：「天子有善，宰相能事，青史自當書之。古來豈有人君人臣自立碑之禮！亂將作矣。」未數年，果有馬嵬之難。肅宗登極，始除去其碑。《封氏聞見記》五。

7 天寶十載十一月，楊國忠爲右相，兼吏部尚書，奏請兩京選人，銓日便定留放，無少長各於宅中引注。虢國姊妹垂簾觀之，或有老病醜陋者，皆指名以笑，雖士大夫亦遭訴耻。故事：兵、吏部注官訖，於門下過侍中、給事中，省不過者謂退量。國忠注官，呼左相陳希烈於坐隅。給事中行列於前，曰：「既對注擬，即是過門下了。」希烈等腹悱而已。侍郎韋見素、張倚皆衣紫，與本曹郎官藩屏外排比案牘，趨走語事。乃謂簾中楊氏曰：「兩箇紫袍主事何如？」楊乃大噱。選人鄭愻附會其旨，與二十餘人率錢於勤政樓設齋，兼爲國忠立碑於尚書省南。所注吏部三銓選人，專務鞅掌，不能躬親，皆委典及令史孔目官爲之，國忠但押一字，猶不可遍。《唐續會要》(《廣記》一八六)。

8 楊國忠嘗會諸親，時知吏部銓事，且欲大噱以娱之。已設席，呼選人名，引入於中庭，不問資序，短小者道州參軍，胡者湖州文學。簾中大笑。《劉賓客嘉話録》。又《廣記》二五〇引。《唐語林》五。

9 扶風太守房琯申當郡苗損，國忠怒以他事推之。自是天下有事，皆潛申國忠，以取可否。《唐語林》五。

10 楊國忠之子暄，舉明經，禮部侍郎達奚珣考之，不及格，將黜落，懼國忠而未敢定。時駕在華清宮，珣子撫爲會昌尉，珣遽召使，以書報撫，令候國忠具言其狀。撫既至國忠私第，五鼓初起，列火滿門，將欲趨朝，軒蓋如市。國忠方乘馬，撫因趨入，謁於燭下，國忠謂其子必在選中，撫蓋微笑，意色甚歡。撫乃白曰：「奉大人命，相君之子試不中，然不敢黜退。」國忠却立，大呼曰：「我兒何慮不富貴，豈藉一名爲鼠輩所賣耶！」不顧，乘馬而去。撫惶駭，遽奔告於珣曰：「國忠恃勢倨貴，使人之慘舒出於咄嗟，奈何以校其曲直？」因致暄于上第。既而爲户部侍郎，珣纔自禮部侍郎轉吏部侍郎，與同列。暄話於所親，尚歎己之淹徊，而謂珣遷改疾速。《明皇雜録》上。又《廣記》一七九引。

11 上每年冬十月，幸華清宮，常經冬還宮闕，去即與妃同輦。華清宮有端正樓，即貴妃梳洗之所；有蓮花湯，即貴妃澡沐之室。國忠賜第在宮東門之南，虢國相對。韓國、秦國，甍棟相接。天子幸其第，必過五家，賞賜燕樂。扈從之時，每家爲一隊，隊著一色衣。五家合隊相映，如百花之焕發。遺鈿墜舄，琴瑟珠翠，燦於路歧，可掬。會有人俯身一窺其車，香氣數日不絶。駞馬千餘頭疋，以劍南旌節器仗前驅。出有餞飲，還有軟脚。遠近餉遺珍玩狗馬，閹侍歌兒，相望於道。及秦國先死，獨虢國、韓國、國忠轉盛。虢國又與國忠亂焉。略無儀檢，每入朝謁，國忠於韓、虢連轡，揮鞭驟馬，以爲諧謔。從官嫗嫗百餘騎。秉燭如晝，鮮裝袨服而行，亦無蒙蔽。衢路觀者如堵，無不駭歎。十宅諸王男女婚嫁，皆資韓、虢紹介；每一人納一千貫，上乃許之。《楊太真外傳》下。

12 見唐玄宗188。

13 駙馬張垍，以太常卿、翰林院供奉官贊相禮儀，雍容有度。玄宗心悦之，謂垍曰：「朕罷希烈相，以卿代之。」垍謝不敢當。楊貴妃知之，以告楊國忠，楊國忠深忌之。時安禄山入朝，玄宗將加宰相，命垍草詔。國忠諫曰：「禄山不識文字，命之爲相，恐四夷輕於唐。」玄宗乃止。及安禄山歸范陽，詔高力士送於長樂陂。力士歸，玄宗問曰：「禄山喜乎？」力士對曰：「禄山恨不得宰相，頗有言。」國忠遽曰：「此張垍告之也。」玄宗不察國忠之誣，疑垍漏洩，大怒。黜垍爲盧溪郡司馬，兄均爲建安郡司馬，弟埱爲宜春郡司馬。《大唐新語》九。《安禄山事迹》中。

14 玄宗謂侍臣曰：「我欲行一事，自古帝王未有也。」蓋欲傳位于肅宗。及制出，國忠大懼，言語失次，歸語楊氏姊妹曰：「娘子，我輩何用更作活計！皇太子若監國，我與姊妹等即死矣。」相聚而哭。虢國入謀于貴妃，妃銜土以請，其事遂止。哥舒翰在潼關，或勸請誅國忠，以悦衆心，舒翰不聽。禄山發范陽，每日于帳前歎曰：「楊國忠頭，來何太遲也！」國忠妻裴柔，蜀之大娼也。國忠又爲劍南節度，勸玄宗入蜀。授其所親官，布蜀漢。《譚賓録》(《廣記》二四〇)。

15 見安禄山20。

16 國忠日夜伺求禄山反狀，或矯詔以兵圍其宅，或令府縣捕其門客李起、安岱、李方來等，皆令侍御史鄭昂之陰推劾，潛槌殺之。慶宗尚郡主，又供奉在京，密報其父；禄山轉懼。《肅宗實録》（《通鑑考異》一四）。

17 是夏，京兆尹李峴貶零陵太守。先是楊國忠使門客蹇昂、何盈求禄山陰事，命京兆尹圍捕其宅，得安岱、李方來等與禄山反狀，使侍御史鄭昂之縊殺之。禄山怒，使嚴莊上表自理，具陳國忠罪狀二十餘事。上懼其生變，遂歸過於峴以安之。《唐曆》（《通鑑考異》一四）。

18 見韋見素3。

19 見唐玄宗96。

20 楊國忠初因貴妃專寵，上賜以木芍藥數本，植於家，國忠以百寶妝飾欄楯，雖帝宮之内不可及也。《開元天寶遺事》下。又《雲仙雜記》一〇引。

21 國忠又用沉香爲閣，檀香爲欄，以麝香、乳香篩土和爲泥飾壁。每於春時木芍藥盛開之際，聚賓友於此閣上賞花焉，禁中沉香之亭遠不侔此壯麗也。《開元天寶遺事》下。

22 楊國忠於冬月，常選婢妾肥大者，行列於前，令遮風。蓋藉人之氣相暖，故謂之肉陣。《開元天寶遺事》下。

23 楊國忠家以炭屑用蜜捏塑成雙鳳，至冬月，則燃於爐中，又先以白檀木鋪於爐底，餘灰不可參雜也。《開元天寶遺事》下。

24 楊國忠子弟每至上元夜，各有千炬紅燭圍于左右。《開元天寶遺事》下。

25 楊國忠子弟每春至之時，求名花異木植於檻中，以板爲底，以木爲輪，使人牽之自轉。所至之處，檻在目前，而便即歡賞，目之爲移春檻。《開元天寶遺事》上。

26 楊國忠子弟恃后族之貴，極於奢侈，每春遊之際，以大車結綵帛爲樓，載女樂數十人，自私第聲樂前引，出遊園苑中，長安豪民貴族皆效之。《開元天寶遺事》下。

27 楊氏子弟每至伏中，取大冰使匠琢爲山，周圍於宴席間。座客雖酒酣而各有寒色，亦有挾纊者。其驕貴如此也。《開元天寶遺事》上。

28 楊國忠子弟以奸媚結識朝士，每至伏日，取堅冰令工人鏤爲鳳獸之形，或飾以金環綵帶，置之雕盤中，送與王公大臣，惟張九齡不受此惠。《開元天寶遺事》下。

韓國夫人

1 韓國夫人置百枝燈樹，高八十尺，豎之高山上，元夜點之，百里皆見，光明奪月色也。《開元天寶遺事》下。鄭嵎《津陽門詩》注。

虢國夫人

1 楊貴妃姊虢國夫人，恩寵一時，大治宅第，棟宇之華盛，舉無與比。所居韋嗣立舊宅，韋氏諸子方午偃息於堂廡間，忽見婦人衣黄羅帔衫，降自步輦，有侍婢數十人，笑語自若，謂韋氏諸子曰：「聞此宅欲賣，其價幾何？」韋氏降階曰：「先人舊廬，所未忍舍。」語未畢，有工數百人，發東西廂，撤其瓦木。韋氏諸子乃率家童，挈其琴書，委於路中。而授韋氏隙地十數畝，其宅一無所酬。虢國中堂既成，召匠圬墁，授二百萬償其值，而復以金盞瑟瑟三斗爲賞。後復歸韋氏，曾有暴風拔樹，委其堂上，已而視之，畧無所傷。既撤瓦以觀之，皆乘以木瓦，其製作精緻，皆此類也。虢國每入禁中，常乘驄馬，使小黄門御。紫驄之俊健，黄門之端秀，皆冠絶一時。《明皇雜録》下。又《廣記》二三六引。《續世説》九。

2 虢國不施妝粉，自衒美艷，常素面朝天。《楊太真外傳》上。

3 見楊國忠11。

4 虢國夫人就屋梁上懸鹿腸於半空，筵宴則使人從屋上注酒於腸中，結其端，欲飲，則解開，注于盃中，號洞天聖酒將軍，又曰洞天缾。《酒中玄》（《雲仙雜記》六）。《唐語林》五。

5 吴興米炊之甑香，白馬豆食之齒醉。虢國夫人廚吏鄧連以此米擣爲透花餈，以豆洗皮作靈沙臛，以供翠鴛堂。《品物類聚記》（《雲仙雜記》一）。

6 虢國夫人有夜明枕，設於堂中，光照一室，不假燈燭。《開元天寶遺事》下。又《雲仙雜記》一〇引。鄭嵎《津陽門詩》注。

秦國夫人

1 見唐玄宗198。

韋見素

1 見唐玄宗223。

2 見安禄山31。

3 是歲春二月二十二日辛亥，禄山使何千年表請以蕃將三十二人代漢將掌兵。其日，宰相韋見素、楊國忠在省，見素慘然，國忠問曰：「堂老何色之戚也？」見素曰：「禄山逆狀，行路共知。今以蕃酋代漢將，是亂將作矣。與公位當此地，能無戚乎！」國忠於是亦惘然久之，乃曰：「與奪之間，在於宸斷，豈我輩所能是非邪！」見素曰：「知禍之萌而不能防，亦將焉用彼相矣！明日對見，僕必懇論，冀其萬一。若不允，子必繼之。」國忠曰：「事則不諧，恐虛犯龍顏，自貽伊戚。」見素曰：「如正其言而獲死，猶愈於阿從而偷生。」翌日壬子，二相入對。見素言：「禄山潛貯異圖，迹已昭彰。」因扣頭流涕久之。國忠但俯僂逡巡，更無所補。上不悦，遂以他事議之。既退還省，見素謂國忠曰：「聖意未回，計將安出？」國忠曰：「禄山未必有反意，但時所誹嫉，便成疑似耳。」見素曰：「公若爲此見，社稷危矣。」遂憫然不言。二十四日癸丑，上又使思藝宣旨，令：「且依此發遣，卿等所議，後别籌之。」自是見素數奏其凶狀。三月己未朔，見素請以禄山同中書門下平章事，追赴闕庭。及輔璆琳送甘子，禄山紿璆琳曰：「主上耄年，信任非次，國忠之輩，苟徇榮班。今若進逆耳之言、苦口之藥，以吾之心，事將無益。今欲耀兵强諫，以迹釁拳，此意決矣。」禄山以物贈璆琳。璆琳既受金帛，及還，奏曰：「禄山盡忠奉國，必無二心，特望官家不以東北爲慮。」上然之，謂宰臣曰：「祿山朕自保之，卿勿憂也！」見素起曰：「臣忤拂聖旨，僭黷大臣，罪合萬死。然愚者千慮，或有一中，願陛下審察之。」《玄宗幸蜀記》（《通鑑考異》一四）。案：《通鑑考異》曰：「按祿山方駱璆琳，泯其反迹，安肯對之遽出悖語！又國忠平日數言祿山欲反，此際安得不與見素同心！蓋所謂天下之惡皆歸焉者也。」

4 見唐玄宗92。

王鉷

1 則天以後，王侯妃主，京城第宅，日加崇麗。至天寶中，御史大夫王鉷有罪賜死，縣官簿録鉷太平坊宅，數日不能遍。宅内有自雨亭子，簷上飛流四注，當夏處之，凜若高秋。又有寶鈿井欄，不知其價。他物稱是。《封氏聞見記》五。《唐語林》五。

2 揚埏游王鉷家，食一物，如棗核而中空，其實麪也。埏詢其法，鉷笑而不言。《河中記》（《雲仙雜記》五）。

3 王鉷之子準爲衛尉少卿，出入以鬭雞侍帝左右。時李林甫方持權恃勢，林甫子岫爲將作監，亦入侍帷幄。岫常爲準所侮，而不敢發一言。一旦，準盡率其徒過駙馬王瑶私第，瑶望塵趨拜，準挾彈，命中於瑶巾冠之上，因折其玉簪，以爲取笑樂。遂置酒張樂，永穆公主親御匕。公主即帝之長女也，仁孝端淑，頗推於戚里，帝特所鍾愛。準既去，或有謂瑶曰：「鼠輩雖恃其父勢，然長公主帝愛女，君待之或闕，帝豈不介意耶？」瑶曰：「天子怒無所畏，但性命繫七郎，安敢不爾！」時人多呼爲七郎。其盛勢橫暴，人之所畏也如是。《明皇雜録》上。

楊慎矜

1 唐楊慎矜，隋室之後。其父崇禮，太府卿，葬少陵原，封域之内，草木皆流血，守者以告。慎矜大懼，問史敬忠。忠有術，謂慎矜可以禳之免禍，乃於慎矜後園大陳法事。罷朝歸，則裸袒桎梏，坐於叢棘。如是者數旬，而流血亦止。敬忠曰：「可以免禍。」慎矜媿之，遺侍婢明珠。明珠有美色，路由八姨門，貴妃妹也。姨方登樓，臨大道，姨與敬忠相識，使人謂曰：「何得從車乎？」敬忠未答，使人去簾觀之。姨於是固留，邀敬忠坐樓，乃曰：「後車美人，請以見遺。」因駕其車以入，敬忠不敢拒。姨明日入宫，以侍婢從。帝見而異之，問其所來，明珠曰：「楊慎矜家人也，近贈史敬忠。」帝曰：「敬忠何人，而慎矜輒遺其婢？」明珠乃具言厭勝之事。上大怒，以告林甫，林甫素忌慎矜才，必爲相，以吉温陰害，有憾於慎矜，遂搆成其事，下温案之。温求得敬忠於汝州，誣慎矜以自謂亡隋遺裔，潛謀大逆，將復宗祖之業。於是賜自盡，皆不全其族。《明皇雜録》(《廣記》一四三)。又《通鑑考異》一三引。案：史敬忠，《通鑑考異》作「史敬思」。

2 史敬思本胡人，出家還俗，涉獵書傳陰陽玄象，慎矜與之善。每言天下將亂，居於臨汝山中，亦勸慎矜於臨汝買得山莊良田數十頃。嘗於慎矜第夜坐談宴，怒婢春草，將杖殺之。敬思曰：「七郎何須虚殺卻十頭壯牛？」慎矜曰：「何謂也？」敬思曰：「賣卻買牛，每年耕田十頃。」慎矜雅厚敬思，曰：「任公收取。」明旦至市，賣與太真柳氏姊，得錢百二十千文，買牛以歸。柳氏數將春草來往宫中，玄宗見其狀貌壯大，應對分明，數目之，謂柳曰：「幾錢買得此婢？」以實對。遂留之。玄宗曾晝寢，問春草曰：

「汝本何人？何以得至柳家？」春草曰：「本楊慎矜婢，賣與柳家。」玄宗曰：「慎矜豈少錢而賣你？」春草曰：「不是要錢。本將殺某，敬思救，得不殺，所以賣之。」玄宗素聞敬思名，因詰問。春草以實對，曰：「每夜坐中庭，或説天文，遥指宿曜，某亦盡知其言。」玄宗怒，變色良久。後王鉷因奏事言引慎矜，玄宗悖然曰：「慎矜與卿有親，更不須相往來。」鉷初内怨慎矜淩己，常忍隱不泄，至是覺上意異。楊釗先知之，以告鉷，鉷心喜，數悖慢以侵之，慎矜尤怒。《唐曆》（《通鑑考異》一三）。

3 楊慎矜兄弟富貴，常不自安。每詰朝禮佛像，默祈冥衛。或一日，像前土榻上聚塵三堆，如塚狀，慎矜惡之，且慮兒戲，命掃去。一夕如初。尋而禍作。《酉陽雜俎》前集四。又《廣記》三六二引。

高仙芝

1 見封常清1。

2 高仙芝伐大食，得訶黎勒，長五六寸。初置抹肚中，便覺腹痛，因快痢十餘行。初謂訶黎勒爲祟，因欲棄之，以問大食長老。長老云：「此物人帶，一切病消。痢者，出惡物耳。」仙芝甚寶惜之。天寶末被誅，遂失所在。《廣異記》（《廣記》四一四）。

封常清

1 封常清細瘦目纇，脚短而跛。高仙芝爲夫蒙靈詧都知兵馬使，常清爲仙芝傔。會達覽部落皆叛，自黑山北向，西趨碎葉，使仙芝以騎二千邀截之。常清於幕中潛作捷書，仙芝所欲言，無不周悉，仙芝異之。軍迴，仙芝見判官劉眺、獨孤峻等，遂問曰：「前者捷書，何人所作？副大使何得有此人？」仙芝曰：「即傔人封常清也，見在門外馬邊。」眺等揖仙芝，命常清進坐與語，如舊相識。後仙芝爲安西節度使，奏常清爲節度判官。仙芝每出征討，常令常清知留後事。常清有才學，果決。仙芝乳母子鄭德詮已爲郎將，威望動三軍，德詮見常清出其門，素易之，走馬突常清而去。常清至使院，命左右密引至廳，經數重門，皆隨後閉之。常清案後起，謂之曰：「常清起自細微，預中丞傔。中丞再不納，郎將豈不知乎？今中丞過聽，以常清爲留後使，郎將何得無禮，對中使相凌！」因叱之，命勒迴，即杖六十，面仆地曳出。仙芝妻及乳母，於門外號哭救之，不得。後仙芝見常清，遂無一言，常清亦不之謝。後充安西節度使。天寶十四載，朝於華清宫，玄宗問以凶逆之事，計將安出。常清乃大言以慰玄宗之意，曰：「臣請挑馬箠渡河，計日取逆胡首懸於闕下。」玄宗憂而壯其言。至東都，旬朔，召募六萬，頻戰不利，遂與高仙芝退守潼關。仙芝副榮王琬領五萬人進擊，十二月十日至陝州，十一日常清敗於東京，十三日禄山入東京。常清奔至陝州，以賊鋒不可當，乃燒太原倉，引兵退趨潼關，繕脩守具。賊尋至關，不能入，仙芝之力。乃削常清官爵，令白衣於仙芝軍効力。監軍邊令誠每事干之，仙芝多不從。令誠入奏事，具言奔敗之狀，玄宗怒，遣令誠斬之。常清臨刑上表，既刑，陳其屍於蘧蒢之上。令誠謂仙芝曰：「大夫亦有恩命。」仙芝遽下至常清所刑處。仙芝曰：「我退罪也，死不敢辭，然以我爲減截兵糧及賜物，則誣我也。」謂令誠曰：「上是天，下是地，兵士皆在，豈不知乎！」兵士齊呼曰：「枉！」其聲殷地。仙芝目常清屍曰：「封二，子從微至著，我引拔子，代我爲節度。今日又與子同死於此，豈命也乎？」遂斬之。《譚賓録》（《廣記》一八九）。

哥舒翰

1 哥舒翰少時，有志氣，長安交游豪俠，宅新昌坊。有愛妾曰裴六娘者，容範曠代，宅于崇仁，舒翰常悦之。居無何，舒翰有故，遊近畿，數月方迴。及至，妾已病死，舒翰甚悼之。既而日暮，因宿其舍，尚未葬，殯于堂奧。既無他室，舒翰曰：「平生之愛，存没何間！」獨宿繐帳中。《通幽録》（《廣記》三五六）。

2 天寶中，歌舒翰爲安西節度，控地數千里，甚著威令，故西鄙人歌之曰：「北斗七星高，歌舒（翰）夜帶刀。吐蕃總殺盡，更築兩重濠。」時差都知兵馬使張擢上都奏事，值楊國忠專權黷貨，擢逗留不返，因納賄交結。翰續入朝奏，擢知翰至，懼，求國忠拔用。國忠乃除擢兼御史大夫，充劍南西川節度使。敕下，就第辭翰，翰命部下捽于庭，數其事，杖而殺之，然後奏聞。帝却賜擢尸，更令翰決尸一百。《乾膙子》（《廣記》四九五）。《南部新書》庚。

3 唐哥舒翰捍吐蕃，賊衆三道從山相續而下，哥舒翰持半段折槍，當前擊之，無不摧靡。翰入陣，善使鎗，追賊及之，以鎗搭其肩而喝，賊驚顧，翰從而刺其喉，皆高三五丈而墜。家僮左車年十五，每隨入陣，輒下馬斬其首。《譚賓録》（《廣記》一九二）。又《五色線》下引。

4 哥舒翰常鎮於青海，路既遥遠，遣使常乘白駱駝以奏事，日馳五百里。《明皇雜録》（《廣記》四三六）。又

《類説》一六引。

5 見安禄山18。

6《幸蜀記》曰：「賊將崔乾祐於陝郡西潛鋒蓄鋭，臥鼓偃旗，而偵者奏云，賊全無備。上然之。」又曰：「玄宗久處太平，不練軍事，既被國忠眩惑，中使相繼督責於公，不得已，撫膺慟哭久之，乃引師出關。國忠又令杜乾運領所募兵於馮翊境上，潛備哥舒公。公曰：『今軍出關，勢十全矣。更置乾運於側以爲疑軍，人心憂疑，即不俟見賊，吾軍潰矣。必當併之以除内憂。』遂令衙前總管叱萬進追軍，誡之曰：『若不受追，即便斬頭來。』乾運果不肯赴。進詐詞如欲叛哥舒，竊請見。乾運遂喜，遽見之。與語，進忽抽佩刀曰：『奉處分，取公頭。』乾運驚懼。其左右悉新招募者，悉投仗散走，進遂斬乾運，攜首至於軍門，衆皆攝氣，乃統其軍赴關。」《幸蜀記》（《通鑑考異》一五）。案：《通鑑考異》曰：「按翰若擅殺乾運而奪其軍，則是已反也，朝廷安能趣之出關乎！蓋奏乞以其軍隸潼關，朝廷已許之，翰召乾運受處分，或有所違拒，因託軍法以斬之耳。」

7 哥舒翰有馬，曰赤將軍，翰愛之甚，常以朝章加其背，曰：「過吾北林兒遠矣，此駿材也。」《馬癖記》（《雲仙雜記》二）。

張均

1 見義福1。

2 見唐肅宗18。

張垍

1 張垍、張均，兄弟俱在翰林。垍以尚主，獨賜珍玩，以誇于均。均笑曰：「此乃婦翁與女壻，固非天子賜學士也。」《國史補》上。

2 垍嘗贊相禮儀，雍容有度，上心悅之，翌日，謂垍曰：「朕罷希烈相，以卿代之。」垍曰：「不敢。」貴妃在坐，告國忠斥之。《唐曆》（《通鑑考異》一四）。參見楊國忠13。

3 上幸張垍宅，謂垍曰：「中外大臣才堪宰輔者，與我悉數，吾當舉而用之。」垍逡巡不對。上曰：「固無如愛子壻。」垍降階拜舞。上曰：「即舉成命。」既逾月，垍頗懷怏怏，意其爲李林甫所排。會禄山自范陽入覲，禄山潛賂貴妃，求帶平章事，上不許。垍因私第備言：「上前時行幸内第，面許相垍，與明公同制入輔，今既中變，當必爲姦臣所排。」禄山大懷恚怒，明日謁見，因流涕請罪。上慰勉久之，因問其故。禄山具以垍所陳對。上命高力士送歸焉，亦以怏怏聞。由是上怒。《明皇雜録》（《通鑑考異》一四）。案：《考異》云：「按李林甫時已死，亦誤也。」

4 見唐肅宗18。

韋陟

1 見韋斌1。

2 肅宗初克復，重將帥之臣，而武人怙寵，不遵法度。將軍王去榮打殺本縣令，據法處盡。肅宗將宥之，下百寮議。韋陟議曰：「昔漢高約法，殺人者死。今陛下出令，殺人者生。伏恐不可爲萬代之法。」陟嘗任吏部侍郎，有一致仕官叙五品。陟判之曰：「青氈展慶，曾不立班；朱紱承榮，無宜卧拜。」時人推其强直政能。《大唐新語》四。

3 韋陟有疾，房太尉使子弟問之。延入卧内，行步悉藉茵毯。房氏子弟襪而後登，侍婢皆笑。舉朝以韋氏貴盛，房氏清儉，俱爲美談。《國史補》上。又《廣記》一七四引。

4 韋陟廚中，飲食之香錯雜，人入其中，多飽飫而歸，語曰：「人欲不飯筋骨舒，夤緣須入郇公廚。」《長安後記》（《雲仙雜記》五）。案：韋涉，疑爲「韋陟」之誤。

5 韋涉家宴，使每婢執一燭，四面行立，人呼爲「燭圍」。《長安後記》（《雲仙雜記》三）。

6 見郗昂1。今列於韋陟末。

韋斌

1 韋斌雖生于貴門，而性頗厚質。然其地望素高，冠冕特盛，雖門風稍奢，而斌立朝侃侃，容止尊嚴，有大臣之體。每會朝，未嘗與同列笑語。舊制，羣臣立于殿庭，既而遇雨雪，亦不移步于廊下。忽一日密雪驟降，自三事以下，莫不振其簪裾，或更其立位。獨斌意色益恭，俄雪甚至膝。朝既罷，斌于雪中拔身而去，見之者咸嘆重焉。斌兄陟，早以文學識度著名於時，善屬文，攻草隸書。出入清顯，踐歷崇貴，自以門地才華，坐取卿相，而接物簡傲，未嘗與人款曲。衣服車馬，猶尚奢侈。侍兒閹豎，左右常數十人，或隱几擡頤，竟日懶爲一言。其于饌羞，猶爲精潔，仍以鳥羽擇米，每食畢，視廚中所委棄，不啻萬錢之直。若宴於公卿，雖水陸具陳，曾不下箸。每令侍婢主尺牘，往來覆章，未嘗自札，受意而已，詞旨重輕，正合陟意。而書體遒利，皆有楷法，陟唯署名。嘗自謂所書陟字，如五朵雲，當時人多倣效，謂之郇公五雲體。嘗以五彩紙爲緘題，其侈縱自奉，皆此類也。然家法整肅，其子允，課習經史，日加誨勵，夜分猶使人視之。若允習讀不輟，旦夕問安，顏色必悦。若稍怠惰，即遽使人止之，令立于堂下，或彌旬不與語。陟雖家僮數千人，應門賓客，必遣允爲之，寒暑未嘗輟也，頗爲當時稱之。然陟竟以簡倨恃才，常爲持權者所忌。《酉陽雜俎》續集三。又，《廣記》二三七引。

2 見李泌6。

吉温

1 吉温聯按大獄，倚法附邪，以出入人命者凡十餘年。性巧詆，忍而不忌，失意眉睫者，必引而陷之；其欲膠固之，雖王公大人，立可親也。初，蕭炅以贓下獄，温深竟其罪。後爲萬年縣丞，炅拜京兆尹。温見炅於高力士第，乃與之相結，爲膠漆之交，引爲法曹，而薦於林甫。温之進也，反以炅力。《唐曆》（《通鑑考異》一三）。

2 見羅希奭1。

羅希奭

1 天寶中，宰相任人，不專清白，朝爲清介，暮易其守，順情希旨，綱維稍紊。御史羅希奭猜毒，吉温頗苛細，時稱「羅鉗」「吉網」，望風氣懾。《封氏聞見記》三。

郗　昂

1 郗昂與韋陟友善，因話國朝宰相。陟曰：「誰最無德？」昂誤對曰：「韋安石也。」已而驚走出，逢吉温于街中，温問「何此？」蒼遑答曰：「適與韋尚書話，國朝宰相最無德者，本欲言吉頊，誤云韋安石。」既而又失言。復鞭馬而走，抵房相之第。琯執手慰問之，復以房融爲對。昂有時稱，忽一日觸犯三人，舉朝嗟歎，惟韋陟遂與之絶。《國史補》上。又《廣記》二四二引。

2 郗昂性捷直，源乾曜嘗戲之曰：「謝安云『郗生可謂入幕之賓矣』，豈非遠祖否？」郗曰：「猶勝以氏爲禿髮。若不遇後魏道武，稱曰同源，賜之源氏，豈可列《姓苑》乎？」源遂屈。後與杜黄裳同學于嵩陽，二人同中第。郗以安禄山僞官貶歙縣尉，黄裳入相後，除中書舍人。《唐語林》五。

達奚珣

1 見楊國忠10。

盧　絢

1 見李林甫15。

張齊丘

1 齊丘貴後，恩敕令與一子奉御官，齊丘奏云：「兩姪早孤，願與姪。」帝嘉之，令別與兩姪六品已下官，齊丘之子仍與東宮衞佐，年始十歲。《定命録》（《廣記》一四七）。

2 張鎰相公先君齊丘，酷信釋氏，每旦更新衣，執經於像前念《金剛經》十五遍，積數十年不懈。《酉陽雜俎》續集七。又《廣記》一〇五引。《南部新書》庚。

鮮于仲通

1 雲南有萬人冢者，鮮于仲通、李宓等覆軍之地。《南部新書》己。

2 鮮于仲通兄弟，閬州新井縣人，崛起俱登將壇。望氣者以其祖先墳上有異氣，降敕塹斷之。《北夢瑣言》一二。

鮮于叔明

1 劍南東川節度鮮于叔明好食臭蟲，時人謂之「蟠蟲」。每散，令人採拾，得三五升，即浮之微熱水中，以抽〔洩〕其氣盡，以酥及五味熬之，卷餅而啖，云其味實佳。《乾𦠆子》(《廣記》二〇一)。又張本《説郛》一八《負暄雜録》引。

盧奂

1 見盧懷慎7。

2 盧奂爲陜州刺史，嚴毅之聲聞於關内。玄宗幸京師，次陜城頓，知奂有神政，御筆賛於廳事曰：「專城之重，分陜之雄。仁雖惠愛，性實謙冲。亦既利物，存乎匪躬。斯爲國寶，不隊家風。」尋除兵部侍郎。陜州之民多有淫祀者，州之士民相語曰：「不須賽神明，不必求巫祝。爾莫犯盧公，立便有禍福。」《開元天寶遺事》上。

3 盧奂累任大郡，皆顯治聲，所至之處，畏如神明。或有無良惡跡之人，必行嚴斷，仍以所犯之罪，刻石立本人門首，再犯處於極刑。民間畏懼，絶無犯法者。明皇知其能官，賜中金五千兩，璽詔褒諭焉。故民間呼其石爲「記惡碑」。《開元天寶遺事》上。

許誠言

1 許誠言爲瑯邪太守，有囚縊死獄中，乃執去年修獄典鞭之。修獄典曰：「小人主修獄耳。如牆垣不固，狴牢破壞，賊自中出，猶以修治日月久，可矜免。況囚自縊而終，修獄典何罪？」誠言猶怒曰：「汝胥吏，舉動自合笞。又何訴！」《紀聞》（《廣記》四九四）。

李稹

1 李稹，酒泉公義琰姪孫，門户第一，而有清名。常以爵位不如族望。官至司封郎中、懷州刺史，與人書札，唯稱「隴西李稹」而不銜。《國史補》上。又《廣記》一八四引。

王守和

1 見唐玄宗213。

熊曜

1 熊曜爲臨清尉，以幹蠱聞。平原太守宋渾被人告，經采訪使論，使司差官領告事人就郡按之。行至臨清，曜欲解其事，乃令曹官請假而權判司法。及告事人至，置之縣獄。曜就加撫慰，供其酒饌。夜深屏人與語，告以情事，欲令逃匿。其人初致前卻，見曜有必取之色，慮不免，遂許之。曜令獄卒與脱鎖，厚資給送出城，并獄卒亦令逃竄。天明，吏白失囚，曜馳赴郡，具陳「權判司法，邂逅失囚」。太守李憕不之罪也，爲申采訪。奉帖牒，但令切加捕訪而已。既失告者，渾竟得無事。《封氏聞見記》九。

元德秀

1 元德秀貧時，其兄早亡，有遺孤朞月，其嫂又喪，無乳哺之。德秀晝夜哀號，抱其子即以己乳含之，涉旬而有汁，遂長大。德秀官魯山令，有清政，化惠於一邑，闔境歌之。《南部新書》癸。《國史補》上。《唐語林》一。《續世説》一。

2 見唐玄宗179。

3 元德秀退居安陸，去家數十里。值大雨，水漲，七日不通，餓死空屋。盧載爲誄曰：「誰爲府君，犬必啖肉；誰爲府僚，馬必食粟。使我元公，餒死空谷。」《芝田録》（《類説》一一、張本《説郛》七四）。

4 見顔真卿16。

張彖

1 楊國忠權傾天下，四方之士，争詣其門。進士張彖者，陝州人也，力學有大名，志氣高大，未嘗低折於人。人有勸彖令脩謁國忠，可圖顯榮，彖曰：「爾輩以謂楊公之勢，倚靠如太山，以吾所見，乃冰山也。

或皎日大明之際，則此山當誤人爾。」後果如其言，時人美張生見幾。後年，張生及第，釋褐授華陰尉。時縣令、太守，俱非其人，多行不法。張生有吏道，勤於政事，每申舉一事，則太守、令尹抑而不從。張生曰：「大丈夫有凌霄蓋世之志，而拘於下位，若立身於矮屋中，使人擡頭不得。」遂拂衣長往，歸遯於嵩山。《開元天寶遺事》上。

劉洪

1 羽林將劉洪喜騎射，常對御，使人於風中擲鵝毛，洪連箭射之，無有不中。帝賞歎厚賜焉。《開元天寶遺事》下。《唐語林》五。

周皓

1 薛平司徒嘗送太僕卿周皓，上諸色人吏中，末有一老人，八十餘，著緋。皓獨問：「君屬此司多少時？」老人言：「某本藝正傷折。天寶初，高將軍郎君被人打，下頷骨脱，某爲正之，高將軍賞錢千萬，兼特奏緋。」皓因頷遣之，唯薛覺皓顔色不足。伺客散，獨留，從容謂周曰：「向卿問著緋老吏，似覺卿不悦，何也？」皓驚曰：「公用心如此精也。」乃去僕，邀薛宿，曰：「此事長，可緩言之。某少年常結豪族爲花柳之遊，竟蓄亡命，訪城中名姬，如蠅襲羶，無不獲者。時靖恭坊有姬，字夜來，稚齒巧笑，歌舞絶倫，貴公子破産迎之。予時與數輩富於財，更擅之。會一日，其母白皓曰：『某日夜來生日，豈可寂寞乎？』

皓與往還，競求珍貨，合錢數十萬，會飲其家。樂工賀懷智、紀孩孩，皆一時絶手。扃方合，忽覺擊門聲，皓不許開。良久，折關而入，有少年紫裘，騎從數十，大詬其母。母與夜來泣拜，諸客將散。皓時血氣方剛，且恃扛鼎，顧從者敵，因前讓其怙勢，攘臂毆之，踣於拳下，遂突出。時都亭驛有魏貞，有心義，好養私客，皓以情投之，貞乃藏於妻女間。時有司追捉急切，貞恐蹤露，乃夜辦裝具，腰白金數挺，謂皓曰：『汴州周簡老，義士也。復與郎君當家，今可依之，且宜謙恭不怠。』周簡老，蓋大俠之流，見魏貞書，甚喜，皓因拜之爲叔，遂言狀。簡老命居一船中，戒無妄出，供與極厚。居歲餘，忽聽船上哭泣聲，皓潛窺之，見一少婦，縞素甚美，與簡老相慰。其夕，簡老忽至皓處，問：『君婚未？某有表妹，嫁與甲，甲卒，無子，今無所歸，可事君子。』皓拜謝之，即夕其表妹歸皓。有女二人，男一人，猶在舟中。簡老忽語皓：『事已息，君貌寢，必無人識者，可游江淮。』乃贈百餘千。皓號哭而別，簡老尋卒。皓官已達，簡老表妹尚在，兒娶女嫁，將四十餘年，人無所知者。適被老吏言之，不覺自愧。不知君子察人之微也。」有人親見薛司徒説之也。《酉陽雜俎》前集一二。又《廣記》二七三引。

裴士淹

1 開元末，裴士淹爲郎官，奉使幽冀回，至汾州衆香寺，得白牡丹一窠，植於長安私第。天寶中，爲都下奇賞。當時名公，有《裴給事宅看牡丹》詩，詩尋訪未獲。一本有詩云：「長安年少惜春殘，争認慈恩紫牡丹。别有玉盤乘露冷，無人起就月中看。」太常博士張乘嘗見裴通祭酒説。又房相有言，牡丹之會，琯不預焉。《酉陽雜俎》前集一九。又《廣記》四〇九引。參看裴潾1。

2 見唐玄宗107。

張介然

1 張介然天寶中爲衛尉卿，因入奏曰：「臣今三品，合列棨戟。若列于帝城，鄉里不知。臣河東人也，請列戟于故鄉。」上曰：「所給可列故鄉，京城佇當別賜。」本鄉列戟，介然始也。《南部新書》甲。

盧奕

1 禄山之難，御史中丞盧奕留司東都。禄山反，未至間，奕遣家屬入京，誓以守死。賊至，奕朝服持印坐廳事以見賊徒，謂曰：「爲人臣，識忠與順耳，使不爲逆節，死無恨焉。」賊徒皆愴然改容，遂遇害。《大唐新語》五。

權皐

1 權皐爲范陽節度掌書記，禄山男慶和承恩尚主，皐在京親禮會畢歸本道，知禄山有異謀，出路托疾詐死。家人載喪以歸封丘，僅達而關東鼎沸。皐微服變姓名至臨淮，于驛家傭賃，欲數知北方動静故也。尋過江。上京復，肅宗發詔褒美，拜起居郎，辭疾不赴。皐以崎嶇喪亂，脱身虎口，遂無宦情，在江外七年卒。《封氏聞見記》九。

趙驊

1 見蕭穎士2。

2 趙驊因脅於賊中，見一婦人，問之，即江西廉察韋環之族女也。夫爲畿官，以不往賊軍遇害，韋氏没入爲婢。驊哀其冤抑，以錢贖之，俾其妻致之别院，而驊竟不見焉。明年，收復東都，驊以家財贍給，而求其親屬歸之，議者咸重焉。《譚賓録》（《廣記》一六七）。《南部新書》丁。

賀蘭進明

1 賀蘭進明之初守北海也，城卑不完，儲積於外，寇又將至，懼資其用，進明遂焚之。適有寺人至北海，求貨於進明，不獲，歸，以損軍用聞於上，遂詔罷郡守。屬延王玢從上不及，遣中使訪之，而加刑焉。會進明赴蜀，遇使，訪于路，曰：「王罪不宜及刑，願少留於路。」使者感而受約。既至蜀，進明言於上曰：「延王，陛下之愛子也，無兵權以變其心，無郡國以驕其志，間道於豺狼，乃責其不以時至，陛下罪之，人復何望！臣恐漢武望思之築，將見於聖朝矣！」因遽馳使赦之；謂進明曰：「俾父子如初，卿之力也！」遂遣進明往靈武，道遇延王，進明馳馬，亦慰之。王望之，降車稽首而去。肅宗謂之曰：「卿解平原之圍，阻賊寇之軍，而不以讒口介意，復全我兄弟，乃社稷之臣。」因授御史大夫。《明皇雜録》（《通鑑考異》

一五）。

2 見顔真卿5。

3 見張巡3。

柳芳

1 柳芳嘗應進士舉，累歲不及第。詣朝士宴，坐客八九人皆朱紱，亦有纖赤官。芳最居坐末，又衣服麤故，客咸輕焉。有善相者，衆情屬之，獨謂芳曰：「柳子合無兄弟姊妹，無莊田資産，孑然一身，羈旅辛苦甚多。後二年當及第，後禄位不歇。一座之客，壽命官禄皆不如君。」諸客都不之信。後二年果及第，歴校書郎、畿尉丞。遊索於梁、宋間，遇太常博士有闕，工部侍郎韋述知其才，通明譜第，又識古今儀注，遂舉之於宰輔。恩敕除太常博士。時同座客亡者已六七人矣。《定命録》（《廣記》二二二）。

2 有李幼奇者，開元中以藝干柳芳，嘗對芳念百韻詩，芳已暗記，便題之於壁，不差一字，謂幼奇曰：「此吾之詩也。」幼奇大驚異之，有不平色。久之，徐曰：「聊相戲，此君所念詩也。」因請幼奇更誦所著文章，皆一遍便能寫録。《尚書故實》。又《廣記》一七四引。《唐語林》三。

3 柳芳與韋述友善，俱爲史官。述卒後，所著書有未畢者，多芳與續之成軸也。《國史補》上。又《廣記》二三五引。《南部新書》戊。《唐語林》二。

4 柳芳上元中爲史臣，得罪竄逐黔中。時高力士亦徙巫州，因相遇，爲芳言禁中事，芳因論次其事，號曰《問高力士》。後著《唐曆》，此書不復出。《南部新書》辛。《次柳氏舊聞序》。

劉迅

1 劉迅著六説，以探聖人之旨。唯《説易》不成，行於代者五篇而已。識者伏其精峻。《國史補》上。

丘爲

1 丘爲致仕還鄉，特給禄俸之半。既丁母喪，州郡疑所給，請于觀察使韓滉，滉以爲授官致仕本不理務，特令給禄，以恩養老臣，不可以在喪爲異。命仍舊給之。唯春秋二時羊酒之直則不給。雖程式無文，見稱折衷。《譚賓録》（《廣記》四九五）。《南部新書》庚。《廣詩紀事》一七。

2 丘爲庶子以常侍致仕歸江東，縣令詣之，必候門磬折而俟，授坐必拜。本鄉里胥在階下立，丘不敢坐，令命之坐，仍令執欑以授之。時年八十，將過縣門，必降乘而趨。鄉里美之。《説苑》（《廣卓異記》一二）。《唐詩紀事》一七。

高適

1 白岑嘗遇異人傳發背方，其驗十全，岑賣弄以求利。後爲淮南小將，節度使高適脅取其方，然終不甚效。岑至九江，爲虎所食，驛吏收其囊中，乃得真本。太原王昇之寫以傳布。《國史補》上。又《廣記》二一九引。

參看鄧景山1。

2 高適任廣陵長史，嘗謂人曰：「近夢於大廳上，見疊累棺木，從地至屋脊，又見旁有一棺，極爲寬大，身入其中，四面不滿。不知此夢如何？」其後累歷諸任，改爲詹事。亦寬慢之官矣。《定命録》（《廣記》二七七）。

3 見李林甫34。

王維

1 王維右丞，年未弱冠，文章得名。性閑音律，妙能琵琶。遊歷諸貴之間，尤爲岐王之所眷重。時進士張九皐聲稱籍甚，客有出入公主之門者，爲其地，公主以詞牒京兆試官，令以九皐爲解頭。維方將應舉，言於岐王，仍求庇借。岐王曰：「貴主之强，不可力争，吾爲子畫焉。子之舊詩清越者可録十篇，琵琶新聲之怨切者可度一曲，後五日至吾。」維即依命，如期而至。岐王謂曰：「子以文士請謁貴主，何門可見哉！子能如吾之教乎？」維曰：「謹奉命。」岐王乃出錦繡衣服，鮮華奇異，遣維衣之，仍令賫琵琶，同至公主之第。岐王入曰：「承貴主出内，故攜酒樂奉醼。」即令張筵，諸伶旅進。維妙年潔白，風姿都美，立於行。公主顧之，謂岐王曰：「斯何人哉？」答曰：「知音者也。」即令獨奉新曲，聲調哀切，滿坐動容。公主自詢曰：「此曲何名？」維起曰：「號《鬱輪袍》。」公主大奇之。岐王因曰：「此生非止音律，至於詞學，無出其右。」公主尤異之，則曰：「子有所爲文乎？」維則出獻懷中詩卷呈公主。公主既讀，驚駭曰：「此皆兒所誦習，常謂古人佳作，乃子之爲乎？」因令更衣，昇之客右。維風流蘊藉，語言諧戲，大爲諸貴之欽矚。岐王因曰：「若令京兆府今年得此生爲解頭，誠爲國華矣。」公主乃曰：「何不遣其應舉？」岐王曰：「此生不得首薦，義不就試。然已承貴主論託張九皋矣。」公主笑曰：「何預兒事？本爲他人所託。」顧謂維曰：「子誠取，當爲子力致焉。」維起謙謝。公主則召試官至第，遣宮婢傳教。維遂作解頭，而一舉登第矣。及爲太樂丞，爲伶人舞《黄師子》，坐出官。《黄師子》者，非一人不舞也。天寶末，禄山初陷西京，維及鄭虔、張通等皆處賊庭。洎尅復，俱囚於宣楊里楊國忠舊宅。崔圓因召於私第，令畫數壁。當時皆以圓勳貴無二，望其救解，故運思精巧，頗絶其能。後由此事，皆從寬典，至於貶黜，亦獲善地。今崇義里竇丞相易直私第，即圓舊宅也，畫尚在焉。維累爲給事中，禄山授以僞官。及賊平，兄縉爲北都副留守，請以已官爵贖之，由是免死。累爲尚書右丞。於藍田置別業，留心釋典焉。《集異記》(《廣記》一七九)。《集異記》二。《明皇雜録》下。　案：今本《集異記》無「及爲太樂丞」以下文字。

2　見李憲4。

3　王維爲大樂丞，被人嗾令舞《黄獅子》，坐是出官。《黄獅子》者，非天子不舞也，後輩慎之。《唐語林》五。

4　長安菩薩寺僧弘道，天寶末，見王右丞爲賊所因於經藏院，與左丞裴迪密往還。裴説：賊會宴於太極西内。王聞之泣下，爲詩二絶，書經卷麻紙之後。弘道藏之，相傳數世。其詞云：「萬户傷心生野煙，百官何日更朝天？秋槐葉落空宮裏，凝碧池頭奏管絃。」又云：「安得捨塵網，拂衣辭世喧，翛然策藜杖，歸向桃花源。」《唐語林》二。參見安禄山37。

5 王維居輞川，宅宇既廣，山林亦遠，而性好温潔，地不容浮塵。日有十數掃飾者，使兩童專掌縛帚，而有時不給。《洛都要記》（《雲仙雜記》八）。

6 王維輞川林下坐，用雷門四老石，燈滅，則石中鑽火。《事略》（《雲仙雜記》五）。

7 王維好釋氏，故字摩詰。立性高致，得宋之問輞川別業，山水勝絶，今清源寺是也。維有詩名，然好取人文章嘉句。「行到水窮處，坐看雲起時」，《英華集》中詩也。「漠漠水田飛白鷺，陰陰夏木囀黄鸝」，李嘉祐詩也。《國史補》上。又《廣記》一九八引。《唐語林》二。

8、9 見孟浩然2、4。

10 王河南維，或有人報云：「公除右轄。」王曰：「吾居此官，慮被人呼爲『不解作詩王右丞』。」《大唐傳載》。《唐語林》五。

11 王維，字摩詰，官至尚書右丞，家於藍田輞川。兄弟並以科名文學冠絶當時，故時稱「朝廷左相筆，天下右丞詩」也。其畫山水松石，踪似吴生，而風致標格特出。今京都千福寺西塔院有掩障一合，畫青楓樹一圖。又嘗寫詩人襄陽孟浩然《馬上吟詩圖》，見傳於世。復畫《輞川圖》，山谷鬱鬱盤盤，雲水飛動，意出塵外，怪生筆端。嘗自題詩云：「當世謬詞客，前身應畫師。」其自負也如此。慈恩寺東院與畢庶子、鄭廣文各畫一小壁，時號三絶。故庾右丞宅有壁畫山水兼題記，亦當時之妙。山水松石，並居妙上品。《唐朝名畫録》。《廣記》二一一引作《唐畫斷》。

12 王維，字摩詰，太原人。年十九，進士擢第。與弟縉並以詞學知名。官至尚書右丞。有高致，信佛理。藍田南置別業，以水木琴書自娱。工畫山水，體涉今古。人家所蓄，多是右丞指揮工人布色，原野簇成遠樹，過於朴拙，復務細巧，翻更失真。清源寺壁上畫輞川，筆力雄壯。常自制詩曰：「當世謬詞客，前身應畫師。不能捨餘習，偶被時人知。」誠哉是言也。余曾見破墨山水，筆迹勁爽。《歷代名畫記》一〇。《圖書見聞誌》五。

13 書畫之妙，當以神會，難可以形器求也。世之觀畫者，多能指摘其間形象位置、彩色瑕疵而已，至於奥理冥造者，罕見其人。如彦遠《畫評》，言王維畫物多不問四時，如畫花往往以桃、杏、芙蓉、蓮花同畫一景。予家所藏摩詰畫《袁安卧雪圖》，有雪中芭蕉，此乃得心應手，意到便成，故造理入神，迥得天意，此難可與俗人論也。《夢溪筆談》一七。

14 王仲至閲吾家畫，最愛王維畫《黄梅出山圖》。蓋其所圖黄梅、曹溪二人，氣韻神檢皆如其爲人。讀二人事跡，還觀所畫，可以想見其人。《夢溪筆談》一七。

15 自唐末無賴男子以劄刺相高，或鋪《輞川圖》一本，或砌白樂天、羅隱二人詩百首，至有以平生所歷郡縣，飲酒蒱博之事，所交婦人姓名、齒、行第、坊巷、形貌之詳一一標表者，時人號爲「針史」。《清異録》下。

16 王維爲岐王畫一大石，信筆塗抹，自有天然之致。王寶之，時罘罳間獨坐注視，作山中想，悠然有餘趣。數年之後，益有精彩。一旦，大風雨中雷電俱作，忽拔石去，屋宇俱壞，不知所以。後見空軸，乃知畫石飛去耳。憲宗朝，高麗遺使言：「幾年月日，大風雨中，神嵩山上飛一奇石，下有王維字印，知爲中國之物，王不敢留，遣使奉獻。」上命羣臣以維手蹟較之，無毫髮差謬。上始知維畫神妙，徧索海内，藏之宫中，地上俱灑鷄狗血壓之，恐飛去也。《丹青記》（《瑯嬛記》中）。

17 王維畫品妙絶，于山水平遠尤工。今昭國坊庾敬休屋壁有之。人有畫奏樂圖，維孰視而笑。或問其故，維曰：「此是《霓裳羽衣曲》第三疊第一拍。」好事者集樂工驗之，一無差謬。《國史補》上。又《廣記》二一一引。《圖書見聞誌》五。《唐語林》五。　案：《夢溪筆談》一七、《學林》五有考辨之文。

18 見韓幹2。

19 王維以黄磁斗貯蘭蕙，養以綺石，累年彌盛。《汗漫録》（《雲仙雜記》三）。

20 唐宰相王縉好與人作碑誌。有送潤毫者，誤扣右丞王維門，維曰：「大作家在那邊。」《盧氏雜説》（《廣記》二五五、《海録碎事》二一）。《唐語林》五。　案：王縉，《廣記》原作「王璵」，據《唐語林》、《海録碎事》改。

唐人軼事彙編卷十四

李　白（附子伯禽）

1 磨針溪，在〔眉州〕象耳山下。世傳李太白讀書山中，未成，棄去，過是溪逢老媪方磨鐵杵，問之，曰：「欲作針。」太白感其意，還卒業。媪自言武姓。今溪傍有武氏巖。《方輿勝覽》五三。《錦繡萬花谷》續集一一。

2 李太白少時，夢所用之筆頭上生花，後天才贍逸，名聞天下。《開元天寶遺事》下。《雲仙雜記》一〇。《唐才子傳》二。

3 白前後三擬詞選，不如意，悉焚之。唯留《恨》、《別》賦。《酉陽雜俎》前集一二。

4 東蜀楊天惠《彰明逸事》云：元符二年春正月，天惠補令於此，竊從學士大夫求問逸事。聞唐李太白本邑人，微時募縣小吏，入令卧内，嘗驅牛經堂下，令妻怒，將加詰責。太白亟以詩謝云：「素面倚欄鉤，嬌聲出外頭。若非是織女，何必問牽牛。」令驚異，不問。稍親，招引侍研席。令一日賦山火詩，思軋不屬，太白從傍綴其下句。令詩云：「野火燒山去，人歸火不歸。」太白繼云：「焰隨紅日去，煙逐暮雲飛。」令慙止。頃之，從令觀漲，有女子溺死江上，令復苦吟，太白輒應聲繼之。令詩云：「二八誰家女，漂來倚岸蘆。鳥窺眉上翠，魚弄口傍珠。」太白繼云：「緑鬟隨波散，紅顏逐浪無。因何逢伍相，應是想秋胡。」令憸不悦。太白恐，棄去，隱居戴天大匡山，往來旁郡，依潼江趙徵君蕤。蕤亦節士，任俠有氣，善爲縱横學，著書號《長短經》。太白從學歲餘，去遊成都，賦《春感》詩云：「茫茫南與北，道直事難諧。榆莢錢生樹，楊花玉糝街。塵縈遊子面，蝶弄美人釵。却憶青山上，雲門掩竹齋。」益州刺史蘇頲見而奇之。時太白齒方少，英氣溢發，諸爲詩文甚多，微類《宫中行樂詞》體。今邑人所藏百篇，大抵皆格律也，雖頗體弱，然短羽褵褷，已有雛鳳態。淳化中，縣令楊遂爲之引，謂爲少作是也。遂，江南人，自名能詩，累謫爲令云。始太白與杜甫相遇梁宋間，結交歡甚，久乃去，客居魯徂徠山。甫從嚴武成都，太白益流落不能歸，故甫詩又云：「匡山讀書處，頭白好歸來。」然學者多疑太白爲山東人，又以匡山爲匡廬，皆非也。今大匡山猶有讀書臺，而清廉鄉故居，遺地尚在，廢爲寺，名隴西院，有唐梓州刺史碑，失其名。及綿州刺史高祝記。太白有子曰伯禽，女平陽，皆生太白去蜀後。有妹月圓，前嫁邑子，留不去，以故葬邑下，墓今在隴西院旁百步外。或傳院乃其所捨云。《唐詩紀事》一八。

5 李白，山東人，父任城尉，因家焉。少與魯人諸生隱徂徠山，號竹溪六逸。天寶中，遊會稽，與吴筠隱剡中。筠徵赴闕，薦之于朝，與筠俱待詔翰林。俗稱蜀人，非也。今任城令廳石記，白之詞也，尚在焉。《南部新書》甲。《唐詩紀事》一八。

6 初，白自幼好酒，於兖州習業，平居多飲。又於任城縣搆酒樓，日與同志荒宴其上，少有醒時。邑人皆以白重名，望其重而加敬焉。《本事詩》（《廣記》二〇一引）。

7 李白開元中謁宰相，封一板，上題曰：「海上釣鼇客李白。」宰相問曰：「先生臨滄海，釣巨鼇，以何物爲鉤綫？」白曰：「風波逸其情，乾坤縱其志。以虹蜺爲綫，明月爲鉤。」又曰：「何物爲餌？」白曰：「以天下無義氣丈夫爲餌。」宰相竦然。《唐語林》五。《侯鯖録》六。案：自稱釣鰲客，又見王嚴光1、張祜9。

8 李太白始自西蜀至京，名未甚振，因以所業贄謁賀知章。知章覽《蜀道難》一篇，揚眉謂之曰：「公非人世之人，可不是太白星精耶？」《唐摭言》七。

9 李太白初自蜀至京師，舍於逆旅。賀監知章聞其名，首訪之。既奇其姿，復請所爲文。出《蜀道難》以示之。讀未竟，稱歎者數四，號爲謫仙，解金龜换酒，與傾盡醉，期不間日，由是稱譽光赫。賀又見其《烏棲曲》，歎賞苦吟曰：「此詩可以泣鬼神矣。」故杜子美贈詩及焉。曲曰：「姑蘇臺上烏棲時，吴王宫裏醉西施。吴歌楚舞歡未畢，西山欲銜半邊日。金壺丁丁漏水多，起看秋月墮江波。東方漸高奈樂何。」或言是《烏夜啼》二篇，未知孰是，故兩録之。《烏夜啼》曰：「黄雲城邊烏欲棲，歸飛啞啞枝上啼。機中織錦秦川女，碧紗如煙隔窗語。停梭向人問故夫，欲説遼西淚如雨。」白才逸氣高，與陳拾遺齊名，先後合德。其論詩云：「梁陳以來，艷薄斯極，沈休文又尚以聲律，將復古道，非我而誰與！」故陳、李二集，律詩殊少。嘗言：「興寄深微，五言不如四言，七言又其靡也，況使束於聲調俳優哉！」故戲杜曰：「飯顆山頭逢杜甫，頭戴笠子日卓午。借問别來太瘦生，總爲從前作詩苦。」蓋譏其拘束也。玄宗聞之，召入翰林。以其才藻絶人，器識兼茂，欲以上位處之，故未命以官。嘗因宫人行樂，謂高力士曰：「對此良辰美景，豈可獨以聲伎爲娱，倘時得逸才詞人吟詠，可以誇耀於後。」遂命召白。時寧王邀白飲酒，已醉；

既至，拜舞頹然。上知其薄聲律，謂非所長，命爲《宫中行樂》五言律詩十首。白頓首曰：「寧王賜臣酒，今已醉。倘陛下賜臣無畏，始可盡臣薄技。」上曰：「可。」即遣二内臣掖扶之，命研墨濡筆以授之，又令二人張朱絲欄於其前。白取筆抒思，略不停綴，十篇立就，更無加點。筆迹遒利，鳳跱龍拏。律度對屬，無不精絶。其首篇曰：「柳色黄金嫩，梨花白雪香。玉樓巢翡翠，金殿宿鴛鴦。選妓隨雕輦，徵歌出洞房。宫中誰第一，飛燕在昭陽。」文不盡録。常出入宫中，恩禮殊厚。竟以疏縱乞歸。上亦以非廊廟器，優詔罷遣之。後以不羈，流落江外；又以永王招禮，累謫於夜郎。及放還，卒於宣城。杜所贈二十韻，備叙其事。讀其文，盡得其故跡。杜逢禄山之難，流離隴蜀，畢陳於詩，推見至隱，殆無遺事，故當時號爲「詩史」。《本事詩·高逸》。又《廣記》二〇一引。

10　李白天寶中召見金鑾殿，元宗降輦步迎，如見園、綺。草和蕃書，筆不停綴，帝嘉之。七寶方丈，賜食於前，御手調羹。遂入翰林，專掌密命。《唐書》(《廣卓異記》八)。《唐才子傳》二。　案：此本於范傳正《李公新墓碑》，又參見李陽冰《草堂集序》。

11　李白名播海内，玄宗於便殿召見，神氣高朗，軒軒然若霞舉，上不覺亡萬乘之尊，因命納履。白遂展足與高力士，曰：「去靴。」力士失勢，遽爲脱之。及出，上指白謂力士曰：「此人固窮相。」……及禄山反，製《胡無人》，言「太白入月敵可摧」。及禄山死，太白蝕月。衆言李白唯戲杜考功「飯顆山頭」之句。成式偶見李白《祠亭上宴別杜考功詩》，今録首尾曰：「我覺秋興逸，誰言秋興悲？山將落日去，水共晴空宜。」「烟歸碧海夕，雁度青天時。相失各萬里，茫然空爾思。」《酉陽雜俎》前集一二。《唐語林》二。

12 開元中，李翰林應詔草《白蓮花開序》及《宮詞》十首。時方大醉，中貴人以冷水沃之，稍醒，白於御前索筆一揮，文不加點。《唐摭言》一三。又《廣記》一七四引。案：據今人考辨，李白受召入宮在天寶初。

13 李白在翰林多沈飲。玄宗令撰樂詞，醉不可待，以水沃之，白稍能動，索筆一揮十數章，文不加點。後對御，引足令高力士脱鞾，上命小閹排出之。《國史補》上。

14 唐范傳正作李白墓碑云：「明皇泛白蓮池，公不在宴。皇情既洽，召公作序。時公已被酒於翰苑中，乃命高將軍扶以登舟，優寵如是。」杜子美《八仙歌》云：「天子呼來不上船，自稱臣是酒中仙。」蓋謂此也。《能改齋漫録》五。

15 開元中，禁中初重木芍藥，即今牡丹也。開元天寶花呼木芍藥，本記云禁中爲牡丹花。得四本紅紫淺紅通白者，上因移植於興慶池東沉香亭前。會花方繁開，上乘月夜召太真妃以步輦從。詔特選梨園弟子中尤者，得樂十六色。李龜年以歌擅一時之名，手捧檀板，押衆樂前欲歌之。上曰：「賞名花，對妃子，焉用舊樂詞爲？」遂命龜年持金花牋宣賜翰林學士李白，進《清平調》詞三章。白欣承詔旨，猶苦宿酲未解，因援筆賦之。「雲想衣裳花想容，春風拂曉露華濃。若非羣玉山頭見，會向瑶臺月下逢。」「一枝紅艷露凝香，雲雨巫山枉斷腸。借問漢宮誰得似，可憐飛燕倚新妝。」「名花傾國兩相歡，長得君王帶笑看。解釋春風無限恨，沉香亭北倚闌干。」龜年遽以詞進，上命梨園弟子約略調撫絲竹，遂促龜年以歌。太真妃持頗梨七寶盃，酌西涼州蒲萄酒，笑領意甚厚。上因調玉笛以倚曲，每曲遍將换，則遲其聲以媚之。太真飲罷，飾繡巾重拜上意。龜年常話於五王，獨憶以歌得自勝者無出於此，抑亦一時之極致耳。上自是顧李翰林尤異於他學士。會高力士終以脱烏皮六縫爲深耻。異日太真妃重吟前詞，力士戲曰：「始謂妃子怨李白深入骨髓，何拳拳如是？」太真妃因驚曰：「何翰林學士能辱人如斯？」力士曰：「以飛燕指妃子，是賤之甚矣。」太真頗深然之，上嘗欲命李白官，卒爲宫中所捍而止。《松窗雜録》。又《廣記》二〇四引。《詩話總龜》前集三一。《唐詩紀事》一八。

16　李白于便殿對明皇撰詔誥，時十月大寒，筆凍莫能書字。帝勑宫嬪十人，侍于李白左右，令各執牙筆呵之，遂取而書其詔，其受聖眷如此。《開元天寶遺事》下。

17　明皇召諸學士宴于便殿，因酒酣顧謂李白曰：「我朝與天后之朝何如？」白曰：「天后朝政出多門，國由姦幸，任人之道，如小兒市瓜，不擇香味，惟揀肥大者；我朝任人如淘沙取金，剖石採玉，皆得其精粹者。」明皇笑曰：「學士過有所飾。」《開元天寶遺事》下。《唐語林》三。

18　寧王宫有樂妓寵姐者，美姿色，善謳唱。每宴外客，其諸妓女盡在目前，惟寵姐客莫能見。飲欲半酣，詞客李太白恃醉戲曰：「白久聞王有寵姐善歌，今酒肴醉飽，羣公宴倦，王何吝此女示於衆。」王笑謂左右曰：「設七寶花障，召寵姐於障後歌之。」白起謝曰：「雖不許見面，聞其聲亦幸矣。」《開元天寶遺事》下。

19　李白遊慈恩寺，寺僧用水松牌刷以吴膠粉，捧乞新詩。白爲題訖，僧獻玄沙鉢、緑英梅、檀香筆格、蘭縑袴、紫瓊霜。《海墨微言》（《雲仙雜記》二）。

20　唐李白，字太白。離翰苑，適遠遊華山，過華陰，縣宰方開門判案决事。太白乘醉跨驢入縣内，宰不知，遂怒，命吏引來。太白至廳亦不言。宰曰：「爾是何人，安敢無禮？」太白曰：「乞供狀。」宰命供，太白不書姓名，只云：「曾得龍巾拭唾，御手調羹，力士抹靴，貴妃捧硯。天子門前尚容吾走馬，華陰縣裏不許我騎驢。」宰見大驚，起愧謝揖曰：「不知翰林至此，有失迎謁。」欲留，太白不顧，復跨驢而去。《青瑣高議》後集二。《摭遺》（《類説》三四）。《唐才子傳》二。

21 李白登華山落雁峯，曰：「此山最高，呼吸之氣想通天帝座矣。恨不攜謝朓驚人詩來，搔首問青天耳！」《搔首集》（《雲仙雜記》一）。

22 見許宣平1。

23 乾元中，〔張〕謂以尚書郎出使夏口，沔州牧杜公觴于江城之南湖。謂命李白標之嘉名，白目爲郎官湖云。《唐詩紀事》二五。原出李白《泛沔州城南郎官湖詩序》。

24 此山奇秀，高出雲表，峯巒異狀，其數有九，故號九子山焉。李白因遊江漢，覩其山秀異，遂更號曰九華。《九華山録》（《御覽》四六）。

25 李白翫月金陵城西孫楚酒樓，達曙歌吹，日晚，乘醉着紫綺裘、烏紗巾，與酒客數人棹歌秦淮，往石頭訪崔四侍郎。《海録碎事》五。案：此據李白詩題。

26 世俗多言李太白在當塗采石，因醉泛舟於江，見月影俯而取之，遂溺死，故其地有捉月臺。予按李陽冰作太白《草堂集序》云：「陽冰試弦歌於當塗，公疾亟，草稿萬卷，手集未修，枕上授簡，俾爲序。」又李華作太白墓誌，亦云：「賦《臨終歌》而卒。」乃知俗傳良不足信，蓋與謂杜子美因食白酒牛炙而死者同也。《容齋隨筆》三。

27 見魏顥1。

28 李白墳在太平州采石鎮民家菜圃中，游人亦多留詩。然州之南有青山，乃有正墳。或云太白平生愛謝家青山，葬其處，采石特空墳耳。世傳太白過采石，酒狂捉月，竊意當時藁殯於此，至范侍郎爲遷窆青山焉。《侯鯖録》六。

29 白嘗有知鑒，客并州，識汾陽王郭子儀於行伍間，爲脱其刑責而獎重之。及翰林坐永王之事，汾陽功成，請以官爵贖翰林，上許之，因而免誅。翰林之知人如此，汾陽之報德如彼。樂史《李翰林别集序》、又裴敬《翰林學士李公墓碑》（並見《李太白全集》附録）。《天中記》二二。

30 李白有天才俊逸之譽，每與人談論，皆成句讀，如春葩麗藻，粲于齒牙之下，時人號曰李白粲花之論。《開元天寶遺事》下。又《雲仙雜記》一〇引。

31 李白爲天才絶，白居易爲人才絶，李賀爲鬼才絶。《南部新書》丙。《海録碎事》一八。

32 見崔顥2。

33 李白嘗作《長相思》樂府一章，末曰：「不信妾腸斷，歸來看取明鏡前。」其婦從旁觀之曰：「君不聞武后詩乎：『不信比來常下淚，開箱驗取石榴裙。』」太白爽然自失。此即所謂相門女也。具此才情，故當與尋真、騰空爲侣，第不知嬌女平陽，能繼林下風否？《柳亭詩話》。

34 前史稱嚴武爲劍南節度使，放肆不法，李白爲之作《蜀道難》。按孟棨所記，白初至京師，賀知章聞其名，首詣之，白出《蜀道難》，讀未畢，稱嘆數四。時乃天寶初也，此時白已作蜀道難。嚴武爲劍南，乃在至德以後肅宗時，年代甚遠。蓋小説所記，各得於一時見聞，本末不相知，率多舛誤，皆此文之類。李白集中稱「刺章仇兼瓊」，與《唐書》所載不同，此《唐書》誤也。《夢溪筆談》四。參看《苕溪漁隱叢話》前集五、《唐詩紀事》一八等。

35 唐人作詩，未有如杜甫，時白亦得差肩於甫。至其名章俊語，鬱鬱芊芊之氣見於毫端者，固已逼人，是豈可與泥筆墨蹊徑者爭工拙哉？嘗作行書，有「乘興踏月，西入酒家，不覺人物兩忘，身在世外」一帖，字畫尤飄逸，乃知白不特以詩名也。今御府所藏五。《宣和書譜》九。

36 李白嗜酒不拘小節，然沉酣中所撰文章，未嘗錯誤，而與不醉之人相對議事，皆不出太白所見，時人號爲醉聖。《開元天寶遺事》下。《酒譜》(《類説》五九)。《海録碎事》六。

37 舊聞李太白好飲玉浮粱，不知其果何物。余得吴婢，使釀酒，因促其功，答曰：「尚未熟，但浮粱耳。」試取一盞至，則浮蛆酒脂也，乃悟太白所飲蓋此耳。《清異録》下。

38 李白有馬，名黄芝。《採蘭雜志》(《瑯嬛記》)。

39 見許雲封1。

40 貞元五年，李伯子伯禽充嘉興監徐浦下場糴鹽官。場界有蔡侍郎廟，伯禽因謁廟，顧見廟中神女數人，中有美麗者，因戲言曰：「娶婦得如此，足矣。」遂瀝酒祝語之。……數日而卒。《通幽記》(《廣記》三〇五)。案：李伯，當即李白之誤。

杜甫

1 杜子美十餘歲，夢人令采文于康水。覺而問人，此水在二十里外，乃往求之。見鵝冠童子，告曰：「汝本文星典吏，天使汝下謫，爲唐世文章海。九雲誥已降，可於豆瓏下取。」甫依其言，果得一石，金字曰：「詩王本在陳芳國，九夜捫之麟篆熟，聲振扶桑享天福。」後因佩入葱市，歸而飛火滿室。有聲曰：「邂逅穢吾，令汝文而不貴。」《文覽》（《雲仙雜記》一）。

2 見李白9。

3 杜子美舊居在秦州東柯谷，今爲寺，山下有大木，至今呼爲「子美樹」。《研北雜志》下。

4 杜工部在蜀，醉後登嚴武之牀，厲聲問武曰：「公是嚴挺之子否？」武色變。甫復曰：「僕乃杜審言兒。」於是少解。《唐摭言》一二。又《廣記》二六五引。

5 見嚴武1。

6 杜甫在成都，劍南節度使裴冕爲卜西郭浣花溪作草堂居焉。或以爲嚴武，非也。《古今事文類聚》續集六。

7 杜甫在蜀日，以七金買黄兒米半籃、細子魚一串、籠桶衫、柿油巾，皆蜀人奉養之粗者。《浣花旅地志》（《雲仙雜記》一）。

8 杜甫寓蜀，每蠶熟，即與兒躬行而乞曰：「如或相憫，惠我一絲兩絲。」《浣花旅地志》（《雲仙雜記》三）。

9 杜甫每朋友至，引見妻子。韋侍御見而退，使其婦送夜飛蟬以助妝飾。《放懷集》（《雲仙雜記》四）。

10 杜子美母名海棠，子美諱之，故杜集中絕無海棠詩。《古今詩話》（《詩林廣記》二）。

11 又聞杜工部詩如爽鶻摩霄，駿馬絕地。其《八哀詩》，詩人比之大謝《擬魏太子鄴中八篇》。杜曰：「公知其一，不知其二。吾詩曰：『汝陽讓帝子，眉宇真天人；虬鬚似太宗，色映塞外春。』八篇中有此句不？」或曰：「『百川赴巨海，衆星拱北辰。』所謂世有其人。」杜曰：「使昭明再生，吾當出劉、曹、二謝上。」杜善鄭廣文，嘗以《花卿》及《姜楚公畫鷹歌》示鄭，鄭曰：「足下此詩可以療疾。」他日鄭妻病，杜曰：「爾但言『子章髑髏血模糊，手提擲還崔大夫』。如不瘥，即云『觀者徒驚帖壁飛，畫師不是無心學』。未間，更有『太宗拳毛騧，郭家師子花』。如又不瘥，雖和、扁不能爲也。」其自得如此。《唐語林》二。　案：唐蘭考此條爲《劉賓客嘉話録》佚文。《古今詩話》（《詩話總龜》前集四八、《韻語陽秋》一七）亦載杜詩療疾事，語小異。《西清詩話》（《苕溪漁隱叢話》前集一一）、《藝苑雌黄》（《苕溪漁隱叢話》後集七）並有辨正。

12 杜甫後漂寓湘潭間，旅於衡州耒陽縣，頗爲令長所厭。甫投詩於宰，宰遂致牛炙白酒以遺，甫飲過多，一夕而卒。集中猶有《贈聶耒陽》詩也。《明皇雜録》補遺。又《御覽》八六三引。

13 杜子美客耒陽，一日過江，上舟中飲醉。是夕，江水暴漲，子美爲急流漂泛，其尸不知落於何處。玄宗思子美，詔求之。聶令乃積空槎於江上，曰：「子美爲白酒牛炙脹飫而死。」《摭遺》（《古今事文類聚》前集一七）。

14 耒陽宰詩曰：「詩名天寶大，骨葬耒陽空。」耒陽有子美墳，時人謂聶令空堆土也。唐人詩曰：

「一夜耒江雨，百年工部墳。」《摭遺》（《詩話總龜》前集四五）。

15 杜子美墳在耒陽，有碑其上。《唐史》言：至耒陽，以牛肉白酒，一夕醉飽而卒。然元微之作子美墓誌曰：「扁舟下荆楚，竟以寓卒，旅殯岳陽。至其（子）〔孫〕嗣業始葬偃師首陽山。」當以墓誌爲正。蓋子美自言晉當陽杜元凱之後，故世葬偃師首陽山。又子美父閑常爲鞏縣令，故子美爲鞏縣人。偃師首陽山在官路，其下古塚纍纍。而杜元凱墓猶載圖經可考。其旁元凱子孫附葬者數十，但不知孰爲子美墓耳。《侯鯖録》六。 案：《獨醒雜志》三有辨正。《學林》五則以爲當卒於耒陽。

16 杜甫子宗武，以詩示阮兵曹，兵曹答以石斧一具，隨使并詩還之。宗武曰：「斧，父斤也。兵曹使我呈父，加斤削也。」俄而阮聞之，曰：「誤矣。欲子斫斷其手。此手若存，天下詩名又在杜家矣。」《文覽》（《雲仙雜記》七）。《竹坡詩話》。

鄭虔

1 鄭虔，高士也。蘇許公爲宰相，申以忘年之契，薦爲著作郎。開元二十五年，爲廣文館學士。飢窮轗軻，好琴酒篇詠，工山水。進獻詩篇及書畫，玄宗御筆題曰「鄭虔三絶」。與杜甫、李白爲詩酒友。禄山授以僞水部員外郎。國家收復，貶台州司户。《歷代名畫記》九。

2 天寶中，國學增置廣文館，以領詞藻之士。滎陽鄭虔久被貶謫，是歲始還京師參選，除廣文館博士。虔茫然曰：「不知廣文曹司何在？」執政謂曰：「廣文館新置，總領文詞，故以公名賢處之。且令後代稱廣文博士自鄭虔始，不亦美乎？」遂拜職。《唐語林》二。

3 天寶初，協律郎鄭虔采集異聞，著書八十餘卷。人有竊窺其草藁，告虔私脩國史，虔聞而遽焚之。由是貶謫十餘年，方從調選，授廣文館博士。虔所焚書，既無別本，後更纂録，率多遺忘，猶成四十餘卷，書未有名。及爲廣文博士，詢于國子司業蘇源明，源明請名「會粹」，取《爾雅序》「會粹舊説」也。西河太守盧象贈虔詩云：「書名《會粹》才偏逸，酒號屠蘇味更醇。」即此之謂也。《封氏聞見記》一〇。《唐語林》二。

4 見劉軻2。

5 見崔圓3。

6 鄭廣文學書而病無紙，知慈恩寺有柹葉數間屋，遂借僧房居止，日取紅葉學書，歲久殆徧。後自寫所製詩并畫，同爲一卷封進，玄宗御筆書其尾曰「鄭虔三絶」。《尚書故實》。又《廣記》二〇八引。《宣和畫譜》五。

7 鄭虔亦工山水，名亞于〔王〕維，勸善坊吏部尚書王方慶宅院有虔山水之迹，爲時所重。虔工書畫，又工詩，故有「三絶」之目。而宦途屯蹇，終于台州司户焉。《封氏聞見記》五。

8 鄭廣文屋室破漏，自下望之，竅如七星。《逢原記》（《雲仙雜記》五）。

蕭穎士

1 蕭穎士少夢有人授紙百番，開之，皆是繡花。又夢裁錦。因此文思大進。《文筆襟喉》（《雲仙雜記》一）。

2 蕭功曹穎士、趙員外驊，開元中同居興敬里肄業，共一靴，久而見東郭之跡。趙曰：「可謂疲於道路矣。」蕭曰：「無乃禄在其中。」《大唐傳載》。《唐語林》五。

3 蕭穎士，開元二十三年及第，恃才傲物，曼無與比。常自攜一壺，逐勝郊野。偶憩於逆旅，獨酌獨吟。會有風雨暴至，有紫衣老人領一小僮避雨於此。穎士見之散冗，頗肆陵侮。逡巡，風定雨霽，車馬卒至，老人上馬呵殿而去。穎士倉忙覘之，左右曰：「吏部王尚書。」名丘。初，穎士常造門，未之面，極驚愕。明日，具長牋造門謝。丘命引至廡下，坐責之，且曰：「所恨與子非親屬，當庭訓之耳。」頃曰：「子負文學之名，踞忽如此，止於一第乎？」穎士終揚州功曹。《明皇雜録》上。又《廣記》一七九引。《唐摭言》三。

4 茂挺父爲莒丞，得罪，清河張惟一時佐廉使按成之。茂挺初登科，自洛還莒，道邀使車，發辭哀乞，惟一涕下，即日舍之，且曰：「蕭贊府生一賢，方資天下風教？吾由是得罪，無憾也！」夫如是，得不謂之孝乎？《唐摭言》七引李華《三賢論》。

5 見鄒象先1。

6 唐天寶初，蕭穎士因游靈昌，遠至胙縣南二十里，有胡店，店上有人多姓胡。穎士發縣日晚，縣寮飲餞移時，薄暮方行，至縣南三五里，便即昏黑。有一婦人年二十四五，着紅衫緑裙，騎驢，驢上有衣服。向穎士言：「兒家直南二十里。今歸遇夜，獨行怕懼，願隨郎君鞍馬同行。」穎士問女何姓。曰：「姓胡。」穎士常見世間説有野狐，或作男子，或作女人，於黄昏之際媚人。穎士疑此女即是野狐，遂唾叱之曰：「死野狐，敢媚蕭穎士！」遂鞭馬南馳。奔至主人店，歇息解衣。良久，所見婦人從門牽驢入來。其店叟曰：「何爲衝夜？」曰：「衝夜猶可。適被一害風措大呼兒作『野狐』，合被唾殺。」其婦人乃店叟之女也。穎士慙恧而已。《辨疑志》(《廣記》二四二)。

7 蘭陵蕭穎士,揚府功曹,秩滿南遊,行侶共濟瓜洲。舟中有二少年,熟視穎士,相顧曰:「此人甚有肖於鄱陽忠烈王也。」穎士是鄱陽曾孫,即自款陳。二子曰:「吾識爾祖久矣。」穎士以廣衆中,未敢詢訪。俟及岸,方將啓請,而二子匆遽負擔而去。穎士必謂非仙則神,虔心嚮矚而已。明年,穎士北歸,止於盱眙邑長之署。方與邑長下簾晝坐,自門遽白云:「某吏於某處,擒獲發塚盜,共五六人。」登令召入,皆反接其手,束縛甚固。旅之于庭,而穎士懸認江中二少年亦縲紲于内。穎士驚曰:「斯二人非仙則神。」因具述曩事。邑長即令先窮二子,須臾款伏,佐驗明著。皆云:「我之發丘墓,今有年矣。」穎士即以前説再令詢之。皆曰:「我嘗開鄱陽王冢,大獲金玉。當門有貴人,顔色如生,年方五十,鬚鬢斑白,僵卧於石榻,姿狀正與穎士相類,無少差異。我舟中遇子,又知蕭氏,固是鄱陽胤也。因此啓言,我豈有他術哉!」《集異記》一。又《廣記》三三二引。

8 或傳功曹爲李林甫所召,時在禫制中,謁見,林甫薄之,不復用。蕭遂作《伐櫻桃樹賦》以刺。此蓋不與者所誣也。功曹孝愛著於士林,李吏部華稱其冒難葬親,豈有越禮之事? 此事且下蕭公數等者不爲。余嘗聞外族長老説,林甫聞功曹名,欲見之,知在艱棘。後聞禫制已畢,令功曹所厚之人導意,請於蕭君所居側僧舍一見,遂許之。林甫出中書至寺,自以宰輔之尊,意謂功曹便於下馬處趨見。功曹乃於門内哭以待之,林甫不得已前弔。由此怒其恃才敢與宰相敵禮,竟不問。後余見今丞相崔公鉉,説正同。崔公外祖母柳夫人,亦余族姨,即李北海之外孫也。柳夫人聰明强記,且得於其外族,可爲實録。《因話録》三。

9、10　見李華2、3。

11　開元中，蕭穎士方年十九，擢進士。至二十餘，該博三教。其賦性躁忿浮戾，舉無其比。常使一僕杜亮，每一決責，皆由非義。平復，遭其指使如故。或勸亮曰：「子傭夫也，何不擇其善主，而受苦若是乎？」亮曰：「愚豈不知。但愛其才學博奥，以此戀戀不能去。」卒至于死。《朝野僉載》六。《獨異志》下。《唐摭言》一五。《南部新書》庚。

12　蕭穎士文爽兼人，而矜躁爲甚。嘗至倉曹李韶家，見歙硯頗良，既退，語同行者：「君識此硯乎？蓋三災石也。」同行不喻而問之，曰：「字札不奇，研一災；文辭不優，研二災；窗几狼籍，研三災。」同行者斂眉頷之。《清異録》下。

13　蕭穎士，文章學術俱冠詞林，負盛名而湮沉不遇。常有新羅使至，云：「東夷士庶，願請蕭夫子爲國師。」事雖不行，其聲名遠播如此。《翰林盛事》（《廣記》一六四）。《實賓録》一三。

14　有讀蕭氏集，問功曹是誰子孫，及有後否，余應之曰：梁高祖武皇帝，父諱順之，《齊書》有傳。武帝受禪，武尊文帝。文帝第三子恢，封鄱陽王，薨謚忠烈。恢生宜豐侯循，循生唐太子太保造，造生武威大將軍夙，夙生雅州都督善義，善義生左衛録事參軍元恭，元恭生密縣主簿旻。旻生揚府功曹諱穎士，字茂挺，門人謚曰文元先生。先生一子存，字伯誠，爲金部員外郎，諒直有功曹之風。時裴延齡爲户部尚書，恃恩姦佞，與張滂不叶。金部惡延齡之爲人，棄官歸廬山，以山水自娱，識者甚高之。終于檢校倉部郎中。生三子，皆無禄早世，無後，惟次子東，從事邕南，有二子，今皆流落江湖，假吏州縣。功曹以其子妻門人柳君諱澹，字中庸，即余之外王父也。韓文公少時，常受蕭金部知賞。及自袁州入爲國子祭酒，途經江州，因遊廬山。過金部山居，訪知諸子凋謝，惟二女在。因賦詩曰：「中郎有女能傳業，伯道無兒可主家。今日匡山過舊隱，空將衰淚對烟霞。」留百縑以拯之。《因話録》三。《唐詩紀事》二一。

鄒象先

1 鄒象先尉臨渙，蕭穎士自京邑無成東歸，以象先同年生也，作詩贈之。來年，蕭補正字，象先寄詩重述前事云：「六月度關雲，三峯玩山翠。爾時黄綬屈，别後青雲致。」蕭答云：「桂枝常共擢，茅茨冀同薦。一命何阻脩，載馳各州縣。壯圖悲歲月，明代耻貧賤。回首無津梁，祇令二毛變。」《唐詩紀事》二二。

李　華

1 盧江何長師，趙郡李華，范陽盧東美，少與韓衢爲友，江淮間號曰「四夔」。《唐摭言》四。

2 李華《含元殿賦》初成，蕭穎士見之曰：「景福之上，靈光之下。」華著論言龜卜可廢，可謂深識之士矣。以失節賊庭，故其文殷勤于四皓、元魯山，極筆于權著作，心所愧也。《國史補》上。《唐摭言》七。《唐語林》二。

3 李華，字遐叔，以文學自名，與蕭穎士、賈幼幾爲友。華作賦云：「星錮電交於萬緒，霜鋸冰解於千尋。擁梯成山，攢杵爲林。」穎士讀之，謂華曰：「可使孟堅瓦解，平子土崩矣。」幼幾曰：「未若『天光流於紫庭，測景入於朱户。騰祥靈於黯靄，映旭日之葱蘢。』」華曰：「某所自得，惟：『括萬象以爲尊，特巍巍於上京。分命徵般石之匠，下荆、揚之材，操斧執斤者萬人，涉磧礫而登崔嵬。』不讓東、西《二都》也。」時人以華不可居蕭、賈之間。《唐語林》二。

4 李華以文學名重於天寶末。至德中，自前司封員外，起爲相國李梁公峴從事，檢校吏部員外，時陳少遊鎮淮陽，尤仰公之名。一旦，城門吏報華入府，少遊大喜，簪笏待之；少頃，復曰：「云已訪蕭公功曹矣。」即穎士也。《唐摭言》四。又《廣記》二〇一引。

5 李華燒三城絶品炭，以龍腦裹芋魁煨之，擊爐曰：「芋魁遭遇矣！」《三賢典語》（《雲仙雜記》一）。

劉方平

1 方平，河南人。白皙美容儀。二十工詞賦。與元魯山交善。隱居潁陽大谷，高尚不仕。皇甫冉、李頎等相與贈答，有云：「籬邊潁陽道，竹外少姨峯。」神意淡泊。善畫山水，墨妙無前。汧國公李勉延致齋中，甚敬愛之，欲薦于朝，不忍屈，辭還舊隱。《唐才子傳》三。

2 劉方平工山水樹石，汧國公李勉甚重之。《歷代名畫記》一〇。《圖繪寶鑑》二。

張南史

1 張君〔南史〕弈碁者，中歲感激，苦節學文，數載間，稍入詩境。如「已被秋風教憶鱠，更聞寒雨勸飛觴」，可謂物理俱美，情致兼深。《中興間氣集》下。《唐詩紀事》四一。《唐才子傳》三。

范液

1 范液有口才，薄命，所向不偶。曾爲詩曰：「舉意三江竭，興心四海枯。南游李邕死，北望守珪殂。」液欲投謁二公，皆會其淪歿，故云然。宗叔范純，家富于財，液每有所求，純常給與之，非一。純曾謂液曰：「君有才而困于貧迫，可試自詠。」液命紙筆，立操而竟。其詩曰：「長吟太息問皇天，神道由來也已偏！一名國士皆貧病，但是裨兵總有錢！」純大笑曰：「教君自詠，何罵我乎？」不以爲過。《封氏聞見記》一〇。《南部新書》庚。

王嚴光

1 王嚴光頗有文才，而性卓詭。既無所達，自稱「釣鰲客」，巡歷郡縣，求麻鐵之資，云造釣具。有不應者，輒録姓名藏于書笈中。人問：「將此何用？」答曰：「釣鰲之時，取此等懞漢以充鰲餌。」兵亂之後，嚴光年鬢已衰，任棣州司户。時刺史有馬，州佐已下多乘驢，嚴光作詩曰：「郡將雖乘馬，羣官總是驢。」對衆吟誦，以爲笑樂。《封氏聞見記》一〇。 案：自稱「釣鰲客」，事又見李白7、張祜9。

張陟

1 天寶中，漢州雒縣尉張陟應一藝，自舉日試萬言。須中書考試。陟令善書者三十人，各令操紙執筆就席，環庭而坐，俱占題目。身自巡席，依題口授，言訖即過，周而復始。至午後詩筆俱成，得七千餘字，仍請滿萬數。宰相云：「七千可謂多矣，何必須萬？」具以狀聞。敕賜縑帛，拜太公廟丞，直廣文館。時號爲張萬言。《封氏聞見記》一〇。《唐語林》三。

喬　潭

1 喬潭，天寶十三年及第，任陸渾尉。時元魯山客死是邑，潭減俸禮葬之，復卹其孤。李華《三賢論》曰：「潭，昂之孫，有古人風。」《唐摭言》四。

張　倚

1 苗晉卿典選，御史中丞張倚男奭參選，晉卿以倚子，思悅附之，考等第凡六十四人，奭在其首。蘇考蘊者爲薊令，乃以選事告禄山，禄山奏之。玄宗乃集登科人於花萼樓前重試，升第者十無一二。奭手持試紙，竟日不下一字，時人謂之「拽白」。上大怒，貶倚，敕曰：「庭闈之間，不能訓子；選調之際，乃以托人。」天下爲戲談。晉卿貶安康。《盧氏雜說》（《廣記》一八六）。《唐會要》七四。《唐摭言》一五。《事始》（《類說》三五）。

張　繟

1 余初擢第，太學諸人共書余姓名于舊紀末。進士張繟，漢陽王柬之曾孫也，時初落第，兩手捧登科記頂戴之，曰：「此千佛名經也。」其企羡如此。《封氏聞見記》三。《唐摭言》一〇。《唐語林》四。案：張纆，《唐摭言》、《唐語林》作張倬。

牛應貞

1 牛肅長女曰應貞，適弘農楊唐源。少而聰穎，經耳必誦。年十三，凡誦佛經三百餘卷，儒書子史又數百餘卷，親族驚異之。初，應貞未讀《左傳》，方擬授之，而夜初眠中忽誦《春秋》。起惠公元妃孟子卒，終智伯貪而復，故韓、魏反而喪之，凡三十卷，一字無遺，天曉而畢。當誦時，若有教之者，或相酬和。其父驚駭，數呼之，都不答。誦已而覺，問何故，亦不知。試令開卷，則已精熟矣，問不答。著文章百餘首。後遂學窮三教，博涉多能。每夜中眠熟，與文人談論文，皆古之知名者，往來答難。或稱王弼、鄭玄、王衍、陸機，辯論烽起。或與文人論文，皆古之知名者，或論文章，談名理，往往數夜不已。年二十四而卒。……初，應貞夢裂書而食之，每夢食數十卷，則文體一變，如是非一，遂工爲賦頌。文名曰遺芳。《記聞》（《廣記》二七一）。

懷素

1 開元中，有公孫大娘善舞劍器，僧懷素見之，草書遂長，蓋準其頓挫之勢也。《樂府雜録》。

2 釋懷素自言草聖三昧。又云：「吾觀夏雲多奇峯，輒師之。夏雲因風變化，乃無常勢也。」《書法苑》

《類説》五八)。《書小史》一〇。

3 魯公與懷素同學草書於鄔兵曹，或問曰：「張長史見公孫大娘舞劍器，得低昂迴翔之狀，兵曹有之乎？」懷素以「古釵脚」對，魯公曰：「何如屋漏痕？」懷素抱魯公唱「賊」。復問：「師何所得？」曰：「觀夏雲多奇峯及壁坼路，常師之。」《法書苑》(《白孔六帖》三二)。又陶本《説郛》八六引。《類説》五八引作《書法苑》。《書小史》一〇。

4 陸羽撰《懷素傳》云：疏放不拘細行，飲酒以養性，草書以暢志。酒酣興發，遇寺壁、里墻、衣裳、器皿，靡不書之。貧無紙，乃種芭蕉萬餘株以供揮洒。又漆一柈一方板，書柈板皆穿。《書法苑》(《類説》五八)。《書小史》一〇。《澄懷録》(陶本《説郛》二三)。

5 長沙僧懷素好草書，自言得草聖三昧。棄筆堆積，埋於山下，號曰筆塚。《國史補》中。又《廣記》二〇八引。

6 永州龍興寺，乃吴軍司馬蒙之故宅。僧懷素善草隸，嘗浚井得軍司馬印，文字不滅，雕刻如新。懷素每草書，用此爲誌。《大唐傳載》。

7 懷素居零陵，菴東郊治芭蕉，亘帶幾數萬，取葉代紙而書。號其所曰緑天，菴曰種紙。厥後道州刺史追作《緑天銘》。《清異録》上。

8 懷素臺在郡東五里横隴之上。唐開元中，有僧懷素居是臺，學者因謂之懷素臺。有墨池、筆塚存焉。《零陵總記》(《詩話總龜》前集一六)。

9 懷素善草書，伯祖惠融禪師先時學歐陽詢書，世莫能辨。時號大錢師、小錢師。《海録碎事》一九。

李陽冰

1 絳州有碑，篆字與古文不同，頗爲怪異。李陽冰見而寢處其下，數日不能去。驗其文是唐初，不載書者姓名，碑上有「碧落」二字，人謂之碧落碑。《國史補》上。又《廣記》二〇八引。

2 李陽冰善小篆，自言：「斯翁之後，直至小生。曹嘉、蔡邕，不足言也。」開元中，張懷瓘撰《書斷》，陽冰、張旭並不及載。《國史補》上。又《廣記》二〇八引。《書小史》一〇。

3 方時顔真卿以書名世，真卿書碑，必得陽冰題其額，欲以擅連璧之美，蓋其篆法妙天下如此。《宣和書譜》二。

4 李陽冰善小篆，自謂蒼頡後身，時謂之筆虎。《書苑》（《海録碎事》一九）。

韓　幹

1 韓幹，京兆人也。明皇天寶中召入供奉，上令師陳閎畫馬。帝怪其不同，因詰之，奏云：「臣自有師，陛下内厩之馬，皆臣之師也。」上甚異之。其後果能狀飛黄之質，圖嘖玉之奇。九方之職既精，伯樂之相乃備。且古之畫馬，有《穆王八駿圖》，後立本亦模寫之，多見筋骨，皆擅一時，足爲希代之珍。開元後四海清平，外國名馬，重譯累至。然而沙磧之遥，蹄甲皆薄，明皇遂擇其良者，與中國之駿同頒，盡寫之。自後内厩有飛黄、照夜、浮雲、五花之乘，奇毛異狀，筋骨既圓，蹄甲皆厚。駕馭歷險，若輿輦之安也；馳驟旋轉，皆應《韶》、《濩》之節。是以陳閎貌之於前，韓幹繼之於後。寫渥窪之狀，若在水中；移驥裹之形，出於圖上，故韓幹居神品宜矣。又寶應寺三門神、西院北方天王、佛殿前面菩薩及浄土壁、資聖寺北門二十四聖，皆奇踪也。畫高僧、鞍馬、菩薩、鬼神等，并傳於世。《唐朝名畫録》。又《廣記》二一一引作《唐畫斷》。《宣和畫譜》一三。《寓簡》九。《艇齋詩話》。《圖繪寶鑑》二。

2　道政坊寶應寺。韓幹，藍田人。少時常爲貰酒家送酒，王右丞兄弟未遇，每一貰酒漫遊，幹常徵債於王家。戲畫地爲人馬，右丞精思丹青，奇其意趣，乃歲與錢二萬，令學畫十餘年。今寺中釋梵天女，悉齊公妓小小等寫真也。寺有韓幹畫下生幀彌勒，衣紫袈裟，右邊仰面菩薩及二師子，猶入神。《酉陽雜俎》續集五。

3　見周昉1。

4　建中初，有人牽馬訪馬醫，稱馬患脚，以二十鍰求治。其馬毛色骨相，馬醫未嘗見，笑曰：「君馬大似韓幹所畫者，真馬中固無也。」因請馬主遶市門一匝，馬醫隨之。忽值韓幹，幹亦驚曰：「真是吾設色者。」乃知隨意所匠，必冥會所肖也。遂摩挲，馬若蹶，因損前足，幹心異之。至舍，視其所畫馬本，脚有一點黑缺，方知是畫通靈矣。馬醫所獲錢，用歷數主，乃成泥錢。《酉陽雜俎》續集二。又《廣記》二一一引。《宣和畫譜》一三。

5　唐韓幹善畫馬，閒居之際，忽有一人玄冠朱衣而至。幹問曰：「何緣及此？」對曰：「我鬼使也。聞君善畫良馬，願賜一匹。」幹立畫焚之。數日因出，有人揖而謝曰：「蒙君惠駿足，免爲山水跋涉之苦，亦有以酬効。」明日，有人送素縑百疋，不知其來，斡收而用之。《獨異志》上。又《廣記》二一一引。《歷代名畫記》九。《南部新書》癸。《宣和畫譜》一三。

6 嘉祐中，一貴人使江南，攜韓馬一匹行。及回渡采石磯，風大作，三日不可過，欲過，又大作。於是禱于中元水府廟典祀也。是夕，夢神告留馬當相濟。翌日，詣廟獻之，風止，乃渡。至今典于廟中。因知天才神不能化。天生是物，自然而生，自乘秀氣而成才也。天不能資，神不能化，所以玉樓成必李賀記也。《畫史》。《宣和畫譜》一三。

7 見陳閎2。

盧稜伽

1 盧稜伽，吴弟子也，畫迹似吴，但才力有限。頗能細畫，咫尺間山水寥廓，物像精備。經變佛事，是其所長。吴生嘗於京師畫總持寺三門，大獲泉貨。稜伽乃竊畫莊嚴寺三門，鋭意開張，頗臻其妙。一日，吴生忽見之，驚歎曰：「此子筆力常時不及我，今乃類我，是子也精爽盡於此矣！」居一月，稜伽果卒。《歷代名畫記》九。又《廣記》二一二引、《御覽》七五一引。《宣和畫譜》二。

2 盧楞伽者，京兆人也。明皇帝駐蹕之日，自汴入蜀，嘉名高譽，播諸蜀川，當代名流，咸伏其妙。至德二載起大聖慈寺，乾元初於殿東西廊下畫行道高僧數堵，顔真卿題，時稱二絶。至乾寧元年，王蜀先主於寺東廊起三學院，不敢損其名畫，移一堵於院門南，移一堵於門北，一堵於觀音堂後。此行道僧三堵六身畫，經二百五十餘年，至今宛如初矣。西廊下一堵馬鳴提婆像二軀，雖遭粉飾，猶未損其筆蹤，餘者重妝，皆昧前跡。蜀中諸寺佛像甚多，會昌年皆盡毁。《益州名畫録》上。《宣和畫譜》二。《圖繪寶鑑》二。

畢宏

1　畢宏，不知何許人。善工山水，乃作《松石圖》於左省壁間，一時文士皆有詩稱之。其落筆縱横，皆變易前法，不爲拘滯也，故得生意爲多。蓋畫家之流，嘗有諺語，謂畫松當如夜叉臂、鸛鵲啄，而深坳淺凸，又所以爲石焉。而宏一切變通，意在筆前，非繩墨所能制。宏大曆間官至京兆少尹。今御府所藏一：《松石圖》。《宣和畫譜》一〇。《歷代名畫記》一〇。又《廣記》二一二引。《圖繪寶鑑》二。

2　見劉商2。

3　沈括收畢宏畫兩幅。一軸上以大青和墨，大筆直抹不皴，作柱天高半峯滿八分。一幅至向下作斜鑿開曲欄約峻崕，一瀑落下，兩大石塞路頭。一幅作一圓，平生半腰雲遮，下磧石數塊，一童抱琴，由曲欄轉山去，一古木卧奇石奇古。沈謫秀日見之。及居潤問之，云已易與人，竟不再出。至今常在夢寐。《畫史》。

4　見張璪1。

韋青

1　明皇朝有韋青，本是士人，嘗有詩：「三代主綸誥，一身能唱歌。」青官至金吾將軍。開元中，內人有許和子者，本吉州永新縣樂家女也，開元末，選入宮，即以永新名之，籍於宜春院。既美且慧，善歌，能變新聲。韓娥、李延年殁後，千餘載曠無其人，至永新始繼其能。遇高秋朗月，臺殿清虚，喉囀一聲，響傳九陌。明皇嘗獨召李謨吹笛，逐其歌，曲終管裂，其妙如此。又一日賜大酺於勤政樓，觀者數千萬衆，諠譁聚語，莫得聞魚龍百戲之音。上怒，欲罷宴，中官高力士奏：「請命永新出樓歌一曲，必可止諠。」上從之。永新乃撩鬢舉袂，直奏曼聲，至是廣場寂寂，若無一人。喜者聞之氣勇，愁者聞之腸絶。洎漁陽之亂，六宫星散，永新爲一士人所得。韋青避地廣陵，因月夜憑闌于小河之上，忽聞舟中奏《水調》者，曰：「此永新歌也。」乃登舟，與永新對泣久之。青始亦晦其事。後士人卒，與其母之京師，竟殁於風塵。及卒，謂其母曰：「阿母，錢樹子倒矣！」《樂府雜録》。又《御覽》五七三引。

2 大曆中，有才人張紅紅者，本與其父歌於衢路丐食，過將軍韋青所居，在昭國坊南門裏。青於街牖中聞其歌者喉音寥亮，仍有美色，即納爲姬，其父舍於後户，優給之。乃自傳其藝，穎悟絶倫。嘗有樂工自撰一曲，即古曲《長命西河女》也，加減其節奏，頗有新聲，未進聞，先印可於青。青潛令紅紅於屏風後聽之，紅紅乃以小豆數合記其節拍。樂工歌罷，青因入問紅紅如何，云：「已得矣。」青出，紿云：「某有女弟子，久曾歌此，非新曲也。」即令隔屏風歌之，一聲不失，樂工大驚異，遂請相見，歎伏不已，再云：「此曲先有一聲不穩，今已正矣。」尋達上聽。翊日召入宜春院，寵澤隆異，宮中號「記曲娘子」，尋爲才人。一日，内史奏韋青卒，上告紅紅，乃於上前嗚咽，奏云：「妾本風塵丐者，一旦老父死有所歸，致身入内，皆自韋青，妾不忍忘其恩。」乃一慟而絶。上嘉歎之，即贈昭儀也。《樂府雜録》。又《御覽》五七三引。《碧雞漫志》五。

許雲封

1 許雲封，樂工之笛者。貞元初，韋應物自蘭臺郎出爲和州牧，非所宜願，頗不得志，輕舟東下，夜泊靈壁驛。時雲天初瑩，秋露凝冷，舟中吟諷，將以屬詞，忽聞雲封笛聲，嗟歎良久。韋公洞曉音律，謂其笛聲酷似天寶中梨園法曲李謩所吹者。遂召雲封問之，乃是李謩外孫也。雲封曰：「某任城舊土，多年不歸。天寶改元，初生一月。時東封迴，駕次至任城，外祖聞某初生，相見甚喜。乃抱詣李白學士，乞撰令名。李公方坐旗亭，高聲命酒。當壚賀蘭氏年且九十餘，邀李置飲於樓上。外祖送酒，李公握管醉書某胸前曰：『樹下彼何人，不語真吾好。語若及日中，煙霏謝成寶。』外祖辭曰：『本於李氏乞名，今不解所書之語。』李公曰：『此即名在其間也。「樹下人」是木子，木子李字也。「不語」是莫言，莫言謩也。「好」是女子，女子外孫也。「語及日中」，是言午，言午是許也。「煙霏謝成寶」，是雲出封中，乃是雲封也，即李謩外生許雲封也。』後遂名之。某纔始十年，身便孤立，因乘義馬，西入長安。外祖憫以遠來，令齒諸舅學業，謂某性知音律，教以橫笛。每一曲成，必撫背賞歎。值梨園法部置小部音聲，凡三十餘人，皆十五以下。天寶十四載六月日，時驪山駐蹕，是貴妃誕辰。上命小部音聲樂長生殿，仍奏新曲，未有名。會南海進荔枝，因以曲名《荔枝香》。左右歡呼，聲動山谷。其年安禄山叛，車駕還京。自後俱逢離亂，漂流南海，近四十載。今者近訪諸親，將抵龍丘。」韋公曰：「我有乳母之子，其名千金，嘗於天寶中受笛李供奉。藝成身死，每所悲嗟。舊吹之笛，即李君所賜也。」遂囊出舊笛。雲封跪捧悲切，撫而觀之曰：「信是佳笛，但非外祖所吹者。」乃爲韋公曰：「竹生雲夢之南，鑒在柯亭之下。以今年七月望前生，明年七月望前伐。過期不伐，則其音窒；未期而伐，則其音浮。浮者外澤中乾，乾者受氣不全，氣不全則其竹夭。凡發揚一聲，出入九息。古之至音者，一疊十二節，一節十二敲。今之名樂也，至如落梅流韻，感金谷之遊人；折柳傳情，悲玉關之戍客，誠爲清響。且異至音，無以降神而祈福也。其已夭之竹，遇至音必破，所以知非外祖所吹者。」韋公曰：「欲旌汝鑒，笛破無傷。」雲封乃捧笛吹《六州遍》，一疊未盡，騞然中裂。韋公驚歎久之，遂禮雲封於曲部。《甘澤謡》（《廣記》二〇四）。

黄幡綽

1 開元中，上與内臣作歷日令。高力士挾大戟，置黄幡綽口中，曰：「塞穴吉！」幡綽遽取上前巨羅内靴中，走下，曰：「内財吉。」上歡甚，即賜之。《唐語林》五。

2 玄宗問黄幡綽：「是勿兒得人憐？」是勿兒，猶言何兒也。對曰：「自家兒得人憐。」時楊貴妃寵極中宮，號禄山爲子。肅宗在春宮，常危懼。上聞幡綽言，俛首久之。上又嘗登苑北樓望渭水，見一醉人臨水卧，問左右：「是何人？」左右不知，將遣使問之。幡綽曰：「是年滿令史。」上問曰：「汝何以知？」對曰：「更一轉入流。」上笑而止。上又與諸王會食，寧王對御坐噴一口飯，直及龍顔。上曰：「寧哥何故錯喉？」幡綽曰：「此非錯喉，是噴嚏。」幡綽優人，假戲謔之言警悟時主，解紛救禍之事甚衆，真滑稽之雄。《因話録》四。又《廣記》一六四、二五〇引。《唐語林》五。參見唐玄宗130。

3 黄幡綽滑稽不窮，嘗爲戲，上悦，假以緋衣。忽一日，佩一兔尾，上怪問，答曰：「賜緋毛魚袋。」上謂曰：「魚袋本朝官入閤合符方佩之，不爲汝惜。」竟不賜。《唐語林》五。

4 上好馬擊毬，内厩所飼者意猶未甚適。會黄幡綽戲語相解，因曰：「吾欲良馬久之，而誰能通於馬經者？」幡綽奏曰：「臣能知之。」且曰：「今三丞相悉善馬經。」上曰：「吾與三丞相語，政事之外，悉究其旁學，不聞有通馬經者，爾焉得之？」幡綽曰：「臣日日沙堤上見丞相所乘馬皆良馬也，以是必知通馬經。」上因大笑而語他。《松窗雜録》。又《廣記》二五〇引。陶本《説郛》五二引作《摭異記》。《唐語林》五。

5 見唐玄宗166。

6 安西牙將劉文樹，口辯，善奏對，上每嘉之。文樹髭生頷下，貌類猿猴，上令黄幡綽嘲之。文樹切惡猿猴之號，乃密賂黄幡綽，祈不言之。幡綽許而進嘲曰：「可憐好文樹，髭鬚共頦頤别住。文樹面孔不似猢孫，猢猻面孔强似文樹。」上知其賂遺，大笑之。《開天傳信記》。又《廣記》二五五引。

7 相傳玄宗嘗令左右提優人黄幡綽入池水中，復出，幡綽曰：「向見屈原笑臣，爾遭逢聖明，何爾至此？」據《朝野僉載》：散樂高崔嵬善弄癡，大帝令没首水底。少頃，出而大笑，上問之，云：「臣見屈原，謂臣云：『我遇楚懷無道，汝何事亦來耶？』」帝不覺驚起，賜物百段。又《北齊書》，顯祖無道，内外各懷怨毒。曾有典御丞李集面諫，比帝甚於桀紂。帝令縛致水中，沉没久之，後令引出，謂曰：「我何如桀紂？」集曰：「向來你不及矣。」如此數四，集對如初。帝大笑曰：「天下有如此癡漢，方知龍逢、比干，非是俊物。」遂解放之。蓋事本起於此。《酉陽雜俎》續集四。

8 黃幡綽亦知音。上嘗使人召之，不時至，上怒，絡繹遣使尋捕。綽既至，及殿側，聞上理鼓，固止謁者，不令報。俄頃，上又問侍官：「奴來未？」綽又止之。曲罷後，改奏一曲，纔三數十聲，綽即走入。上問：「何處去來？」曰：「有親故遠適，送至郊外。」上頷之。鼓畢，上謂曰：「賴稍遲。我向來怒時，至必撻焉。適方思之，長入供奉已五十餘日，暫一日出外，不可不放他東西過往。」綽拜謝訖，内官有相偶語笑者。上詰之，具言綽尋至，聽鼓聲候時以入。上問綽，綽語其方怒，及解怒之際，皆無少差。上奇之，復厲聲謂曰：「我心脾肉骨下事，安有侍官奴聽小鼓能料之耶？今且謂我何如？」綽遂走下階，面北鞠躬，大聲曰：「奉敕豎金鷄。」上大笑而止。《羯鼓録》。又《御覽》五八三、《廣記》二〇五引。

9 拍板本無譜，明皇遣黃幡綽造譜，乃於紙上畫兩耳以進。上問其故，對曰：「但有耳道，則無失節奏也。」韓文公因爲樂句。《樂府雜録》。又《御覽》五八四引。《脞説》（《紺珠集》一二）。

10 安禄山之叛也，玄宗忽遽播遷於蜀，百官與諸司多不知之。有陷在賊中者，爲禄山所脅從，而黃幡綽同在其數，幡綽亦得出入左右。及收復，賊黨就擒。幡綽被拘至行在，上素憐其敏捷，釋之。有於上前曰：「黃幡綽在賊中，與大逆圓夢，皆順其情，而忘陛下積年之恩寵。禄山夢見衣袖長，忽至階下，幡綽曰：『當垂衣而治之。』禄山夢見殿中槅子倒，幡綽曰：『革故從新。』推之多此類也。」幡綽曰：「臣實不知陛下大駕蒙塵赴蜀，既陷賊中，寧不苟悦其心，以脱一時之命？今日得再見天顔，以與大逆圓夢，必知其不可也。」上曰：「何以知之？」對曰：「逆賊夢衣袖長，是出手不得也。又夢槅子倒者，是胡不得也。以此臣故先知之。」上大笑而止。《次柳氏舊聞》。

11 魏鶴山《天寶遺事》詩云：「紅錦绷盛河北賊，紫金盞酌壽王妃。弄成晚歲郎當曲，正是三郎快活時。」俗所謂「快活三郎」者，即明皇也。小説載，明皇自蜀還京，以駝馬載珍玩自隨，明皇聞駝馬所帶鈴聲，謂黄幡綽曰：「鈴聲頗似人言語。」幡綽對曰：「似言三郎郎當，三郎郎當也。」明皇愧且笑。《鶴林玉露》甲二。

12 崐山縣西樓里有村曰綽堆。故老相傳云：此乃黄番綽之墓。至今村人皆善滑稽，及能作三反語。《中吴紀聞》五。《吴郡志》三九。

王積薪

1 王積薪棋術功成，自謂天下無敵。將遊京師，宿于逆旅，既滅燭，聞主人媪隔壁呼其婦曰：「良宵難遣，可棋一局乎？」婦曰：「諾。」媪曰：「第幾道下子矣！」婦曰：「第幾道下子矣！」各言數十。媪曰：「爾敗矣！」婦曰：「伏局。」積薪暗記。明日覆其勢，意思皆所不及也。《國史補》上。

2 玄宗南狩，百司奔赴行在，翰林善圍棋者王積薪從焉。蜀道隘狹，每行旅止息中道之郵亭人舍，多爲尊官有力者之所見占。積薪棲棲而無所入，因沿溪深遠，寓宿於山中孤姥之家。但有婦姑，止給水火。纔暝，婦姑皆闔户而休。積薪棲于簷下，夜闌不寐。忽聞堂内姑謂婦曰：「良宵無以爲適，與子圍棋一賭可乎？」婦曰：「諾。」積薪私心奇之。況堂内素無燈燭，又婦姑各處東西室。積薪乃附耳門扉，俄聞婦曰：「起東五南九置子矣。」姑應曰：「東五南十二置子矣。」婦又曰：「起西八南十置子矣。」姑又應曰：「西九南十置子矣。」每置一子，皆良久思惟。夜將盡四更，積薪一一密記，其下止三十六。忽聞姑曰：「子已敗矣，吾止勝九枰耳。」婦亦甘焉。積薪遲明具衣冠請問，孤姥曰：「爾可率己之意而按局置子焉。」積薪即出橐中局，盡平生之秘妙，而布子未及十數，孤姥顧謂婦曰：「是子可教以常勢耳。」婦乃指示攻守殺奪救應防拒之法，其意甚略。積薪即更求其說，孤姥笑曰：「止此已無敵於人間矣。」積薪虔謝而別。行十數步再詣，則已失向之室閭矣。自是積薪之藝絶無其倫。即布所記婦姑對敵之勢，罄竭心力，較其九枰之勝，終不得也。因名「鄧艾開蜀勢」。至今棋圖有焉，而世人終莫得而解矣。《集異記》一。又《廣記》二二八引。《桂苑叢談・史遺》。

3 王積薪夢青龍吐《棋經》九部授己，其藝頓精。《棋訣》（《雲仙雜記》六）。

4 王積薪每出遊，必攜圍棋短具。畫紙爲局，與棋子并盛竹筒中，繫于車轅馬鬣間。道上雖遇匹夫亦與對手，勝則徵餅餌牛酒，取飽而去。《棋天洞覽》（《雲仙雜記》六）。

5 晉羅什與人棋，拾敵死子，空處如龍鳳形。或言王積薪對玄宗棋局畢，悉持一日時出。《酉陽雜俎》前集一二。又《廣記》二二八引。

鑒真

1 佛法自西土，故海東未之有也。天寶末，揚州僧鑒真始往倭國，大演釋教。經黑海蛇山，其徒號過海和尚。《國史補》上。

王旻

1 太和先生王旻，得道者也，常遊名山五岳，貌如三十餘人。其父亦道成，有姑亦得道，道高於父。旻常言：「姑年七百歲矣。」有人知其姑者，常在衡岳，或往來天台、羅浮，貌如童嬰。其行比陳夏姬，唯以房中術致不死，所在夫壻甚衆。天寶初，有薦旻者，詔徵之。至則于内道場安置。學通内外，長於佛教。帝與貴妃楊氏旦夕禮謁，拜於牀下，訪以道術。旻隨事教之，然大約在于修身儉約，慈心爲本。以帝不好釋典，旻每以釋教引之，廣陳報應，以開其志。帝亦雅信之。旻雖長于服餌，而常飲酒不止，其飲必小爵，移晷乃盡一杯。而與人言談，隨機應對，亦神者也，人退皆得所未得。其服飾隨四時變改。或食鯽魚，每飯稻米，然不過多。至葱韭葷辛之物，鹹酢非養生者，未嘗食也。好勸人食蘆菔根葉，云：「久食功多力甚，養生之物也。」人有傳世世見之，而貌皆如故，蓋及千歲矣。在京多年。天寶六年，南岳道者李遐周恐其戀京不出，乃宣言曰：「吾將爲帝師，授以祕籙。」帝因令所在求之。七年冬而遐周至，與旻相見，請曰：「王生戀世樂，不能出耶！可以行矣。」于是勸旻令出。旻乃請于高密牢山合煉，玄宗許之。因改牢山爲輔唐山，許旻居之。旻嘗言：「張果，天仙也，在人間三千年矣。姜撫，地仙也，壽九十三矣。撫好殺生命，以折己壽，是仙家所忌，此人終不能白日昇天矣。」（《紀聞》）（《廣記》七二）

李遐周

1 李遐周者，頗有道術，唐開元中，嘗召入禁中，後求出住玄都觀。唐宰相李林甫嘗往謁之，遐周謂曰：「若公存則家泰，亡則家破。」林甫拜泣，求其救解。笑而不答，曰：「戲之耳。」天寶末，禄山豪横跋扈，遠近憂之，而上意未寤。一旦遐周隱去，不知所之，但於其所居壁上題詩數章，言禄山僭竊及幸蜀之事，時人莫曉，後方驗之。其末篇曰：「燕市人皆去，函關馬不歸。若逢山下鬼，環上繫羅衣。」「燕市人皆去」，禄山悉幽薊之衆而起也；「函關馬不歸」者，哥舒翰潼關之敗，疋馬不還也；「若逢山下鬼」者，馬嵬，蜀中驛名也；「環上繫羅衣」者，貴妃小字玉環，馬嵬時，高力士以羅巾縊之也。其所先見，皆此類矣。《明皇雜録》下。又《廣記》三一引。《抒情詩》(《廣記》一六三)。

孫甑生

1 唐天寶中，有孫甑生者，深於道術，玄宗召至京師。甑生善輳石累卵，折草爲人馬，乘之東西馳走。太真妃特樂其術，數召入宮試之。及禄山之亂，不知所之。《明皇雜録》補遺。又《廣記》七二引。

崔綽

1 都水使者崔綽，少年豪俠，不拘小節。天寶中，有方士過其家。崔傾財奉之，亦無所望。方士臨去，留藥一丸爲別。崔殊不之重，埋于牀下。燕薊之亂，家人避賊，崔在後未去。忽見牀下有菌，甚肥鮮，因煮而食之，雜以葷味，自此體腹輕健，至老更無疾病。月中視小字，夜食生毳。元和初猶在，年九十餘卒。蘇州刺史韋公余之祖舅。集中所贈崔都水詩者是也。向得靈藥，便能正爾服之，當已輕舉矣。其次，食所化靈芝，不雜葷茹，又應反顔住世，壽不可量。蓋玄中但以有壽無疾，酬好施之功而已。崔即蘇州之堂妹壻也。《因話録》六。

宋昌藻

1　宋昌藻，考功員外郎之問之子也。天寶中爲滏陽尉，刺史房琯以其名父之子，常接遇之。會有中使至州，琯使昌藻郊外接候。須臾卻還，云「被額」。房公澹雅之士，顧問左右：「何名爲『額』？」有參軍亦名家子，斂笏而對曰：「查名詆訶爲『額』。」房悵然曰：「道『額』者已成可笑，識『額』者更是奇人。」近代流俗，呼丈夫婦人縱放不拘禮度者爲「查」。又有百數十種語，自相通解，謂之「查談」，大抵近猥僻。《封氏聞見記》一〇。《唐語林》五。

顔杲卿

1　禄山起，杲卿計無所出，乃與長史袁履謙謁于藁城縣。禄山以杲卿嘗爲己判官，矯制賜紫金魚袋，使自守常山郡，以其孫誕、弟子詢爲質，俾崇郡刺史蔣欽湊以趙郡甲卒七千人守土門，約杲卿，將見欽湊，以私號召之。杲卿罷歸，途中，指其衣服而謂履謙曰：「此害身之物也。禄山雖以誅君側爲名，其實反矣。我與公世爲唐臣，忝居藩翰，寧可從之作逆邪！」履謙愀然變色，感歎良久，曰：「爲之奈何，唯公所命，不敢違。」杲卿乃使人告太原尹王承業以殺欽湊，俟其緩急相應，承業亦使報命。杲卿恐漏泄，示己不事事，多委政於履謙，終日不相謁，唯使男泉明往來通其言；召前真定令賈深、處士權涣、郭仲邕就履謙以謀之。適會杲卿從父弟真卿據平原，殺段子光，使杲卿妹子盧逖并以購禄山所行敕牒潛告。杲卿大悦，匿逖于家。逖之未至，杲卿先使人以私號召欽湊。至，杲卿辭之曰：「日暮，夜恐有他盗，城門閉矣，請俟詰朝相見。」因遣參軍馮虔、宗室李峻、靈壽尉李栖默、郡人翟萬德等即于驛亭偶欽湊，夜久醉熟，以斧斫殺之，悉散土門兵。先是禄山使其腹心僞金吾將軍高邈徵兵于范陽，路出常山，杲卿候知之。其日，邈至于滿城驛，杲卿令崔安石、馮虔殺之；邈前驅數人先至，遽殺之，遂生擒邈，送于郡。遇何千年狎至，安石於路絶行人之南者，馳至醴泉驛候千年，亦斬其人而擒之如邈。日未午，二凶偕致。《顔杲卿傳》（《通鑑考異》一四）。《肅宗實録》（《通鑑考異》一四）。案：包諝《河洛春秋》（《通鑑考異》一四）亦載此事，頗不同。《考異》曰：「案蓋包諝乃處遂之子，欲言杲卿初無討賊立節之義，由己父上書勸成之，以大其父功耳。……今不取。」

2 湖南觀察使有夫人脂粉錢者，自顔杲卿妻始之也。柳州刺史亦有此錢，是一軍將爲刺史妻致，不亦謬乎？《劉賓客嘉話録》（《廣記》四九七）。《玉芝堂談薈》八。案：顔杲卿未曾任湖南觀察使。

張巡　許遠　雷萬春　南霽雲

1 張巡之守睢陽，玄宗已幸蜀，胡羯方熾，孤城勢蹙，人困食竭，以紙布切煮而食之，時以茶汁和之，而意自如。其《謝加金吾將軍表》曰：「想峨眉之碧峯，豫遊西蜀；追緑耳于懸圃，保壽南山。逆賊禄山，戮辱黎獻，羶臊闕庭。臣被圍四十七日，凡一千二百餘陣。主辱臣死，當臣致命之時；惡稔罪盈，是賊滅亡之日。」其忠勇如此。又激勵將士，嘗賦詩曰：「接戰春來苦，孤城日漸危。合圍侔月暈，分守效魚麗。屢厭黄塵起，時將白羽揮。裹瘡猶出陣，飲血更登陴。忠信應難敵，堅貞諒不移。無人報天子，心計欲何施？」又《夜聞笛》詩曰：「岧嶢試一臨，虜騎附城陰。不辨風塵色，安知天地心？營開星月近，戰苦陣雲深。旦夕更樓上，遥聞横笛吟。」時雍邱令令狐潮以書勸誘，不納。其書有曰：「宋七昆季，衛九諸子，昔斷金成契，今乃刎頸相圖」云云。時劉禹錫具知宋、衛，耳剽所得，濡毫有遺，所冀多聞補其闕也。又説：許遠亦有文，其《祭纛文》爲時所稱，所謂「太一先鋒，蚩尤後殿。蒼龍持弓，白虎捧箭。」又《祭城隍文》云：「眢井鳩翔，危堞龍護。」皆文武雄健，士氣不衰，真忠烈之士也。劉禹錫曰：「此二公，天贊其心，俾之守死善道。向若救至身存，不過是一張僕射耳，則張巡、許遠之名，焉得以光揚于萬古哉！」巡性明達，不以簿書介意。爲真源宰，縣有豪華南金，悉委之。故時人語曰：「南金口，明府手。」及巡聞之，不以爲事。《劉賓客嘉話録》。《唐語林》五。《侯鯖録》六。《詩話總龜》前集一。《四六話》下。

2 張巡守寧陵，事急心孤，每戰，喊一聲即雁數行飛逆。《獨異志》下。

3 張巡每戰大呼，牙齒皆碎。及敗，尹子奇視之，其齒存者，不過三四。初守寧陵也，使南霽雲詣賀蘭進明乞救兵，進明大宴，不下喉，自嚙一指爲食。進明終不應，以至于破。《南部新書》甲。

4 張巡將雷萬春于城上與巡語次，被賊伏弩射之，中萬春面，不動。令狐潮疑是木人，詢問之，知是萬春，乃言曰：「向見雷將軍，方知足下軍令矣。然其如天理何！」巡與潮書，曰：「僕誠下材，亦天下一男子耳。今遇明君聖主，疇則屈腰；逢豺狼犬羊，今須展志」云云，「請足下多服續命之散，數加益智之丸，無令病入膏肓，坐親斧鑕也。」《劉賓客嘉話録》。《唐語林》五。

5 見李翰1。

6 張巡、許遠，宋州立血食廟，謂之雙廟。至今歲列常祀。《南部新書》丁。

安禄山

1 安禄山，營州雜種胡也，小名軋犖山。母阿史德氏，爲突厥巫，無子，禱軋犖山，神應而生焉。是夜赤光傍照，羣獸四鳴，望氣者見妖星芒熾落其穹廬。時張韓公使人搜其廬，不獲，長幼並殺之。禄山爲人藏匿，得免。怪兆奇異不可悉數，其母以爲神，遂命名軋犖山焉。突厥呼鬭戰神爲軋犖山。少孤，隨母在突厥中。母後嫁胡將軍安波注兄延偃。史思明令僞史官稷一譔禄山墓誌云，祖諱逸偃，與此不同。開元初，延偃族落破，胡將軍安道買男孝節并波注男思順、文貞俱逃出突厥中。道買次男貞節爲嵐州别駕收之。禄山年十餘歲，貞節與其兄孝節相攜而至，遂與禄山及思順並爲兄弟，乃冒姓安氏，案：郭汾陽請雪安思順表云：本姓康，亦不具本末。名禄山焉。長而奸賊殘忍，多智計，善揣人情，解九蕃語，爲諸蕃互市牙郎。張守珪爲范陽節度使，禄山盜羊姦發，追捕至，欲棒殺之。禄山大呼曰：「大夫不欲滅奚、契丹兩蕃耶？而殺壯士！」守珪奇其言貌，乃釋之，留軍前驅使，遂與史思明同爲捉生將。禄山素習山川井泉，嘗以麾下三五騎生擒契丹數十人，守珪轉奇之，每益以兵，擒賊必倍。後爲守珪偏將，所向無不摧靡，守珪遂養爲子，以軍功加員外左騎衛將軍，充衙前討擊使。《安禄山事迹》上。

2 見李筌1。

3 安禄山初爲張韓公帳下走使之吏，韓常令禄山洗足。韓公脚下有黑點子，禄山因洗脚而竊窺之。韓公顧笑曰：「黑子，吾貴相也，獨汝窺之，亦能有之乎？」禄山曰：「某賤人也，不幸兩足皆有，比將軍者黑而加文，竟不知是何祥也。」韓公奇而觀之，益親厚之，約爲義兒而加薦寵焉。《開天傳信記》。又《能改齋漫録》六引。《白孔六帖》三一引作《明皇雜録》。《定命録》（《廣記》二二二）。《唐語林》三。案：韓公爲張仁愿封爵，然此處應是張守珪事。

4 開元二十一年，守珪令禄山奏事，中書令張九齡見之，謂侍中裴光庭曰：「亂幽州者，必此胡也。」二十四年，禄山爲平盧將軍，討契丹失利，守珪奏請斬之。九齡批曰：「穰苴出軍，必誅莊賈；孫武行令，亦斬宫嬪。守珪軍令若行，禄山不宜免死。」玄宗惜其勇鋭，一作驍勇。但令免官，白衣展效。九齡又執奏，請誅之。玄宗曰：「卿豈以王夷甫識石勒，便臆斷禄山難制耶？」竟不誅之。玄宗至蜀，追恨不從九齡之言，遣中使至曲江祭酹，其誥辭刻於白石山崖壁中。至建中元年十一月五日，德宗以九齡先睹未萌，追贈司徒。《安禄山事迹》上。《唐會要》五一。參看張九齡12。

5 安禄山恩寵寖深，上前應對，雜以諧謔，而貴妃常在坐。詔令楊氏三夫人約爲兄弟，由是禄山心動。及聞馬嵬之死，數日歎惋。雖林甫養有之，而國忠激怒之，然其他腸有所自也。《國史補》上。《安禄山事迹》上。

6 禄山諂約楊妃，誓爲子母。自號國已下，次及諸王，皆戲禄兒，與之促膝娱宴。上時聞後宫三千合處喧笑，密偵則禄山果在其内。貴戚猱雜，未之前聞；凡曰釵鬟，皆啗厚利；或通宵禁掖，暱狎嬪嬙。和士開出入卧内，方此爲疏；薊城侯之獲厠刑餘，又奚足尚！《天寶亂離西幸記》（《通鑑考異》一四）。

7 上幸愛禄山爲子，嘗與貴妃於便殿同樂。禄山每就坐，不拜上而拜妃。上顧問：「此胡不拜我而拜妃子，意何在也？」禄山奏曰：「胡家即知有母，不知有父也。」上笑而捨之。禄山豐肥大腹，上嘗問曰：「此胡腹中何物，其大如是？」禄山尋聲應曰：「腹中更無他物，唯赤心爾。」上以言誠而益親善之。《開天傳信記》。又《廣記》二三八引。《安禄山事迹》上。《唐語林》五。

8 玄宗春秋漸高，託禄山心膂之任，禄山每探其旨。常因内宴承歡，奏云：「臣蕃戎賤臣，受主寵榮過甚，臣無異材爲陛下用，願以此身爲陛下死。」玄宗不對，私甚憐之。因命皇太子見之。禄山見太子不拜，左右曰：「何爲不拜？」禄山曰：「臣蕃人，不識朝儀，不知太子是何官？」玄宗曰：「是儲君。朕百歲之後，傳位於太子。」禄山曰：「臣愚，比者只知陛下，不知太子，臣今當萬死。」左右令拜，禄山乃拜。玄宗尤嘉其純誠。《安禄山事迹》上。《譚賓録》（《廣記》二三九）。

9 安禄山受帝睠愛，常與妃子同食，無所不至。帝恐外人以酒毒之，遂賜金牌子，繫於臂上。每有王公召宴，欲沃以巨觥，禄山即以牌示之，云准敕斷酒。《開元天寶遺事》下。

10 玄宗爲安禄山起第於親仁坊，敕令但窮極壯麗，不限財力。既成，具幄幕器皿，充牣其中。布帖白檀牀二，皆長一丈，闊六尺。銀平脱屏風帳一，方一丈八尺。於廚厩之物，皆飾以金銀。金飯甕一，銀淘盆二，皆受五斗。織銀絲筐及笊籬各一，它物稱是。雖禁中服御之物，殆不及也。上令中使護役，常戒之曰：「胡眼大，勿令笑我。」《續世説》九。《安禄山事迹》上。

11 安禄山初承寵遇，勑營甲第，瓌材之美，爲京城第一。太真妃諸姊妹第宅，競爲宏壯，曾不十年，皆相次覆滅。《封氏聞見記》五。

12 禄山同列皆尚食供饌，其餘頒賜品味，備極水陸。玄宗每食一味，稍珍美，必令賜與，中貴相望於道。又賜永穆公主池亭以爲遊宴之地。禄山既移居親仁坊，進表求降墨敕，請宰相至席宴會。是日，玄宗欲於樓下打毬，遂停打毬，命宰相赴焉。玄宗每於苑中放鷹鶻，所獲鮮禽，多走馬宣令賜嘗。王鉷、楊國忠選勝燕樂，必賜梨園教坊音樂，貴妃姊妹亦多在會中。駕幸温泉，必令扈從，賜馬，賜衣，香囊珍寶，不知紀極。禄山時染小疾，王人御醫重疊複至，煎和湯藥皆在禁中。先許禄山於管内上谷郡起五鑪鑄錢，時又進錢樣一千貫文。召禄山男慶緒及女壻歸義王李獻誠、禄山養兒王守忠、安忠臣等赴闕，到日並賜衣服、玉腰帶、錦綵等，仍令尚食供食。〔天寶九載〕其冬久無雪，至十二月十四日乃雪，禄山表賀焉。玄宗批答兼口號以賜之曰：「臘月忻三白，嘉平安四鄰，預知天下稔，先爲物華春。」其見重如此。《安禄山事迹》上。

13 天寶中，安禄山每來朝，上特異待之，爲置坐于殿，而偏張金雞障，其來輒賜坐。肅宗諫曰：「自古正殿無人臣坐禮，陛下寵之已甚，必將驕也。」上呼太子前曰：「此胡有奇相，吾以此厭弭之爾。」《次柳氏舊聞》。陶本《説郛》三六、五二引作《明皇十七事》。《開元天寶遺事》下。

14 玄宗御勤政樓，下設百戲，坐安禄山於東間觀看。肅宗諫曰：「歷觀今古，無臣下與君上同坐閲戲者。」玄宗曰：「渠有異相，我欲禳之故耳。」又嘗與之夜宴，禄山醉卧，化爲一猪而龍頭。左右遽告，帝曰：「渠豬龍，無能爲也。」終不殺之。《定命録》（《廣記》二二二）。《安禄山事迹》上。《獨異志》下。《南部新書》癸。

15 安禄山入覲，肅宗屢言其不臣之狀，玄宗無言。一日，召太子諸王擊毬，太子潛欲以鞍馬傷之。密謂太子曰：「吾非不疑，但此胡無尾，汝姑置之。」《因話録》一。

16 唐明皇朝退，召禄山陛殿，用銀裹小杌子賜坐，清問甚久，方令引退。肅宗因暇陳曰：「自古正殿，人臣不可坐，陛下縱愛之，但加之禄秩，賜之金帛可矣！」明皇不答。異日朝退，又召禄山賜坐。肅宗乃懷疏伏於寢殿青蒲上，曰：「臣於家，與陛下父子也，於朝，與陛下君臣也，至親切無如君臣父子矣。臣嘗言，正殿人臣不可坐。陛下今召禄山賜坐，金口詢問，移時方使去，是臣言無所用。且臣位爲太子，更欲何圖？若坐視朝廷之禮有所不正而不言，是臣陷君父於有過之地，則臣之不忠不孝之罪可知也。」因泣涕交下。玄宗遽命引起，辟去左右，撫其背曰：「是非吾兒所能知也。此胡有奇相，吾以此厭之也。」肅宗曰：「若然，則何不殺之？」玄宗曰：「殺假恐生真。」肅宗乃還東宮，私念默求計以殺之。一日召禄山飲，乃先教宮人曰：「若吾索壽酒，汝當進鴆。」禄山至，酒數行。肅宗曰：「將軍與吾家親逾骨肉，義極君臣，然將軍亦謹厚，吾頗喜也。今日願與將軍爲壽！」乃命左右進壽盃。禄山舉之將飲，適會燕啣泥墮盃中，禄山乃不飲，復置盃於坐，起曰：「臣蒙殿下賜酒，已醉。」乃再拜而去。《分門古今類事》九。《摭遺》（《類説》三四）。

17〔天寶〕十載正月一日，是禄山生日，先日賜諸器物衣服，太真亦厚加賞遺。……後三日，召禄山入内，貴妃以繡繃子繃禄山，令内人以綵輿舁之，歡呼動地。玄宗使人問之，報云：「貴妃與禄山作三日洗兒，洗了又繃禄山，是以歡笑。」玄宗就觀之，大悦，因加賞賜貴妃洗兒金銀錢物，極樂而罷。自是，宫中皆呼禄山爲禄兒，不禁其出入。又爲河東節度，二月二日，遂加雲中太守兼充河東節度採訪使，餘如故。《安禄山事迹》上。

18〔天寶十一載〕哥舒翰與禄山並來朝，玄宗使内侍高力士及貴人迎於京城東。翰母尉遲氏，于闐女也。禄山以思順常銜之。至是，忽謂翰曰：「我父是胡，母是突厥女。爾父是突厥，母是胡，與公族類頗同，何得不相親乎？」翰應之曰：「古人云，野狐向窟嗥拜，以其不忘本也，敢不同心焉？」禄山以爲譏其胡也，大怒，罵翰曰：「突厥敢如此耶？」翰欲應之，力士目翰，翰乃止。初，思順與翰分控河、隴，情甚不睦。及翰守潼關，主天下兵權，遂肆其志以報怨，誣思順與禄山潛通，僞令人遺書於關門，擒之以獻。思順與弟太僕卿元真並伏誅，天下冤之。思順與禄山少狎。及思順入奏，言禄山必反。玄宗以其先奏，不坐，至是乃誅之。《安禄山事迹》上。

19〔安禄山〕晚年益肥，腹垂過膝，自秤得三百五十斤。每朝見，玄宗戲之曰：「朕適見卿腹幾垂至地。」禄山每行，以肩膊左右擡挽其身，方能移步。玄宗每令作《胡旋舞》，其疾如風。……禄山乘驛馬詣闕，每驛中間築臺以換馬，謂之大夫換馬臺。不然馬輒死。驛家市禄山乘馬，以五石土袋試之，能馱者，乃高價市焉，鉢飼以候禄山； 鞍前更連置一小鞍，以承其腹。《安禄山事迹》上。

20 御史中丞楊國忠中外敬憚，每禄山登降，扶翼之。 右丞相李林甫專宰相柄，威權莫二，見禄山於政事堂，引坐與語。 時屬冬寒，脱己袍披覆之，其爲承恩見重也如此。《安禄山事迹》上。

21 唐安禄山多置道術人。 謂術士曰：「我對天子亦無恐懼，唯見李相則神機悚戰。」即李林甫。 術士曰：「公有陰兵五百人，皆銅頭鐵額，常在左右，何得畏李相公！」又謂禄山曰：「吾安得見之？」禄山因表請宴宰相。 令術士於簾下窺之。 驚曰：「吾初見報相公來，有雙鬟二青衣，捧香爐先入。 僕射侍衛銅頭鐵額之類，皆穿屋踰垣而走，某亦不知其故。 當是仙官暫謫居人間也。」《逸史》（《廣記》七六、一九）。

22 安禄山得飛剛寶劍，欲奏上，乞封劍爲堅利侯。 僚屬以無此例，力止之。《清異録》下。

23、24 見唐玄宗69、188。

25 十三載正月四日，禄山入覲於行在，乃見於禁中，賜錦綵繒寶鉅萬。 時肅宗覩其凶逆之狀已露，言於玄宗，玄宗不納。 肅宗恐宗廟顛覆，乃至誠祈一夢。 是夜，夢故内侍胡普昇等二人舁一紫鞍覆黄帕，自天而下，至於肅宗前，一素板丹書，文字甚多，所記者唯四句，曰：「厥不云乎，其惟其時，上天所命，福禄不覿。」及見玄宗，涕泣而言曰：「臣本胡人，陛下不次擢用，累居節制，恩出常人。 楊國忠妒嫉，欲謀害臣，臣死無日矣。」李林甫陰狹多智，見禄山，必揣知其情僞，遂長服之。 楊國忠性躁，而禄山視之蔑如也。 至是國忠言其必反，奏請追之。 禄山以玄宗不疑，促駕朝見。 以故，玄宗益信禄山爲忠，不信國忠之言。 九日，加禄山尚書左僕射……禄山歸范陽，玄宗御望春亭送別，脱御服以賜之，禄山受之，驚懼不敢言。 自謂先兆，恐復留之，遂疾驅出關。 至淇門，順流而下，所至郡縣，船夫持牽板繩立於岸上以待，至則牽之，而日行三四百里。

《安禄山事迹》中。

26～28 見楊國忠13、16、17。

29 禄山既至范陽，憂不自安，始決計稱兵向闕。自是，或言禄山反者，玄宗縛送禄山，以是道路相目，無敢言者。奏還者告禄山反，乃囚於商州。將送之，遇禄山起兵，乃放之。《安禄山事迹》中。

30 〔十四載〕九月九日甲午，縛太原尹楊光翽，送之。賊將高邈僞進射生手二十人，光翽輕騎出迎，遂爲所執，送詣禄山。太原奏光翽被擒，并東受降城奏禄山反。玄宗猶疑以讎嫌毁譖，尚不之信。移牒陳其罪狀，末云：「光翽今已就擒，國忠豈能更久。」其日陰風悽慘，觀者寒心。至鉅鹿郡，欲宿，禄山忽驚曰：「我名禄，非所宜宿也。」移營至沙河縣，博陵太守張萬頃獻《漢高祖不宿柏人頌》。王子牒至云：「渡黄河，河水見底，冰結成橋。」禄山多載草木於河中，并以長索繫破船、大樹礙凌，一宿而冰合。《安禄山事迹》中。

31 安禄山天寶末請以蕃將三十人代漢將，玄宗宣付中書令即日進呈。韋見素謂楊國忠曰：「安禄山有不臣之心，暴於天下，今又以蕃將代漢，其反明矣。」遽請對。玄宗曰：「卿有疑禄山之意邪？」見素趨下殿，涕泗且陳禄山反狀。詔令復位，因以禄山表留上前而出。俄又宣詔曰：「此之一奏，姑容之，朕徐爲圖矣。」見素自此後，每對見，每言其事，曰：「臣有一策，可銷其難，請以平章事追之。」玄宗許爲草詔，訖，中留之，遣中使輔璆琳送甘子，且觀其變。璆琳受賂而還，因言無反狀。玄宗謂宰臣曰：「必無二心，詔本朕已焚矣。」後璆琳納賂事洩，因祭龍堂，託事撲殺之。十四年，遣中使馬承威賫璽書召禄山曰：「朕與卿修得一湯，故召卿。至十月，朕待卿於華清宮。」承威復命，泣曰：「臣幾不得生還。禄山見臣宣進旨，踞床不起，但云：『聖體安穩否？』遽令送臣於別館。數日，然後免難。」至十月九日，反於范陽。《大唐新語》二。

32 見韋見素3。

33 自其年八月後，慰諭兵士，磨厲戈矛，頗異於常，識者竊怪矣。至是，禄山勒兵夜發。將出，命屬官等謂曰：「奏事官胡逸自京回，奉密旨，遣禄山將隨身兵馬入朝來，莫令那人知。羣公勿怪，便請隨軍。」《薊門紀亂》（《通鑑考異》一四）。

34 安禄山將反前三兩日，於宅宴集大將十餘人，錫賚絶厚，滿廳施大圖，圖山川險易攻取剽劫之勢，每人付一圖，令曰：「有違者斬，直至洛陽！」指揮皆畢，諸將承命，不敢出聲而去，於是行至洛陽，悉如其畫也。《幽閒鼓吹》。

35 哥舒翰擁兵守潼關，又令王思禮至陝州見賊將僞御史中丞、無敵將軍、平西大使崔乾祐，説以禍福。禄山始懼，責高尚及嚴莊曰：「汝等令我舉事，皆云必成，四邊兵馬若是，必成何在？汝等陷我，不見汝等矣。」遂誡門下逐之。數日，禄山憂懼不知所爲，而怒不解。及田乾真自關至，從容爲尚等言於禄山：「撥亂之主，經營創業，草昧之際，靡不艱難。漢祖狼狽於滎陽，曹公傾覆於赤壁，未嘗一舉而成大事者。今四面兵馬雖多，皆募新軍烏合之衆，未經行陣堡壘，非勁鋭之卒，不足爲我敵。縱大事不成，猶可效袁本初以數萬之衆據守河北之地，亦足過十年五歲耳。莊、尚皆佐命元勳，何以遽斥絶之，使諸將聞之，心不動摇乎？」禄山喜曰：「阿法之言是也。吾已絶之，奈何？」乾真曰：「但喚取慰勞之，其心必安。」因詔尚等飲燕酣樂。禄山自唱《傾盃樂》與尚送酒，待之如初。阿法，乾真小字也。《安禄山事迹》中。

36 上西幸蜀，禄山以車輦、樂器及歌舞、衣服迫脅樂工，牽引其犀象，驅掠舞馬，盡入洛陽，復散于河北。舊時之盛，掃地而盡矣。洎肅宗克復，方散求于人間。其後歸于京師者，十無一二焉。禄山至東都，既懷僭逆，大設聲樂。禄山揣幽戎王、蕃胡酋長多未之見，因誑之曰：「吾自有天下，大象自南海奔走而至，見吾必拜舞。鳥獸尚知天命有所歸，何况人乎？則四海必從我。」于是左右引象來，至則瞋目憤怒，略無拜舞者。禄山大懷慚怒，命左右置檻穽中，以烈火爇之，以刀槊俾壯士乘高投之，洞中胸臆，血流數丈。舊人樂工見者，無不掩淚。《明皇雜録》(張本《説郛》三二)。《嶺表録異》上。又《類説》四五引。《南楚新聞》(《記纂淵海》九八)。

參見唐玄宗172。

37 天寶末，羣賊陷兩京，大掠文武朝臣及黄門、宫嬪、樂工、騎士。每獲數百人，以兵仗嚴衛送於雒陽。至有逃於山谷者，而卒能羅捕，追脅授以冠帶。禄山尤致意樂工，求訪頗切，於旬日獲梨園弟子數百人。羣賊因相與大會於凝碧池。宴僞官數十人，大陳御庫珍寶，羅列於前後。樂既作，梨園舊人不覺歔欷，相對泣下。羣逆皆露刃持滿以脅之，而悲不能已。有樂工雷海清者，投樂器於地，西向慟哭，逆黨乃縛海清於戲馬殿支解以示衆。聞之者莫不傷痛。王維時爲賊拘於菩提寺中，聞之賦詩曰：「萬户傷心生野煙，百官何日更朝天。秋槐葉落空宫裏，凝碧池頭奏管弦。」《明皇雜録》補遺。又《廣記》四九五引。

38 禄山先患眼疾，日加昏昧，殆不見物，又性轉嚴酷，事不如意，即加箠撻，左右給侍微過，便行斧鉞。特寵段氏，常欲以段氏所生慶恩代長子慶緒爲嗣。慶緒每懼見廢，嚴莊亦慮禄山眼疾轉甚，恐宫中事變之後將不利，遂夜與慶緒及禄山左右閹豎李豬兒等同謀。莊謂慶緒曰：「殿下聞大義滅親乎？臣子之間事不得已而爲者，不可失也。」慶緒小胡，性又怯懦，憂懼之際，遂應之曰：「兄之所爲，敢不從命。」又謂豬兒曰：「汝事皇帝，鞭笞寧可數乎？汝不行大事，死無日矣。」〔至德〕二年正月五日，遂相與謀殺禄山。嚴莊、慶緒執兵立於帳外，豬兒執大刀直入帳下，以刀斬其腹，左右懼不敢動。禄山眼無所見，牀頭常著佩刀，始覺難作，捫刀不得，但以手撼帳竿大呼云：「賊由嚴莊。」須臾，腹已數斗血流出。掘牀下地，以氈裹其屍埋之，戒宮中勿令泄。莊明日宣言於外，稱禄山疾亟，僞詔立慶緒爲皇太子，軍國事大小並決之於慶緒。僞即位，尊禄山爲太上皇。慶緒常兄事嚴莊，每事必咨之。豬兒，契丹之降口也，年十歲餘，事禄山頗謹。宮刑之時，流血數斗，殆死，數日方蘇，幼時禄山最信之。禄山腹大，每著衣服，令三四人擎腹，豬兒頭戴之，始得繫衣帶。玄宗賜禄山華清宮浴，豬兒得入宮與禄山解著衣裳。然禄山性殘暴，鞭撻豬兒最多，遂有割腹之禍。《安禄山事迹》下。

39　安禄山押字，以手指三撮而成。《盧氏雜説》（《類説》四九）。《南部新書》癸。

史思明

1　史思明常畏〔蔡〕希德，自知謀策、果斷、英武皆不及之。時希德在相州，爲慶緒竭節展効，思明未敢顯背。無何，希德爲慶緒所殺，思明初聞，驚疑不信，及知其實，大喜見於顏色焉。《蘇門紀亂》（《通鑑考異》一五）。

2　思明混諸嫡庶，以少者爲尊，唯愛所鍾，即爲繼嗣，欲殺朝義，追朝清爲僞太子。左右泄之，父子之隙自此始構。《河洛春秋》（《通鑑考異》一六）。

3 史賊入洛陽，登明堂，仰觀棟宇，謂其徒曰：「大好舍屋。」又指諸鼎曰：「煮物料處亦大近。」洎殘孽奔走，明堂與慈閣俱見焚燒。《封氏聞見記》四。

4 安禄山敗，史思明繼逆，至東都，遇櫻桃熟，其子在河北，欲寄遺之，因作詩同去。詩云：「櫻桃一籠子，半已赤，半已黄。一半與懷王，一半與周至。」詩成，左右贊美之，皆曰：「明公此詩大佳。若能言一半周至，一半懷王，即與黄字聲勢稍穩。」思明大怒曰：「我兒豈可居周至之下！」思明長驅至永寧縣，爲其子朝義所殺。思明曰：「爾殺我太早，禄山尚得至東都，而爾何亟也？」思明子僞封懷王，周至即其傅也。《芝田録》(《廣記》四九五)。《羣居解頤》(張本《説郛》三三、陶本《説郛》二四)。

5 思明本不識文字，忽然好吟詩，每就一章，必驛宣示，皆可絶倒。嘗欲以櫻桃賜其子朝義及周贄，以彩牋敕左右書之，曰：「櫻桃一籠子，半赤一半黄。一半與懷王，一半與周贄。」小吏龍譚進曰：「請改爲一半與周贄，一半與懷王，則聲韻相協。」思明曰：「韻是何物？豈可以我兒在周贄之下！」又《題石榴》詩曰：「三月四月紅花裏，五月六月瓶子裏。作刀割破〔黄胞衣〕，六七千箇赤男女。」郡國傳寫，置之郵亭。《安禄山事迹》下。　案：《避暑録話》上作安禄山事，誤。

6 河南廣武山有流桂泉，史思明於其上立漢高廟。《大唐傳載》。

史朝興

1 思明既王，有數十州之地，年餘，朝興遂爲皇太子。朝興，辛氏之長男，特爲思明所愛，嗜酒好色，凶獷頑戾，招集幽、薊惡少與其年齒相類者百人爲左右，皆彎弓利劍，飾以丹雘、珠玉，帶佩印，雕鏤金銀，控弦揮刃，常如見敵，以南行大將子弟統之。每與其黨飲宴，酒酣，爇燎其鬚髮，或以銅彈丸擊之，以頤頷爲的。血流至地，無楚痛之色，則賞巵酒；少似嚬蹙，乃鞭之，從脛至踵，或至數千，困絶將殞，方捨之。候稍愈，復鞭之，有杖六七千不死者。姬妾皆思明所掠良家子，有不稱命，則殺之。亦有以湯鑊死者，既火盛湯沸，令壯士抱而投之，初宛轉叫呼，須臾骨肉糜爛。旁人皆毛竪股慄，朝興笑臨而觀之，以所策毬杖於鑊中撞擊，顔色自若。上元二年三月甲寅，使使告捷，云王師敗績于洛北，斬首萬餘級，勒其六宫及朝興，備車馬，爲赴洛之計。賊庭之黨相慶，踴躍叫喚，聲振天地十餘日。又宦者二人傳思明僞敕云：收兵陜、虢，以朝興爲周京留守，仍勒馳驛速發，并辛氏已下續行。朝興大喜。其宦者，朝義僞遣之，人莫知也。時朝義已殺思明，僭位，潛勒僞左散騎常侍張通儒、户部尚書康孝忠與朝興衙將高鞫仁、高如震等謀誅朝興。其日，朝興速召工匠與其母、妻造寶鈿鞍勒，搜索庫藏，脩乘騎之具，并命左右各備行裝，唯數十人侍衛。思明留駿馬百餘匹在其厩中，朝興出入馳驟，每日則於桑乾河飲之。通儒將入，潛令康孝忠從數十人持兵詣飲處，馳取其馬，閉於城南毗沙門神之院。通儒與鞫仁領步兵十餘人入其日華門，僞皇城留守劉象昌逢之，驚問其故。通儒顧左右斬之。俄而朝興腹心衞鳴鶴又問，亦斬之。子城擾亂。朝興惶怖，猶能擐甲持兵，與親信二三十人出拒，奔走於厩中取馬。馬盡矣，唯病馬一匹，朝興乘而策之，不前，遂步戰。通儒立白旗招朝興之黨，降者捨罪，復官爵。惡少等雖沐朝興之錫賚，亦怨其無道鞭捶，降者太半。朝興猶從十餘人接戰，弓矢所發，無不中者，中者皆應弦没羽。通儒軍披靡，所傷者數十百人，退出子城外。人不知甲兵之故，皆惶恐潛匿。通儒於城門拒戰良久，日已云暮，朝興衆寡不敵，走匿城上之逍遥樓，遂失其所。通儒兵入禁中，劫掠金帛，思明、朝興妻衣服皆盡。夜半，蕃將曹閔之於樓上擒獲之。朝興曰：「我兄弟六七人，朝興一身，斬之何益！」高如雲對曰：「以殿下殘酷，人各有怨心。」朝興曰：「乞放此一度，後更不敢。」執者皆笑。又謂閔之曰：「此腰帶三十兩黄金新造，謹奉將軍。」閔之曰：「殿下但死，腰帶閔之自解取。」左右益笑。縊以弓弦，斷其首，函送洛陽。《薊門紀亂》（《通鑑考異》一六）。

案：朝興，《資治通鑑》作「朝清」。

張通儒

1 禄山以張通儒爲西京留守。通儒素憚侍中苗公晉卿、内史崔公光遠。二人並僞於通儒處請復本職，通儒許之。由是微申存撫兩街百姓，長安稍見寧帖；密宣諭人主蒼惶西幸之意，老幼對泣，悲不自勝，皆感恩旨。苗公乘驢間道赴蜀奔駕，光遠亦潛去焉。通儒素憚兩公名德，内特寬之。《天寶亂離記》（《通鑑考異》一五）。案：《通鑑考異》曰：「按《舊·苗晉卿傳》，潛遁山谷，南投金州，未嘗受賊官。今不取。」

唐人軼事彙編卷十五

房琯

1 房琯少時，曾至洲渚上團沙，捏成睡嵇康，甚有標態，見者多愛之。《童子通神録》(《雲仙雜記》七)。

2 見陸象先4。

3 開元中房琯之宰盧氏也，邢真人和璞自泰山來，房琯虚心禮敬，因與攜手閒步，不覺行數十里。至夏谷村，遇一廢佛堂，松竹森映。和璞坐松下以杖扣地令侍者掘深數尺，得一缾，缾中皆是婁師德與永公書。和璞笑謂曰：「省此乎？」房遂洒然方記其爲僧時。永公即房之前身也。和璞謂房曰：「君殁之時，必因食魚膾。既殁之後，當以梓木爲棺，然不得殁於君之私第，不處公館，不處玄壇佛寺，不處親友之家。」其後譴於閬州，寄居州之紫極宫。卧疾數日，使君忽具鱠邀房於郡齋，房亦欣然命駕。食竟而歸，暴卒。州主命攢櫝於宫中，棺得梓木爲之。《明皇雜録》上。又《廣記》一四八引。《冷齋夜話》八。

4 見崔涣1、2。

5 杭州房琯爲鹽官令，于縣内鑿池構亭，曰「房公亭」，後廢。案《唐書·房琯傳》：琯，河南人，亦未爲鹽官令。此疑有誤。《唐語林》五。

6 見第五琦1。

7 司空圖《房太尉漢中》詩云：「物望傾心久，凶渠破膽頻。」注謂「祿山初見分鎮詔書，拊膺歎曰：吾不得天下矣。非琯無能畫此計者。」蓋以乘輿雖播遷，而諸子各分統天下兵柄，則人心固所繫矣，未可以强弱争也。今《唐史》乃不載此語。圖博學多聞，嘗位朝廷，且修史，其言必有自來。夫身以此廢，而功之在時乃若是，於其人之利害，豈不重哉！惜乎，史臣不能爲一白之也。《蔡寬夫詩話》（《苕溪漁隱叢話》前集一四。）

8 蘇州洞庭，杭州興德寺，房太尉琯云：「不遊興德、洞庭，未見佳處。」壽安縣有噴玉泉石溪，皆山水之勝絶者也。貞元中，琯以賓客辭爲縣令，乃剗翳薈，開徑隧，人聞而異焉。太和初，博陵崔蒙爲主簿，標准於道周，人方造而遊焉。《傳記》（《廣記》二〇一）。《大唐傳載》。

9 蜀之蚊蚋惟漢州爲最著，瀕水處蛙聲亦爲多。唐相房公琯作西湖，無蚊蚋及蛙聲。《周禮》：「蟈氏掌去鼃黽，焚牡鞠，以灰灑之則死；以其煙被之，則凡水蟲無聲。」殆用此術。然不載蚊蚋之禁如何，而同歷數百年，其術不衰。予熙寧乙卯宿西湖，雖無蛙聲，然有蚊蚋。或云近始有，或云誤傳。《東齋記事》四。

10 見宋昌藻1。

11 見韋陟3。

12 房次律弟子金圖十二歲時，次律徵問葛洪仙籙中事，以水玉一云玄珠數珠手節之，凡兩徧，近二百事，琅琅誦之不止。次律賞以轉枝梨。《童子通神集》（《雲仙雜記》一）。

崔圓

1 崔相國圓，少貧賤落拓，家於江淮間。表丈人李彦允爲刑部尚書，崔公自南方至京候謁，將求小職。李公處於學院，與子弟肄業，然待之蔑如也。一夜，李公夢身被桎梏，其輩三二百人，爲兵仗所擁，入大府署，至廳所，皆以姓名唱入。見一紫衣人據案，彦允視之，乃崔公也，遂於階下哀叫請命。紫衣笑曰：「且收禁。」驚覺甚駭異，語於夫人。夫人曰：「宜厚待之，安知無應乎？」自此優禮日加，置於别院，會食中堂。數月，崔公請出，將求職於江南，李公及夫人因具盛饌，兒女悉坐。食罷，崔公拜謝曰：「恩慈如此，不知何以報効。某每度過分，未測其故，願丈人示之。」李公笑而不爲答，夫人曰：「親表姪與子無異，但慮不足，亦何有恩慈之事。」李公起，夫人因謂曰：「賢丈人昨有異夢，郎君必貴。他日丈人迍難，事在郎君，能特達免之乎？」崔公曰：「安有是也！」李公至，復重言之，崔公踧踖而已，不復致詞。李公云：「江淮路遠，非求進之所。某素熟楊司空，以奉託。」時國忠以宰相領西川節度，崔既謁見，甚爲楊所禮，乃奏崔公爲節度巡官，知留後事。發日，李公厚以金帛贈送。至西川，未一歲，遇安禄山反亂，玄宗播遷，遂爲節度使，旬日拜相。時京城初尅復，脅從僞官陳希烈等並爲誅夷，彦允在數中。既議罪，崔公爲中書令，詳決之，果盡以兵仗圍入，具姓名唱過，判云准法。至李公，乃呼曰：「相公記昔年之夢否？」崔公頷之，遂判收禁。既罷，具表其事，因請以官贖彦允之罪。肅宗許之，特詔免死，流嶺外。《逸史》

（《廣記》一四八）。

2　崔圓微時，欲舉進士，於魏縣見市令李含章，云：「君合武出身，官更不停，直至宰相。」開元二十三年，應將帥舉科，又於河南府充鄉貢進士。其日正於福唐觀試，遇敕下，便於試場中唤將，拜執戟參河西軍事。應制時，與越州剡縣尉竇公衡同場並坐，親見其事。後官更不停，不踰二十年，拜中書令、趙國公，實食封五百户。又圓微嘗作司勳員外，釋服往見會昌寺克慎師，師笑云：「人皆自臺入省，公乃自省入臺，從此常合在鎗槊中行，後當大貴。」無何，爲刑部員外兼侍御史，充劍南節度留後。入劍門後，每行常有兵戈，未逾一年，便致勳業。崔初入蜀，常於親知自説如此。《定命録》（《廣記》二二二）。

3　安禄山之陷兩京，王維、鄭虔、張通皆處於賊庭，洎尅復，俱囚於楊國忠舊宅。崔相國圓因召於私第令畫，各畫數壁。當時皆以圓勳貴莫二，望其救解，故運思精深，頗極能事，故皆獲寬典。至於貶降，必獲善地。《明皇雜録》下。又《廣記》二一二引。《圖畫見聞誌》五。

4　崔趙公嘗問徑山曰：「弟子出家得否？」答曰：「出家是大丈夫事，非將相所爲也。」《國史補》上。《唐語林》四。

裴　冕

1　見張守珪2。

2　裴冕爲王鉷判官，鉷得罪伏法，李林甫操竊權柄，咸懼之，鉷賓佐數人，不敢窺鉷門。冕獨收鉷屍，親自護喪，瘞於近郊。《譚賓録》（《廣記》一六七）。

3 李輔國扈從肅宗，栖止帷幄，宣傳詔命，自靈武列行軍司馬，中外樞要，一以委之。及克京城後，於銀台門決事，凡追捕，先行後聞，權傾朝野，道路側目。又求宰相，肅宗謂之曰：「卿勳業則可，公卿大臣不欲，如之何？」又諷裴冕等速表薦己。肅宗患之，乃謂蕭華曰：「輔國求爲宰相，若公卿表來，不得不與。卿與裴冕早爲之所。」華出問冕，冕曰：「初無此事，臂可截也，而表不爲也。」復命奏之，上大悦。《大唐新語》三。　案：裴冕，原誤作「裴晃」。此據《舊唐書・蕭華傳》改。

4 李齊物天寶初爲陝州刺史，開砥柱之險，石中鐵犁鏵有「平陸」字，因改河北縣爲平陸縣。齊物性褊急，怒陝縣尉裴冕於州城大路，冠冕之士鄙之。後冕爲宰相，除齊物太子賓客，時人嘉冕不報私怨。《譚賓録》（《廣記》一七六）。

5 裴冕代杜鴻漸秉政，小吏以俸錢文簿白之，冕顧子弟，喜見于色。其嗜財若此。冕性本侈靡，好尚車服，名馬數百金者十四。每會客，滋味品數多有不知名者。《朝野僉載》（《廣記》二三七。明鈔本作出《盧氏雜記》）。《玉泉子》。《續世説》九。

6 永泰初，乃詔左僕射裴冕等一十三人同於集賢院待制，特給飧錢，繕修廨宇，以優其禮。自後遷者非一。隋制桐木巾子，蓋取便于事。武德初，使用絲麻爲之，頭初上平小。至則天時内宴，賜羣臣高頭巾子，號爲武家樣。後裴冕自創巾子，尤奇妙，長安謂之僕射樣。《南部新書》丙。參見裴遵慶2。

崔渙

1 開元末，杭州有孫生者，善相人。因至睦州，郡守令遍相僚吏。時房琯爲司户，崔渙自萬年縣尉貶桐廬縣丞，生曰：「二君位皆至台輔，然房神器大寶，合在掌握中。崔後合爲杭州刺史，某雖不見，亦合蒙其恩惠。」既而房以宰輔齎册書，自蜀往靈武授肅宗。崔後果爲杭州刺史，下車訪孫生，即已亡旬日矣。署伊子爲牙將，以粟帛賑卹其家。《明皇雜録》上。又《廣記》一四八引。《廣記》二二二又引作《廣德神異録》。

2 僕射房琯、相國崔渙並曾貶任睦歙州官。時有婺州人陳昭，見之云：「後二公並爲宰相，然崔公爲一大使，來江南。」及至德初，上皇入蜀，房、崔二公，同時拜相。崔後爲選補使，巡按江東，至蘇杭間。崔公自説。《定命録》（《廣記》二二二）。

張鎬

1 張鎬少有大志，遊京師，未始知名。嗜酒跌宕，人有邀之，策杖而往，大醉即歸，言不及世務。楊國忠薦爲右拾遺，不二年，由諫議大夫擢中書侍郎平章事。杜少陵云：「張公一生江海客，身長九尺鬚眉蒼。召起谿遇風雲會，扶顛始知籌策良。」正謂鎬。《詩話總龜》前集一七。

2 老杜云：「張公一生江海客，身長九尺鬚眉蒼。」謂張鎬也。蕭嵩薦之，云：「用之爲帝王師，不用則窮谷一叟爾。」《百斛明珠》（《詩話總龜》前集七）。

3 起家二年爲丞相：張鎬。按獨孤及撰張鎬神道碑云：一命左拾遺，二命右補闕，三命侍御史，四命諫議大夫，五命中書侍郎平章事。起家二年秉國鈞，自古未有。《卓異記》。

4 中書侍郎張鎬爲河南節度，鎮陳留。後兼統江、淮諸道，將圖進取，中官絡繹。鎬起自布素，一二年而登宰相，正身特立，不肯苟媚，閹宦去來，以常禮接之。由是大爲羣閹所嫉，稱其無經略才。徵入，改爲荆府長史。未幾，又除洪府長史，江西觀察使。《封氏聞見記》九。《唐語林》三。

5 洪州城自馬瑗置立後，不復修革，相傳云，修者必死。永泰中，都督張鎬修之不疑。忽城西北隅遇一大坎，坎中見二蛇，一白一黑，頭類牛，形如巨甕，長六十餘尺，蜿蟺在坑中，其餘小蛇不可勝數。遽以白鎬，鎬命逐之出。乃以竹篾縛其頭，牽之。蛇初不開目，隨牽而出。小蛇甚多，軍人或有傷其小者十餘頭，然猶大如飲椀。二蛇相隨入徐孺亭下放生池中，池水深數丈，其黿皆走出上岸，爲人所獲，魚亦鼓鰓出水，須臾皆死。後七日，鎬薨，判官鄭從、南昌令馬皎二子相繼而卒。《廣異記》（《廣記》四五七）。

苗晉卿

1 苗帝師困於名場。一年，似得，復落第。春景暄妍，策蹇驢出都門，貰酒一壺，藉草而坐，醺醉而寐。久之，既覺，有老父坐其旁，因揖敘，以餘杯飲老父。媿謝曰：「郎君縈悒耻，寧要知前事耶？」苗曰：「某應舉已久，有一第分乎？」曰：「大有事。但更問。」苗曰：「某困於窮變，一郡寧可及乎？」曰：「更向上。」曰：「廉察乎？」曰：「更向上。」苗公乘酒猛問曰：「將相乎？」曰：「更向上。」苗公怒，全不信，因肆言曰：「將相向上，作天子乎？」老父曰：「天子真者即不得，假者即得。」苗都以爲怪誕，揖之而去。後果爲將相。及德宗昇遐，攝冢宰三日。《幽閒鼓吹》。又《廣記》八四引。《唐語林》六。

2 見張倚1。

3 苗晉卿採訪河東，歸鄉拜掃。郡將宴苗，使屬縣令行酒，酒至，苗必起身受杯，立飲卒爵。又市老獻酒，苗降西階拜之而後飲。時人稱之。時自天官侍郎、河東採訪使歸潞州壺關縣。《説苑》（《廣卓異記》一二）。

4 苗晉卿爲東都留守，有士健屢犯科禁，罪當杖罰。謂之曰：「留守鞭武人甚易，捨之甚難。捨，人之所易。」遂捨之。武人自勵，卒成善士。《南部新書》庚。

5 見張通儒1。

6 今延英殿，靈芝殿也，謂之小延英。苗韓公居相位，以足疾，步驟微蹇，上每於此待之。宰相對於小延英，自此始也。《尚書故實》。《南部新書》乙。

呂諲

1 《禮記·祭法》累代祭名，不聞有戟神，是知無拜祭之禮也。近代受節，置于一室，朔望必祭之，非也。凡戟：天子二十四，諸侯十。今之藩鎮，即古之諸侯也。在其地，則施于衙門；雖罷守藩閫，有爵位崇高，亦許列于私第。上元元年，宰相呂諲立戟。有司載戟及門，諲方慘服，乃更吉服，迎而拜之，頗爲有識者所嗤。則知辱君命拜賜可也。拜戟祭節，大乖于禮。《刊誤》下。《唐語林》五。

裴遵慶

1 裴僕射遵慶罷相知選，朝廷優其年德，令就宅注官，自宣平坊牓引仕子以及東市西街，時人以爲盛事。《國史補》下。又《廣記》一八六引。案：《廣卓異記》一八引《唐書》誤作裴光庭事。

2 裴僕射遵慶二十入仕，褁折上巾子，未嘗隨俗樣。凡代之移易者五六，而公年九十所褁者，猶幼小時樣。今巾子有「僕射樣」。《大唐傳載》。《唐語林》四。參見裴冕6。

李揆

1 李相國揆以進士調集在京師，聞宣平坊王生善易筮，往問之。王生每以五百文決一局，而來者雲集，自辰及酉，不次而有空反者。揆時持一縑晨往，生爲之開卦曰：「君非文章之選乎？當得河南道一尉。」揆負才華，不宜爲此，色悒忿而去。王生曰：「君無怏怏。自此數月，當爲左拾遺。前事固不可涯也。」揆怒未解。生曰：「若果然，幸一枉駕。」揆以書判不中第，補汴州陳留尉，始以王生之言有徵，復詣之。生於几下取一緘書，可十數紙，以授之曰：「君除拾遺，可發此緘。不爾當大咎。」揆藏之。既至陳留，時採訪使倪若水以揆才華族望，留假府職。會郡有事須上請，擇與中朝通者，無如揆，乃請行。開元中，郡府上書姓李者，皆先謁宗正。時李璆爲宗長。適遇上尊號，揆既謁璆，璆素聞其才，請爲表三通，以次上之。上召璆曰：「百官上表，無如卿者。朕甚嘉之。」璆頓首謝曰：「此非臣所爲，是臣從子陳留尉揆所爲。」乃下詔召揆。時揆寓宿於懷遠坊盧氏姑之舍，子弟聞召，且未敢出，及知上意欲以推擇，遂出。既見，乃宣命宰臣試文詞。時陳黄門爲題目三篇，其一曰《紫絲盛露囊賦》，二曰《答吐蕃書》，三曰《代南越獻白孔雀表》。揆自午及酉而成。既封，請曰：「前二首無所遺限，後一首或有所疑，願得詳之。」乃許拆其緘。塗八字，旁注兩句。既進，翌日授左拾遺。旬餘，乃發王生之緘視之，三篇皆在其中，而塗注者亦如之。遽命駕往宣平坊訪王生，則竟不復見矣。《前定録》（《廣記》一五〇、張本《説郛》一〇〇、陶本《説郛》七二）。《唐語林》六。

2　唐代宗將臨軒送上計郡守，百僚外辦。御輦俯及殿之横門，帝忽駐輦，召北省官謂曰：「我常記先朝每餞計吏，皆有德音，以申誡勵。今獨無有，可乎？」宰相匆遽不暇奏對。帝曰：「且罷朝撰詞，以俟異日。」中書舍人李揆越班伏奏曰：「陛下送計吏，敕下已久，遠近咸知。今忽臨朝改移，或恐四方乍聞，妄生疑惑。今止須制詞，臣請立操翰，伏乞陛下稍駐鑾輅。」帝俞之，遂命紙筆，即令御前起草，隨遣書工寫録，頃刻而畢。及宣詔，每遇要處，帝必目揆於班。中外日俟揆之新命。時方盛暑，揆夜寢於堂之前軒，而空其中堂，爲晝日避暑之所。於一夜，忽有巨狐鳴噪於庭，仍人立跳躍，目光迸射，久之，踰垣而去。揆甚惡之。是夜未艾，忽聞中堂動盪喧豗，若有異物。即令執燭開門以視，人輩驚駭返走，皆曰：「有物甚異。」揆即就窺，乃有蝦蟇大如三斗釜，兩目朱殷，蹲踞噏沫。揆不令損害。堦前素有漬瓜果大銅盆，可受一斛，遂令家人覆其盆而合之，因扃其門，亦無他變。將曉，揆入朝，其日拜相。及歸，親族列賀。因話諸怪，即遣啓户揭盆視之，已失其物矣。《異苑》（《廣記》一三七）。　案：代宗，應爲肅宗。

3 唐丞相李揆，乾元初爲中書舍人。嘗一日退朝歸，見一白狐在庭中擣練石上，命侍僮逐之，已亡見矣。時有客於揆門者，因話其事，客曰：「此祥符也，某敢賀。」至明日，果選禮部侍郎。《宣室志》一〇。又《廣記》四五一引。

4 李揆於乾元中爲禮部侍郎。嘗一日晝坐於堂之前軒，忽聞堂中有聲極震，若牆圮。揆驚，入視之，見一蝦蟇俯于地，高數尺，魅然殊狀。揆且驚且異，莫窮其來。即命家童以巨缶蓋焉。客曰：「夫蝦蟇者，月中之物，亦天使也。今天使來公堂，豈非上帝以榮命付公乎？」黎明，啓視之，已亡見矣。後數日，果拜中書侍郎平章事。《宣室志》一。又《廣記》四七四引。《酉陽雜俎》前集四。《廣卓異記》七。《南部新書》己。

5 李揆秉政，苗侍中薦元載，揆不納。謂晉卿曰：「龍章鳳姿之士，不可見麞頭鼠目之人。乃求官耶！」及載入相，除揆祕書監，江淮養疾，凡十餘年。《南部新書》乙。

6 盧新州爲相，令李揆入蕃，揆對德宗曰：「臣不憚遠使，恐死于道路，不達君命。」上惻然，欲免之，謂盧相曰：「李揆莫老無？」杞曰：「和戎之使，且須諳練朝廷事，非揆不可。且使揆去，向後差使小于揆年者，不敢辭遠使矣。」揆既至蕃，蕃長曰：「聞唐家有一第一人李揆，公是否？」揆曰：「非也。他那箇李揆争肯到此？」恐其拘留，以此謾之也。揆門户第一，文學第一，官職第一。致仕歸東都，大司徒杜公罷淮海，入洛，見之，言及「頭頭第一」之説，揆曰：「若道門户，門户有所自，承餘裕也；官職，遭遇爾。今形骸凋悴，看即下世，一切爲空，何第一之有？」《劉賓客嘉話録》。又《廣記》四九六引。《唐語林》四。

第五琦

1　肅宗初即位，在彭原，第五琦以言事得召見，請於江淮分置租庸使，市輕貨以濟軍須。肅宗納之，拜監察御史。房琯諫曰：「往者楊國忠厚斂以怒天下，今已亂矣。陛下即位以來，人未見德。琦，聚斂臣也，今復寵之，是除一國忠用一國忠也，將何以示遠方，收人心乎？」肅宗曰：「今天下方急，六軍之命若倒懸然，無輕貨則人散矣。卿惡琦可也，何所取財？」琯不能對，卒用琦策。驟遷御史中丞，改鑄乾元錢，一以當十。又遷户部侍郎、平章事，兼知度支租庸使，俄被放黜。代宗即位，復判度支鹽鐵事。永泰初，奏准天下鹽斗收一百文，迄今行之。《大唐新語》一〇。《唐會要》八四。

李泌

1　李泌字長源，趙郡中山人也。六代祖弼，唐太師。父承休，唐吴房令。休娶汝南周氏。……泌生而髮至於眉。先是周每産，必累日困憊，唯娩泌獨無恙，由是小字爲順。泌幼而聰敏，書一覽必能誦，六七歲學屬文。開元十六年，玄宗御樓大酺，夜於樓下置高座，召三教講論。泌姑子員俶，年九歲，潛求姑備儒服，夜昇高座，詞辨鋒起，譚者皆屈。玄宗奇之，召入樓中，問姓名，乃曰：「半千之孫，宜其若是。」因問：「外更有奇童如兒者乎？」對曰：「舅子順，年七歲，能賦敏捷。」問其宅居所在，命中人潛伺於門，抱之以入，戒勿令其家知。玄宗方與張説觀棋，中人抱泌至。俶與劉晏，偕在帝側。及玄宗見泌，謂說曰：「後來者與前兒絶殊，儀狀真國器也。」說曰：「誠然。」遂命說試爲詩，即令詠方圓動静。泌曰：「願聞其狀。」説應曰：「方如棋局，圓如棋子，動如棋生，静如棋死。」説以其幼，仍教之曰：「但可以意虚作，不得更實道棋字。」泌曰：「隨意即甚易耳。」玄宗笑曰：「精神全大於身。」泌乃言曰：「方如行義，圓如用智，動如逞才，静如遂意。」説因賀曰：「聖代嘉瑞也。」玄宗大悦，抱於懷，撫其頭，命果餌啗之。遂送忠王院，兩月方歸，仍賜衣物及綵數十，且諭其家曰：「年小，恐於兒有損，未能與官，當善視之，乃國器也。」由是張説邀至其宅，令其子均、垍相與若師友，情義甚狎。張九齡、賀知章、張庭珪、韋虚心，一見皆傾心愛重。賀知章嘗曰：「此稺子目如秋水，必當拜卿相。」張説曰：「昨者上欲官之，某言未可，蓋惜之，待其成器耳。」《鄴侯外傳》（《廣記》三八）。《續世説》四。

2 當其爲兒童時，身輕，能於屏風上立，薰籠上行。道者云：年十五必白日昇天。父母保惜，親族憐愛，聞之，皆若有甚厄也。一旦空中有異香之氣及音樂之聲，李公之血屬必迎罵之。至其年八月十五日，笙歌在室，時有綵雲掛於庭樹，李公之親愛乃多擣蒜虀，至數斛，伺其異音奇香至，潛令人登屋，以巨杓颺濃蒜潑之，香樂遂散，自此更不復至。後二年，賦《長歌行》曰：「天覆吾，地載吾，天地生吾有意無？不然絶粒昇天衢，不然鳴珂遊帝都。焉能不貴復不去，空作昂藏一丈夫。一丈夫兮一丈夫，平生志氣是良圖。請君看取百年事，業就扁舟泛五湖。」詩成，傳寫之者莫不稱賞。張九齡見，獨誡之曰：「早得美名，必有所折，宜自韜晦，斯盡善矣。藏器於身，古人所重。況童子耶！但當爲詩以賞風景，詠古賢，勿自揚己爲妙。」泌泣謝之。爾後爲文，不復自言。九齡尤喜其有心，言前途不可量也。又嘗以直言規諷九齡，九齡感之，遂呼爲小友。九齡出荆州，邀至郡經年。就於東都肄業，遂遊衡山、嵩山，因遇神仙桓真人、羨門子、安期先生降之。羽車幢節，流雲神光，照灼山谷。將曙乃去，仍授以長生羽化服餌之道，且戒之曰：「太上有命，以國祚中危，朝廷多難，宜以文武之道佐佑人主，功及生靈，然後可登真脱屣耳。」自是多絶粒咽氣，修黄光谷神之要。及歸京師，寧王延於第，玉真公主以弟呼之，特加敬異。常賦詩，必播於王公樂章。及丁父憂，絶食柴毁。服闋，復遊嵩、華、終南，不顧名禄。《鄴侯外傳》(《廣記》三八)。《鄴侯家傳》(《類説》二、張本《説郛》七)。《南楚新聞》(張本《説郛》七三、陶本《説郛》四六)。《五色線》下。

3 泌自丁家艱，無復名宦之冀，服氣修道，周遊名山。詣南岳張先生受録，德宗追謚張爲玄和先生。又與明瓚禪師遊，著《明心論》。明瓚，釋徒謂之懶殘。泌嘗讀書衡岳寺，異其所爲，曰：「非凡人也。」聽其中宵梵唱，響徹山林，泌頗知音，能辨休戚，謂懶殘經音先悽愴而後喜悦，必謫墮之人時至將去矣。候中夜，潛往謁之。懶殘命坐，撥火出芋以餡之，謂泌曰：「慎勿多言，領取十年宰相。」泌拜而退。天寶八載，在表兄鄭叔則家。已絶粒多歲，身輕，能行屏風上，引指使氣，吹燭可滅。每導引，骨節皆珊然有聲。時人謂之鏁子骨。……後二歲，爲玄宗所召。後常有隱者八人，容服甚異，來過鄭家，數自言仙法嚴備，事無不至。臨去，歎曰：「俗緣竟未盡，可惜心與骨耳。」泌求隨去。曰：「不可。姑與他爲却宰相耳。」出門不復見。因作八公詩叙之。《鄴侯外傳》(《廣記》三八)。《鄴侯家傳》(《類説》二)。

4 李泌幼警敏，賦詩譏楊國忠曰：「青青東門柳，歲晏必憔悴。」國忠訴於帝，帝曰：「賦柳譏卿，則賦桃者爲譏朕，可乎？」《鄴侯家傳》(張本《説郛》七、《類説》二、《唐詩紀事》二七)。《南楚新聞》(張本《説郛》七三、陶本《説郛》四六)。

5 天寶十載，玄宗訪召入内，獻《明堂九鼎議》，應制作《皇唐聖祚文》。多講道談經。肅宗爲太子，勑與太子諸王爲布衣交。爲楊國忠所忌，以其所作《感遇》詩謗議時政，搆而陷之。詔於蘄春郡安置。天寶十二載，母周亡，歸家，太子諸王皆使弔祭。尋禄山陷潼關，玄宗、肅宗分道巡狩。泌嘗竊賦詩，有匡復意。虢王巨爲河洛節度使，使人求泌於嵩少間。會肅宗手札至，虢王備車馬送至靈武。肅宗延於卧内，動静顧問，規畫大計，遂復兩都。泌與上寢則對榻，出則聯鑣。代宗時爲廣平王，領天下兵馬元帥，詔授侍謀軍國天下兵馬元帥府行軍長史，判行軍事，仍於禁中安置。崔圓、房琯自蜀至，册肅宗爲皇帝，並賜泌手詔衣馬枕被等。既立大功，而幸臣李輔國害其能，將不利之，因表乞遊衡岳。優詔許之，給以三品禄俸。山居累年，夜爲寇所害，投之深谷中。及明，乃攀緣他徑而出，爲槁葉所藉，略無所損。《鄴侯外傳》(《廣記》三八)。

6 天寶末，韋斌謫守蘄春。時李泌以處士放逐於彼，中夜同宴，屢聞鴞音，韋流涕而歎。泌曰：「此鳥之聲，人以爲惡，以好音聽之，則無足悲矣。」請飲酒不聞鴞音者，浮以大白。坐客皆企其聲，終夕不厭。《南部新書》己。

7 初，肅宗之在靈武也，常憂諸將李、郭等，皆已爲三公宰相，崇重既極，慮收復後無以復爲賞也。泌對曰：「前代爵以報功，官以任能，自堯舜以至三代，皆所不易。今收復後，若賞以茅土，不過二三百户一小州，豈難制乎？」肅宗曰：「甚善。」因曰：「若臣之所願，則特與他人異。」肅宗曰：「何也？」泌曰：「臣絶粒無家，禄位與茅土，皆非所欲。爲陛下帷幄運籌，收京師後，但枕天子膝睡一覺，使有司奏客星犯帝座，一動天文，足矣。」肅宗大笑。及南幸扶風，每頓，必令泌領元帥兵先發，清行宫，收管鑰，奏報，然後肅宗至。至保定郡，泌稍懈，先於本院寐，肅宗來入院，不令人驚之，登床，捧泌首置於膝，良久方覺。上曰：「天子膝已枕矣。尅復之期，當在何時？可促償之。」泌遽起謝恩。肅宗持之不許。因對曰：「是行也，以臣觀之，假九廟之靈，乘一人之威，當如郡名，必保定矣。」既達扶風，旬日而西域河隴之師皆會，江淮庸調亦相繼而至，肅宗大悦。《鄴侯外傳》（《廣記》三八）。《鄴侯家傳》（《類説》二、張本《説郛》七）。《南楚新聞》（張本《説郛》七三、陶本《説郛》四六）。

8　上（今案：指肅宗）召光弼、子儀議征討計，二人有遷延之言。上大怒，作色叱之，二人皆仆地，不畢詞而罷。上告公曰：「二將自偏裨，一年，遇國家有難，朕又即位於此，遂至三公、將相；看已有驕色，商議征討，欲遷延；適來叱之，皆倒。方圖克復而將已驕，朕深憂之。朕今委先生戎事，府中議事，宜示以威令，使其知懼。」對曰：「陛下必欲使畏臣，二人未見廣平，伏望令王亦暫至府。二人至，時寒，臣與飲酒。二人必請謁王，臣因爲酒令，約不起，王至，但談笑，共臣同慰安。酒散，乃諭其脩謁於元帥。則二人見元帥以帝子之尊俯從臣酒令，可以知陛下方寵任臣，軍中之令必行，他時或失律，能死生之也。」上稱善。又奏曰：「伏望言於廣平，知是聖意，欲李、郭之畏臣，非臣敢恃恩然也。」上曰：「廣平於卿，豈有形迹！」對曰：「帝子國儲，以陛下故親臣；臣何人，敢不懼！」明日，將曉，王亦至。及李、郭至，具軍容，脩敬，乃坐飲。二人因言未見元帥，乃使報王。王將至，執盞爲令，並不得起。及王至，先公曰：「適有令，許二相公不起。」王曰：「寡人不敢。」遽就座飲。李、郭失色。談笑皆歡。先公云：「二人起謝。」廣平曰：「先生能爲二相公如此，復何憂，寡人亦盡力。今者同心成宗社大計，以副聖意。」既出，李謂郭曰：「適來飲令，非行軍意，皆上旨也，欲令吾徒稟令耳。」《鄴侯家傳》（《通鑑考異》一五）。案：《考異》曰：「按肅宗温仁，二公沈勇，必無面叱仆地之事。今不取。」

9 肅宗欲敕諸將，克長安日發李林甫冢，焚骨揚灰。李泌曰：「陛下方定天下，奈何讎死者？彼枯骨何知，徒示聖德之不宏爾。且方今從賊者皆陛下之讎也，若聞此舉，恐阻其自新之心。」上不悦，曰：「此賊昔日百方危朕，當是時，朕不保朝夕，朕之全，天幸爾。林甫亦惡卿，但未及害卿而死爾，奈何矜之？」泌曰：「臣非不知。所以言者，上皇有天下向五十年，太平娱樂，一朝失意，遠處巴蜀，南方地惡，上皇春秋高，聞陛下此敕，意必以爲韋妃之故，内慙不懌，萬一感憤成疾，是陛下以天下之大不能安君親。」言未畢，上流涕被面，降階，仰天拜曰：「朕不及此，是天使先生言之也。」遂抱泌頸，泣不已。《續世説》一。

10 先是，建寧王倓有艱難定策之功，於代宗爲弟，人或譖於肅宗，云有圖嗣害兄之心，遂遇害。及肅宗追悟倓無罪，泌慮復及諸王，因事言曰：「昔高宗有子八人，皇祖睿宗最幼。武后生者自爲行第，故皇祖第四。長曰孝敬皇帝，監國而仁明，爲武后所忌而鴆之。次曰雍王賢，爲太子。中宗、睿宗常所不安，晨夕憂懼。雖父母之前，無由敢言，乃作《黄臺瓜詞》，令樂人歌之，欲微悟父母之意，冀天皇天后聞之。歌曰：『種瓜黄臺下，瓜熟子離離。一摘使瓜好，再摘令瓜稀，三摘猶尚可，四摘抱蔓歸。』然太子竟亦流廢，終於黔州。建寧之事，已一摘矣，慎無再摘。」肅宗曰：「先生忠於宗社，憂朕家事，言皆爲國龜鏡，豈可暫離朕耶？」時玄宗有誥，只要劍南一道自奉，未議北迴。泌請肅宗奉表，請歸東宮，次作功臣表，述馬嵬、靈武之事，請上皇還京。初，肅宗表至，玄宗徘徊未決，及功臣表至，乃大喜曰：「吾方得爲天子父。」下誥定行日，且曰：「必李泌也。」肅宗召泌，且泣且喜，曰「上皇已下誥還京，皆卿力也。」《鄴侯外傳》（《廣記》三八）。《唐會要》二。

11 又肅宗嘗夜坐，召穎王等三弟，同於地爐罽毯上食。以泌多絶粒，肅宗每自爲燒二梨以賜泌。時穎王恃恩固求，肅宗不與，曰：「汝飽食肉，先生絶粒，何乃争此耶？」穎王曰：「臣等試大家心，何乃偏耶？不然，三弟共乞一顆。」肅宗亦不許，别命他菓以賜之。王等又曰：「臣等以大家自燒，故乞，他菓何用？」因曰：「先生恩渥如此，臣等請聯句，以爲他年故事。」穎王曰：「先生年幾許，顔色似童兒。」其次信王曰：「夜抱九仙骨，朝披一品衣。」其次益王曰：「不食千鍾粟，唯餐兩顆梨。」既而三王請成之，肅宗因曰：「天生此間氣，助我化無爲。」泌起謝。肅宗又不許，曰：「汝之居山也，棲遁幽林，不交人事。居内也，密謀匡救，動合玄機，社稷之鎮也。」《鄴侯外傳》（《廣記》三八）。《鄴侯家傳》（《類説》二）。

12 皇孫奉節王煎茶加酥椒之類，求泌作詩，泌曰：「旋沫番成碧玉池，添酥散作瑠璃眼。」奉節王即德宗也。《鄴侯家傳》（《類説》二）。《南楚新聞》（張本《説郛》七三）。

13 見薛勝1。

14 泌與肅宗夾鑪而卧，懇求退，曰：「今陛下以隔爐爲遠，此時不得請，它日香案前奏事，豈復可得乎？」《鄴侯家傳》（《類説》二）。

15 肅宗既還京師，泌辭去，云：「臣有五不可住：臣遇太早，陛下用臣太重，恩太深，功太高，而跡太奇。」力辭，果去。《鄴侯家傳》（《類説》二）。《南楚新聞》（張本《説郛》七三）。

16 泌得請於衡嶽隱居，詔即所居營「端居室」。《鄴侯家傳》（《類説》二）。《南楚新聞》（《張本《説郛》七三）。

17 中宗時，道士葉静能加金紫。代宗朝，李泌乞遊衡嶽，詔給品禄，贈紫道衣。其後道士賜紫自泌始。《事始》（《類説》三五）。案：代宗，當爲「肅宗」。

18 泌每訪隱選異，採怪木蟠枝，持以隱居，號曰「養和」。人至今效而爲之。乃作《養和篇》，以獻肅宗。《鄴侯外傳》（《廣記》三八）。

19 到山四歲而二聖登遐。代宗踐阼，命中人手詔馹騎徵先公於衡岳。先是半年前，先公夜遇盜三人，爲其所拉，而投之於懸澗，及日出，乃寤，下藉樹葉丈餘，都無所傷，緣巖攀蘿而出，不敢至舊居，山中人以爲仙去。及中貴將至，先公大懼，沐浴更衣以俟命，乃代宗踐阼之徵也。疑盜爲張后及辅國所遣，亦竟不知其由。《鄴侯家傳》（《通鑑考異》一七）。

20 泌恩渥隆異，故元載、輔國之輩，嫉之若仇。代宗即位，累有頒錫，中使旁午於道。别號天柱峯中岳先生，賜朝天玉簡。已而徵入翰林。元載奏以朝散大夫檢校秘書少監，爲江西觀察判官。載伏誅，追復京師。又爲常衮所嫉，除楚州刺史，未行，改豐朗二州團練使，兼御史中丞，又改授杭州。所至稱理。《鄴侯外傳》（《廣記》三八）。

21 泌去三四載，二聖登遐，代宗踐祚，乃詔追至闕，舍於蓬萊殿延喜閣。由給事以上及方鎮除降，代宗必令商量，軍國大事，亦皆泌參決。因語及建寧王靈武之功，請加贈太子，代宗感悼久之，云：「吾弟之功，非先生則世人不知。豈止贈太子也！」即勑於彭原迎喪，贈承天皇帝，葬齊陵。《鄴侯外傳》（《廣記》三八）。

22 代宗欲相泌，元載令其黨排毁百端，帝不得已，出泌爲江西觀察判官，曰：「後召當以銀爲信。」後路嗣恭代魏少遊爲江西觀察使，載與路書云：「泌亦莫令在南，亦莫令在北。」路奏泌爲虔州別駕。明年春，勑下，除銀青光禄大夫。及見，上喜甚，曰：「別卿八年，方處置得此賊，亦幾落其計。再與卿相見，何慰如之！賴春宫仁孝，發其謀，不然不得見卿矣！」對曰：「往年已具奏，大臣若陛下以爲不可，即去之。需事而賊，皆由含容大過，使之惡稔至是。」上曰：「卿知三品以上皆是賊乎！且面屬卿而去，乃取載意奏卿爲虔州別駕，云卿意欲之，其欺朕如此！且平嶺南，進瑠璃盤，面闊九寸，朕以爲寶，乃破載家得一尺面者，乃其所寄，非賊而何？」《鄴侯家傳》（《類説》二）。《南楚新聞》（張本《説郛》七三）。《唐語林》五。

23 興元初，徵赴行在，遷左散騎常侍。尋除陜府長史，充陜虢防禦使。陳許戍卒三千自京西逃歸，至陜州界，泌潛師險隘，盡破之。又開三門陸運一十八里，漕米無砥柱之患，大濟京師。二年六月，就拜中書侍郎平章事，加崇文館大學士，修國史，封鄴侯。時順宗在春宫，妃蕭氏母郜國公主交通於外，上疑其有他志，連坐貶黜者數人，皇儲危懼。泌周旋陳奏，德宗意乃解。頗有讜正之風。五年春，德宗以二月一日爲中和節，泌奏今有司上農書，獻穜稑之種，王公戚里上春服，士庶乃各相問訊。泌又作中和酒，祭勾芒神，以祈年穀。至今行之。泌曠達敏辨，好大言。自出入中禁，累爲權臣所擠，恒由智免。終以言論縱横，上悟聖主，以躋相位。是歲三月薨。贈太子太傅。《鄴侯外傳》（《廣記》三八）。

24 德宗以播遷爲天命，泌曰：「天子造命，不可言命。」《南楚新聞》（張本《説郛》七三、陶本《説郛》四六）。

25 德宗初議改元，泌曰：「本朝之盛，無如貞觀、開元，各取一字。」乃改號貞元。《鄴侯家傳》（張本《説郛》七、《類説》二）。《雲谷雜記》三。

26 唐貞元初，陝虢兵馬使達奚抱暉殺節度使張勸，代總軍務，邀求旌節。德宗遣李泌往，欲以神策軍送之，泌請以單騎入，上加泌觀察使。泌出潼關，鄜坊步騎三千布於關外，曰：「奉密詔送公。」泌寫宣以却之，疾驅而前。抱暉不使將佐出迎，去城十五里方出謁。泌稱其攝事保城壁之功，入城視事。明日，召抱暉至宅，語之曰：「吾非愛汝而不誅，恐自今有危疑之地，朝廷所命將帥，皆不能入，故丐汝餘生。」抱暉遂亡命。《容齋四筆》一六。

27 泌未相時，宿内院，人竊其鞋送德宗所，帝曰：「鞋者，諧也。當爲弼諧，事且諧矣。」《鄴侯家傳》（張本《説郛》七、《類説》二）。《南楚新聞》（張本《説郛》七三、陶本《説郛》四六）。

28 李丞相泌謂德宗曰：「肅宗師臣，豈不呼陛下爲宕郎？」聖顔不悦。泌曰：「陛下天寶元年生，向外言改年之由，或以弘農得寶，此乃謬也。以陛下此年降誕，故玄宗皇帝以天降之寶，因改年號爲天寶也。」聖顔然後大悦。又韋渠牟曾爲道士及僧，德宗問：「卿從道門，本師復是誰？」渠牟曰：「臣師李仙師，仙師師張果老先生。肅宗皇帝師李仙師爲仙帝，臣道合爲陛下師，由跡微官卑，故不足爲陛下師。」渠牟亦效李相泌之對也。《劉賓客嘉話録》。《唐語林》六。

29 德宗既相泌，令與同列分職，泌曰：「宰相代天理物，補衮之職，不可分也。至於給舍，乃分司押事，故舍人謂之六押。平章事，當共之，若各司其局，乃有司也，焉得謂之相？」帝從之。《鄴侯家傳》（《類説》二）。

30　德宗命李泌爲相，以泌三朝顧遇，禮待信用不與諸宰相等。常於便殿語及玄宗朝，尤惜謬用李林甫，因再三歎息，重言曰：「中原之禍，自林甫始也。然以玄宗英特之姿，何始不察耶？」泌因奏曰：「玄宗盛年始初，已歷則天、中宗多難之後，雖江充將陷戾園，賈后欲圖愍、懷，於睿宗之患無以改過也。及降封臨淄，旋出入閣，上下鄠杜之間，備聞人間疾苦。又以天縱英姿，志除内難，有漢宣之多異，仗蕭王之赤城。故英威一震，姦凶自殪。而夙尚儒學，深達政經，薄漢高馬上之言，美武帝更僕之問。自初登寶位，樂近正人。惟帝之難，力所能舉。上既勤儉，政事無不施行，又得良臣，天下自化。及東封之後，上每覽帝籍，有自多之言。用聲色爲娱，漸堂階之峻。故古語曰：貧不學儉而儉自來，富不學奢而奢自至。若以勤儉爲志，則臣下守法，官無邪人。及嗜慾稍深，則政亦怠矣。故林甫善爲承迎上意，招顧金玉，託庇左右，安國委相之跡如是，則百吏可知。是以揚雄言：昔武帝運帑藏之財，填盧山之壑，未爲害也。今貨入權門，甚於此矣。林甫未厭，仙客繼之。昔齊桓以管仲存而霸業成，管仲亡而齊難作，則古人所諷見於深旨。」由是泌屢以是非諷之，上怡然聽從，似喜所得。因曰：「相才而又知書，吾高枕矣。」《松窗雜録》。

31　泌謂盧杞姦邪，德宗稱其小心，泌曰：「小心乃姦臣之態。」《鄴侯家傳》（《類説》二、張本《説郛》七）。《南楚新聞》（張本《説郛》七三、陶本《説郛》四六）。

32　有布衣張子路上書，言泌之短，德宗殺之，謂泌曰：「朕皆得其誣妄。且云卿受嚴震獅子百枚，計價二萬貫，朕料必是沙糖獅子。山南地貧，何處有如許金？又人家用一百個金獅子作何物？試使人潛勘，送沙糖使猶在城。卿避嫌疑，諸道寄茶及口味，悉皆拆開將入，此賊遂敢誣罔，故處置之。」《鄴侯家傳》（《類説》二）。

33 泌加集賢學士，奏曰：「《論語》是聖人之言，弟子記之，而篇序之名多不近理，且甚錯雜。何晏集解，又多舛誤。臣少欲編次注釋而未暇，今加學士，樞務稍簡，欲成素志。」上曰：「朕幼好《論語》，以其篇名淺近，注釋又疏，有意與碩儒爲之。卿先有此請，即爲置一講論殿，殿成，與卿日夕討論。」泌曰：「未可。」上曰：「向前帝王好用臣下著述爲御製，朕意不如此。自幼讀書，頗有義性，今欲同商量撰注。朕義長，則注稱御製；卿義長，則稱臣曰，令後代知君臣同心，精於古訓，一時盛事，非欲占卿義也。」泌曰：「陛下睿聖，天縱生知，當合堯舜。宣尼，祖述堯舜者也。臣識見淺短，方欲解釋七十子之言，豈憂占臣義乎？所言未可者，見梁武帝；侯景及周軍至，猶講《老子》不輟，故庾信賦云：『縉紳以干戈爲兒戲，宰衡以清談爲廟略。』高貴鄉公與鍾繇等較量精義，何救於敗？今吐蕃刼盟，其屯集去京無五百里，陛下乃與臣講論，恐邊將懈怠，且爲後代所笑。臣忝學士，偶成夙志則可，君臣同注，乃是不急之務，願待理平後圖之。」上曰：「卿凡事精深如此，可謂真宰相。然卿亦未得便自注，終待平定後與卿同爲之。」於是乃止。《鄴侯家傳》（《類説》二）。

34 初，李晟將建家廟。准令：二品以上祀四廟，有名封者祀五廟，五品以上祀三廟，三品以上不須兼爵。時泌以爲四廟非古，且禮有降殺，天子七廟，諸侯五廟，古制也。上許立五室，但祀四代，空始祖之室，待後五代孫祀既祧諸主，以晟爲始祖不祧之室可也。意令功臣有遠長之圖。馬燧曰：「郭尚父亦只立四廟。」泌曰：「李晟功與郭子儀異。至德收復，玄宗雖幸蜀，肅宗自靈武至鳳翔，時先皇爲元帥，親總戎行，外蕃及諸道之師共十餘萬，子儀自同州來會戰，只朔方節度耳。戰勝收復，回紇及四鎮之功多。晟之收復也，陛下再幸梁洋，旁有懷光，以朔方之强又反，諸道已抽兵回者，收復之日，渾瑊在咸陽，亦不來會。其時又無元帥，駱元光等皆有所統率也。此乃克復全在於晟，子儀豈可比哉！」上曰：「誠如卿言。」於是許立五廟而空西室。《鄴侯家傳》(《類説》二)。

35 德宗曰：「前代三九皆有公會，而上巳與寒食往往同時。來年合是三月二日寒食，乃春無公會矣。欲於二月創置一節，何日而可？」泌曰：「二月十五日以後，雖是花時，與寒食相值，又近晦日，以晦爲節，非佳名色。二月一日正是桃李開時，請以二月一日爲中和節。其日賜大臣方鎮勳戚尺，謂之裁度；令人家以青囊盛百穀果實相問遺，謂之獻生子；醞酒謂之宜春酒；村閭祭勾芒神祈穀；百僚進農書以示務本。」上大悦，即令行之，并與上巳、重陽謂之三令節，中外皆賜錢尋勝宴會。《鄴侯家傳》(《類説》二)。

36 寶應年中，員外郎竇庭芝分司洛邑，常敬事卜者胡盧生，每言吉凶，無不必中。如此者往來甚頻，長幼莫不傾蓋。一旦淩晨入門，頗甚嗟惋。庭芝問之，良久乃言：「君家大禍將成，舉族恐無遺類。即未在旦夕，所期亦甚不遠。」既而舉家涕泣，請問求生之路。云：「非遇黄中君、鬼谷子，不可相救。然黄中君造次難見，但見鬼谷子，當無患矣。」具述形貌服飾，仍約浹旬求之。於是竇與兄弟羣從洎妻子奴僕，曉夕求訪於洛下。時李鄴侯有内艱，居于河清縣，因省覲親友，策蹇驢入洛。至中橋南，遇大尹避道，所乘驢忽驚逸而走，徑入庭芝所居。與僕者共造其門，值庭芝車馬羅列將出，忽見鄴侯，皆驚眙而退。俄有人出來，云：「此是分司竇員外宅，所失驢收在馬厩，請客入座，員外嘗願修謁。」如此者數四，鄴侯不獲已，就其廳事。庭芝既出，降堦而拜，延接殷勤，遂至信宿。至如妻孥孩稚，咸備家人之禮。數日告去，贈送殊厚，但云：「貴達之辰，願以一家爲託。」鄴侯居于河清，信使旁午於道。及朱泚搆逆，庭芝方廉察陝服，車駕出幸奉天，遂陷於賊庭。及鑾輿返正，德宗首命誅之。鄴侯自南嶽徵迴，至行在便爲宰相，因第臣僚罪狀，遂請庭芝減死。聖意不解，云：「卿以爲寧王懿親乎？庭芝姊爲寧王妃。以此論之，猶不可。然莫有他事俾其全活否？卿但言之。」於是具以前事上聞，由是特原其罪。鄴侯始奏，上密使中官夜乘傳陝州問之，竇奏其事。德宗曰：「曩言黄中君，蓋指於朕。未知呼卿爲鬼谷子何也？」或云：李相先代靈城在清谷前濁谷後，恐以此言之。《劇談録》上。《唐語林》六。《鄴侯外傳》（《廣記》三八）。《感定録》（《廣記》一五〇）。　案：《感定録》言救竇庭芝事在肅宗時。

37　李泌有讜直之風，而好談詭神仙鬼道。或云嘗與赤松、王喬、安期、羡門等遊處。坐此爲人所譏。《南部新書》丁。

38　李相泌以虛誕自任。嘗對客曰：「令家人速灑掃，今夜洪崖先生來宿。」有人遺美酒一榼，會有客至，乃曰：「麻姑送酒來，與君同傾。」傾之未畢，閽者云：「某侍郎取榼子。」泌命倒還之，略無怍色。《國史補》上。又《廣記》二八九引。

39　李長源常服氣導引，并學禹步方術之事，凡數十年，自謂得靈精妙，而道已成。遠近輩親敬師事者甚多。洪州晝日火發，風猛焰烈，從北來，家人等狼狽，欲拆屋倒籬以斷其勢。長源止之，遂上屋禹步禁呪。俄然火來轉盛，長源高聲誦呪。遂有迸火飛焰，先著長源身，遂墮于屋下。所居之室燒蕩盡，器用服玩，無復孑遺。其餘圖籙持呪之具，悉爲灰燼。《辯疑志》(《廣記》二八九)。　案：李長源或即李泌。蓋李泌字長源。今附於此。

郭子儀

1　見李白29。

2　杜牧《張保皋傳》曰：　安禄山亂，朔方節度使安思順以禄山從弟賜死，詔郭汾陽代之。後旬日，復詔李臨淮持節，分朔方半兵，東出趙、魏。當思順時，汾陽、臨淮俱爲牙門都將，二人不相能，雖同盤飲食，常睇相視，不交一言。及汾陽代思順，臨淮欲亡去，計未決，詔至，分汾陽兵東討。臨淮入請曰：「一死固甘，乞免妻子。」汾陽趨下，持手上堂偶坐，曰：「今國亂主遷，非公不能東伐，豈懷私忿時邪！」悉召軍吏，出詔書讀之，如詔約束。及別，執手泣涕，相勉以忠義。《通鑑考異》一五。　案：《考異》曰：「按於時玄宗未幸蜀，唐之號令猶行於天下，若制書除光弼爲節度使，子儀安敢擅殺之！　杜或得於傳聞之誤也。」

3　見李泌8。

4　公以三十騎循御宿川，略山而東。公西望國門，涕不自勝，謂王延昌曰：「爲舍人計，何以復國？」延昌歔欷不能對。公謂曰：「料諸將散卒必逃商於，若速行收合散卒，兼武關兵，數日之內，卻出藍田，設疑兵，爲旆，屯於韓公堆，吐蕃必懼我而退，乃相與速驅之。」過藍田，公與延昌議曰：「散兵至商州，必官吏不守，則兵亂而人潰。」使延昌間道中宿至商州，果如所議。延昌以公之言巡撫之，亂乃止，潰乃復。《汾陽家傳》（《通鑑考異》一六）。

5 射生將王撫，猛而多力，自稱御史大夫，領五百騎、二千步卒，兼補官屬，以謀作亂。甲午，公發商州；〔廣德元年〕冬十一月壬寅，公次滻水之右。王撫知公之來也，於城中堅列行陣，戈矛若林，指揮其間，按甲不出。人勸公必不可入，公以三十騎徐進，曾不少懼，令傳呼王撫，撫應聲伏，烏合之徒，一時而潰。《汾陽家傳》（《通鑑考異》一六）。

6 郭公屯商州，十二月一日，率諸軍五萬餘人出藍田，去城百里而軍。城中相傳，言大軍將至，西戎懼焉。三日，馬家小兒、張小君、李酒盞、射生官王甫等五百餘人，夜半，聚六街鼓入于子城，雷擊天門街中，仍分其衆建旗諸門。吐蕃以爲大軍夜至，相帥遁去。小君使報郭公。七日，郭公全師入于京師，繫小君、酒盞、王甫等，責之曰：「吾軍未至，汝設詐以畏吐蕃，吐蕃知之怒汝，燔爇宮闕，從容而去，豈不由汝乎！」命斬之。遂以破賊收城聞。《邠志》（《通鑑考異》一六）。案：《考異》曰：「若如《邠志》所言，是子儀殺撫而攘其功，計子儀必不爲也。……凌準作書，多攻其短，疑有宿嫌，不可盡信。」

7 見唐代宗6。

8 〔廣德二年〕十月七日，公誓師曰：「明日有寇，爾其備之。」及夜，出兵數萬陣于西門之外，廣布旗幟，如十萬軍。未曙，懷恩，吐蕃、回紇、吐渾等已陣于乾陵北，長二十里。懷恩等初謂無備，欲襲之。既見陣，兩蕃大駭，不敢戰。而懷恩頃爲公所馭，懾公之威，又遁。初，軍中偶語：「夜中出兵，與鬼鬭耳。」

及未曙，寇已至矣，軍中所以服公之先知也。《汾陽家傳》（《通鑑考異》一六）。

9〔永泰元年〕八月，〔僕固〕懷恩以諸戎入寇，九月，詔郭公討之，師于涇陽。回紇屯涇北，去我十里，朝恩請擊回紇。郭公曰：「我昔與回紇情契頗至，今茲爲寇，必將有故，吾方導而問之，可不戰而下也。」朝恩流言謂郭公與懷恩爲應，陰率諸軍列營渭上。郭公章疏逾旬不達。郭公諸子在長安聞之，使小將强羽以物議告郭公。郭公間道入覲，且以衆議聞。上曰：「無是。」即日令赴涇陽。朝恩驚曰：「郭公真長者，吾比疑之，誠小人也。」《邠志》（《通鑑考異》一七）。　案：《考異》有考辨之言。

10〔永泰元年〕十月二十四日，回紇逼涇陽，陣于郭西，使漢語者曰：「城中誰將？」軍吏對曰：「郭令公也。」虜曰：「郭令公亡矣，紿我也。」郭公聞之，獨與家童五六人常服相詣。其子晞等扣馬止之，公撾其手曰：「去。」使人告虜，按轡就之。回紇熟視曰：「是也！」下馬皆拜，曰：「始者不知令公尚在，今日降，可乎！」郭公入其衆，取酒飲之。虜又請曰：「恐不見信，願擊吐蕃以自効。」郭公從之。回紇擊吐蕃，逐之，三十日，敗蕃衆於靈臺，殺萬餘人而去。《邠志》（《通鑑考異》一七）。

11〔大曆〕五年春，詔以寒食召郭公，豐年令節，思與大臣爲樂。時欲誅朝恩，因喻郭公：「朔方一軍，有社稷勞，宜以功卒數千人入朝，朕因宴賞，得以相識。」一月，郭公以組甲三千人入覲。魚朝恩請公遊章敬寺，公許之。丞相元公意其相得，使諷邠吏請公無往，邠吏自中書馳告郭公曰：「軍容將不利於公。」亦告諸將。須臾，朝恩使至，郭公將行，士之衷甲請從者三百人，願備非常。郭公怒曰：「我大臣也，彼非有密旨，安敢害我！若天子之命，爾曹胡爲！」獨與僮僕十數人赴之。朝恩候之，驚曰：「何車騎之省也！」公以所聞對，且曰：「恐勞思慮耳！」軍容撫胸捧手，嗚咽雪涕曰：「非公長者，得無疑乎！」《邠志》（《通鑑考異》一七）。《譚賓録》（《廣記》一七六）。案：《考異》曰：「按《汾陽家傳》，子儀五月入朝，七月至邠州。或是四年正月入朝時事。於時未有誅朝恩之謀。」

12 郭子儀，華州人也。初從軍沙塞間，因入京催軍食，迴至銀州十數里，日暮，忽風砂陡暗，行李不得，遂入道傍空屋中，籍地將宿。既夜，忽見左右皆有赤光，仰視空中，見軿輜車繡屋中，有一美女，坐牀垂足，自天而下，俯視子儀。拜祝云：「今七月七日，必是織女降臨。願賜長壽富貴。」女笑曰：「大富貴，亦壽考。」言訖，冉冉昇天，猶正視子儀，良久而隱。子儀後立功貴盛，威望烜赫。大曆初，鎮河中，疾甚，三軍憂懼。子儀請御醫及幕賓王延昌、孫宿、趙惠伯、嚴郢等曰：「吾此疾自知未到衰殞。」因話所遇之事，衆稱賀忻悦。其後拜太尉、尚書令、尚父，年九十而薨。《神仙感遇傳》（《廣記》一九）。

13 東坡言：郭子儀鎮河中日，河甚爲患。子儀禱河伯曰：「水患止，當以女奉妻。」已而河復故道，其女一日無疾而卒。子儀以其骨塑之于廟，至今祀之。惜乎，此事不見于史也。《濟南先生師友談記》。《悦生隨鈔》（張本《説郛》一二）。

14 郭汾陽在汾州，嘗奏一州縣官，而勑不下。判官張曇言於同列，以令公勳德，而請一吏致阻，是宰相之不知體甚也。汾陽王聞之，謂寮屬曰：「自艱難以來，朝廷姑息。方鎮武臣，求無不得。以是方鎮跋扈，使朝廷疑之，以致如此。今子儀奏一屬官不下，不過是所請不當聖意。上恩親厚，不以武臣待子儀，諸公可以見賀矣！」聞者服其公忠焉。王在河中，禁無故走馬，犯者死。南陽夫人乳母之子抵禁，都虞候杖殺。諸子泣告於王，言虞候縱横之狀，王叱而遣之。明日，對賓僚吁歎者數四。衆皆不曉，徐問之，王曰：「某之諸子，皆奴材也。」遂告以故曰：「伊不賞父之都虞候，而惜母之阿嬭兒，非奴材而何？」《因話録》二。《唐語林》三。

15 郭子儀以朔方節度副使張曇性剛，謂其以武人輕己，銜之。孔目官吴曜，爲子儀所任，因而搆之。子儀怒，誣奏曇扇動軍衆，誅之。掌書記高郢力争之，子儀不聽，奏貶郢猗氏丞。既而寮佐多以病去。子儀悔之，悉薦之朝，曰：「吴曜誤我。」遂逐之。《續世説》七。

16 張曇爲汾陽王從事，家嘗有怪。召術者問之，言以大禍將至，惟休退則免。曇不之信。又方燕賓，席上見血，有巫者聞之，勸其杜門不納賓客，屏遊宴，曇怒杖之。其後曇言語乖度，公頗銜之。又屢言同列間事，每獨候見，多值公方燕寵姬所。不令白事，必抑門者令通。公謂其以武臣輕忽，益不平之。後因請公去所任吏，遂發怒，因之以聞，竟斃于杖。《因話録》六。《唐語林》五。

17 郭子儀自同州歸，詔大臣就宅作軟脚局，人率三百千。《大唐遺事》(《類説》二〇)。又《海録碎事》六引。《孔氏談苑》五。

18 郭子儀每入朝，上令魚朝恩、元載迭爲宴，一宴至費錢十萬緡。《玉芝堂談薈》四。

19、20 見唐代宗9、10。

21 中書令郭子儀勳伐蓋代，所居宅内，諸院往來乘車馬，僮客于大門出入各不相識。詞人梁鍠嘗賦詩曰：「堂高憑上望，宅廣乘車行。」蓋此之謂也。郭令曾將出，見修宅者，謂曰：「好築此牆，勿令不牢。」築者釋鍤而對曰：「數十年來，京城達官家牆皆是某築，祇見人自改换，牆皆見在。」郭令聞之，愴然動容，遂入奏其事，因固請老。《封氏聞見記》五。《唐語林》五。

22 郭汾陽再收長安，任中書令，二十四考。勳業福履，人臣第一。韋太尉皐鎮西川，亦二十年，降土蕃九節度，擒論莽熱以獻，大招附西南夷，任太尉，封南康王，亦其次也。《國史補》中。

23 見柳并1。

24 見渾瑊3。

25 郭汾陽每遷官則面長二寸，額有光氣，事已乃復。《隴王書》（《雲仙雜記》二）。

26 郭汾陽語子弟曰：「西陽庶寶方，小兒之司命，不可不讀。」《從容録》（《雲仙雜記》四）。

27 坼封刀子：起于郭汾陽書吏也。舊但用刀子小者，而汾陽雖大度廓落，然而有晉陶侃之性，動無廢物。每收其書皮之右所剺下者，以爲逐日須取，文帖餘悉卷貯。每歲終則散主守家吏，俾作一年之簿。所剺之處多不端直，文帖且又繁積，胥吏不暇剪正，隨曲斜聯糊。一日，所用剺刀忽折，不餘寸許，吏乃銛以應急，覺愈於全時。漸出新意，因削木如半環勢，加於折刃之上，使纔露鋒，榼其書而剺之。汾陽嘉其用心，曰：「真郭子儀部吏也。」言不廢折刃也。每話于外。後因傳之，益妙其製。《資暇集》下。《唐語林》五。

28 子儀有功高不賞之懼，中貴人害其功，遂使盜於華州掘公之先人墳墓。公裨將李懷光等怒，欲求物捕其黨。及公入奏，對揚之日，但號泣自罪。因奏曰：「臣領師徒，出外征伐，動經歲年，害人之兄，殺人之父多矣。其有節夫義士，刃臣於腹中者衆。今搆隙辱，宜當其辜。但臣爲國之心，雖死無悔。」由是中外翕然莫測。公子弘廣，常於親仁里大啓其第，里巷負販之人，上至公子簪纓之士，出入不問。或云：

王夫人、趙氏愛女，方妝梳對鏡，往往公麾下將吏出鎮去，及郎吏，皆被召，令汲水持帨，視之不異僕隸。他日，子弟焦列啓諫，公三不應，於是繼之以泣曰：「大人功業已成，而不自崇重，以貴以賤，皆游卧内。某等以爲雖伊、霍不當如此也。」公笑而謂曰：「爾曹固非所料，且吾官馬粟者五百匹，官餼者一千人，進無所往，退無所據。向使崇垣扃户，不通内外，一怨將起，搆以不臣，其有貪功害能徒，成就其事，則九族虀粉，噬臍莫追。今蕩蕩無間，四門洞開，雖讒毁是興，無所加也。吾是以爾。」諸子皆伏。郭氏舊史説：辛雲景曾爲公之吏使，後除潭州都督。將辭，累日不獲見，夫人王氏及趙氏愛女乃謂雲景曰：「汝弟去，吾爲汝言於令公。」雲景拜於庭，夫人傳粉於内，曰：「吾大喜，且喜汝得一喫飯處。」趙氏女臨堦濯手，令雲景汲水。夫人曰：「放伊去。」雲景始趨而去矣。永泰元年，僕固懷恩(卒)〔率〕諸蕃犯京畿，子儀統衆禦之。至涇陽，而虜已合。子儀率甲士二千出入。虜見而問曰：「此何人也？」報曰：「郭令公。」迴紇曰：「令公在乎？懷恩謂吾，天可汗已棄四海，令公殂謝，中國無主，故某來。今令公在，天可汗在乎？」子儀報曰：「皇帝萬壽無疆。」迴紇皆曰：「懷恩欺我。」子儀使諭之，迴紇曰：「令公若在，安得見之？」子儀出，諸將皆曰：「戎狄不可信也，請無往。」子儀曰：「虜有數十倍之衆，今力不敵，奈何？但至誠感神，況虜乎？」諸將請選鐵騎五百爲從，子儀曰：「此適足爲害也。」乃傳呼曰：「令公來。」初疑，皆持兵注目以待之。子儀乃數十騎徐出，免胄勞之曰：「安乎？久同忠義，何至於是？」迴紇皆捨兵降馬曰：「是吾父也。」子儀長六尺餘，貌秀傑。於靈武加平章事，封汾陽王，加中書令，圖形淩煙閣，加號尚父，配饗代宗廟庭。有子八人，壻七人，皆重官。子曖，尚昇平公主。諸孫數十人，每諸生問安，頷之而已。事上誠蓋，臨下寬厚。每降城下邑，所至之處必得士心。前後連罹幸臣程元振、魚朝恩等譖毁百端。時方握强兵,或臨戎敵,詔命徵之,未嘗以危亡迴顧。亦遇天幸,竟免患難。田承嗣方跋扈,狠傲無禮。子儀嘗遣使至魏州,承嗣輒望拜,指其膝謂使者曰:「此膝不屈於人若干歲矣,今爲公拜。」麾下老將若李懷光輩數十人,皆王侯重貴,子儀麾指進退如僕隸焉。始〔與〕光弼齊名,雖威略不見,而寬厚得人過之。歲入官俸二十四萬,私利不預焉。其宅在親仁里,居其地四分之一,通永巷。家人三千,相出入者,不知其居。代宗不名,呼爲大臣。天下以其身存亡爲安危者殆二十年,校中書令考二十四年,權傾天下而朝不忌,功蓋一代而主不疑,侈窮人欲而君子不罪。富貴壽考,繁衍安泰,終始人倫之盛無缺焉。卒年八十五。《譚賓録》(《廣記》一七六)。

29 舊令,一品墳高一丈八尺。惟郭子儀薨,特加十尺。《南部新書》乙。

郭幼明

1 郭幼明,子儀之母弟,無學術武藝,但善飲酒,好會賓客而已。卒亦贈太子太傅。《南部新書》乙。

李光弼

1 見郭子儀2。

2 見李泌8。

3 郭汾陽自河陽入,李太尉代領其兵。舊營壘也,舊士卒也,舊旗幟也,光弼一號令之,精彩皆變。

《國史補》上。

4〔乾元二年〕五月二十三日，詔河東節度使李公代子儀兼統諸軍。李公既受命，以河東馬軍五百騎至東都，夜，入其軍。張用濟在河陽，聞之曰：「朔方軍，非叛人也，何見疑之甚！」欲率精騎突入東都，逐李公，請郭公。李公知之，遂留東都，表請濟師于河陽。冬十月，思明引衆渡河。李公曰：「思明渡河，必圖洛城，我當守武牢關，揚兵於廣武原以待之。」遂引軍東出師汜水縣。檄追河陽諸將，用濟後至，李公數其罪而戮之，以辛京杲代領其職。明日，引軍入河陽。《邠志》（《通鑑考異》一五）。

5 李光弼討史思明，師於野水渡。既夕還軍，留其卒一千人，謂雍顥曰：「賊將高暉、李日越、喻文景，皆萬人敵也。思明必使一人劫我，我且去之，子領卒待賊於此。至勿與戰，降則俱來。」其日，思明召日越曰：「李君引兵至野水，此成擒也。汝以鐵騎宵濟，爲我取之。」命曰：「必獲李君，不然無歸。」日越引騎五百，晨壓顥軍，顥阻濠休卒，吟嘯相視。日越怪之，問曰：「太尉在乎？」曰：「夜去矣。」「兵幾何？」曰：「千人。」「將謂誰？」曰：「雍顥也。」日越沉吟久，謂其下曰：「我受命必得李君，今獲顥，不塞此望，必見害，不如降之。」遂請降。顥與之俱至。光弼又嘗伏軍守河陽，與史思明相持經年。思明有戰馬千匹，每日洗馬於河南，以示其多。光弼乃於諸營檢獲牝馬五百匹，待思明馬至水際，盡驅出之，有駒縶於城中，羣牝嘶鳴，無復間斷。思明戰馬悉浮渡河，光弼盡驅入營。光弼又嘗在河陽，聞史思明已過河，遠迴趨東京。至，謂留守韋陟曰：「賊乘我軍之敗，難與争鋒，洛城無糧，又不可守。公計若何？」陟曰：「加兵陜州，退守潼關。」光弼曰：「此蓋兵家常勢，非用奇之策也。不若移軍河陽，北阻澤潞，據三城以抗之。勝即擒之，敗即自守。表裏相應，使賊不敢西侵。此則猿臂之勢也。」思明至偃師，光弼悉令將士赴河陽，獨以麾下五百餘騎爲殿軍，當石橋路，秉燭徐行，賊不敢逼。乙夜達城。遲明，思明悉衆來攻。諸將決死而戰，殺賊萬餘衆，生擒八十人，器械糧儲萬計，擒其大將徐璜玉、李秦授。思明大懼，退築城以相拒。光弼將戰，謂左右曰：「凡戰，危事，勝負擊之。光弼位爲三公，不可死於賊手。事之不捷，誓投於河。」適城上見河稍遠，恐或急事難至，遂置劍於韡中，有必死之志。及是戰勝，於城西西望拜舞，三軍感動。移鎮臨淮，舁疾而行，徑赴泗州。光弼之未至河南也，田神功平劉展後，逗留於楊府；尚衡、殷仲卿相攻於兖鄆；來瑱旅拒而還襄陽；朝廷患之。及光弼至徐州，史朝義退走，田神功遽歸河南，尚衡、殷仲卿、來瑱皆懼其威名，相繼赴闕。吐蕃將犯上都，手詔追光弼率衆赴長安。光弼與程元振不叶，觀天下之變，遷延不至。初光弼用師嚴整，天下服其威名，凡所號令，諸將不敢仰視。及其有田神功等諸軍，皆不受其制，因此不得志，愧耻成疾，薨於徐州。年五十七。其母衰老，莊宅使魚朝恩弔問。《譚賓録》（《廣記》一八九）。

6 王承業爲太原節度使，軍政不修。詔御史崔衆交兵于河東，衆侮易承業，或裹甲持槍，突入承業廳事，玩謔之。李光弼聞之，素不平。至是衆交兵于光弼，光弼以其無禮，不即交兵，令收繫之。中使至，除衆御史中丞，懷其勅，問衆所在。光弼曰：「有罪繫之矣。」中使以勅示光弼。光弼曰：「今只斬侍御史。若宣制命，即斬御史中丞。若拜宰相，即斬宰相。」中使懼，遂寢而還。翌日，斬衆于碑堂之下。《南部新書》丁。

7　李太尉光弼鎮徐方，北扼賊衝，兼總諸道兵馬征討之務，則自處置。倉儲府庫，軍州差補，一切並委判官張傪。傪明練庶務，操割發遣，應接如流，綽有餘地。諸將欲見太尉論事，太尉輒令與張傪判官商量。將校見之，禮數如見太尉無異。由是上下清肅，東方晏然。天下皆謂太尉之能任人。《封氏聞見記》九。《唐語林》五。

李欽瑶

1　天寶末，有騎將李欽瑶者，弓矢絶倫，以勞累官至郡守，兼御史大夫。至德中，隸臨淮，與史思明相持於陝西。晨朝合戰，臨淮布陣徐進，去敵尚十許里，忽有一狐起於軍前，踉蹌而趨，若導引者。臨淮不懌，曰：「越王軾怒蛙，蓋激勵官軍士耳。狐乃持疑妖邪之物，豈有前陣哉！」即付欽瑶以三矢，令取狐焉。欽瑶受命而馳，適有淺蕪三二十畝，狐奔入其中，欽瑶逐之。欻有野雉驚起馬足，徑入雲霄，欽瑶翻身仰射，一發而墜。然後鳴鞭逐狐，十步之内，拾矢又中。於是擕二物以復命焉。舉軍懽呼，聲振山谷。時回鶻列騎置陣於北原，其首領僅一二百輩，棄軍飛馬而來，争捧欽瑶，似爲神異。仍謂曰：「爾非回鶻之甥？不然，何能弧矢之妙乃得如此哉！」《集異記》（《廣記》二二七）。

來瑱

1　唐來瑱，天寶中至贊善大夫，未爲人所知。安禄山叛逆，詔朝臣各舉智謀果決才堪統衆者，左拾遺張鎬薦瑱有縱横才略。表入，即日召見，稱旨，拜潁川太守，充招討使，累奏戰功。肅宗即位，以瑱武略，尤加任委，北收河洛。屬羣賊蜂起，頻來攻戰，皆爲瑱所敗。賊等懼之，號爲來嚼鐵。《譚賓録》（《廣記》一九二）。

李嗣業

1 唐李嗣業領安西、北庭行營，常爲先鋒將，持棒衝擊，衆賊披靡。與九節度圍賊，因中流矢，數日瘡欲愈，卧於帳中。忽聞金鼓聲亂，問之，知戰，因闞，瘡中血如注，奄然而卒。《譚賓録》（《廣記》一九二）。

馬璘

1 唐廣德元年，吐蕃自長安還至鳳翔，節度孫守直閉門拒之，圍守數日。會鎮西節度馬璘領精騎千餘，自河西救楊志烈迴，引兵入城。遲明，單騎持滿，直衝賊衆，左右願從者百餘騎。璘奮擊大呼，賊徒披靡，無敢當者。翌日，又逼賊請戰，皆曰：「此將不惜死，不可當，且避之。」《譚賓録》（《廣記》一九二）。

白孝德

1 唐白孝德爲李光弼偏將，史思明攻河陽，使驍將劉龍仙率騎五千，臨城挑戰。龍仙捷勇自恃，舉足加馬鬣上，嫚罵光弼。光弼登城望之，顧諸將曰：「孰可取者？」僕固懷恩請行。光弼曰：「非大將所爲，歷選其次。」左右曰：「孝德可。」光弼召孝德前，問曰：「可乎？」曰：「可。」光弼問所加幾何人而可，曰：「獨往則可，加人多不可。」光弼曰：「壯哉！」終問所欲，對曰：「願備五十騎於軍門，候入而繼進；及請大衆鼓噪以假氣，他無用也。」光弼撫其背以遣之。孝德挾二矛，策馬截流而渡。半濟，懷恩賀曰：「尅矣。」光弼曰：「未及，何知其尅？」懷恩曰：「觀其攬跋便僻，可萬全。」龍仙始見其獨來，甚易之，足不降鬣。稍近，欲動，孝德搖手止之，若使其不動。龍仙不之測，又止龍仙。孝德曰：「侍中使予致詞，非他也。」龍仙去三十步，與之言，褻罵如初。孝德伺便，因瞋目曰：「賊識我乎？」龍仙曰：「何也？」曰：「國之大將白孝德。」龍仙曰：「是猪狗乎？」發聲虓然，執矛前突，城上鼓噪，五十騎亦繼進。龍仙矢不及發，環走堤上，孝德逐之，斬首提之歸。《譚賓録》（《廣記》一九二）。

2 見段秀實1。

田神功

1 田神功自平盧兵馬使授淄、青節度，舊判官皆偏裨時部曲，神功平受其拜。及此前使判官劉位已下數人，並留在位，神功待之亦無降禮。後因圍宋州，見李太尉與勑使打毬，聞判官張傪至，太尉與之盡禮答拜。神功大驚，歸幕呼劉位問之曰：「太尉今日見張郎中，與之答拜，是何禮也？」位曰：「判官是幕賓，使主無受拜之禮。」神功曰：「神功比來受判官拜，大是罪過，公何不早説！」遂令屈請諸判官謝之曰：「神功武將，起自行伍，不知朝廷禮數。比來錯受判官等拜，判官又不言，成神功之過。今還判官拜。」遂一一拜之，諸判官避而不敢當。遠近聞之，莫不稱其弘量。《封氏聞見記》九。《唐語林》四。

2 田神功，大曆八年卒于京師，許百官弔喪，上賜屏風裀褥于靈座，并賜千僧齋以追福。至德以來，將帥不兼三事者，哀榮無比。《南部新書》甲。

李輔國

1 見裴冕3。

2 見唐玄宗118、119。

3、4 見唐代宗7、8。

5 李輔國爲殿中監，常在銀臺門受事。置察事廳子數十人，官吏有小過，無不伺知。《南部新書》丁。

6 先是肅宗賜輔國香玉辟邪二，各高一尺五寸，奇巧殆非人間所有。其玉之香，可聞於數百步，雖鎖之金函石匱，終不能掩其氣。或以衣裾誤拂，則芬馥經年。縱澣濯數四，亦不消歇。輔國常置於座側。……輔國家藏珍玩，皆非人世所識。夏則於堂中設迎涼之草。其色類碧，而幹似苦竹，葉細如杉。雖若乾枯，未嘗彫落。盛暑束之牕户間，而涼風自至。鳳首木高一尺，彫刻鸞鳳之狀，形似枯槁，毛羽脱落不甚盡。雖嚴凝之時，置諸高堂大廈之中，而和煦之氣如二三月，故别名爲常春木。縱烈火焚之終不燋黑焉。涼草、鳳木或出於薛王宅。《十洲記事》：火林有不焚之木，殆非此類者耶？《杜陽雜編》上。又《廣記》四〇一引。

7 李輔國葬父，碑石用豆屑一千團磨，瑩如紫玉，碑字四面，鐫葵花三百朵。《晉公遺語》（《雲仙雜記》五）。

8 李輔國大畏蓍藥，或人因以示之，必眼中火出，毛髮皆瀝血，因致大病。《叩頭録》（《雲仙雜記》七）。

崔光遠

1 見張通儒1。

崔　器

1 唐肅宗收復兩都，崔器爲三司使，性刻樂禍，陰忍寡恩，希旨深文，奏陷賊官據合處死。李峴執之曰：「夫事有首從，情有輕重，若一概處死，恐非含弘之義。昔者明王用刑，殲厥渠魁，脅從罔理。況河北殘寇，今尚未平，苟容漏網，適開自新之路，若盡行誅，是堅叛逆之心。」守文之吏，不識大體，累日方從峴奏，陳希烈已下，定六等科罪。吕諲驟薦器爲吏部侍郎、御史大夫。器病脚腫，月餘漸亟，瞑目即見達奚珣，但口稱「叩頭大尹，不自由」。左右問之，良久答曰：「達奚尹訴冤，我求之如此。」經三月，不止而死。《譚賓録》（《廣記》一二一）。

李峘　李峴

1 李峘自户部尚書，弟峴自京兆尹，并拜御史大夫，俱判臺事。自唐初以來，兄弟并拜大夫，未有其比。是時長安士庶，皆賦詩以美其事。《唐書》（《廣卓異記》一五）。

尚衡

1 御史中丞尚衡童幼之時遊戲，曾脱其碧衫，唯著紫衫，有善相者見之曰：「此兒已後當亦脱碧著紫矣。」後衡爲濮陽丞。遇安禄山反，守節不受賊官，將軍某乙使衡將緋衣魚袋，差攝一官，衡不肯受，曰：「吾當脱碧著紫，此非吾衣。」曾未旬月，有敕命改官賜紫，於是脱碧著紫。衡自又云「當作七十政」。今歷十餘政，已爲中丞大夫矣。《定命録》(《廣記》二二二)。

2 見李悙1。

鄧景山

1 御史大夫鄧景山爲揚州節度，有白岑者，善療發背，海外有名，而深祕其方，雖權要求者，皆不與真本。景山常急之。會岑爲人所訟，景山故令深加按劾，以出其方。岑懼死，使男歸取呈上。景山得方，寫數十本牓諸衢路，乃寬其獄。《封氏聞見記》一〇。參看高適1。

嚴武

1 武后朝嚴安之、挺之，昆弟也。安之爲長安戎曹，權過京尹，至今爲寮者，願得安之之術焉。挺之則登歷臺省，亦有時名，娶裴卿之女，纔三夕，其妻夢一人佩服金紫，美鬚髯，曰：「諸葛亮也，來爲夫人兒。」既妊而産嬰孩，其狀端偉，頗異常流。挺之薄其妻而愛其子。嚴武年八歲，詢其母曰：「大人常厚玄英，玄英，挺之妾也。未常慰省阿母，何至於斯乎？」母曰：「吾與汝，母子也。以汝尚幼，未之知也。汝父薄幸，嫌吾寢陋，枕席數宵，遂即懷汝。自後相棄如離婦焉。」其母悽咽，武亦憤惋難處。候父既出，玄英方睡，武持小鐵鎚，擊碎其首。及挺之歸，驚愕，視之，乃斃矣。左右曰：「小郎君戲運鐵鎚而致之。」挺之呼武至，曰：「汝何戲之甚矣。」武曰：「焉有大朝人士，厚其侍妾，困辱兒之母乎？故須擊殺，非戲之也。」父曰：「真嚴挺之之子。」而每抑遏，恐其非器。武年二十三，爲給事黄門侍郎。明年擁旄西蜀，累於飲筵，對客騁其筆札。杜甫拾遺乘醉而言曰：「不謂嚴挺之有此兒也。」武恚目久之，曰：「杜審言孫子，擬捋虎鬚？」合座皆笑，以彌縫之。武曰：「與公等飲饌謀歡，何至於祖考矣。」房太尉琯亦微有所忤，憂怖成疾。武母恐害賢良，遂以小舟送甫下峽。母則可謂賢也，然二公幾不免於虎口乎？李太白爲《蜀道難》，乃爲房、杜之危也，略曰：「劍閣崢嶸而崔嵬，一夫當門，萬夫莫開。所守或非人，化爲狼與豺。此謂武之酷暴矣。朝避猛虎，夕避長虵。磨牙吮血，殺人如麻。錦城雖云樂，不如早還家。蜀道之難難於上青天，側身西望長咨嗟。」杜初自作《閬中行》：「豺狼當路，無地遊從。」或謂章仇大夫兼瓊爲陳拾遺雪獄，陳晃字子昂。高適侍御與王江寧昌齡申冤，當時用爲義士也。李翰林作此歌，朝右聞之，疑嚴武有劉焉之志。支屬刺史章彝，因小瑕，武遂棒殺。後爲彝外家報怨，嚴氏遂微焉。《雲谿友議》上。《唐語林》四。《唐詩紀事》二〇。

案：「挺之」原作「定之」，據《唐語林》及兩《唐書》本傳改。又，嚴武欲殺杜甫事，《容齋續筆》六有辨正。

2 唐西川節度使嚴武，少時仗氣任俠。嘗於京城與一軍使鄰居，軍使有室女，容色艷絕。嚴公因窺見之，乃賂其左右，誘至宅。月餘，遂竊以逃，東出關，將匿於淮泗間。軍使既覺，且窮其跡，亦訊其家人，乃暴於官司，亦以狀上聞。有詔遣萬年縣捕賊官專往捕捉。捕賊乘遞，日行數驛，隨路已得其蹤矣。嚴武自鞏縣方雇船而下，聞制使將至，懼不免，乃以酒飲軍使之女，中夜乘其醉，解琵琶絃縊殺之，沈于河。明日制使至，搜捕嚴公之船，無跡乃已。《逸史》（《廣記》一三〇）。

3 嚴武少以强俊知名，蜀中坐衙，杜甫袒跣登其機桉。武愛其才終不害。然與章彝素善，再入蜀，談笑殺之。及卒，母喜曰：「而今而後，吾知免官婢矣！」《國史補》上。《唐語林》五。

4 兵部尚書嚴武裹頭至緊，將裹，先以幞頭曳于盤水之上，然後裹之，名爲「水裹」。擷兩翅皆有襵數，流俗多效焉。《封氏聞見記》五。

左震

1 肅宗以王嶼爲相，尚鬼神之事，分遣女巫遍禱山川。有巫者少年盛服，乘傳而行，中使隨之，所至之地，誅求金帛，積載于後，與惡少年十數輩，橫行州縣間。至黄州，左震爲刺史，震至驛，而門扃不啓，震乃壞鏁而入，曳巫者斬之階下，惡少年皆死。籍其緡錢巨萬，金寶堆積。悉列上而言曰：「臣已斬巫，請以所積資貨，以貸貧民輸稅。其中使送上，臣當萬死。」朝廷厚加慰獎，拜震商州刺史。《國史補》上。《唐語林》三。《容齋四筆》四。

李　惇

1 李惇爲淄青節度判官，其使尚衡弟頗干政，惇屢言之。衡曰：「兄弟孤遺相長，不忍失意。」惇曰：「君憐愛，祇合訓之以道，何可使其縱恣也！」衡家又好祈禱，車輿出入，人吏頗以爲弊。惇又進諫，衡不能用。他日，衡對諸客别有所問。惇曰：「惇前後頗獻愚直，大夫不能，今又何問！」衡作色曰：「李十五好爲詆訐！」惇曰：「忠言，大夫謂之詆訐，久住何益？請從此辭。」再拜趨出，命駕而去。衡怒甚，不使追之。時人皆謂惇有古人風。《封氏聞見記》九。《唐語林》三。

李知遠

1 海州南有溝水上通淮、楚，公私漕運之路也。寶應中，堰破水涸，魚商絶行。州差東海令李知遠主役脩復，堰將成輒壞，如此者數四，用費頗多，知遠甚以爲憂。或説「梁代築浮山堰，頻有闕壞，乃以鐵數萬斤墳積其下，堰乃成」。知遠聞之，即依其言而塞穴。初，堰之將壞也，輒聞其下殷如雷聲，至是其聲移于上流數里。蓋金鐵味辛，辛能害目，蛟龍護其目，避之而去，故堰可成。《封氏聞見記》八。《唐語林》五。

賈　至

1 見元載10。

2 見李華3。

李之芳

1 李之芳，太宗子蔣王惲之曾孫，有令譽。安禄山奏爲范陽司馬，禄山反，自拔歸京師。廣德初，使吐蕃，被留二歲，乃歸，拜禮部尚書，改太子賓客，薨。子美哭之芳詩云：「江雨銘旌濕，湖風井逕秋。」又曰：「復魄昭丘遠，歸魂素滻偏。」蓋死于江湖也。《唐詩紀事》二三。

元結

1 元結，天寶之亂，自汝濆大率鄰里南投襄漢，保全者千餘家。乃舉義師宛、葉之間，有嬰城扞寇之功。結，天寶中〔師中行子〕。始在商餘之山，稱元子。逃難入猗玕山，〔始稱猗玕子〕，或稱浪士。漁者呼爲聱叟。酒徒呼爲漫叟。及爲官，呼爲漫郎。《國史補》上。又《廣記》二〇二引。《唐語林》四。

2 唐元次山承詔詣京師。至汝上，逢山龜亦承詔詣京師，遂與山龜一例乘郵而至。因上書韋陟尚書，願不以結齒於山龜而以士君子之禮見。《藏一話腴》乙集下。

3 浯溪在永州北百餘里，流入湘江。溪水石奇絶。唐上元中容管經略使元結罷任居焉。以所著《中興頌》刻之崖石，顔真卿書。結復爲《浯台》、《石堂》、《西峯》、《四厭亭銘》，皆刻於石崖上。皇朝乾德中左補闕王伸知永州，維舟於此，留詩云：「湘川佳致有浯溪，元結雄文向此題。想得後人難以繼，高名長與白雲齊。」《零陵總記》（《詩話總龜》前集一六）。

李　翰

1　張巡之守睢陽，糧盡食人，以至受害。人亦有非之者。上元二年，衛縣尉李翰撰巡傳上之，因請收葬睢陽將士骸骨。又採從來論巡守死立節不當異議者五人之辭，著于篇。《國史補》上。

2　李翰文雖宏暢，而思甚苦澀。晚居陽翟，常從邑令皇甫曾求音樂。思涸則奏樂，神全則綴文。《國史補》上。又《廣記》一九八引。《唐語林》二。

張　謂

1　見李白23。

2　見閻濟美1。

魏　顥

1　魏萬後名顥，上元初登第。始見〔李〕白於廣陵，白曰：「爾後必著大名於天下，無忘老夫與明月奴。」因盡出其文，命顥集之。《唐詩紀事》二二。

薛勝

1 蕭華雖陷賊中，李泌嘗薦之。後泌歸山，肅宗終相之。唯舉薛勝掌綸誥，終不行。或問於泌，泌云：「勝官卑，難於發端。」乃置其《拔河賦》於案，冀肅宗覽之，遂更薦。肅宗至，果讀之，不稱旨，曰：「天子者君父，而以天子玉齒對金錢熒煌乎？」他日復薦，終不得。信命也。《感定録》(《廣記》一四九)。

2 進士河東薛勝爲《拔河賦》，其辭甚美，時人競傳之。《封氏聞見記》六。《唐語林》五。

張志和

1 張志和，字子同，會稽人。性高邁，不拘檢，自稱烟波釣徒。著《玄真子》十卷。書迹狂逸。自爲《漁歌》，便畫之，甚有逸思。肅宗朝，官至左金吾衛録事參軍。本名龜齡，詔改之。顔魯公與之善，陸羽等嘗爲食客。《歷代名畫記》一〇。

2 張志和或號曰煙波子，常漁釣於洞庭湖。初，顔魯公典吴興，知其高節，以《漁歌》五首贈之。張乃爲卷軸，隨句賦象，人物、舟船、鳥獸、煙波、風月，皆依其文，曲盡其玅，爲世之雅律，深得其態。《唐朝名畫録》。又《御覽》七五一引作《唐畫斷》。《圖繪寶鑑》二。

3 玄真子姓張，名志和，會稽山陰人也。博學能文，擢進士第。善畫。飲酒三斗不醉。守真養氣，卧雪不寒，入水不濡。天下山水，皆所遊覽。魯國公顔真卿與之友善，真卿爲湖州刺史，與門客會飲，乃唱和爲《漁父詞》。其首唱即志和之詞，曰：「西塞山邊白鳥飛，桃花流水鱖魚肥。青箬笠，緑簑衣，斜風細雨不須歸。」真卿與陸鴻漸、徐士衡、李成矩共和二十五首，遞相誇賞。而志和命丹青剪素，寫景天詞，須臾五本。花木禽魚，山水景像，奇絶蹤跡，今古無倫。而真卿與諸客傳翫，嘆服不已。《續仙傳》（《廣記》二七）。《古今詩話》（《詩話總龜》前集四七）。

4 肅皇賜高士玄真子張志和奴婢各一人，玄真子配爲夫妻，名曰漁僮、樵青。人問其故，答曰：「漁僮使卷釣收綸，蘆中鼓枻；樵青使蘇蘭薪桂，竹裏煎茶。」志和，字子同。《南部新書》壬。

韓仲卿

1 韓仲卿一日夢一烏幘少年，風姿磊落，神仙人也。拜求仲卿，言：「某有文集在建鄴李氏。公當名出一時，肯爲我討是文而序之，俾我亦陰報耳。」仲卿諾之。去復回曰：「我曹植子建也。」仲卿既寤，檢鄴中書得子建集，分爲十卷，異而序之。即仲卿作也。《龍城録》上。《異人録》（《類説》一二）。

明瓚

1 見李泌3。

2 李泌在衡山，事明瓚禪師。瓚云：「欲學者，先將筆硯碎却。」明瓚，北宇大照之門人，性懶。羣僧令看鹽，雨至，流於池，羣僧毆之，不怒。冬月卧於竈前不起，以粥灑其頭，因就頭取喫。號懶瓚。作《明心論》。《續博物志》六。

侯四娘

1 至德元年，史思明未平，衛州有婦人侯四娘等三人刺血謁於軍前，願入義營討賊。《獨異志》（《廣記》二七〇）。

張詧妻孟氏

1 三原之南薰店，貞元末，有孟媪者，百餘歲而卒。年二十六嫁張詧，詧爲郭汾陽左右，與媪貌相類。詧死，媪僞衣丈夫衣，爲詧弟，事汾陽。又凡一十五年，已年七十二矣，累兼大夫。忽思煢獨，遂嫁此店潘老爲婦。誕二子，曰滔、曰渠。滔年五十四，渠年五十二。《南部新書》庚。

唐人軼事彙編卷十六

元載

1 唐既平劉展江淮之亂，上元間租庸使元載以吴越雖兵荒後，民産猶給，乃辟召豪吏分宰列邑而重歛之。時人謂之「白着」，言其役斂無名，其所着者皆公然明白，無所嫌避。一云，世人謂酒酣爲白着，既爲刻薄之役，不堪其弊，則必顛沛酩酊如醉者之着也。渤海高亭有詩曰：「上元官吏稱剥削，江淮之人皆白着。」《詩話總龜》前集三七。《白孔六帖》二四。

2 上纂業之始，多以庶務託於鈞衡，而元載專政，益墮國典。若非良金重寶，趦趄左道，則不得出入於朝廷。及常衮爲相，雖賄賂不行，而介僻自專，少於分别，故升降多失其人。或同列進擬稍繁，則謂之沓伯。由是京師語曰：「常無分别元好錢，賢者愚而愚者賢。」時崔祐甫素公直，與衆言曰：「朝廷上下相蒙，善惡同致，清曹峻府，爲鼠輩養資，豈裨皇化耶？」由是益爲持權者所忌。至建中初，祐甫執政，人心方有所歸。元載末年，造芸輝堂於私第。芸輝，香草名也，出于闐國。其香潔白如玉，入土不朽爛，舂之爲屑，以塗其壁，故號芸輝焉。而更構沉檀爲梁棟，飾金銀爲户牖，内設懸黎屏風、紫綃帳。其屏風本楊國忠之寶也，屏上刻前代美女伎樂之形，外以玳瑁水犀爲押，又絡以真珠瑟瑟。精巧之妙，殆非人工所及。紫綃帳得於南海溪洞之酋帥，即絞綃之類也。輕疏而薄，如無所礙，雖屬凝冬，而風不能入，盛夏則清涼自至。其色隱隱焉，忽不知其帳也，謂載卧内有紫氣。而服玩之奢僭，擬於帝王之家。芸輝之前有池，悉以文石砌其岸，中有蘋陽花，亦類白蘋，其花紅大如牡丹，不知自何而來也。更有碧芙蓉，香潔菡萏偉於常者。《杜陽雜編》上。又《廣記》二三七、二六〇引。《唐語林》三。

3 見李揆5。

4 見李泌22。

5 元載擅權累年。客有爲《都盧緣橦歌》，諷其至危之勢，載覽而泣下。《國史補》上。《唐語林》五。

6 元相載在中書日，有丈人自宣州〔貨〕所居來投，求一職事。中書度其材不任事，贈河北一函書而遣之。丈人惋怒，不得已持書而去。既至幽州，念：「破産而來，止得一書，書若懇切猶可望。」乃拆而視之，更無一辭，唯署名而已，大悔怒欲回，心念：「已行數千里，試謁院寮。」問：「既是相公丈人，豈無緘題？」曰：「有。」判官大驚，立命謁者上白，斯須乃有大校持箱復請書。書既入，館之上舍，留連數日。及辭去，奉絹一千疋。《幽閒鼓吹》。又《廣記》一八八引。

7 初，吐蕃既退，諸侯入覲。是時馬鎮西以四鎮兼邠寧，李公軍澤潞以防秋軍盩厔。丞相元公載使人諷諸將使責己曰：「今四郊多壘，中外未寧，公執國柄有年矣，安危大計，一無所聞，如之何？」載曰：「非所及也。」他日又言，且曰：「得非曠職乎？」載莞然曰：「安危繫於大臣，非獨宰臣也。先王作兵，置之四境，所以禦戎狄也。今内地無虞，朔方軍在河中，澤潞軍在盩厔，遊軍伺寇，不遠京室，王畿之内，豈假是邪！必令損益，須自此始。故曰非所及也。」郭、李曰：「宰臣但圖之。」載曰：「今若徙四鎮于涇，朔方于邠，澤潞于岐，則内地無虞，三邊有備，三賢之意何如？」三公曰：「惟所指揮。」既而相謂曰：「我曹既爲所册，得無行乎？」十二月，詔馬公兼領涇原，尋以鄭潁資之；李公兼領山南，猶以澤潞資之；郭公兼領邠寧，亦以河中資之。三將皆如詔。朔方軍自此大徙于邠。郭公雖連統數道，軍之精甲，悉聚邠府，其他子弟，分居蒲、靈，各置守將以專其令。蒲之餘卒，稍遷于邠。十年之間，無遺甲矣。《邠志》（《通鑑考異》一七）。

8 元相載用李紓侍郎知制誥，元敗，欲出官。王相縉曰：「且留作誥。」待發遣諸人盡，始出爲婺州刺史。又曰：獨孤侍郎求知制誥，試見元相，元相知其所欲，迎謂常州曰：「知制誥阿誰堪？」心知不我與也，乃薦李侍郎紓。時楊炎在閣下，忌常州之來，〔故〕元阻之，乃二人之力也。《唐語林》五。《唐詩紀事》二六。案：《廣記》一八七作《嘉話録》，唐蘭據此考爲《劉賓客嘉話録》佚文。

9 見魚朝恩5。

10 載寵姬薛瑤英攻詩書，善歌舞，仙姿玉質，肌香體輕，雖旋波、摇光、飛燕、緑珠，不能過也。瑤英之母趙娟，亦本岐王之愛妾也，後出爲薛氏之妻，生瑤英，而幼以香啗之，故肌香也。及載納爲姬，處金絲之帳，却塵之褥。其褥出自勾驪國，一云是却塵之獸毛所爲也。其色殷鮮，光軟無比。衣龍綃之衣，一襲無一二兩，摶之不盈一握。載以瑤英體輕不勝重衣，故於異國以求是服也。唯賈至、楊公南與載友善，故往往得見歌舞。至因贈詩曰：「舞怯銖衣重，笑疑桃臉開。方知漢武帝，虛築避風臺。」王子年《拾遺記》，趙飛燕體輕恐暴風，帝爲築臺焉。公南亦作長歌褒美，其略曰：「雪面蟾娥天上女，鳳簫鸞翅欲飛去。玉釵碧翠步無塵，楚腰如柳不勝春。」瑶英善爲巧媚，載惑之，怠於塵務。而瑶英之父曰宗本，兄曰從義，與趙娟遞相出入，以搆賄賂，號爲關節。更與中書主吏卓倩等爲腹心。而宗本輩以事告者，載未嘗不頷之。天下賫寶貨求大官職，無不恃載權勢，指薛卓爲梯媒。及載死，瑶英自爲俚妻矣。論者以元載喪令德而崇貪名，自一婦人而致也。傳於進士賈遂。《杜陽雜編》上。又《廣記》二三七引。《古今詩話》（《詩話總龜》前集二七）。《麗情集》（《類説》二九）。

11 元載於萬年縣佛堂子中謁主者，乞一快死也。主者曰：「相公今日受些子污泥，不怪也。」乃脱穢塞其口而終。《劉賓客嘉話録》。《唐語林》五。《侯鯖録》六。

12 元載破家，籍財貨諸物，得胡椒九百石。《尚書故實》。又《廣記》二四三引。《南部新書》丙。

13 元載飲食，冷物用磂黄椀，熱物用泛水甆器，器有三千事。《樞要録》（《雲仙雜記》一）。

14 元載有別墅在昭應縣，守墅者姓韓，忘其名，邑人呼爲韓郎將。縣尹以下謹事之，一與齟齬，即貶斥矣。《海録碎事》八下。

15 元丞相載妻王氏，字韞秀。王縉相公之女，維右丞之姪。初，王相公鎮北京，以韞秀嫁元載，歲久而見輕怠。韞秀謂夫曰：「何不增學？妾有奩幌資裝，盡爲紙墨之費。」王氏父母，未或知之。親屬以載夫妻皆乞兒，厭薄之甚。元乃遊秦，爲詩別韞秀曰：「年來誰不厭龍鍾，雖在侯門似不容。看取海山寒翠樹，苦遭霜霰到秦封。」妻請偕行，曰：「路掃飢寒跡，天哀志氣人。休零離別淚，攜手入西秦。」元秀才既到京，屢陳時務，深符上旨，肅宗擢拜中書。王氏喜元郎入相，寄諸姨妹詩曰：「相國已隨麟閣貴，家風第一右丞詩。笄年解笑明機婦，耻見蘇秦富貴時。」元公，肅宗、代宗兩朝宰相，貴盛無比，廣葺亭臺，交遊貴族，客候其門，而或間阻。王氏復爲一篇以喻之曰：「楚竹燕歌動畫梁，春蘭重換舞衣裳。孫弘開館招嘉客，知道浮榮不久長。」元公於是稍減矣。太原内外親族悉來謁賀者衆矣，韞秀置於閒院。忽因晴霽日景，以青紫絲條四十條，條長三十丈，皆施羅紈綺繡之飾，每條條下，排金銀爐二十枚，皆焚異香，香亘其服。乃命諸親戚西院閒步，韞秀問是何物，侍婢對曰：「今日相公及夫人曬曝衣服。」王氏謂諸親曰：「豈料乞索兒婦，還有兩事。」蓋形麤衣也，於是諸親羞赧，稍稍而辭。韞秀每分衣服飾於他人，而不及於太原之骨肉也。且曰：「非兒不禮於姑娣，其奈當時見辱乎？」洎元公貪恡爲心，竟招罪戾，臺閣彈奏而亡其家。韞秀少有識量，節概固高，丞相已謝，上令入宮備彤筆箴規之任。嘆曰：「王家十三娘，二十年太原節度使女，十六年宰相妻，誰能書得長信昭陽之事？死亦幸矣！」堅不從命。或曰上宥連罪，或云京兆笞而斃矣。《雲溪友議》下。《杜陽雜編》(《廣記》二三七)。《唐詩紀事》二九。　案：據新舊《唐書·元載傳》及《唐詩紀事》，元載妻王氏爲王忠嗣女。

16　元載將敗之時，妻王氏曰：「某四道節度使女，十八年宰相妻，今日相公犯罪死，即甘心使妾爲春婢，不如死也。」主司上聞，俄亦賜死。《劉賓客嘉話録》。《唐語林》五。《侯鯖録》六。

17　見唐德宗6。

元伯和

1 元載子伯和勢傾中外，福州觀察使寄樂妓十人，既至，半載不得送。使者窺伺門下出入頻者，有琵琶康崑崙最熟，厚遺求通，即送妓。伯和一試奏，盡以遺之。先有段和尚善琵琶，自製《西梁州》，崑崙求之不與，至是以樂之半贈之，乃傳焉。道調《梁州》是也。《幽閒鼓吹》。又《廣記》一八八引。

王縉

1 王縉在太原，舊將王無縱等恃功，且以縉儒者易之，每事多違約束。一朝悉召斬之，將校股慄。《南部新書》甲。

2 京兆尹黎幹，戎州人也，嘗白事于王縉。縉曰：「尹，南方尹子也，安知朝禮？」其慢而侮人率如此。《南部新書》甲。

3 相國王公縉，大曆中與元載同執政事。嘗一日入朝，天尚早，坐於燭下，其榻前有囊，公命侍童取之。侍童挈以進，覺其重不可舉。公啓而視之，忽有一犬長尺餘，質甚豐，自囊中躍出。公大懼，顧謂其子曰：「我以不才，謬居卿相，無德而貴，常懼有意外之咎。今者異物接於踵，豈非禍之將萌耶？」後數日，果得罪，乃貶爲縉雲守也。《宣室志》三。又《廣記》四四〇引。

4 王縉之下獄也，問頭云：「身爲宰相，夜醮何求？」王答曰：「知則不知，死則合死。」《劉賓客嘉話録》。

5 見王維20。

6 王縉飲酒，非鴨肝猪肚，筯輒不舉。《醉仙圖記》(《雲仙雜記》五)。

杜鴻漸

1 公曰：杜相鴻漸之父名鵬舉，父子而似兄弟之名，蓋有由也。鵬舉父嘗夢有所之，見一大碑，云是「宰相碑」。已作者金填其字，未作者刊名于柱上。杜問曰：「有杜家兒否？」曰：「有。任自看之。」記得姓下是鳥偏旁曳脚，而忘其字。乃名子爲鵬舉，而謂之曰：「汝不爲相，即世世名鳥邊而曳脚也。」鵬舉生鴻漸，而名字亦前定矣，況其官與壽乎？《劉賓客嘉話録》。又《廣記》一四九引(原誤作《集話録》)。《唐語林》五。《唐宋遺史》(《分門古今類事》六)。

2 杜鴻漸爲都統并副元帥，王縉代之。鴻漸謂人曰：「一箇月乞索兒一萬貫錢。」蓋計使料多，以此詰俸錢都數也。《唐語林》五。

3 杜丞相鴻漸，世號知人。見馬燧、李抱真、盧新州杞、陸丞相贄，張丞相弘靖、李丞相藩，並云「並爲將相」，既而盡然。許、郭之徒，又何以加也。《劉賓客嘉話録》。又《廣記》一七〇引。《唐語林》三。

4 代宗朝宰相杜鴻漸亦能之。永泰中，爲三川副元帥、兼西川節度使，至成都，有削杖者在蜀，以二鼓杖獻。鴻漸得之，示於衆曰：「此尤物也，當衣衾中收貯積時矣。」匠曰：「某於脊溝中養者十年。」及鴻漸出蜀，至利州西界望嘉陵驛，路入漢川矣。自西南來，始臨嘉陵江，頗有山水景致，其夜月色又佳，乃與從事楊炎、杜亞輩登驛樓望江月，行觴讌話：「今日出艱危，脱猜迫，外則不辱命於朝廷，内則免中禍於微質，皆諸賢之力也。既保此安步，又瞰此殊景，安得不自賀乎？」遂命家僮取鼓與板笛，以前所得杖酣奏數曲。四山猨鳥皆驚，飛鳴噭噭。從事悉異之，曰：「昔夔之搏拊，百獸舞庭。此豈遠耶？」鴻漸曰：「若某於此稍曾致功，尤未臻妙，尚能及此，況至聖御天，賢臣考樂，飛走之類，何有不感！」因言：「某有别墅，近華嚴閣，每遇風景晴朗，時或登閣奏此。初見羣羊牧於山下，忽數舉頭躑躅不已，某不謂以鼓然也。及止鼓，羊亦止，某復鼓，亦復然，遂以疾徐高下而節之，無不應之而變。旋有二犬，自其家走而吠之。及羣羊側，遂漸止聲，仰首若有所聽。少選，即復宛頸摇尾，亦從而變態。是知率舞固不難矣。其後乃不敢爲也。」近士林中無習之者，唯僕射韓皋善，亦不甚露焉。爲鄂州節度使時，間於黄鶴樓一兩習而已。《羯鼓録》。又《御覽》五八三、《廣記》二〇五引。

楊綰

1　寶應二年，楊綰爲禮部侍郎，奏舉人不先德行，率多浮薄，請依鄉舉里選。于是詔天下舉秀才孝廉，而考試章條漸加繁密，至于升進德行，未之能也。其後應此科者益少，遂罷之，復爲明經進士。《封氏聞見記》三。《唐語林》八。

常袞

1 常相袞爲禮部，判雜文榜後云：「旭日登場，思非不鋭。通宵絶筆，恨即有餘。」所以雜文入選者，常不過百人。鮑祭酒防爲禮部，帖經落人亦甚。時謂之「常雜鮑帖」。《大唐傳載》。又《廣記》一七八引。

2 盧華州，予之堂舅氏也。嘗於元載相宅門，見一人頻至其門，上下瞻顧。盧疑異人，乃邀以歸，且問「元載相公如何？」曰：「新相將出，舊者須去。吾已見新相矣，一人緋，一人紫；一人街西住，一人街東住，皆慘服也。然二人皆身小而不知姓名。」不經旬日，王、元二相下獄。德宗將用劉晏爲門下，楊炎爲中書，外皆傳説必定，疑季子之言不中。時國舅吴湊見王、元事訖，因賀德宗而啓之，曰：「新相欲用誰？」德宗曰：「劉、楊。」湊不語。上曰：「吾舅意如何？言之無妨。」吴曰：「二人俱曾用也，行當可見。陛下何不用後來俊傑？」上曰：「爲誰？」吴乃奏常袞及某乙。翌日並命，拜二人爲相，以代王、元，果如季子之説。緋、紫、短長，街之東、西，無不驗也。《劉賓客嘉話録》。《唐語林》六。案：常袞拜相在代宗朝，文中「德宗」當作「代宗」。

3 常袞自禮部侍郎入相，時潘炎爲舍人引麻，因戲之曰：「留取破麻鞵著。」及袞視事，不浹旬果除。《南部新書》甲。

4 元載既伏誅，代宗始躬親政事，勵精求理。時常袞當國，竭節奉公，天下翕然，有昇平之望。袞奏罷諸州團練、防禦等使，以節財省費。便令刺史主當州軍事，司馬同副使，專押軍案。判司本帶參軍，便令司兵判兵事。司曹判軍糧，司士判甲仗。士人團練，春夏放歸，秋冬追集。其刺史官銜，即有持節諸軍事，使司軍旅。司馬即同副使之任。司兵參軍，即是團練使判官。代宗並從之。衮獨出羣擬，爲戢兵之漸，持衡數歲，時用小康焉。《大唐新語》一〇。

5 見元載2。

6 見崔祐甫2。

7 唐德宗初即位，宰相常衮爲福建觀察使治其地。衮以辭進，鄉縣小民，有能讀書作文辭者，親與之爲主客之禮，觀遊宴饗，必召與之。時未幾，皆化翕然。於時歐陽詹獨秀出，衮加敬愛，諸生皆推服。閩越之人舉進士，繇詹始也。詹死於國子四門助教，隴西李翺爲傳，韓愈作哀辭。韓愈《歐陽詹哀詞序文》（《廣記》一八〇引）。

8 政事堂有後門，蓋宰相時過舍人院，咨訪政事，以自廣也。常衮塞之，以示尊大。凡有公事商量，即降宣付閤門，開延英。閤門翻宣申中書，并榜正衙門。如中書有公事敷奏，即宰臣入榜子，奏請開延英。又一說：延英殿即靈芝殿也，謂之小延英。《南部新書》乙。

劉晏

1 見唐玄宗28。

2 玄宗御勤政樓，大張樂，羅列百妓。時教坊有王大娘者，善戴百尺竿，竿上施木山，狀瀛洲、方丈，令小兒持絳節出入于其間，歌舞不輟。時劉晏以神童爲祕書正字，年十歲，形狀獰劣，而聰悟過人。玄宗召於樓上簾下，貴妃置於膝上，爲施粉黛，與之巾櫛。玄宗問晏曰：「卿爲正字，正得幾字？」晏曰：「天下字皆正，唯『朋』字未正得。」貴妃復令詠王大娘戴竿，晏應聲曰：「樓前百戲競争新，唯有長竿妙入神。誰得綺羅翻有力，猶自嫌輕更著人。」玄宗與貴妃及諸嬪御歡笑移時，聲聞於外，因命牙笏及黄文袍以賜之。《明皇雜録》上。又《廣記》一七五、《詩話總龜》前集二引。《唐語林》三。《唐詩紀事》二五。

3 劉晏爲諸道鹽鐵轉運使。時軍旅未寧，西蕃入寇，國用空竭，始於揚州造轉運船，每以十隻爲一綱，載江南穀麥，自淮、泗入汴，抵河陰，每船載一千石。揚州遣軍將押至河陰之門，填闕一千石，轉相受給，達太倉，十運無失，即授優勞官。汴水至黄河迅急，將吏典主，數運之後，無不髮白者。晏初議造船，每一船用錢百萬。或曰：「今國用方乏，宜減其費，五十萬猶多矣。」晏曰：「不然。大國不可以小道理。凡所創置，須謀經久。船場既興，即其間執事者非一，當有贏餘及衆人。使私用無窘，即官物堅固，若始謀便朘削，安能長久？數十年後，必有以物料太豐減之者。減半，猶可也；若復減，則不能用。船場既墮，國計亦圮矣。」乃置十場於揚子縣，專知官十人，競自營辦。後五十餘歲，果有計其餘，減五百千者，是時猶可給。至咸通末，院官杜侍御又以一千石船，分造五百石船兩舸，用木廉薄。又執事人吴堯卿爲揚子縣官，變鹽鐵之制，令商人納榷，隨所送物料，皆計折納，勘廉每船板、釘、灰、油、炭多少而給之。物復賸長。軍將十家，即時委弊。《唐語林》一。

4 劉忠州晏，通百貨之利，自言如見地上錢流。每入朝乘馬，則爲鞭算。居取便安，不慕華屋。食取飽適，不務兼品。馬取穩健，不擇毛色。《國史補》上。《唐語林》二。

5 劉僕射晏五鼓入朝，時寒，中路見賣烝胡之處勢氣騰輝，使人買之。以袍袖包裙帽底啗之。且謂同列曰：「美不可言，美不可言。」《劉賓客嘉話録》。

6 先時，吏部尚書劉晏裹頭至慢，每裹，但擎前後脚擫之，都不抽挽。或曰：「尚書何不抽兩翅？」晏曰：「兩邊通耶？」時人多哂之。《封氏聞見記》五。

7 相傳云，釋道欽住徑山，有問道者，率爾而對，皆造宗極。劉忠州晏嘗乞心偈，令執鑪而聽，再三稱「諸惡莫作，諸善奉行」。晏曰：「此三尺童子皆知之。」欽曰：「三尺童子皆知之，百歲老人行不得。」至今以爲名理。《酉陽雜俎》續集四。又《廣記》九六引。

8 唐宰相劉晏少好道術，精懇不倦，而無所遇。常聞異人多在市肆間，以其喧雜，可混跡也。後遊長安，遂至一藥鋪，偶問。云：「常有三四老人，紗帽拄杖來取酒，飲訖即去。或兼覓藥看，亦不多買。其亦非凡俗者。」劉公曰：「早晚當至？」曰：「明日合來。」劉公平旦往，少頃果有道流三人到，引滿飲酒。談謔極歡，旁若無人。良久曰：「世間還有得似我輩否？」一人曰：「王十八。」遂去。自後每憶之，不可尋求。及作刺史，往南中，過衡山縣，時春初，風景和暖，喫冷淘一盤，香菜茵陳之類，甚爲芳潔。劉公異之，告郵史曰：「側近莫有衣冠居否，此菜何所得？」答曰：「縣有官園子王十八能種，所以館中常有此蔬菜。」劉公忽驚記所遇道者之説，乃曰：「園近遠，行去得否？」曰：「即館後。」遂往，見王十八，衣犢鼻灌畦，狀貌山野，望劉公趨拜戰栗。漸與同坐，問其鄉里家屬，曰：「蓬飄不省，亦無親族。」劉公異疑之。命坐，索酒與飲，固不肯。却歸，晏乃詣縣，自請同往南中。縣令都不喻，當時發遣。王十八亦不甚拒，破衣草履，登舟而行。劉公漸與之熟，令妻子見拜之，同坐茶飯。形容衣服，日益穢弊，家人並竊惡之。夫人曰：「豈茲有異，何爲如此？」劉公不懈。去所詣數百里，患痢，朝夕困極，舟船隘窄，不離劉公之所。左右掩鼻罷食，不勝其苦。劉公都無厭怠之色，但憂慘而已，勸就湯粥。數日遂斃。劉公嗟嘆涕泣，送終之禮，無不精備。乃葬於路隅。《逸史》(《廣記》三九)。

魚朝恩

1、2 見郭子儀9、11。

3 魚朝恩專權使氣，公卿不敢仰視。宰臣或決政事不預謀者，則眦睚曰：「天下之事豈不由我乎？」於是上惡之。而朝恩幼子曰令徽，年十四五，始給事於内殿，上以朝恩故，遂特賜緑焉。未浹旬月，同列黄門位居令徽上者，因叙立於殿前，恐其後至，遂争路以進。無何，誤觸令徽臂，乃馳歸告朝恩，以班次居下爲同列所欺。朝恩怒，翌日於上前奏曰：「臣幼男令徽位處衆僚之下，願陛下特賜金章以超其等。」不由緋便求紫。上未及語，而朝恩已令所司捧紫衣而至，令徽即謝於殿前。上雖知不可，强謂朝恩曰：「卿兒着章服大宜稱也。」魚氏在朝，動無畏憚，他皆倣此。其同列黄門尋遭斥逐於嶺表。及朝恩被誅，天下無不快焉。《杜陽雜編》上。又《廣記》一八八引。

4 代宗朝，百寮立班良久，閤門不開。魚朝恩忽擁白刃十餘人而出，宣示曰：「西蕃頻犯郊圻，欲幸河中，如何？」宰相已下，不知所對，而倉遑頗甚。給事中劉不記名。出班抗聲曰：「敕使反耶！屯兵無數，何不扞寇，而欲脅天子去宗廟！」仗内震聳，朝恩大恐駭而退。因罷遷幸之議。《國史補》上。《唐語林》五。

5 魚朝恩於國子監高座講《易》，盡言《鼎卦》，以挫元、王。是日，百官皆在，縉不堪其辱，載獨怡然。朝恩退曰：「怒者常情，笑者不可測也。」《國史補》上。又《廣記》一七七引。

6 魚朝恩有洞房，四壁夾安瑠璃板，中貯江水及萍藻諸色蝦，號魚藻洞。《南康記》(《雲仙雜記》五)。

吴湊

1 見常衮2。

2 德宗非時召吴湊爲京兆尹，便令赴上。湊疾驅，諸客至府，已列筵畢。或問曰：「何速？」吏對曰：「兩市日有禮席，舉鐺釜而取之，故三五百人之饌，常可立辦也。」《國史補》中。又《廣記》四九六引。《唐語林》六。

郭曖

1、2 見李端2、3。

郭釗

1 見郭皇后2。

黎幹

1 相傳黎幹爲京兆尹時，曲江塗龍祈雨，觀者數千。黎至，獨有老人植杖不避。幹怒，杖背二十，如擊鞔革，掉臂而去。黎疑其非常人，命老坊卒尋之。至蘭陵里之内，入小門，大言曰：「我今日困辱甚，可具湯也。」坊卒遽返白黎，黎大懼，因弊衣懷公服與坊卒至其處。時已昏黑，坊卒直入，通黎之官閥。黎唯而趨入，拜伏曰：「向迷丈人物色，罪當十死。」老人驚起，曰：「誰引君來此？」即牽上階。黎知可以理奪，徐曰：「某爲京兆尹，威稍損則失官政，丈人埋形雜迹，非證惠眼，不能知也。若以此罪人，是釣人以賊，非義士之心也。」老人笑曰：「老夫之過。」乃具酒設席於地，招坊卒令坐。夜深，語及養生之術，言約理辯，黎轉敬懼。因曰：「老夫有一伎，請爲尹設。」遂入。良久，紫衣朱鬒，擁劍長短七口，舞於庭中，迭躍揮霍，攙光電激，或横若裂盤，旋若規尺。有短劍二尺餘，時時及黎之衽，黎叩頭股慄。食頃，擲劍植地，如北斗狀，顧黎曰：「向試黎君膽氣。」黎拜曰：「今日以後，性命丈人所賜，乞役左右。」老人曰：「君骨相無道氣，非可遽教，别日更相顧也。」揖黎而入。黎歸，氣色如病，臨鏡方覺鬚剃落寸餘。翌日復往，室已空矣。《酉陽雜俎》前集九。又《廣記》一九五引。　案：《三水小牘》載温璋事，與此相類。參看温璋2。

2 見唐代宗11。

3 見王縉2。

李勉

1 天寶中，有書生旅次宋州。時汧公勉少年貧苦，與書生同店，而不旬日，書生疾作，遂至不救。臨絶，語公曰：「某家住洪州，將於北都求官，於此得疾且死，其命也。」因出囊金百兩付公，曰：「某之僕使無知有此者，足下爲我畢死事，餘金奉之。」李公許爲辦事。及畢，密置金於墓中而同葬焉。後數年，公尉開封。書生兄弟齎洪州牒來，果然尋生行止，至宋州，知李爲主喪事，專詣開封，詰金之所。公請假至墓所，出金以付之焉。《大唐傳載》。《尚書譚録》（《廣記》一六五）。《唐語林》一。

2 相國李司徒勉爲開封縣尉，捕賊。時有不良試公之寬猛，乃潛納人賄，俾公知之。公召告吏卒曰：「有納其賄者，我皆知之，任公等自陳首，不可過三日，過則舁櫬相見。」其納賄不良故逾限，而忻然自齎其櫬至。公令取石灰棘刺置於櫬中，令不良入，命取釘釘之，送汴河訖，乃請見廉使，使嘆賞久之。後公爲大梁節度使，人問公曰：「今有官人如此，公如何待之？」公曰：「即打腿。」《劉賓客嘉話録》。《唐語林》六。

3 司徒李勉，開元初，作尉浚儀。秩滿，沿汴將遊廣陵，行及睢陽，忽有波斯胡老疾，杖策詣勉曰：「異鄉子抱恙甚殆，思歸江都，知公長者，願托仁蔭，皆異不勞而獲護焉。」勉哀之，因命登艫，仍給饘粥。胡人極懷慙愧，因曰：「我本王貴種也，商販于此，已逾二十年。家有三子，計必有求吾來者。」不日，舟止泗上，其人疾亟，因屏人告勉曰：「吾國内頃亡傳國寶珠，募能獲者，世家公相。吾衒其鑒而貪其位，因是去鄉而來尋，近已得之，將歸即富貴矣。其珠價當百萬，吾懼懷寶越鄉，因剖肉而藏焉。不幸遇疾，今將死矣，感公恩義，敬以相奉。」即抽刀決股，珠出而絕。勉遂資其衣衾，瘞於淮上。掩坎之際，因密以珠含之而去。既抵維揚，寓目旗亭，忽與羣胡左右依隨，因得言語相接。傍有胡雛，質貌肖逝者，勉即詢訪，果與逝者所叙契會。勉即究問事迹，乃亡胡之子，告瘞其所。胡雛號泣，發墓取而去。《集異記》(《廣記》四〇二)。　案：此事又作李約、李灌事，參見李約5、李灌1。

4　或說天下未有兵甲時，常多刺客。李汧公勉爲開封尉，鞫獄，獄囚有意氣者，感勉求生，勉縱而逸之。後數歲，勉罷秩，客游河北，偶見故囚，故囚喜迎歸，厚待之。告其妻曰：「此活我者，何以報德？」妻曰：「償縑千匹可乎？」曰：「未也。」妻曰：「二千匹可乎？」亦曰：「未也。」妻曰：「若此，不如殺之。」故囚心動。其僮哀勉，密告之。勉衩衣乘馬而逸。比夜半，行百餘里，至津店，店老父曰：「此多猛獸，何敢夜行？」勉因話言。言未畢，梁上有人瞥下曰：「我幾誤殺長者！」乃去。未明，攜故囚夫妻二首以示勉。《國史補》中。《唐語林》四。

5　見裴澥1。

6　見袁滋2。

7　故相李勉任江西觀察使時，部人有父病蠱，乃爲木偶人，置勉名位，瘞于其壟。或發以告勉，勉曰：「爲父禳災，是亦可矜也。」捨之。或曰：李勉失守梁城，亦宜貶黜。議曰：不然。當李希烈之怙亂，其鋒不可當，天方厚其罪而降之罰也。矧應變非長，援軍不至。又其時關輔已俶擾矣，人心摇動矣，以文吏之才，當虎狼之隧，乃全師南奔，非量力者能乎！《譚賓録》（《廣記》四九六）。

8 李汧公勉爲嶺南節度使，罷鎮，行到石門停舟，悉搜家人犀象，投于江中而去。《國史補》上。《唐語林》三。

9 李司徒勉在汀州曾出異骨一節，上可爲硯，云在南海時，有遠方客所贈，云是蜈蚣脊骨。《封氏聞見記》八。《續博物志》一〇。

10 見唐德宗9。

11 汧公博古多藝，窮精蓄奇，魏晉名蹤，盈於篋笥。許詢、逸少，經年共賞山泉；謝傅、戴逵，終日惟論琴畫。汧公任南海日，於羅浮山得片石，汧公子、兵部員外郎約又於潤州海門山得雙峰石，並爲好事所寶，悉見傳授。又汧公手斲雅琴尤佳者，曰響泉，曰韻磬。《歷代名畫記》一。

12 李司徒汧公鎮宣武，戎事之隙，以琴書爲娱。自造琴，聚新舊桐材，扣之合律者，則裁而膠綴。不中者，棄之。故所蓄二琴，殊絶，所謂響泉、韻磬者也。性不喜琴兼筝聲，惟二寵妓曰秀奴、七七，皆聰慧善琴，兼筝與歌，時令奏之。自撰琴譜。《因話録》二。《唐語林》六。

13 李汧公雅好琴，常斲桐，又取漆桶爲之，多至數百張，求者與之。有絶代者，一名響泉，一名韻磬，自寶于家。《國史補》下。《廣記》二〇三。

14 又李汧公取桐孫之精者，雜綴爲之，謂之百衲琴。用蝸殼爲徽，其間三面尤絶異。通謂之響泉、韻磬。絃一上，可十年不斷。《尚書故實》。又《廣記》二〇三引。

15 《嘉祐録》載李汧公勉百衲琴用蝸殼作徽，蝸殼豈堪作徽，恐是螺殼，傳寫之誤耳。《甕牖閒評》六。

16 李汧公勉百衲琴，制度甚古，其音清越無比。《賈氏譚録》。

17 勉有所自製，天下以爲寶，樂家傳響泉、韻磬，皆勉所愛者也。或云其造琴，新舊桐材叩之合律者，裁而膠綴之，號百衲琴。其響泉、韻磬，絃一上，十年不斷，其制器可謂臻妙，非深達於琴者，孰能與於此乎！嵇、戴以來一人而已矣！後張茂樞得此二琴。廣明之亂，韻磬見焚，響泉爲一僧挈去。茂樞云：勉本贈高門魏公，琴内有公墨題，背有陽冰篆，乃韋皐帥蜀時用佉陁羅木換臨嶽承絃，令陽冰文之，曰：「南溟夷島，木有堅如石，文横銀肩者，名曰佉陁羅，余愛其堅，貴其異，遂用作臨嶽云。」茂樞後遊江陵，於從兄濬處復見之，茂樞爲記其本末。又曰：但以他琴齊觸，彼音絶而此有餘韻。《琴史》四。

18 響泉、韻磬，本落樊澤司徒家，後在珠崖宅，又在張彦遠宅。今不知流落何處。《盧氏雜説》（《廣記》二〇三）。

19 又唐李汧公者號善琴，乃自聚靈材爲之，曰「百衲琴」。百衲琴流傳當祐陵朝，亦入九禁。是天下號殊絶，獨玉鶴、百衲乃第一。上時方稽古博雅，若書畫奇工得以待詔，日親近，往往獲褒賜。而琴工獨閒冷，日月光赫，因日月以冀恩澤，即共奏取御府所寶琴，盡丐理治之。上亦可焉。於是首取百衲琴破之，乃止八段，然膠漆遽解散，羣待詔反大懼，輒鹵莽塵得合併，玉鶴輩八九咸被壞。《鐵圍山叢談》六。

20 今彈琴，或削竹爲甲，以助食指之聲者，亦因汧公也。嘗患代指，而舊甲方墮，新甲未完。風景廓澄，授琴思泛，假甲於竹，聊爲權用。名德既崇，人爭倣效，好事者且曰「司徒甲」。《資暇集》下。

21 樂器有似琵琶而圓者，曰阮咸。大曆中，愚之再從叔翁司徒汧公之鎮滑也，因與賓客會琴，話及斯樂，曰：「往中宗朝，元賓客行中爲太常少卿，時有人于古冢獲其銅鑄成者獻之，元曰：『此阮仲容所造。』乃命工人木爲之，音韻清朗，頗難爲名，權以仲容姓名呼焉。于今未蒙佳號，况阮云昔賢，豈可以名氏而號樂器乎？其形象月，其聲合琴，目爲月琴宜矣。」自是知之者不以舊名呼。今人以爲李崖州在相日所號，非也。《資暇集》下。

李栖筠

1 李相公其先初修進之日，獻卷于維揚護軍宋甄大夫，甄寡於博識，不哀王孫，連上數啓，都不動念。李於館舍棲旅之甚，去住無依，遂吟一絶句贄之，宋以微茫禮遺而已。李後上第，生吉甫。吉甫繼歷臺省，自信州刺史節判青州，待士稍薄。舉子吴武陵詣府投擲，相國似無見重之意。吴不存忌諱，遂書相國先君舊謁宋大夫陳情一章，密獻相國。相國大慚，追悔，俟暝，召吴，執手惆悵，厚賂於吴，請爲寢默。詩曰：「十處投人九處違，家鄉萬里又空歸。嚴霜昨夜侵人骨，誰念尊堂未授衣。」《鑒誡録》七。又《詩話總龜》前集五引。

2 廣德二年春三月，敕工部侍郎李栖筠、京兆少尹崔沔拆公主水碾磑十所，通白渠支渠，溉公私田，歲收稻二百萬斛，京城賴之。常年命官皆不果敢，二人不避强禦，故用之。《唐語林》一。

3 内宴優伶打渾，惟御史大夫不預，蓋始于唐李栖筠也，至今遂以爲法。《甕牖閒評》八。

4 玄宗時，有術士云：判人食物，一一先知。公卿競延接。唯李大夫栖筠不信，召至，謂曰：「審看某明日餐何物？」術者良久曰：「食兩盤糕糜、二十椀橘皮湯。」李笑。乃遣廚司具饌，明日會諸朝客。

平明，有敕召對。上謂曰：「今日京兆尹進新糯米，得糕糜，卿且住喫。」良久，以金盤盛來。李拜而餐，對御强食。上喜曰：「卿喫甚美。更賜一盤。」又盡。既罷歸，腹疾大作，諸物絶口，唯喫橘皮湯，至夜半方愈。忽記術士之言，謂左右曰：「我喫多少橘皮湯？」曰：「二十椀矣。」嗟嘆久之。遽邀術士，厚與錢帛。《逸史》（《廣記》一四九）。

5 李栖筠家號犀爲獨笋牛……以避諱故也。《清異録》上。

李廙

1 李廙爲尚書左丞，有清德。其妹，劉晏妻也。晏方秉權，嘗造廙宅，延至寢室，見其門簾甚弊，乃令潛度廣狹，以粗竹織成，不加緣飾，將以贈廙。三攜至門，不敢發言而去。《國史補》上。又《廣記》一六四引、《御覽》七〇〇引。《唐語林校證》四。

2 李右丞廙年二十九，爲尚書右丞；至五十九，又爲尚書右丞。《大唐傳載》。《唐語林》四。

裴諝

1 大曆中，禁屠殺，而郭子儀隸人殺羊，裴諝尹京，具奏之。或言郭公有社稷功，豈不爲蓋之。裴笑曰：「非爾所解。郭公權太盛，上新即位，必謂黨附者衆。吾今發其細過，以明其不弄權，用安大臣耳。」人皆是之。諝五世爲河南尹，坐未嘗當正位。《南部新書》乙。

2 裴寬子諝復爲河南尹，素好詼諧，多異筆。嘗有投牒，誤書紙背。諝判云：「者畔似那畔，那畔似者畔，我不可辭與你判，笑殺門前著靴漢。」又有婦人投狀争猫兒，狀云：「若是兒猫，即是兒猫；若不是兒猫，即不是兒猫。」諝大笑，判狀云：「猫兒不識主，旁我搦老鼠，兩家不須争，將來與裴諝。」遂納其猫兒，争者亦哂。《開天傳信記》。又《廣記》二五〇引。

李季卿

1 廣德初，御史大夫李季卿河南宣慰，過曲阜，謁文宣王廟，因徧尋魯中舊迹。縣使一老人導引，每至一所，老人輒指云：「此是顔子陋巷。此是魯靈光殿基。此是泮宮。」季卿聞之，皆沈吟嗟賞，曰：「此翁真魯人也。」次至池水，復指之，「此是釣魚池」。季卿問曰：「何人釣魚？」老人對曰：「魯人靈光，常此釣魚。」季卿曰：「魯人敗矣。」又于路側見古碑，季卿問：「是誰碑？」諸君並不能對。有一尉遽走至碑下，仰讀其題云：「李君德政碑。」走還白云：「李君德政碑。」季卿笑曰：「此與『魯人靈光』何異？」《封氏聞見記》八。

2、3 見陸羽3、4。

歸崇敬

1 歸崇敬累轉膳部郎中，充新羅册立使。至海中流，波濤迅急，舟船壞漏，衆咸驚駭。舟人請以小艇載，崇敬曰：「舟人凡數十百，我豈獨濟？」逡巡，波濤稍息，舉舟竟免爲害。《譚賓録》（《廣記》一七七）。

趙涓

1　永泰初，禁中失火，焚屋室數十間，與東宮稍迫近，代宗深驚疑之。趙涓爲巡使，令即訊。涓周立案驗，乃上直中官遺火所致也。推鞫明審，頗盡事情，代宗甚嘉賞焉。德宗在東宮，常感涓之究理詳細。及典衢州，年老，韓滉奏請免其官。德宗見其名，謂宰相曰：「豈非永泰初御史趙涓乎？」對曰：「然。」即日拜尚書左丞。《譚賓録》（《廣記》一七一）。《唐語林》六。

相里造

1　相里造爲禮部郎中，時宦官魚朝恩用事，薰灼内外。朝恩稱詔集百僚有所評議，恃恩陵轢，旁若無人，宰相元載以下，唯唯而已。造挺然衆中，抗言酬對，往復數四，略無降屈之色。朝恩不悦而去，朝廷壯之。《封氏聞見記》九。《唐語林》三。

鄭雲逵

1　鄭雲逵與王彦伯鄰居，嘗有客來求醫，誤造雲逵門，雲逵知之，延入與診候曰：「熱風頗甚。」客又請藥方。雲逵曰：「某是給事中。若覓國醫王彦伯，東鄰是也。」客驚走而出。自是京城有乖宜者，皆曰熱風。或云即劉俛也。《國史補》中。《唐語林》六。

2 唐貞元中，蕭俛新及第。時國醫王彦伯住太平里，與給事鄭雲逵比舍住。忽患寒熱，早詣彦伯求診候，誤入雲逵第。會門人他適，雲逵立於中門。俛前趨曰：「某前及第，有期集之役，忽患。」具説其狀。逵命僕人延坐，爲診其臂曰：「據脈候，是心家熱風。雲逵姓鄭，若覓國醫王彦伯，東鄰是也。」俛赧然而去。《乾𦠆子》(《廣記》二四二)。

3 見權德輿1。

程　皓

1 檢校刑部郎中程皓，性周慎，不談人短。每于儕類中見人有所訾毁，未曾應對。候其言畢，徐爲分雪之曰：「此皆衆人妄傳，其實不爾。」更説其人美事。曾于廣坐被人酗駡，席上愕然。皓徐起避之曰：「彼人醉耳，何可與言。」其雅量如此。《封氏聞見記》九。《唐語林》一。

2 程皓以鐵床熁肉，肥膏見火則油焰淋漓，皓戲言曰：「羔羊揮淚矣。」又云：「我以三十萬錢償鐵匠，而得此奉養，豈不太過？」方德遠《金陵記》(《雲仙雜記》二)。

張　參

1 張參爲國子司業，年老，常手寫九經，以謂讀書不如寫書。《國史補》下。《鶴林玉露》甲編一。

柳并

1 代宗獨孤妃薨，贈貞懿皇后。將葬，尚父汾陽王在邠州，以其子尚主之故，欲致祭。遍問諸從事，皆云：「自古無人臣祭皇后之儀。」汾陽曰：「此事須得柳侍御裁之。」時予外伯祖殿中侍御史，諱芳，字伯存。掌汾陽書記，奉使在京。即以書急召之。既至，汾陽迎笑曰：「有切事，須藉侍御爲之。」遂説祭事。殿中君初亦對如諸人，既而曰：「禮緣人情，令公勳德不同常人，且又爲國姻戚，自令公始，亦謂得宜。」汾陽曰：「正合子儀本意。」殿中君草祭文，其官銜之首稱：「駙馬都尉郭曖父。」其中叙特恩許致祭之意，辭簡禮備，汾陽覽之大喜。《因話録》一。《唐語林》二。　案：《唐語林校證》考此爲柳并事。

裴樞

1 河東裴樞，字環中。季父耀卿，唐玄宗朝位至丞相，開元二十一年奏開河漕，以贍國用，上深嘉納之。親姨夫中書舍人薛邕，時有知貢舉之耗，元日，因來謁樞親，乃曰：「幾姊有處分親故中舉人否？」其親指樞。邕整容端手板對曰：「三十六郎自是公共積選之才，不待處分矣。伏恐别有子弟。」樞即應聲曰：「姨子失言。」因舉酒瀝地，誓曰：「薛姨夫知舉，樞當絶跡匿形，不履人世。」其親決責，令拜謝邕，樞竟不屈。永泰二年，賈至侍郎知舉，樞一舉而登選。後大曆二年，薛邕方知舉。樞及第後，歸丹陽里，不與雜流交通。又韋元甫除此州，計到郡之明日，合來拜其親。元甫至丹陽之明日，專使送衣服書狀信物，樞怒言不納。後三日，元甫親擁騎到樞别業。樞戒其僕，不令報，久停元甫車徒，不得進。元甫不怒，但云：「裴君太褊。某乍到，須與軍吏、監軍相識，遽此深責，未敢當也。」親乃遣女奴傳語，延元甫就廳事，置酒，元甫陳以公事，樞方出歡話。《乾𦠆子》（《廣記》二四四）。

2 見張登1。

韓會

1 韓會與名輩號爲四夔，會爲夔頭，而善歌妙絶。《國史補》下。又《廣記》二〇四引。《唐語林》（《白孔六帖》六一）。參看崔造1。

2 退之兄會嘗爲起居舍人，謫韶州司馬。退之幼從其兄，到韶，兄死。退之後至曲江，云「憶昨兒童隨伯氏，南來今只一身存」云云。會，史無傳，不知坐何事貶。考之史，坐元載也。載傳云：與載厚善，貶者某人某人，會其一也。《猗覺寮雜記》上。

崔瓘

1 崔左轄瓘牧江外郡，祖席夜闌，一營妓先辭歸，崔與詩曰：「寒檐寂寂雨霏霏，候館蕭條燭盡微。只有今宵同此宴，翠娥佯醉欲先歸。」《南部新書》（《詩話總龜》前集二三）。

陳少遊

1 唐陳少遊檢校職方員外郎，充迴紇使。檢校官自少遊始也。而少遊爲理，長于權變，時推幹濟。然厚斂財貨，交結權右，尋除桂管觀察使。時中官董秀用事，少遊乃宿于里，候下直際，獨謁之。從容曰：「七郎家中人數幾何？每月所費幾何？」秀曰：「久忝近職，累重，又屬時物騰貴，一月須千餘貫。」少遊曰：「據此所費，俸錢不能足其數，此外常須求于人，方可取濟。倘有輸誠供應者，但留心庇護之，固易爲力耳。少遊雖不才，請以一身獨備七郎之費用，每歲願送錢五萬貫。今見有大半，請即收受，餘到官續送。免費心勞慮，不亦可乎？」秀既踰于所望，忻悦頗甚，因與之相厚。少遊言訖，泣曰：「南方毒瘴深僻，但恐不得生還，再覩顏色。」秀遽曰：「中丞美才，不當遠官。從容旬日，冀竭蹇分。」時少遊已納賄于元載子仲武矣。秀、載内外引薦，數日，拜宣歙觀察使。改浙東觀察使，遷淮南節度使。十餘年間，三總大藩，徵求貨易，且無虚日，斂積財寶，累巨萬億。視文雅清流之士，蔑如也。初結元載，每歲饋十萬貫，後以載漸見忌，少遊亦稍疏之。及載子伯和，貶官揚州，少遊外與之深交，而陰使人伺其過，密以上聞。代宗以爲忠，待之益厚。關播嘗爲少遊賓客，盧杞早年與之同在僕固懷恩幙府，故驟加其官。德宗幸奉天後，遂奪包佶財物八百萬貫。復使參謀温述，送款于李希烈曰：「濠、舒、廬等州，已令罷壘，韜戈捲甲，佇候指揮。」後鑾輿歸京，包佶入朝，具奏財賦事狀。少遊上表，以所取財，皆是供軍費用，今請據數卻納。乃重徵管内百姓以進。後劉洽收汴州，得希烈起居注：某月日，陳少遊上表歸順。少遊聞之，慚愧而卒。《譚賓録》(《廣記》二三九)。《南部新書》乙。《續世説》一二。

2 見李華4。

路嗣恭

1 唐代宗謂李泌曰:「路嗣恭獻琉璃盤九寸,乃以徑尺者遺元載,須其至議之。」賴泌一言,嗣恭免罪,而元載竟誅。《鶴林玉露》甲編二。參看李泌22。

2 見柳渾1。

3 路嗣恭在江西,並奏部下縣爲緊望。《南部新書》戊。

袁傪

1 袁傪之破袁晁,擒其僞公卿數十人,州縣大具桎梏,謂必生致闕下。傪曰:「此惡百姓,何足煩人!」乃各遣笞臀而釋之。《國史補》上。又《廣記》四九六引。《唐語林》三。

薛兼訓

1 初,越人不工機杼,薛兼訓爲江東節制,乃募軍中未有室者,厚給貨幣,密令北地娶織婦以歸,歲得數百人,由是越俗大化,競添花樣,綾紗妙稱江左矣。《國史補》下。

裴澥　裴充

1 裴澥爲陜府録事參軍，李汧公勉除長使，充觀察。始至官，屬吏謁訖，令别召裴録事，坐與之語。面約云：「少頃有燕，便請隨判官同赴。」及燕，凡三召不至。公極怒，明晨召澥讓之曰：「某忝公之官長，以素聞公名，兼朝中親友，話公美事，思接從容。故超禮分，面約赴燕，遂累召不來，何相忽之甚也？」澥正色言曰：「中丞細思之，未知誰失。必也正名，各司其局，古人所守，某敢忘之？中丞使府自有賓僚，某走吏也，安得同之？」汧公曰：「老夫過矣，請吾子歸所止。」澥既退，汧公遽命駕訪之，拜請置在賓席。澥之子充爲太常寺太祝，年甚少。時京司書考官之清高者，例得上考。充之同儕以例，皆止中考。訴於卿長，曰：「此舊例也。」充曰：「奉常職重地高，不同他寺。大卿在具瞻之地，作事當出於人。本設考課，爲獎勤勞，則書豈繫於官秩？若一一以官高下爲優劣，則卿合書上上考，少卿合上中考，丞合中上考，主簿合中中考，協律合下考，某等合吃杖矣！」卿笑且慚，遂特書上考。澥後累遷同州刺史，所在有能名。充至湖州刺史。《因話録》三。《唐語林》三。

閻伯璵

1 閻伯璵爲袁州，時征役煩重，袁州先已殘破，伯璵專以惠化招撫，逃亡皆復，鄰境慕德，繦負而來，數年之間，漁商闐湊，州境大理。及移撫州，闔州思戀，百姓相率而隨之。伯璵未行，或已有先發。伯璵于所在江津見舟船，問之，皆云「從袁州來，隨使君往撫州」。前後相繼，津吏不能止。其見愛如此。到職一年，撫州復如袁州之盛。代宗聞之，徵拜户部侍郎，未至而卒。《封氏聞見記》九。《唐語林》一。

崔　昭

1　裴佶常話，少時姑夫爲朝官，不記名姓。有雅望。佶至宅看其姑，會其朝退，深歎曰：「崔昭何人，衆口稱美！此必行賄者也。如此安得不亂？」言未竟，閽者報壽州崔使君候謁。姑夫怒呵閽者，將鞭之。良久，束帶强出。須臾，命茶甚急，又命酒饌，又命秣馬飯僕。姑曰：「前何倨而後何恭也？」及入門，有得色，揖佶曰：「且憩學院中。」佶未下堦，出懷中一紙，乃昭贈官絁千匹。《國史補》中。又《廣記》二四三引。《唐語林》六。

2　見李衮1。

侯　彝

1　唐大曆中，萬年尉侯彝者，好俠尚義。常匿國賊，御史推鞫，理窮，終不言賊所往。御史曰：「賊在汝右膝蓋下。」彝遂揭堦磚，自擊其膝蓋，翻示御史曰：「賊安在？」即以鐵貯烈火，置其腹上，煙火熢㶿，左右皆不忍視。彝叫曰：「何不加炭？」御史奇之，奏聞。代宗即召對：「何爲隱賊，自貽其苦若是？」彝答曰：「賊實臣藏之，已然諾其人，終死不可得。」遂以賊故，貶爲端州高要尉。《獨異志》上。又《廣記》

一九四引。

王棲曜

1 王棲曜善射。嘗與文士遊虎邱寺，平野霽日，先以一箭射空，再發中之。江東文士梁肅以下咸歌詠之。《南部新書》丁。

僕固懷恩

1 懷恩寇邠、涇，十七日，衆渡涇水，郭晞率衆禦之，戰于邠郛，我師敗績。懷恩覆其陣，泣曰：「此等昔爲我兒，我教其射，反爲他人致死於我，惜哉！」明日，引軍南出。《邠志》（《通鑑考異》一六）。

田承嗣

1 田承嗣叛，代宗命李正己討之。承嗣圖正己像，焚香事之，正己悦，按兵不進。《吹劍三録》。

2 魏博田承嗣簽治文案如流水，吏人私相謂曰：「世罕有此旋風筆。」《方鎮編年》（《雲仙雜記》四）。

薛　嵩

1 永泰中，蘇門山人劉鋼于鄴下上書于刑部尚書薛公云：「打毬一則損人，二則損馬，爲樂之方甚衆，何必乘兹至危，以邀晷刻之權邪！」薛公悦其言，圖鋼之形置于座右，命掌記陸長源爲贊美之。《封氏聞見記》六。《唐語林》五。

2 滑州節度令狐母亡，鄰境致祭，昭義節度初于淇門載船桅以充幕柱，至時嫌短，特于衞州大河中河船上取長桅代之。及昭義節度薛公薨，絳、忻諸方并管内滏陽城南設祭，每半里一祭，南至漳河，二十餘里，連延相次。大者費千餘貫，小者猶三四百貫，互相窺覘，競爲新奇，柩車暫過，皆爲棄物矣。蓋自開闢至今，奠祭鬼神，未有如斯之盛者也！《封氏聞見記》六。《唐語林》八。

李抱真

1 李抱真之鎮潞州也，軍資匱闕，計無所爲。有老僧大爲郡人信服，抱真因詣之，謂曰：「假和尚之道以濟軍中，可乎？」僧曰：「無不可。」抱真曰：「但言請於鞠場焚身。某當於使宅鑿一地道通連，候火作，即潛以相出。」僧喜從之，遂陳狀聲言。抱真命於鞠場積薪貯油，因爲七日道場，晝夜香燈，梵唄雜作。抱真亦引僧入地道，使之不疑。僧乃升座執爐，對衆説法，抱真率監軍僚屬及將吏膜拜其下，以俸入檀施，堆于其旁。由是士女駢填，捨財億計。滿七日，遂送柴積，灌油發焰，擊鐘念佛。抱真密已遣人填塞地道，俄頃之際，僧薪竝灰。數日藉所得貨財，輦入軍資庫。別求所謂舍利者數十粒，造塔貯焉。《尚書故實》。又《廣記》四九五引。《珊瑚鈎詩話》三引。《玉泉子》。

李正己

1 唐李正己本名懷玉，侯希逸爲平盧軍帥，希逸母即正己姑也，後與希逸同至青州。驍健有勇力。寶應中，軍衆討史朝義。至鄭州，回紇方彊恣，諸節度皆下之。正己時爲軍候，獨欲以氣吞之，因與角逐，衆軍聚觀。約曰：「後者批之。」既逐而先，正己擒其領而批其顙，回紇屎液俱下。衆軍呼突，繇是不敢暴。會軍人逐希逸，希逸奔走，衆立正己爲帥。朝廷因授平盧節度使。《譚賓録》（《廣記》一九二）。

2 李正己本名懷玉，侯希逸之内弟也。侯鎮淄青，署懷玉爲兵馬使。尋搆飛語，侯怒，因之，將置於法。懷玉抱冤無訴，於獄中壘石象佛，默期冥報。時近臘日，心慕同儕，嘆咤而睡。覺有人在頭上語曰：「李懷玉，汝富貴時至。」即驚覺，顧不見人，天尚黑，意甚怪之。復睡，又聽人謂曰：「汝看牆上有青烏子噪，即是富貴時。」及覺，不復見人。有頃，天曙，忽有青烏數十如雀，飛集牆上。俄聞三軍叫喚，逐出希逸，壞鍊取懷玉，扶知留後。成式見台州喬庶説，喬之先官於東平，目擊其事。《酉陽雜俎》續集三。又《廣記》一三七引。

3 李正己被囚執，夢云：「青雀噪即報喜也。」是旦，果有羣雀啁啾，色皆青蒼。至今李族居淄青者呼雀爲「青喜」。《清異録》上。

劉長卿

1　劉長卿郎中，皆謂前有沈、宋、王、杜，後有錢、郎、劉、李。劉君曰：「李嘉祐、郎士元，焉得與予齊稱也！」每題詩，不言其姓，但「長卿」而已，以海内合知之乎？士林或之譏也。宋雍初無令譽，及嬰瞽疾，其詩名始彰。盧員外綸作擬僧之詩，僧清江作七夕之詠，劉隨州有眼作無眼之句，宋雍無眼作有眼之詩。詩流以爲四背，或云四倒，然辭意悉爲佳致乎？盧公詩曰：「願得遠公知姓字，焚香洗鉢過餘生。」清江上人詩曰：「唯愁更漏促，離別在明朝。」劉隨州詩曰：「細雨濕衣看不見，閑花落地聽無聲。」宋君詩曰：「黄鳥不堪愁裏聽，緑楊宜向雨中看。」《雲溪友議》上。又《詩話總龜》前集六。《唐詩紀事》五〇。《唐才子傳》二。

2　見李治2。

蘇　涣

1　涣本不平者，善放白弩，巴中號曰白跖，賓人患之，以比盜跖。後自知非，變節從學。鄉賦擢第，累遷至御史，佐湖南幕。崔中丞遇害，涣遂踰嶺扇動哥舒，跋扈交廣。此猶龍蛇見血，本質彰矣。三年中作《變律詩》十九首，上廣州李帥。其文意長于諷刺，亦有陳拾遺一鱗半甲，故善之。《中興間氣集》上。《南部新書》辛。《唐詩紀事》二六。《唐才子傳》三。

獨孤及

1 見元載8。

2 獨孤常州及，末年尤嗜鼓琴。得眼疾，不理，意欲專聽也。《大唐傳載》。又《廣記》二〇一引。《南部新書》辛。

錢起

1 錢起寓宿驛舍，聞窗外有人曰：「曲終人不見，江上數峯青。」起怪之。十年後就試，座主李暐試《湘靈鼓瑟》詩，落句意久不屬，遂以此一聯續之，乃中魁選。詩全篇云：「善鼓雲和瑟，常聞帝子靈。馮夷空自舞，楚客不堪聽。雅調淒金石，清音發杳冥。蒼梧來慕怨，白芷動芳馨。流水傳湘浦，悲風過洞庭。曲終人不見，江上數峯青。」《古今詩話》（《詩話總龜》前集五〇）。《唐詩紀事》三〇。《唐才子傳》四。案：李暐，原作「李時」，據《舊唐書》一六八改。

2 見唐宣宗91。

3 見李端2。

4 大曆來，自丞相已下，出使作牧，無錢起、郎士元詩祖送者，時論鄙之。《南部新書》辛。《唐才子傳》三。

郎士元

1 郎士元詩句清絶輕薄，好爲劇語，每云：「郭令公不入琴，馬鎮西不入茶，田承嗣不入朝。」馬知此，語之曰：「郎中言燧不入茶，請左顧爲設也。」即依期而往。時豪家食次，起羊肉一斤，層布於巨胡餅，隔中以椒豉，潤以酥，入爐迫之，候肉半熟食之，呼爲「古樓子」。馬晨起啖古樓子以佇。士元至，馬喉乾如窯，即命急烹茶，各啜二十餘甌。士元已老，虚冷腹脹，屢辭，馬輒曰：「『馬鎮西不入茶』，何遽辭也？」如此又七甌。士元固辭而起，及馬，氣液俱下。因病數旬，馬乃遺絹二百匹。《唐語林》六。《後村詩話》新集四。

2 見錢起4。

盧綸

1 唐盧綸爲户部郎中，有詩名於貞元中，與李端、司空曙之徒名爲十才子，形於圖畫，以美其名。《詩話》（《古今事文類聚》新集一二）。

2 見劉長卿1。

韓翃

1 韓翃少負才名，天寶末舉進士，孤貞静默。所與遊，皆當時名士。然而蓽門圭竇，室唯四壁。隣有李將失名妓柳氏，李每至，必邀韓同飲，韓以李豁落大丈夫，故常不逆。既久逾狎。柳每以暇日隙壁窺韓所居，即蕭然葭艾，聞客至，必名人，因乘間語李曰：「韓秀才窮甚矣，然所與遊，必聞名人，是必不久貧賤，宜假借之。」李深領之。間一日，具饌邀韓。酒酣，謂韓曰：「秀才當今名士，柳氏當今名色，以名色配名士，不亦可乎！」遂命柳從坐接韓，韓殊不意，懇辭不敢當。李曰：「大丈夫相遇杯酒間，一言道合，尚相許以死，況一婦人，何足辭也。」卒授之，不可拒。又謂韓曰：「夫子居貧，無以自振，柳資數百萬，可以取濟。柳，淑人也，宜事夫子，能盡其操。」即長揖而去。韓追讓之，顧況然自疑。〔柳〕曰：「此豪達者，昨暮備言之矣。勿復致訝。」俄就柳居，來歲成名，後數干淄青節度侯希逸，奏爲從事。以世方擾，不敢以柳自隨，置之都下，期至而迓之。連三歲，不果迓，因以良金買練囊中寄之。題詩曰：「章臺柳，章臺柳，往日青青今在否？縱使長條似舊垂，亦應攀折他人手。」柳復書，答詩曰：「楊柳枝，芳菲節，可恨年年贈離別。一葉隨風忽報秋，縱使君來豈堪折。」柳以色顯獨居，恐不自免，乃欲落髮爲尼，居佛寺。後翃隨侯希逸入朝，尋訪不得，已爲立功番將沙吒利所劫，寵之專房。翃悵然不能割。會入中書，至子城東南角，逢犢車，緩隨之。車中問曰：「得非青州韓員外邪？」曰：「是。」遂披簾曰：「某柳氏也，失身沙吒利，無從自脱。明日尚此路還，願更一來取別。」韓深感之。明日如期而往，犢車尋至。車中投一紅巾苞小合子，實以香膏，嗚咽言曰：「終身永訣。」車如電逝。韓不勝情，爲之雪涕。是日，臨淄大校置酒於都市酒樓，邀韓。韓赴之，悵然不樂。座人曰：「韓員外風流談笑，未嘗不適，今日何慘然邪？」韓具話之。有虞候將許俊，年少被酒，起曰：「寮嘗以義烈自許，願得員外手筆數字，當立置之。」座人皆激贊。

韓不得已與之。俊乃急裝，乘一馬、牽一馬而馳，逕趨沙吒利之第。會吒利已出，即以入曰：「將軍墜馬，且不救，遣取柳夫人。」柳驚出，即以韓札示之，挾上馬，絶馳而去。座未罷，即以柳氏授韓，曰：「幸不辱命。」一座驚歎。時沙吒初立功，代宗方優借，大懼禍作，闔座同見希逸，白其故。希逸扼腕奮髯，曰：「此我往日所爲也，而俊復能之！」立修表上聞，深罪沙吒利。代宗稱歎良久，御批曰：「沙吒利宜賜絹二千匹，柳氏却歸韓翃。」後罷府閒居，將十年，李相勉鎮夷門，又署爲幕吏。時韓已遲暮，同職皆新進後生，不能知韓，舉目爲惡詩。韓邑邑殊不得意，多辭疾在家。唯末職韋巡官者，亦知名士，與韓獨善。一日，夜將半，韋叩門急，韓出見之，賀曰：「員外除駕部郎中知制誥。」韓大愕然曰：「必無此事，定誤矣。」韋就座，曰留邸狀報制誥闕人，中書兩進名，御筆不點出，又請之，且求聖旨所與，德宗批曰：「與韓翃。」時有與翃同姓名者，爲江淮刺史，又具二人同進。御筆復批曰：「春城無處不飛花，寒食東風御柳斜。日暮漢宮傳蠟燭，輕煙散入五侯家。」又批曰：「與此韓翃。」韋又賀曰：「此非員外詩耶？」韓曰：「是也。」是知不誤矣。質明而李與僚屬皆至，時建中初也。自韓復爲汴職以下，開成中，余罷梧州，有大梁夙將趙唯爲嶺外刺史，年將九十矣，耳目不衰，過梧州，言大梁往事，述之可聽，云此皆目擊之。故因録於此也。《本事詩·情感》。《異聞集》（《詩話總龜》前集二三）。《廣卓異記》一四。《唐詩紀事》三〇。參看許堯佐撰傳奇《柳氏傳》。

2　見李端2。

3　見唐德宗50。

耿湋

1 見雍陶1。

柳中庸

1 集賢校理鄭符云：柳中庸善《易》，嘗詣普寂公。公曰：「筮吾心所在也。」柳云：「和尚心在前簷第七題。」復問之在某處。寂曰：「萬物無逃於數也，吾將逃矣。嘗試測之。」柳久之，矍然曰：「至矣！寂然不動，吾無得而知矣。」《酉陽雜俎》續集四。《唐詩紀事》三一。

嚴維

1 見章八元1。

李益

1 李益詩名早著，有《征人歌》、《早行》一篇，好事者畫爲圖障。又有云：「回樂峯前沙似雪，受降城外月如霜。不知何處吹蘆管，一夜征人盡望鄉。」天下亦唱爲樂曲。《國史補》下。《圖畫見聞誌》五。《唐語林》三。《古今詩話》（《詩話總龜》前集一三）。《唐詩紀事》三〇。案：「征人歌早行」，原作「征人歌且行」，據新、舊《唐書·李益傳》改。

2 李尚書益，有宗人庶子同名，俱出於姑臧公。時人謂尚書爲「文章李益」，庶子爲「門户李益」，而尚書亦兼門地焉。嘗姻族間有禮會，尚書歸，笑謂家人曰：「大堪笑！今日局席，兩箇坐頭，總是李益。」《因話録》二。又《廣記》一八四引。《唐語林》四。《唐詩紀事》三〇。

3 見趙宗儒3。

4 見李播2。

李端

1 李端，趙州人，嘉祐之姪也。少時居廬山，依皎然讀書，意況清虚，酷慕禪侣。《唐才子傳》四。

2 郭曖，昇平公主駙馬也。盛集文士，即席賦詩，公主帷而觀之。李端中宴詩成，有荀令、何郎之句，衆稱妙絶。或謂宿搆，端曰：「願賦一韻。」錢起曰：「請以起姓爲韻。」復有金埒、銅山之句。曖大出名馬金帛遺之。是會也，端擅場。送王相公之鎮幽朔，韓翃擅場。送劉相之巡江淮，錢起擅場。《國史補》上。又《廣記》一九八引。《南部新書》戊。《唐語林》三。《古今詩話》（《詩話總龜》前集二二）。《唐詩紀事》三〇。《唐才子傳》四。

3 郭曖宴客，有婢鏡兒善彈箏，姿色絶代，李端在坐，時竊寓目，屬意甚深。曖覺之，曰：「李生能以彈箏爲題賦詩娱客，吾當不惜此女。」李即席口號曰：「鳴箏金粟柱，素手玉房前。欲得周郎顧，時時誤拂絃。」曖大稱善，徹席上金玉酒器，并以鏡兒贈李。《虚樓續本事詩》（《瑯嬛記》中）。

4 見白居易15。

5 蜀路有飛泉亭，亭中詩板百餘，然非作者所爲。後薛能佐李福於蜀，道過此，題云：「賈掾曾空去，題詩豈易哉！」悉打去諸板，唯留李端《巫山高》一篇而已。《唐摭言》一三。《唐詩紀事》三〇。

韋應物

1 見許雲封1。

2 韋應物立性高潔，鮮食寡欲，所坐焚香掃地而坐。其爲詩，馳驟建安以還，各得其風韻。《國史補》下。《唐語林》二。《唐才子傳》四。

3 應物性高潔，所在焚香掃地而坐，惟顧況、劉長卿、丘丹、秦系、皎然之儔，得厠賓列，與之酬唱。樂天《吴郡詩石記》，獨書「兵衛森畫戟，宴寢凝清香」。《唐詩紀事》二六。

4 韋應物赴大司馬杜鴻漸宴，醉宿驛亭，醒見二佳人在側，驚問之。對曰：郎中席上與司空詩，因令二樂妓侍寢。問記得詩否。一妓强記，乃誦曰：「高髻雲鬟宫様妝，春風一曲杜韋娘。司空見慣渾閒事，惱亂蘇州刺史腸。」《唐宋遺史》（《苕溪漁隱叢話》後集九、《類説》二七）。案：《雲溪友議》中、《本事詩》作劉禹錫詩。參看劉禹錫9、10。

5 見皎然1。

陸羽

1 竟陵僧有于水濱得嬰兒者，育爲弟子，稍長，自筮得蹇之漸，繇曰：「鴻漸于陸，其羽可用爲儀。」

乃令姓陸名羽，字鴻漸。羽有文學，多意思，耻一物不盡其妙，茶術尤著。鞏縣陶者多爲甆偶人，號陸鴻漸，買數十茶器得一鴻漸，市人沽茗不利，輒灌注之。羽于江湖稱竟陵子，于南越稱桑苧翁。與顔魯公厚善，及元真子張志和爲友。羽少事竟陵禪師智積，異日在他處聞禪師去世，哭之甚哀，乃作詩寄情，其略云：「不羨白玉盞，不羨黄金罍。亦不羨朝入省，亦不羨暮入臺。千羨萬羨西江水，曾向竟陵城下來。」貞元末卒。《國史補》中。又《廣記》八三引。《御覽》八六七引作《唐史》。《桂苑叢談·史遺》。《唐語林》四。

2　太子陸文學鴻漸名羽，其先不知何許人。竟陵龍蓋寺僧，姓陸，於堤上得一初生兒，收育之，遂以陸爲氏。及長，聰俊多能，學贍辭逸，詼諧縱辯，蓋東方曼倩之儔。與余外祖户曹府君外族柳氏，外祖洪府户曹，諱澹，字中庸，别有傳。交契深至。外祖有篋事狀，陸君所撰。性嗜茶，始創煎茶法，至今鬻茶之家，陶爲其像，置於煬器之間，云宜茶足利。余幼年尚記識一復州老僧，是陸僧弟子。常諷其歌云：「不羨黄金罍，不羨白玉杯。不羨朝入省，不羨暮入臺。千羨萬羨西江水，曾向竟陵城下來。」又有追感陸僧詩至多。《因話録》三。《廣記》二〇一引作《傳載》。《唐詩紀事》四〇。

3　楚人陸鴻漸爲《茶論》，説茶之功效并煎茶炙茶之法，造茶具二十四事，以都統籠貯之。遠近傾慕，好事者家藏一副。有常伯熊者，又因鴻漸之論廣潤色之，于是茶道大行，王公朝士無不飲者。御史大夫李季卿宣慰江南，至臨淮縣館，或言伯熊善茶者，李公請爲之。伯熊著黄被衫，烏紗帽，手執茶器，口通茶名，區分指點，左右刮目。茶熟，李公爲歠兩杯而止。既到江外，又言鴻漸能茶者，李公復請爲之。鴻漸身衣野服，隨茶具而入，既坐，教攤如伯熊故事。李公心鄙之，茶畢，命奴子取錢三十文酬煎茶博士。鴻漸遊江介，通狎勝流，及此羞愧，復著《毁茶論》。伯熊飲茶過度，遂患風氣，晚節亦不勸人多飲也。《封氏聞見記》六。《語林》(《類説》三二)。又《海録碎事》六、《事文類聚》續集一二引。

4　元和九年春，予初成名，與同年生期於薦福寺。予與李德垂先至，憩西廂玄鑒室。會適有楚僧至，置囊而息，囊有數編書，予偶抽一通鑑焉。文細密，皆雜記，卷末有一題云《煑茶記》。云代宗朝，李季卿刺湖州，至維揚，逢陸處士鴻漸，李素熟陸名，有傾蓋之歡。因之赴郡，抵揚子驛。將食，李曰：「陸君善于茶，蓋天下聞名矣。揚子江南零水，又殊絶。今者二妙，千載一遇，何曠之乎？」命軍士謹信者，挈缾操舟，深詣南零。陸潔器以俟之。俄水至，陸以杓揚其水曰：「江則江矣，非南零者，似臨岸之水。」使曰：「某棹舟深入，見者累百人，敢虚紿乎？」陸不言。既而傾諸盆，至半，陸遽止之。又以杓揚之，曰：「自此南零者矣。」使蹶然大駭，伏罪曰：「某自南零齎至岸，舟盪半，懼其尠，挹岸水增之。處士之鑒，神鑒也，其敢隱焉？」李與賓從數十人，皆大駭愕。李因問陸：「既如此，所經歷處之水，優劣精可判矣。」陸曰：「楚水第一，晉水最下。」李因命筆，口授而次第之。《煎茶水記》(張本《説郛》八一、陶本《説郛》九三)。《水經》(《廣記》三九九)。

5　陸鴻漸採越江茶，使小奴子看焙，奴失睡，茶燋爍，鴻漸怒，以鐵繩縛奴，投火中。《蠻甌志》(《雲仙雜記》四)。

6　陸鴻漸嗜茶，撰《茶經》三卷，行於代。常見鬻茶邸燒瓦瓷爲其形貌，置於竈釜上左右，爲茶神，有交易則茶祭之，無則以釜湯沃之。《大唐傳載》。又《廣記》二〇一引。《近事會元》五。

7　陸羽别天下水味，各立名品，有石刻行於世。《雲麓漫鈔》一〇。

8　人不可偏有所好，往往爲所嗜好揜其他長。如陸鴻漸本唐之文人達士，特以好茶，人止稱其能品泉别茶爾。所著書甚多，曰《君臣契》三卷、《源解》三十卷、《江表四姓譜》十卷、《南北人物志》十卷、《吴興歷官記》三卷、《潮州刺史記》一卷、《茶經》三卷、《占夢》三卷。然世所傳者，特《茶經》，他書皆不傳，蓋爲《茶經》所揜也。《梁谿漫志》一〇。

9　陸羽茶既爲癖，酒亦稱狂。《初學記》（張本《説郛》七五）。

章八元

1　章八元嘗於郵亭偶題數言，蓋激楚之音也。會稽嚴維到驛，問八元曰：「爾能從我學詩乎？」曰：「能。」少頃遂發，八元已辭家。維大異之，遂親指喻。數年詞賦擢第。《中興間氣集》。《南部新書》辛。《唐詩紀事》二六。

2　長安慈恩寺浮圖，起開元至大和之歲，舉子前名登遊題紀者衆矣。文宗朝，元稹、白居易、劉禹錫唱和千百首，傳於京師，誦者稱美。凡所至寺觀臺閣林亭，或歌或詠之處，向來名公詩板潛自撤之，蓋有媿於數公之詠也。會元白因傳香於慈恩寺塔下，忽覩章先輩八元所留之句，命僧拂去埃塵，二公移時吟味，盡日不厭，悉令除去諸家之詩，唯留章公一首而已。樂天曰：「不謂嚴維出此弟子！」由是二公竟不爲之。詩流自慈恩息筆矣。章公詩曰：「十層突兀在虚空，四十門開面面風。却怪鳥飛平地上，自驚人語半天中。迴梯暗踏如穿洞，絶頂初攀似出籠。落日鳳城佳氣合，滿城春樹雨濛濛。」《鑒誡録》七。

3 章八元及第後，居浙西。恃才浮傲，宴遊不恭，韓晉公自席械繫之，來晨將議刑。時楊於陵乃韓女壻，以同年救之。曰：「爲楊郎屈法。」《南部新書》壬。《愛日齋叢鈔》（張本《説郛》一七）。

李　冶

1 李（秀）〔季〕蘭以女子有才名。初，五六歲時，其父抱於庭，作詩詠薔薇，其末句云：「經時未架却，心緒亂縱横。」父恚曰：「此女子將來富有文章，然必爲失行婦人矣。」竟如其言。《玉堂閒話》（《廣記》二七三引）。《唐詩紀事》七八。《唐才子傳》二。

2 （秀）〔季〕蘭嘗與諸賢會烏程縣開元寺，知河間劉長卿有陰疾，謂之曰：「山氣日夕佳。」長卿對曰：「衆鳥欣有託。」舉坐大笑。論者兩美之。秀蘭有詩曰：「遠水浮仙棹，寒星伴使車。」蓋五言之佳境也。上方班姬即不足，下比韓英則有餘。亦女中之詩豪也。《中興閒氣集》（《廣記》二七三）。《唐才子傳》二。

3 時往來剡中，與山人陸羽、上人皎然意甚相得。皎然嘗有詩云：「天女來相試，將花欲染衣。禪心竟不起，還捧舊花歸。」其謔浪至此。《唐才子傳》二。

4 天寶間，玄宗聞其詩才，詔赴闕，留宫中月餘，優賜甚厚，遣歸故山。《唐才子傳》二。

5 時有風情女子李季蘭上泚詩，言多悖逆，故闕而不録。皇帝再尅京師，召季蘭而責之曰：「汝何不學嚴巨川有詩云『手持禮器空垂淚，心憶明君不敢言』？」遂令撲殺之。《奉天録》一。

張　登

1 唐南陽張登制舉登科，形貌枯瘦，氣高傲物，裴樞與爲師友。樞爲司勳員外，舉公羣至投文，樞才訛訶瑕謫。登自知江陵鹽鐵院會計到城，直入司勳廳，冷笑曰：「裴三十六，大有可笑事。」樞因問登可笑之由，登曰：「笑公驢牙郎，搏馬價，此成笑耳。」《乾𦠆子》(《廣記》二五七)。

2 張登長於小賦，氣宏而密，間不容髮，有織成隱起往往蹙金之狀。《國史補》下。《唐語林》二。

陸　海

1 陸餘慶孫海，長於五言詩，甚爲詩人所重。性峻不附權要，出牧潮州，但以詩酒自適，不以遠謫介意。《題奉國寺》詩曰：「新秋夜何爽，露下風轉淒。一聲竹林裏，千燈花塔西。」《題龍門寺》詩曰：「窗燈林靄裏，聞磬水聲中。更籌半有會，爐煙滿夕風。」人推其警策。《大唐新語》八。《唐詩紀事》三二。

張叔良

1 張叔良，字房卿。大曆中，與姜窈窕相悦，姜贈以鬒髮，藏于枕傍，蘭膏芳烈，因寄以詩云：「几上博山静不焚，匡牀愁卧對斜曛。犀梳寶鏡人何處，半枕蘭香空緑雲。」《瑯嬛記》上。

楊志堅

1 見顔真卿7。

韓昆

1 韓昆，大曆中爲制科第三等敕頭，代皇異之。詔下日，坐以采輿翠籠，命近臣持采仗鞭，厚錫繒帛，以示殊澤。《南部新書》甲。

黎逢

1 黎逢氣貌山野，及第年，初場後至，便於簾前設席。主司異之，誚其生疏，必謂文詞稱是，專令人伺之，句句來報。初聞云：「何人徘徊？」曰：「亦是常言。」既而將及數聯，莫不驚歎，遂擢爲狀元。《唐摭言》五。《唐詩紀事》三六。

皎然

1 吴興僧晝，字皎然，工律詩。嘗謁韋蘇州，恐詩體不合，乃于舟中抒思，作古體十數篇爲贄。韋公全不稱賞，晝極失望。明日寫其舊製獻之，韋公吟諷，大加歎詠。因語晝云：「師幾失聲名，何不但以所工見投，而猥希老夫之意？人各有所得，非卒能致。」晝大伏其鑒别之精。《因話録》四。《唐語林》三。《唐詩紀事》七三。《唐才子傳》四。

2　楚僧靈一，律行高潔，而能爲文。吴僧皎然，亦名晝，盛工篇什，著《詩評》三卷，及卒，德宗降使取其遺文。近代文僧，二人首出。《國史補》下。《唐語林》二。

3　皎然以詩名於唐，有僧袖詩謁之，然指其《御溝》詩云：「『此波涵聖澤』，『波』字未穩，當改。」僧怫然作色而去。僧亦能詩者也，皎然度其去必復來，乃取筆作「中」字掌中，握之以待。僧果復來云：「欲更爲『中』字，如何？」然展手示之，遂定交。《唐子西文録》。參見王貞白1。

4　見道標1。

5　江南多名僧。貞元、元和以來，越州有清江、清晝，婺州有乾俊、乾輔，時謂之會稽二清，東陽二乾。《因話録》四。

6　見李冶3。

靈澈

1　〔靈澈〕，生於會稽，本湯氏，字澄源。與吴興詩僧皎然遊。皎然薦之包佶、李紓，以是上人之名，由二公而颺。貞元中，遊京師，緇流嫉之，造飛語，激動中貴人，浸誣得罪，徙汀州，後歸會稽。元和十一年，終于宣州。《唐詩紀事》七二。　案：此據劉禹錫《澈上人文集紀》寫成。

2 見道標[1]。

3 見韋丹[4]。

靈一

1 見皎然[2]。

道標

1 道標經行之外，尤練詩章，辭體古健，比之潘、劉。當時吴興有晝，會稽有靈澈，相與詶唱，遞作笙簧。故人諺云：「霅之晝，能清秀；越之澈，洞冰雪；杭之標，摩雲霄。」每飛章寓韻，竹夕花時，彼三上人當四面之敵，所以辭林樂府常采其聲詩。由是右庶子姑臧李公益書云：「重名之下果有斯文。西還京師，有以誇耀。」又景陵子陸羽云：「夫日月雲霞爲天標，山川草木爲地標，推能歸美爲德標，居閒趣寂爲道標。」名實兩全，品藻斯當。爾後聲價軼於公卿間。《宋高僧傳》一五。

張璪

1 張璪，字文通，吴郡人。初，相國劉晏知之，相國王縉奏檢校祠部員外郎、鹽鐵判官，坐事貶衡州司馬，移忠州司馬。尤工樹石山水，自撰《繪境》一篇，言畫之要訣。詞多不載。初，畢庶子宏擅名於代，一見驚歎之，異其唯用秃毫，或以手摸絹素。因問璪所受，璪曰：「外師造化，中得心源。」畢宏於是閣筆。彦遠每聆長者説，璪以宗黨，常在予家，故予家多璪畫。曾令畫八幅山水障在長安平原里，破墨未了，值朱泚亂，京城騷擾，璪亦登時逃去。家人見畫在幀，蒼忙掣落，此障最見張用思處。又有士人家有張松石障，士人云：亡兵部李員外約好畫成癖，知而購之，其家弱妻已練爲衣裏矣，唯得兩幅，雙柏一石在焉，嗟惋久之，作《繪練紀》，述張畫意極盡，此不具載。具李約員外集。《歷代名畫記》一〇。《圖畫見聞誌》五。《宣和畫譜》一〇。

2 張藻員外，衣冠文學，時之名流。畫松石山水，當代擅價。唯松樹特出古今，能用筆法。常以手握雙管，一時齊下，一爲生枝，一爲枯枝。氣傲煙霞，勢凌風雨。槎枒之形，鱗皴之狀，隨意縱横，應手間出。生枝則潤含春澤，枯枝則慘同秋色。其山水之狀，則高低秀絶，咫尺重深，石突欲落，泉噴如吼。其近也若逼人而寒，其遠也若極天之盡。所畫圖障，人間至多。今寶應寺西院山水松石之壁，具有題記。精巧之跡，可居神品也。《唐朝名畫録》。《廣記》二一二引作《畫斷》。 案：張藻應作張璪。

李衮

1 李衮善歌，初于江外，而名動京師。崔昭入朝，密載而至。乃邀賓客，請第一部樂，及京邑之名倡，以爲盛會。紿言表弟，請登末坐，令衮弊衣以出，合坐嗤笑。頃命酒，昭曰：「欲請表弟歌。」坐中又笑，及囀喉一發，樂人皆大驚曰：「此必李八郎也。」遂羅拜階下。《國史補》下。又《廣記》二〇四引。

尉遲青

1 觱篥者，本龜兹國樂也，亦曰悲栗，有類於笳。德宗朝有尉遲青，官至將軍。大曆中，幽州有王麻奴者善此伎，河北推爲第一手，恃其藝，倨傲自負，戎帥外莫敢輕易請者。時有從事姓盧，不記名，臺拜入京，臨岐把酒，請吹一曲相送。麻奴偃蹇，大以爲不可，從事怒曰：「汝藝亦不足稱，殊不知上國有尉遲將軍冠絶今古！」麻奴怒曰：「某此藝海内豈有及者耶！今即往彼，定其優劣。」不數月，到京訪尉遲青，所居在常樂坊，乃側近僦居，日夕加意吹之。尉遲每經其門，如不聞。麻奴不平，乃求謁見，閽者不納，厚賂之，方得見通。青即席地令坐，因於高般涉調中吹一曲勒部羝曲，曲終，汗浹其背。尉遲頷頤而已，謂曰：「何必高般涉調也？」即自取銀字管，於平般涉調吹之。麻奴涕泣愧謝曰：「邊鄙微人，偶學此藝，實謂無敵。今日幸聞天樂，方悟前非。」乃碎樂器。自是不復言音律也。《樂府雜録》。又《御覽》五八四引。

李琬

1 廣德中，蜀客前雙流縣丞李琬者亦能之。調集至長安，僦居務本里。嘗夜聞羯鼓聲，曲頗妙。於月下步尋至一小宅，門户極卑隘，叩門請謁，謂鼓工曰：「君所擊者，豈非《耶婆色雞》乎？雖至精能，而無尾，何也？」工大異之，曰：「君固知音者，此事無人知。某太常工人也，祖父傳此藝，尤能此曲。近張通儒入長安，某家事流散，父没河西，此曲遂絶。今但按舊譜數本尋之，竟無結尾聲，故夜夜求之。」琬曰：「曲下意盡乎？」工曰：「盡。」琬曰：「意盡即曲盡，又何索尾焉？」工曰：「奈聲不盡何？」琬曰：「可言矣。夫曲有不盡者，須以他曲解之，方可盡其聲也。夫《耶婆色雞》當用《楓柘急遍》解之。」工如所教，果相諧協，聲意皆盡。如《柘枝》用《渾脱》解，《甘州》用《急了》解之類是也。工泣而謝之。即言於寺卿，奏爲主簿。後累官至太常少卿、宗正卿。《羯鼓録》。又《廣記》二〇五引、《御覽》五八三引。

張紅紅

1　見韋青2。

鄭宥

1　張相弘靖少時，夜會名客，觀鄭宥調二琴至切，各置一榻，動宫則宫應，動商則商應，稍不切，乃不應。宥師董庭蘭，尤善汎聲、祝聲。《國史補》下。又《廣記》二〇三引。

鄭損

1　大曆初，關東人疫死者如麻。滎陽人鄭損，率有力者，每鄉大爲一墓，以葬棄尸，謂之鄉葬，翕然有仁義之聲。損則盧藏用外甥，不仕，鄉里號曰雲居先生。《國史補》上。《唐語林》四。

元沛妻劉氏

1 刑部郎中元沛妻劉氏，全白之妹，賢而有文學，著《女儀》一篇，亦曰《直訓》。夫人既寡居，奉玄元之教，受道籙於吴筠先生，精苦壽考。長子固，早有名，官歷省郎、刺史、國子司業。次子察，進士及第，累佐使府，後高卧廬山。察之長子潾，好道不仕；次子充，進士及第，亦尚靈玄矣。《因話録》三。《唐語林》四。

鄒待徵妻薄氏

1 江左之亂，江陰尉鄒待徵妻薄氏爲盜所掠，密以其夫官告托于村媪，而後死之。李華爲《哀節婦賦》，行于當代。《國史補》上。《唐語林》四。

郇　謨

1 大曆八年七月，晉州男子郇謨以麻辮髮，持葦蓆，哭于東市。人問其故，對曰：「有三十字，請獻于上。若無堪，即以蓆貯屍，棄之于野。」上聞，賜衣，館于客省，每一字論一事。時元載執政也，尤切于罷宮市。《南部新書》戊。

桑道茂

1 唐盛唐令李鵬遇桑道茂，曰：「長官只此一邑而已。賢郎二人，大者位極人臣，次者殆於數鎮。子孫百世。」後如其言。長子石，出入將相，子孫二世及第。至次子福，歷七鎮，終於使相。凡八男，三人及第至尚書、給諫、郡牧，諸孫皆朱紫。《劇談録》（《廣記》七六）。《北夢瑣言》一〇。

2 見盧羣1。

3 見竇常1。

4 建中元年，道茂請城奉天爲王者居，列象龜別，内分六街。德宗素神道茂言，遂命京尹嚴郢發衆數千，與六軍士雜往城之。時屬盛夏，而土功大起，人不知其故。至播遷都彼，乃驗。《劇談録》（《廣記》七六）。

5 見李晟1、2。

6 司徒杜佑曾爲楊炎判官，故盧杞見忌，欲出之。杜見道茂，曰：「年内出官，則福壽無疆。」既而自某官九十餘日出爲某官，官名遺忘。福壽果然。《劇談録》（《廣記》七六）。《唐語林》六。

7 見李稜1。

8 見牛僧孺11。

9 新昌里尚書溫造宅，桑道茂嘗居之。庭有一柏樹甚高，桑生曰：「夫人之所居，古木蕃茂者皆宜去之。且木盛則土衰，由是居人有病者，乃土衰之驗也。」於是以鐵數十鈞鎮于柏樹下。既而告人曰：

「後有居者，發吾所鎮之鐵，則其家長當死。」唐大和九年，溫造居其宅，因修建堂宇，發地營繕，得桑生所鎮之鐵。後數月，造果卒。《宣室志》一。又《廣記》一四四引。

10 非卜筮者，必話桑道茂之行。有媼一無所知，大開卜肆，自桑而卜回者，必曰：「媼於桑門賣卜，其神乎！」俾來覆之。桑言休，則媼言咎；桑言咎，則媼言休。顧後中否，桑、媼各半。或有折話者，曰：「斯管公明門前媪也。」《資暇集》中。《唐語林》六。

王栖巖

1 王栖巖自湘川寓江陵鷺白湖，善治《易》，窮律候陰陽之術。所居桃杏手植成數十列，四藩其宇，時人比董奉。栖巖笑曰：「吾獨利其花核，袪風導氣耳，安取迹古人餘事！」每清旦布蓍，爲人決事，取資足一日爲生，則閉齋治園。《渚宮舊事》（《廣記》二一七）。

道一

1 有洪州江西廉使問馬祖云：「弟子喫酒肉即是，不喫即是？」師云：「若喫是中丞禄，不喫是中丞福。」《南部新書》己。《景德傳燈録》六。

法欽

1　杭州徑山道欽禪師者，蘇州崑山人也，姓朱氏。初服膺儒教，年二十八，玄素禪師遇之，因謂之曰：「觀子神氣温粹，真法寶也。」師感悟，因求爲弟子，素躬與落髮，乃戒之曰：「汝乘流而行，逢徑即止。」師遂南行，抵臨安，見東北一山，因訪於樵子，曰：「此徑山也。」乃駐錫焉。《景德傳燈録》四。又《吴郡志》四二引。《宋高僧傳》九。　案：道欽，《宋高僧傳》作「法欽」。

2　興元中，有僧曰法欽。以其道高，居徑山，時人謂之徑山長者。房孺復之爲杭州也，方欲決重獄，因詣欽，以理求之，曰：「今有犯禁，且獄成，於至人活之與殺之孰是？」欽曰：「活之則慈悲，殺之則解脱。」《唐語林》一。

3　見劉晏7。

4　見崔圓4。

5　見韓滉18。

6　杭州有黄三姑者，窮理盡性。時徑山有盛名，常倦應接，訴于三姑。姑曰：「皆自作也。試取魚子來咬著，寧有許鬧事！」徑山心伏。或云夏三姑。《國史補》上。

玄覽

1 大曆末，禪師玄覽住荆州陟屺寺，道高有風韻，人不可得而親。張璪嘗畫古松於齋壁，符載讚之，衛象詩之，亦一時三絶，覽悉加堊焉。人問其故，曰：「無事疥吾壁也。」僧那即其甥，爲寺之患，發瓦探鷇，壞牆薰鼠，覽未嘗責。有弟子義詮，布衣一食，覽亦不稱。或怪之，乃題詩於竹曰：「大海從魚躍，長空任鳥飛。欲知吾道廓，不與物情違。」忽一夕，有梵僧撥户而進，曰：「和尚速作道場。」覽言：「有爲之事，吾未嘗作。」僧熟視而出，反手闔户，門扃如舊。覽笑謂左右：「吾將歸歟！」遂遽浴訖，隱几而化。

《酉陽雜俎》前集一二。又《廣記》九四引。《唐詩紀事》四三。

彦範

1 盧子嚴説，早年隨其懿親鄭常侍東之，同遊宣州當塗，隱居山巖，即陶貞白鍊丹所也。爐跡猶在，後爲佛舍。有僧甚高潔，好事因説其先師，名彦範，姓劉，雖爲沙門，早究儒學，邑人呼爲劉九經。顔魯公、韓晉公、劉忠州、穆監寧、獨孤常州皆與之善，各執經受業者數十人。年八十，猶精强，僧行不虧。性頗嗜酒，飲亦未嘗及亂。學徒有攜壺至者，欣然而受之。每進三數盃，則講説方鋭。所居有小圃，自植茶，爲鹿所損，人勸以垣隔之，諸名士悉樂爲運石共成。穆兵部贄，事之最謹。嘗得美酒，密以小瓷壺置于懷中，累石之際，因白師曰：「有少好酒，和尚飲否？」彦範笑而傾，飲滿似酣，則語穆曰：「不用般石，且來聽書。」遂與剖析微奥，至多不倦。鄭君更徵其遺事，僧歎息久之曰：「近日尊儒重道，都無前輩之風。」因出一紙，穆兵部與書，傾寒暄之儀極卑敬。其略曰：「某偶忝名宦，皆因善誘。自居班列，終日塵屑却思。昔歲臨清澗，蔭長松，接侍座下，獲聞微言。未知何時復遂此事？遥瞻水中月，嶺上雲，但馳攀想而已。和尚薄於滋味，深於酒德，所食僅同嬰兒，所飲或如少壯。常恐尊體有所不安，中夜思之，實懷憂戀。」其誠切如此。月日之下，但云門人姓名，狀上和尚法座前，不言官位。當時嗜學事師，可謂至矣。又云，有耆宿僧總持，彦範之友也。爲人清苦，一生未曾干人。惟自墾山，種田數畝給衣食。或遇豐歲多麥，傍有滯穗，度知其主必不收者，拾之以歸。若可惜者，則求而積之，召主以付，不至則置于路口，其獨行如此。《因話録》四。《唐語林》四。

唐人軼事彙編卷十七

崔祐甫

1 崔佑甫相國，天寶十五載任中書舍人。時安禄山犯闕，軍亂，不顧家財，惟負私廟神主奔遁。皆事親之高節也。《南部新書》己。

2 崔祐甫爲中書舍人，時宰相常衮當國，百寮仰止。祐甫每見執政論事，未嘗降屈。舍人岑參初掌綸誥，屢稱疾不宿直承旨，人情所憚。諸人雖咄咄有辭而不能發。崔獨見諮：以「舍人職在樞密，不宜讓事于人」；岑舍人稱疾既久，多有離局」。衮曰：「此子羸疾日久，諸賢豈不能容之。」崔曰：「相公若知岑久抱疾，本不當遷授。今既居此地，安可以疾辭王事乎！」衮默然無以奪之也。由是銜之。及今上在諒闇，衮矯制除崔爲河南少尹，星夜電發。今上覺其事，遽追還之，拜中書侍郎平章事，而衮謫于嶺外。《封氏聞見記》九。《唐語林》三。　案：岑參，《唐史餘瀋》二考爲「高參」之誤。

3 大曆中，隴州貓鼠同乳，率百僚賀。崔祐甫獨奏曰：「仁則仁矣，無乃失于性乎。」《南部新書》甲。

4 見元載2。

5 大曆十四年閏五月，中書侍郎平章事崔祐甫以尚父子儀年老，久掌兵權，其下裨將皆已崇貴，慮子儀一旦謝世而難相統攝，遂罷子儀，而命懷光等分統其衆，論者伏焉。《唐會要》五一。

6 見唐德宗8。

7 德宗時，李納陸梁，上表欲進錢五百萬。上怒謂丞相曰：「朕豈藉進奉！」崔文公曰：「陛下欲知真僞不難，但詔納便以回賜三軍，即其情露矣。納若遵詔，是陛下恩給三軍；納若不從，是其樹怨於軍中也。」上曰：「賜之何名？」祐甫曰：「兩河用軍已來，天平功居多，朝廷未及優賞。」上以爲然。詔至，納慙恚，構疾而終。《唐語林》一。

楊炎

1 故相國楊炎未仕時，嘗夢陟高山之巔，下瞰人境，杳不可辨，仰而視之，見瑞日在咫尺，紅光赫然，洞照萬里。公因舉左右手以捧之，炎燠之氣，如熱心目。久而方寤，視其手，尚瀝然而汗。公異之，因語於人。有解者曰：「夫日者，人君像也。今夢登山以捧日，將非登相位而輔人君乎？」其後楊公周歷清貫，遂登相位。果叶捧日之祥也。《宣室志》(《廣記》二七八)。

2 楊炎，貞元中宰相，出貶崖州。氣標風雲，文敵揚、馬。嘗畫松石山水，出于人表。初稱處士謁盧黄門，館之甚厚。久而知其丹青之能，意欲求之，未敢發言。炎遽欲辭去，盧公復苦留之。知其家洛中，衣食乏少，心所不寧，盧公乃潛令人將數百千至洛供之，擬取其家書回。以示炎，炎極感之，未知所報。

盧公從容乃言：「欲求一蹤，以爲子孫之家寶爾。」意尚難之。遂月餘圖一障，松石雲物，移動造化，觀者皆謂之神異。後少有見筆蹟者。亦可居妙上品。《唐朝名畫録》。《廣記》二一三、《御覽》七五一引作《唐畫斷》。案：楊炎，《御覽》作「楊光」。

3 見唐德宗7。

4 唐渭北節判崔朴，故滎陽太守祝之兄也。常會客夜宿，有言及宦途通塞，則曰：「崔瑄及第後，五任不離釋褐。令狐相七考河東廷評，六年太常博士，嘗自賦詩，嗟其蹇滯曰：『何日肩三署，終年尾百寮。』其後出入清要。張宿遭遇，除諫議大夫，宣慰山東，憲宗面許迴日與相，至東洛都亭驛暴卒。崔元章在舉場無成，爲執權者所嘆，主司要約，必與及第，入試日中風，不得一名如此。」朴因話家世曾經之事。朴父清，故平陽太守，建中初，任藍田尉。時德宗初即位，用法嚴峻。是月，三日之内，大臣出貶者七，中途賜死者三，劉晏、黎幹，皆是其數。户部侍郎楊炎貶道州司户參軍，自朝受責，馳驛出城，不得歸第。炎妻先病，至是炎慮耗達，妻聞驚，必至不起。其日，炎夕次藍田，清方主郵務。炎纔下馬，屈崔少府相見，便曰：「某出城時，妻病綿惙，聞某得罪，事情可知。欲奉煩爲申辭疾，請假一日，發一急脚附書，寬兩處相憂，以候其來耗，便當首路，可乎？」清許之。郵知事吕華進而言曰：「此故不可，敕命嚴迅。」清謂吕華：「楊侍郎迫切。不然，申府以闕馬，可乎？」華久而對曰：「此即可矣。」清於是以此聞於京府。又自出俸錢二十千，買細氈，令造氈舁，顧夫直詣炎宅，取炎夫人，夫人扶病登舁。仍戒其丁勤夜行，旦日達藍田。時炎行李簡約，妻亦病稍愈，便與炎偕往。炎執清之手，問第行。清對曰：「某第十八。」清又率俸錢數千，具商於已來山程之費。至韓公驛，執清之袂，令妻出見曰：「此崔十八，死生不相忘，無復多言矣。」炎至商於洛源驛，馬乏，驛僕王新送騾一頭。又逢道州司倉參軍李全方輓運入奏，全方輒傾囊以濟炎行李。後二年秋，炎自江華除中書侍郎，入相。還至京兆界，問驛使：「崔十八郎在否？」驛吏答曰：「在。」炎喜甚。頃之，清迎謁於前，炎便止之曰：「崔十八郎，不合如此相待。今日生還，乃是子之恩也。」仍連鑣而行，話湘楚氣候，因曰：「足下之才，何適不可？老夫今日可以力致。柏臺諫署，唯所選擇。」清因遜讓，無敢希僥倖意。炎又曰：「勿疑，但言之。」清曰：「小諫閒且貴，敢懷是望？」炎曰：「吾聞命矣，無慮參差。」及炎之發藍田，謂清曰：「前言當一月有期。」炎居相位十日，追洛源驛王新爲中書主事，仍奏授鄂州唐年縣尉李全方監察御史，仍知商州洛源監。清之所約沉然。清罷職，特就炎第謁之。初見則甚喜，留坐久之，但飲數盃而已，並不及前事。逾旬，清又往焉，炎則已有怠色。清從此退居，不復措意。後二年，再貶崖州，至藍田，喟然太息若負者，使人召清，清辭疾不往。乃自咎曰：「楊炎可以死矣，竟不還他崔清官。」《續定命録》（《廣記》一五三）。

5　道州録事參軍王沼，與楊炎有微恩。及炎入相，舉沼爲監察御史，始滅公議。《南部新書》丙。

6　見元載10。

7　炎與盧杞同執大政，杞形神詭陋，夙爲人所褻。而炎氣岸高峻，罕防細故，方病，飲食無節，或爲糜餐，别食閤中，每登堂會食，辭不能偶。讒者乘之，謂杞曰：「楊公鄙公，不欲同食。」杞銜之。舊制，中書舍人分署尚書六曹以平奏報，中廢其職，杞議復之以疏其煩。炎不可。杞曰：「杞不才，幸措足於斯，亦當有運用以答天造，寧常拳杞之手乎！」因密啓中書主書有過咎者，有詔逐之。炎怒曰：「中書，吾局也，政之不脩，吾自理之。設不理，當共議，何陰訴而越官邪！」因不相平。時淮西節度使李希烈寵任方盛，上欲以之平襄陽，炎以爲不可。上曰：「卿勿復言。」遂以希烈統之。時夏潦方壯，澶漫數百里，故希烈軍久不得發。會炎病，請急累日，杞啓免炎相以悦之。上以爲然，乃使中官朱如玉就第先喻旨，翌日，遷左僕射。謁謝之日，恩旨甚渥，杞大懼。《建中實録》(《通鑑考異》一八)。《唐會要》五四。

8 天寶元年四月，太子太師致仕蕭嵩以私廟逼近曲江，因上表請移就他處。其詞曰：「臣嵩言，昨日大將軍高力士奉口宣，俯令存問，以臣私廟逼近曲江，人物喧雜，非安神之所，許臣移轉，更就幽閒。又憐臣田園，知無手力，擬令將作與臣營造。伏蒙殊渥，感戴交深。臣叨沐朝榮，獲崇私廟，禮尊祖考，粗奉烝嘗，而地接勝游，城連禁御。伏以神道静謐，久議遷移。豈謂理會事宜，天從人願，聖情下逮，元獎曲成。遂使澤及幽明，慶沾存殁，邱山易負，恩惠難勝。今日已令下手移拆訖，所令官作，豈敢當之。臣爲衰老，自拙將攝，十數日來，加風氣發動，猶尚虛惙，未堪拜伏，不獲詣闕奉謝。」批答云：「卿立廟之時，此地閒僻，令傍江修築。舉國勝遊，與卿同之。須避喧雜，事資改作。遂令官司承已拆除，終須結搆，已有處分，無假致辭。」建中宰臣楊炎不知其事，又買之爲廟。炎既與盧杞、嚴郢有隙，因密奏曰：「此地有王氣，是以玄宗勅蕭嵩拆已成之廟。今炎復興之，必有異圖。」杞後贊其言。上大怒，既竄于崖州，遂殺之。《唐會要》一九。

9 楊炎在中書後閣，糊窗用桃花紙，塗以冰油，取其明甚。《鳳池編》(《雲仙雜記》二)。

10 楊炎食蒲桃，曰：「汝若不澀，當以太原尹相授。」《河東備録》（《雲仙雜記》三）。

張鎰

1 長安令李濟得罪因奴，萬年令霍晏得罪因婢，故趙縱之奴當千論縱陰事，張鎰疏而杖殺之。縱，即郭令之壻。《南部新書》甲。

2 張相公鎰，大曆中守工部尚書判度支，因奏事稱旨，代宗面許宰相，恩澤獨厚。張公日日以冀，而累旬無耗。忽夜夢有人自門遽入，抗聲曰：「任調拜相。」張驚寤。因思中外初無其人，尋繹不解。有外甥李通禮者，博學善智，張公因召而示之，令研其理。李生沉思良久，因賀曰：「舅作相矣。」張公即詰之，通禮答曰：「任調，反語是饒甜。饒甜無逾甘草，獨爲珍藥。珍藥反語，即舅名氏也。」張公甚悦。俄有走馬吏報曰：「白麻適下，公拜中書侍郎平章。」《集異記》二。又《廣記》二七八引。

3 張鳳翔聞難，盡出所有衣服，並其家人鈿釵枕鏡，列於小廳，將獻行在。俄頃，後院火起，妻女出而投鎰，鎰遂與判官由水竇得出，匿村舍中。數日稍定。會鎰家僮先知之，走告軍中，軍中計議迎鎰，遂遇害也。《國史補》上。《唐語林》六。

盧杞

1 盧杞除虢州刺史，奏言：「臣聞虢州有官猪數千，頗爲患。」上曰：「爲卿移于沙苑，何如？」對曰：「同州豈非陛下百姓，爲患一也。臣謂無用之物，與人食之爲便。」德宗歎曰：「卿理虢州，而憂同州百姓，宰相材也。」由是屬意于杞，悉聽其奏。《國史補》上。《唐語林》六。

2 殿中侍御史鄭詹與張鎰厚善，每伺盧杞晝寢，輒詣鎰，杞知之。他日，杞假寐佯熟，伺詹果來，知與鎰偶語，杞遽至鎰閤中，詹趨避，杞遂言密事，鎰曰：「殿中鄭侍御在此。」杞佯愕曰：「向者所言，非他人所宜聞也。」後深劾詹之罪，以排嚴郢。三司使方按二人，獄猶未具，而杞已奏殺詹黜郢，中外側目。《譚賓録》(《廣記》二六九)。

3 見李揆6。

4、5 見楊炎7、 。

6、7 見顔真卿1、9。

8 見李泌31。

9 見唐德宗9。

10 盧杞與馮盛相遇於道，各攜一囊，杞發盛囊，有墨一枚，杞大笑。盛正色曰：「天峰煤和針魚腦，入金溪子手中，録《離騷》古本，比公日提綾文刺三百爲名利奴，顧當孰勝？」已而搜杞囊，果是三百刺。《大唐龍髓記》(《雲仙雜記》二)。《墨史》下。《耕餘博覽》(陶本《説郛》二六)。

關　播

1　建中初，關播爲給事中，以諸司胥吏爲弊頗多，播議用士人掌之。《大唐傳載》。《唐語林》六。

姜公輔

1　見唐德宗12。

2　初，公輔罷相爲左庶子，以憂免，復除右庶子。數私謁竇參，參數奏公輔以他官，上不許，而有怒公輔之言。公輔恐，乃請免官爲道士。久之，未報，因開延英奏之。上問其故，公輔對以參言。上曉之，固不已，大怒，貶之，而詔書責參推過於上。《實録》(《通鑑考異》一九)。

張延賞

1　見李尚隱1。

2　張延賞爲河南尹，官人有過，未嘗屈辱。其所犯既頻，灼然不可容者，但謝遣之而已。先自下拜，立與之辭，即令郡官祖送。由是寮屬敬憚，各自脩飭，而河南大理。《封氏聞見記》九。《唐語林》一。

3　相國張延賞將判度支，知有一大獄頗有冤濫，每甚扼腕。及判使，即召獄吏嚴誡之，且曰：「此獄已久，旬日須了。」明旦視事，案上有一小帖子，曰：「錢三萬貫，乞不問此獄。」公大怒，更促之，明日帖子復來，曰：「錢五萬貫。」公益怒，命兩日須畢。明日復見帖子曰：「錢十萬貫。」公曰：「錢至十萬，可通神矣，無不可回之事。吾懼及禍，不得不止。」《幽閒鼓吹》。又《廣記》二四三引。

4 見柳渾4。

5 張延賞相公累代台鉉，每宴賓客，選子壻莫有入意者。其妻苗氏，太宰苗公晉卿之女也。夫人有才鑒，甚別英銳，特選韋皋秀才，曰：「此人之貴，無與比儔。」既以女妻之，不二三歲，以韋郎性度高廓，不拘小節，張公稍悔之，至不齒禮，一門婢僕漸見輕怠，惟苗氏待之常厚矣。其於衆多視之悒怏，而不能制遏也。皋妻張氏垂泣而言曰：「韋郎七尺之軀，學兼文武，豈有沉滯兒家，爲尊卑見誚？良時勝境，何忍虛擲乎！」韋乃遂辭東遊。妻罄妝奩贈送。清河公喜其往也，贐以七驢馱物。每之一驛，則附遞一馱而還；行經七驛，所送之物盡歸之也。其所有者，清河氏所贈妝奩，及布囊書册而已。清河公覩之，莫可測也。後權隴右軍事，會德宗行幸奉天，在西面之功，獨居其上也。聖駕旋復之日，自金吾持節西川，替妻父清河公。乃改易姓名，以「韋」作「韓」，以「皋」作「翱」，莫敢言之也。至天回驛，去府城三十里，上皇發駕日以爲名。有人特報相公曰：「替相公者，金吾韋皋將軍，非韓翱也。」苗夫人曰：「若是韋皋，必韋郎也。」張公笑曰：「天下同姓名者何限，彼韋生應已委棄溝壑，豈能乘吾位乎？婦女之言，不足云爾。」初有砦媼巫者，每述禍祟，其言多中。乃云：「相公當直之神漸減，韋郎擁從之神日增。」皆以妖妄之言，不復再召也。苗夫人又曰：「韋郎比雖貧賤，氣凌霄漢。每以相公所誚，未嘗一言屈媚，因而見尤。成事立功，必此人也！」來早入州，方知不誤。張公憂惕，莫敢瞻視，曰：「吾不識人。」西門而出。凡是舊時婢僕曾無禮者，悉遭韋公棒殺，投於蜀江，展男子平生之志也。獨苗氏夫人無愧於韋郎，賢哉，賢哉！韋公侍奉外姑，過於布素之時。海内貴門，不敢忽於貧賤東床者乎！所以郭泗濱圓詩曰：「宣父從周又適秦，昔賢多少出風塵。當時甚訝張延賞，不識韋皋是貴人。」《雲溪友議》中。又《廣記》一七〇引。《唐宋遺史》（《詩話總龜》前集三七）。

6　見韋皋4。

7　見李晟8、9。

8　苗夫人，其父太師也，其舅張河東也，其夫延賞也，其子弘靖也，其子壻韋太尉也。近代衣冠婦人之貴，無如此者。《國史補》中。《南部新書》乙。《唐語林》五。

崔　造

1　崔丞相造布衣時，江左士人號曰「白衣夔」。時有四人，一是盧東美，其二遺忘。《劉賓客嘉話録》。又《廣記》一五一引。參見韓會1。

2　見薛邕1。

3　崔造相將退位，親厚皆勉之。長女賢，知書，獨勸相國，遂決退。一二歲中，居閒躁悶，顧謂兒姪曰：「不得他諸道金銅茶籠子，〔近來總四〕掩也。」遂復起。《幽閒鼓吹》。又《廣記》二四三引。《南部新書》戊。

齊映

1 齊相公映應進士舉，至省訪消息，歇禮部南院。遇雨未食，傍徨不知所之，徐步牆下。有一老人，白衣策杖，二小奴從，揖齊公曰：「日已高，公應未飡，某居處不遠，能暫往否？」映愧謝。相隨至門外，老人曰：「某先去，留一奴引郎君。」躍上白驢如飛。齊公乃行至西市北，入一静坊新宅，門曲嚴潔。良久，老人復出。侍婢十餘，皆有所執。至中堂坐，華潔侈盛。良久，因鋪設于樓，酒饌豐異。逡巡，人報有送錢百千者，老人曰：「此是酒肆所入，某以一丸藥作一瓮酒。」及晚請去，老人曰：「郎君有奇表，要作宰相耶，白日上昇耶？」齊公思之良久，云：「宰相。」老人笑曰：「明年必及第，此官一定。」贈帛數十疋，云：「慎不得言於人。有暇即一來。」齊公拜謝。自後數往，皆有卹賚。至春果及第。同年見其車服修整，乘醉詰之，不覺盡言。偕二十餘人，期約俱詣就謁。老人聞之甚悔，至則以廢疾託謝不見，各奉一縑，獨召公入，責之曰：「爾何乃輕泄也！比者昇仙之事亦得，今不果矣。」公哀謝負罪，出門去。旬日復來，宅已貨訖，不知所詣。《逸史》(《廣記》三三五)。

2 德宗鑾駕之幸梁洋，中書舍人齊映爲之御。下洋州青源川，見旌旗蔽野，上心方駭，謂洮兵有諳疾路者，透秦嶺而要焉。俄見梁帥嚴震具櫜鞬，拜御馬前，具言君臣亂離，嗚咽流涕。上大喜，口敕昇獎，令震：「上馬前去，與朕作主人。」映身本短小，聲氣抑揚，乃曰：「嚴震合與至尊導馬，御膳自有所司。」頃之，上次洋州行在，召映，責以儒生不達時變，煙塵時須姑息戎帥。映伏奏曰：「山南士庶，只知有嚴震，不知有陛下。今者天威親臨，令巴蜀士民知天子之尊，亦足以盡震爲臣子之節。」上深嘉歎。震聞，特拜謝映。時議許映。《乾𦠆子》（《廣記》一九〇）。《唐史》（《御覽》六八）。

3 貞元以來，禁中銀瓶，不過高五尺。齊映在江西，因降誕日，獻高八尺者，士君子非之。《南部新書》乙。

柳渾

1 柳相初名載，後改名渾。佐江西幕中，嗜酒，好入鄽市，不事拘檢。時路嗣恭初平五嶺，元載奏言：「嗣恭多取南人金寶，是欲爲亂。陛下不信，試召之，必不入朝。」三伏中，遣詔使至，嗣恭不慮，請待秋涼以修覲禮。渾入，雨泣曰：「公有大功，方暑而追，是爲執政所中。今少遷延，必族滅矣。」嗣恭懼曰：「爲之奈何？」渾曰：「健步追還表緘，公今日過江，宿石頭驛，乃可。」嗣恭從之。代宗謂載曰：「嗣恭不俟駕行矣。」載無以對。《國史補》上。《唐語林》五。案：《通鑑考異》一七引《國史補》此文，辨其誤。

2 柳渾舊名載，爲朱泚所逼。及克復，上言曰：「頃爲狂賊點穢，臣實耻稱舊名。矧字畫帶戈，時當偃武，請改名渾。」渾後入相，封宜城公，謂之柳宜城。《南部新書》甲。

3 貞元三年正月，上命玉工爲帶䥇，有一銙誤墮地壞焉，工者六人私以錢數萬市玉以補壞者，既與諸銙相埒矣；及獻，上即指其所補者曰：「此銙光彩何不相類？」工人叩頭伏罪。上震怒，令于京兆府各決重杖處死，責其欺罔。詔至中書，宰相柳渾執奏曰：「陛下若便賜死則已，今事下有司，請存詳理。況玉工之罪，或未詳審，只緣人命至重，所以獄讞有疑。且方春極刑，恐傷和氣。容臣條奏，以正刑典。」遂案律文，但罪壞玉者以誤傷乘輿器服，杖一人，餘五人並釋之，以聞，詔可其奏。《唐會要》五一。

4 張延賞怙權矜己，嫉柳渾之守正，使人謂之曰：「相公舊德，但節言于廟堂，則名位可久。」渾曰：「爲吾謝張相公，柳渾頭可斷，而舌不可禁。」《南部新書》甲。

董晉

1 董晉與竇參同列，時政事決在竇參，晉但奉詔唯諾而已。既而竇參驕盈犯上，德宗漸惡之，參諷晉奏給事中竇申爲吏部侍郎。上正色曰：「豈不是竇參遣卿奏也？」晉不敢隱諱，上因問參過失，晉具奏之。旬日，參貶官，晉累上表辭官，罷相，受兵部尚書。尋除東都留守。會汴州節度李萬榮疾甚，其子乃爲亂，以晉爲汴州節度使。時晉既授命，唯將判官傔從十數人，都不召集兵馬。既至鄭，宣武將吏都無至者。晉將吏及鄭州官吏皆懼，共勸晉云：「都虞候鄧惟恭合來迎候，承萬榮疾甚，遂總領軍事。今相公到此，尚不使人迎候，其情狀豈可料耶？恐須且迴避，以候事勢。」晉曰：「某奉詔爲汴州節度使，准敕赴任，何可妄爲逗留！」人皆憂其不測，晉獨恬然。來至汴州數十里，鄧惟恭方來迎候，晉俾其不下馬。既入，仍委惟恭以軍衆。惟恭探晉何如事體，而未測淺深。初，萬榮既逐劉士寧，代爲節度使，委兵於惟恭。及疾甚，李乃歸朝廷，惟恭自以當便代居其位，故不遣候吏，以疑懼晉心，冀其不敢進。不虞晉之速至，留以近，方迎，然心常怏怏。惟恭以驕盈慢法，潛圖不軌，配流嶺南。朝廷恐晉柔懦，尋以汝州刺史陸長源爲晉行軍司馬。晉寬厚，謙恭簡儉，每事因循多可，兵粗安。長源性滋彰云爲，請改易舊事，務從峭刻。晉初皆許之，及案牘已成，晉乃且罷。又委錢穀支計於判官孟叔度，輕佻，好慢易軍人，人皆惡之。晉卒於位，卒後十日，汴州大亂，殺長源、叔度，軍人臠食之。長源輕言無威儀，自到汴州，不爲軍州所禮重。及董晉疾亟，令之節度晉後事，長源便揚言：「文武將吏多弛慢，不可執守憲章，當盡以法繩之。」由是人人怨懼。叔度性亦苛刻，又縱恣聲色，數至樂營，與諸婦人戲，自稱孟郎。由是人輕而惡之。《譚賓録》（《廣記》一七七）。《容齋四筆》一六。

陸贄

1　陸相贄受淮南尉，吏部侍郎不與；顧少連擬與江、淮一尉，不伏竟得之。顯其聽而自吟曰：「遶階流渤渤，夾砌樹陰陰。」□後罷相，□□在假日，敕下不謝官，又貶爲忠州司馬。大官降敕日，令朝謝。但恐私忌□亦須出入始了。《唐語林》四。

2　唐貞元八年，陸贄主司試《明水賦》、《御溝新柳詩》。其人賈稜、陳羽、歐陽詹、李博、李觀、馮宿、王涯、張季友、齊孝若、劉遵古、許季同、侯繼、穆贄、韓愈、李絳、温商、庾承宣、員結、胡諒、崔羣、邢册、裴光輔、萬瑙。是年一榜多天下孤雋偉傑之士，號龍虎榜。《科舉記》（《古今事文類聚》前集二九）。

3　見梁肅2。

4　貞元八年春，中書侍郎平章事陸贄始復令吏部每年集選人。舊事：吏部每年集選人。其後遂三數年一置選，選人併至，文書多，不可尋勘，真僞紛雜，吏因得大爲奸巧。選人一蹉跌，或十年不得官。而官之闕者，或累歲無人。贄命吏部分內外官爲三分，計闕集人，歲以爲常。其弊十去七八。天下稱之。《唐會要》七五。又《廣記》一八六引。

5 陸贄與趙憬同相，德宗曰：「要重事勿與憬同奏，密封來。」宣武節度劉士寧爲李萬榮所殺，上問之，贄曰：「士寧見逐，雖是衆情，萬榮總軍，初非朝旨。此强弱之機，願陛下謹之。」上欲且除一親王，贄但奏不可，制遂從中出。《異聞集》云：德宗一日見侍女上請，問所從來，曰：「故相竇參家奴。」因泣訴參死之冤。上怒贄曰：「我重伊，常呼作陸九。我脱伊緑衫，便與伊紫衫著。我使竇參方稱意，須教我殺却。伊平時常恨無權，及權在伊手，又却軟如泥團。」野史雖未可盡信，觀其區處士寧事可見，其卒于貶所，或者殺竇參之報。《吹劍録》。案：《異聞集》所據乃柳珵《上清傳》文。《通鑑考異》一九辨《上清傳》之妄。

6 德宗謂陸贄曰：「卿清慎太過，諸道饋送，一皆拒絶，恐事情不通。如鞭、靴之類，受亦無傷。」贄上疏云：「鞭、靴不已，必及金玉。目見可欲，能自窒乎？」吾謂天子令宰相受賂，此德宗之多僻；不受而已，何必上疏，此陸贄之賈值。《珩璜新論》。

7 見于公異1。

8 陸宣公至忠州，土塞其門，鹽菜由狗竇中。端坐抄藥方，兒姪亦罕與語。會轉運使至京，上問：「爾峽中過，聞陸贄何面孔？」具以狀對。上惻然，拜太子賓客，已卒。《芝田録》（《類説》一一）。

9 陸贄在忠州，不接人。惟纂藥方，並行于世，號曰《集驗》。《南部新書》戊。

10 陸贄十八進士及第，升宏爲翰林學士，自著緑便賜紫。德宗呼爲陸九，常脱御裳賜之。至若不名呼，則神堯皇帝呼裴寂爲裴監，呼蕭瑀爲蕭郎則有之，呼第行則未有。其寵如是。姜皎者，玄宗在藩，皎察上非常之度尤委心焉。及即帝位，常申宴私，呼之姜七而不名。《廣卓異記》一三。《唐摭言》一五。

竇　參

1 貞元中，相國竇參爲御史中丞，嘗一夕夢德宗召對於便殿，問以經國之務。上喜，因以錦半臂賜之。及寤，奇其夢，默而念曰：「臂者，庇也，大邑所以庇吾身也。今夢半臂者，豈上以我叨居顯位，將給半俸，俾我致政乎？」蹙然久之，因以夢話於人。客有解曰：「公之夢，祥符也，且半臂者，蓋被股肱之衣也。今公夢天子賜之，豈非上將以股肱之位而委公乎？」明日，果拜中書侍郎平章事。《宣室志》（《廣記》二七八）。又《類説》二三、《分門古今類事》七、《紺珠集》五、張本《説郛》六均有節引。

竇　申

1 竇參之作相也，用從父弟申爲耳目。每除吏，先言於申，申告人，故謂竇給事爲喜鵲。《大唐傳載》。

2 竇參之敗，給事中竇申止于配流。德宗曰：「吾聞申欲至，人家謂之鵲喜。」遂賜死。《國史補》上。《唐語林》六。《蒓化録》（陶本《説郛》三二）。

趙憬

1 趙璟、盧邁二相，皆吉州旅客，人人呼趙七、盧三。趙相自微而著，蓋爲是姚廣女壻。姚與獨孤問俗善，因託之，得作湖南判官，累奏官至監察。蕭復相代問俗爲潭州，有人又薦於蕭，蕭留爲判官，至侍御史。蕭入，主留務，有美聲，聞於德宗，遂兼中丞，爲湖南廉使。及李泌入相，不知之，俄而除替。璟既罷任，遂入京。李玄素知璟湖南政事多善，意甚慕之。璟閒居慕静，深巷杜門不出，玄素訪之甚頻。玄素乃是泌相之從弟也。璟因其相訪，引玄素於青龍寺，謂之曰：「趙璟亦自〔合〕有官職，誓不敢怨他人也。非偶然耳，蓋得於日者焉。」遂同訪之。問玄素年命，謂之曰：「公亦富貴人也。」玄素因自負，亦不言於泌相兄也。德宗忽記得璟，賜拜給事中，泌相不測其由。會有和戎使事，出新相關播爲大使，張薦、張式爲判官，泌因乃奏璟爲副使。未至西蕃，右丞有闕，宰相上名，德宗曰：「趙璟堪爲此官。」進拜右丞。不數月，遷尚書左丞平章事。五年，薨於位。此乃吉州旅人趙七郎之變化也。《唐語林》六。《劉賓客嘉話録》（《廣記》一五二）。

案：趙璟，新、舊《唐書》有傳，並作「趙憬」。

2 王蒙者，與趙門下憬，布衣之舊，常知其吏才。及公入相，蒙自前吉州新淦令來謁。公見喜極，給卹甚厚，將擢爲御史。時憲僚數至少，德宗甚難於除授，而趙公秉政，其言多行，蒙坐待繡衣之拜矣。一日，偶詣慈恩僧寺占色者，忘其名。蒙問早晚得官。僧曰：「觀君之色，殊未見喜兆。此後若干年，當得一邊上御史。」蒙大笑而歸。數日，宰臣對，趙公乘間奏曰：「御史府闕人太多，就中監察尤爲要者，臣欲選擇三數人。」德宗曰：「非不欲補其闕員，此官須得孤直茂實者充選，料卿秪應取輕薄後生、朝中子弟耳。此不如不置。」趙公曰：「臣之愚見，正如聖慮，欲於録事參軍、縣令中求之。」上大喜曰：「如此即朕之意，卿有人未？」公因薦二人，其一即蒙也。上曰：「且將狀來。」公既出，逢裴延齡，時以度支次對。問公曰：「相公奏何事稱意，喜色充溢？」公不之對。延齡愠罵而去，云：「看此老兵所請得行否？」既見上，奏事畢。因問曰：「趙憬向論請何事？」上曰：「趙憬極公心。」因説御史事。延齡曰：「此大不可，陛下何故信之？且趙憬身爲宰相，豈諳州縣官績効？向二人又不爲人所稱説，憬何由自知之？必私也。復至，陛下但詰其所自即知矣。」他日上閤，問云：「卿何以知此二人？」公曰：「一是故人，一與臣微親，諳熟之。」上無言。他日，延齡又入。上曰：「趙憬所請，果如卿料。」遂寢不行。蒙却歸故林，而趙公薨於相位。後數年，邊帥奏爲從事，得假御史焉。《因話録》六。又《廣記》七九引。《續前定録》。

盧邁

1 貞元十二年，盧邁喪弟，請出城臨。近年宰相多拘守，而邁有此行，時人美之。《南部新書》乙。

2 盧中丞邁有寶琴四，各直數十萬，有寒玉、古磬、響泉、和志之號。《大唐傳載》。《廣記》二〇三引作《傳記》。《南部新書》壬。　案：《廣記》、《南部新書》「琴」作「瑟」，「古磬」作「石磬」。

3 盧相邁不食鹽醋，同列問之：「足下不食鹽醋，何堪？」邁笑而答曰：「足下終日食鹽醋，復又何堪矣？」《國史補》上。又《廣記》二五六引。

4 見趙憬1。

崔　損

1 唐崔損，性極謹慎，每奏對，不敢有所發揚。兩省清要，皆歷踐之，在位無稱於人。身居宰相，母野殯，不言展墓，不議遷祔；姊爲尼，没於近寺，終喪不臨，士君子罪之。過爲恭遜，不止於容身，而卒用此中上意，竊大位者八年。上知物議不叶，然憐而厚之。《譚賓録》（《廣記》二六〇）。

趙宗儒

1 憲宗問趙相宗儒曰：「人言卿在荆州，毬場草生，何也？」對曰：「死罪，有之。雖然，草生不妨毬子往來。」上爲之啓齒。《國史補》中。又《廣記》二五〇引。《唐語林》一。

2 見段文昌4。

3 長慶初，趙相宗儒爲太常卿，贊郊廟之禮。時罷相二十餘年，年七十六，衆論伏其精健。右常侍李益笑曰：「是僕東府試官所送進士也。」《國史補》中。《唐摭言》一五。《唐語林》三。《唐詩紀事》三〇。案：李益，《唐語林》作「郎孝奕」，誤。

4 趙宗儒檢校左僕射，爲太常卿。太常有《師子樂》，備五方之色，非朝會聘享不作。至是中人掌教坊之樂者移牒取之，宗儒不敢違，以狀白宰相。宰相以爲事在有司，其事不合關白。宗儒憂恐不已，相座責以懦怯不任事，改换散秩，爲太子少師。《盧氏雜説》(《廣記》四九七)。

5 族祖天水昭公以舊相爲吏部侍郎，考前進士杜元穎宏詞登科。鎮南，又奏爲從事。杜公入相，昭公復掌選。至杜出鎮西川，奏宋相申錫爲從事。數年，杜以南蠻入寇，貶刺循州，遂卒。宋以宰相被誣，謫佐開州。又數年，昭公始薨。公凡八任銓衡，三領節鎮，皆帶府號。爲尚書，惟不歷工部，其兵、吏、太常皆再任。年八十七薨，其間未嘗遇重疾。異數壽考，爲中朝之首焉。《因話録》二。《唐語林》四。

6 胡尚書證，河中人。太傅天水昭公鎮河中，尚書建節赴振武，備桑梓禮入謁，持刺稱百姓。獻昭公詩云：「詩書入京國，旌旆過鄉關。」州里榮之。余宗姪櫓，應進士時，著《鄉籍》一篇，大誇河東人物之盛，皆實録也。同鄉中，趙氏軒冕文儒最著，曾祖父、祖父世掌綸誥，櫓昆弟五人進士及第，皆歷臺省。盧少傅弘宣、盧尚書簡辭、弘正、簡求皆其姑子也，時稱趙家出。外家敬氏，先世亦出自河中，人物名望，皆謂至盛，櫓著《鄉籍》載之。《因話録》三。《唐語林》四。

賈耽

1 滑臺城，北枕河堤，里民常有昏墊之患。貞元中，丞相賈公始鑿八角井於城隅道傍，以鎮河水，自是郡邑無復漂溺之禍。咸通中，刺史李橦具以事聞奏，仍立魏公祠堂于河堤之上，命從事韋岫紀事迹於碑石。《賈氏談録》。《唐語林》七。

2 賈相耽在滑臺，於城北命築八角井以鎮黄河，於是潛使人於鑿所偵之，果有一老父來觀，問曰：

「誰鑿此井？」曰：「賈相公也。」父曰：「大好手，但近東、近西、近南、近北也。」躭聞之曰：「吾井太大，惜哉！」《玉泉子》。又《廣記》三九九引。《寓簡》三。

3 賈相公躭在滑州，境内大旱，秋稼盡損。賈召大將二人，謂曰：「今歲荒旱，煩君二人救三軍百姓也。」皆言：「苟利軍州，死不足辭。」賈笑曰：「君可辱爲健步，明日當有兩騎，衣慘緋，所乘馬蕃步鬣長，經市出城，君等蹤之，識其所滅處，則吾事諧矣。」二將乃裹糧，衣皂衣，尋之，一如賈言。自市至野，二百餘里，映大冢而滅，遂壘石標表誌焉。經信而返。賈大喜，令軍健數百人具畚鍤，與二將偕往其所。因發冢，獲陳粟數十萬斛，人竟不之測。《酉陽雜俎》前集一四。又《廣記》三九〇引。

4 賈躭相公鎮滑臺日，有部民家富於財，而父偶得疾，身體漸瘦，糜粥不通，日飲鮮血半升而已。其家憂懼，乃多出金帛募善醫者。自兩京及山東諸道醫人，無不至者，雖接待豐厚，率皆以無効而旋。後有人自劍南來，診候旬日，亦不識其狀，乃謂其子曰：「某之醫，家傳三世矣。凡見人之疾，則必究其源。今觀叟則惘然無知，豈某之藝未至，而叟天降之災乎？然某聞府帥博學多能，蓋異人也，至於卜筮醫藥，罔不精妙。子能捐五十千乎？」其子曰：「何用？」曰：「將以遺御吏，候公之出，以車載叟於馬前，使見之。儻有言，則某得施其力矣。」子如其言，公果出行香，見之注視。將有言，爲監軍使白事，不覺馬首已過。醫人遂辭去。其父後語子曰：「吾之疾是必死之徵。今頗煩躁，若厭人語，爾可載吾城外有山水處置之。三日一來省吾，如死則葬之於彼。」其子不獲已，載去，得一磐石近池，置之，悲泣而歸。其父忽見一黄犬來池中，出没數四，狀如沐浴。既去，其水即香，叟渴欲飲，而氣喘力微，乃肘行而前。既飲，則覺四體稍輕，飲之不已，即能坐。子驚喜，乃復載歸家，則能飲食，不旬日而愈。他日，賈帥復出，至前所置車處，問曰：「前度病人在否？」吏報今已平復，公曰：「人病固有不可識者。此人是虱癥，世間無藥可療，須得千年木梳燒灰服之。不然，即飲黄龍浴水，此外無可治也。不知何因而愈。」遣吏問之，叟具以對。公曰：「此人，天與其疾，而自致其藥，命矣夫！」時人聞之，咸服公之博識，則醫工所謂異人者信矣。《會昌解頤》（《廣記》八三）。

5 唐相國賈耽，滑州節度使。常令造鹿皮衣一副，既成，選一趫捷官健，操書緘付之曰：「汝往某山中，但荆棘深處即行，覓張尊師送此書，任汝遠近。」使者受命，挈糧而去，甚惶惑。入山約行百餘里，荆棘深險，無不備歷。至一峯，半腰中石壁聳拔，見二道流碁次，使者遂拜道流曰：「賈相公使來。」開書大笑，遂作報書，一曰：「傳語相公早歸，何故如此貪着富貴？」使者齎書而返，賈公極喜，厚賞之。亦不知其故也。又嘗令一健卒，入枯井中取文書，果得數軸，皆道書也，遂遣十餘人寫。纔畢，有道士突入，呼賈公姓名叫駡曰：「争敢偷書！」賈公遜謝道士曰：「復持去。」鄭州僕射陂東有一浮圖，乃遣使齎牒牒州：於此浮圖内取一白鴉。遂令掩之，果得，以籠送。亦不知何故。賈公謫仙，事甚衆，此三篇尤明顯者也。《逸史》（《廣記》四五）。

6 唐賈耽好地理學。四方之使，乃是蕃虜來者，而與之坐，問其土地山川之所終始。凡三十年，所聞既備，因撰《海内華夷圖》。以問其郡人，皆得其實，事無虚詞。《盧氏雜説》（《廣記》一九七）。

7 王右丞善琵琶，賈魏公善琴，皆妙絶一時。《南部新書》乙。

8 唐相賈躭著《百花譜》，以海棠爲花中神仙。《海棠記》（《類説》七）。《花木録》（《事文類聚》後集三一）。

杜佑

1 見桑道茂7。

2 杜佑自户部侍郎判度支，爲盧杞所惡，出爲蘇刺。時佑母在，杞以憂闕授之。佑不行，换饒州。《南部新書》壬。

3 貞元初，度支使杜佑讓錢穀之務，引李巽自代。先是度支以制用惜費，漸權百司之職，廣署吏員，繁而難理。佑奏營繕歸之將作，木炭歸之司農，染練歸之少府，綱條頗整，公議多之。《南部新書》巳。

4 杜太保宣簡公，大曆中有故人遺黄金百兩。後三十年爲淮南節度使，其子投公，取其黄金還，緘封如故。《大唐傳載》。《唐語林》一。　案：據新舊《唐著·杜佑傳》，杜佑謚安簡，此作「宣簡」，誤。

5 唐楊茂卿客遊揚州，與杜佑書，詞多捭闔，以周公吐握之事爲諷，佑訝之。時劉禹錫在坐，亦使召楊至，共飲。佑持茂卿書與禹錫曰：「請文人一爲讀之。」既畢，佑曰：「如何？」禹錫曰：「大凡布衣之士，皆須擺闔，以動尊貴之心。」佑曰：「休休，擺闔之事爛也。獨不見王舍乎？擺闔陳少遊，少遊刎其頭。今我與公飯吃，過猶不及也。」翌日，楊不辭而去。《劉賓客嘉話録》（《廣記》二四四）。

6 劉禹錫言：司徒杜公佑視穆贊也，如故人子弟。佑見贊爲臺丞數彈劾，因事戒之曰：「僕有一言，爲大郎久計，他日少樹敵爲佳。」穆深納之，由是少霽其威也。《劉賓客嘉話録》（《廣記》二三五）。《南部新書》辛。

7 杜司徒常言：「處世無立敵。」《唐語林》一。

8 高貞公致仕，制云：「以年致政，抑有前聞。近代寡廉，罕由斯道。」是時杜司徒年七十，無意請老。裴晉公爲舍人，以此譏之。《國史補》中。《唐語林》一。《避暑録話》上。

9 見唐憲宗15。

10 大司徒杜公在維揚也，嘗召賓幕閒語：「我致政之後，必買一小駟八九千者，飽食訖而跨之，著一粗布襴衫，入市看盤鈴傀儡，足矣。」又曰：「郭令公位極之際，常慮禍及，此大臣之危事也。」司徒深旨，不在傀儡，蓋自污耳。司徒公後致仕，果行前志。諫官上疏言「三公不合入市」。公曰：「吾計中矣。」計者，即自污耳。《劉賓客嘉話録》。

11 見崔膺3。

12 大司徒杜公，見張相弘靖曰：「必爲宰相。」貴人多知人也如此。《劉賓客嘉話録》（《廣記》一七〇）。《唐語林》三。

13 杜岐公别墅建薝蔔館，室形亦六出，器用之屬俱象之。按《本草》：梔子一名木丹，一名越桃，然正是西域薝蔔。《清異録》下。

鄭珣瑜

1 鄭珣瑜爲河南尹，送迎中使皆有常處，人吏窺之，馬足差跌不出三五步。議者以珣瑜爲河南尹，可繼張延賞，而重厚堅正，前後莫有及。《唐語林》四。《南部新書》癸。

2 鄭相珣瑜方上堂食，王叔文至，韋執誼遽起，延入閣內。珣瑜歎曰：「可以歸矣！」遂命駕，不終食而出，自是罷相。《國史補》中。《唐語林》五。

3 貞元二十一年三月，左僕射平章事賈耽以王叔文用事，稱疾歸第，鄭珣瑜亦稱疾不起。二相皆天下重望，相次歸卧。諸宰臣方會食於中書，故事：丞相方食，百僚無敢通見者。王叔文召直省令報，直省懼，入白，韋執誼起迎，就其舍語。時杜佑、高郢、珣瑜皆停箸以待，報云：「王嗣使索飯，韋相公亦與之同食閣中矣。」佑、郢等心知不可，畏懼叔文、執誼，而不敢言。珣瑜獨嘆曰：「吾豈可復處此乎！」顧左右索馬，徑歸不起。叔文亦無所顧忌焉。《唐會要》五一。

高郢

1 高郢夜課于豐亭，忽見一鼈在案上，視之，石也。郢異其事，取千題散置楮中，禱視令石鼈銜之以卜來事。既而石鼈舉頭，乃是《沙洲獨鳥賦》。題出，果然，其年首選。《湘潭記》(《雲仙雜記》四)。

2 高貞公郢就府解後，時試官別出題目曰《沙洲獨鳥賦》。郢援筆而成曰：「鴥有飛鳥，在河之洲。一飲一啄，載沈載浮。賞心利涉之地，浴質至清之流。」其年首送。《唐摭言》二。

3 高貞公郢爲中書舍人九年，家無制草。或問曰：「前輩皆有制集，公獨焚之，何也？」答曰：「王言不可存于私室。」《國史補》中。又《廣記》四九七引。《唐語林》一。

4 李懷光之反，高貞公陷于河中，與吕鳴岳、張延英謀誅之。事洩，二將遇害，懷光執之于庭，辭氣不撓。又説懷光子璀，駐軍四十七日。時李少保鄘，亦在險中。《國史補》上。

李晟

1 李西平晟之爲將軍也，嘗謁桑道茂，云：「將軍異日爲京兆尹，慎少殺人。」西平曰：「武夫豈有京兆尹望乎？」後興元收復，西平兼京兆，時道茂在俘囚中，當斷之際，告西平曰：「公忘少殺人之言乎？」西平釋之。《大唐傳載》。又《廣記》二二三引。

2 李司徒嘗於左廣効職，久未遷超，聞桑道茂善相人，賫絹一匹，凌晨而往。時道茂傾信者甚衆，造謁多不即見之，聞李公在門，親自迎接，施設肴醴，情意甚專。既而問之，謂曰：「他日建立勳庸，貴盛無比。或事權在手，當以性命爲託。」李公莫測其由，但慙唯而已。請迴所貺縑，换李公所著汗衫子，仍請於襟上書名，云：「他日見此相憶。」及泚之叛，道茂陷在賊庭，既克復京師，從亂者悉皆就戮。李公受命斬決，道茂將就刑，請致分雪之詞，遂以汗衫爲請。李公奏以非罪，遂令原之。《劇談録》上。又《廣記》七六引。《逸史》（《類説》二七）。

3 晟與張昇雲等圍鄭景濟於清苑，自二月至四月。〔朱〕滔自統馬步萬五千人救清苑，四月二日，發館陶砦，五月内到。晟出戰不利，城中又出攻晟，晟敗去。滔乘勝逐晟等，大破之。晟奔易州，染病，不復更出。《燕南記》（《通鑑考異》一八）。

4 李令軍逼神鹿倉，賊張光晟内應，晟乃得入，先斬光晟。又與駱元光争功，實毒以待，元光方食而覺，走歸營，不復更出。然晟功戢兵最大也。《國史補》上。

5 見渾瑊4。

6 德宗初復宮闕，所賜勳臣第宅妓樂，李令爲首，渾侍中次之。《國史補》上。《唐語林》六。

7 李、馬二家，日出無音樂之聲，則執金聞奏，俄頃必有中使來問：「大臣今日何不舉樂？」《國史補》上。

8 李令嘗爲制將，將軍至西川，與張延賞有隙。及延賞大拜，二勳臣在朝，德宗令韓晉公和解之。每宴樂，則宰臣盡在，太常教坊音聲皆至，恩賜酒饌，相望于路。《國史補》上。《唐語林》六。

9 西平王始將禁軍在蜀戍蠻，與張魏公不叶。及西平功高居相位，德宗欲追魏公者數四，慮西平不悦而罷。後上令韓晉公善説，然後竝處中書。一日因内宴，禁中出瑞錦一疋，令繫兩人一處，以示和解之意。《尚書故實》。

10 見李泌34。

11 崔吏部樞夫人，太尉西平王女也。西平生日，中堂大宴，方食，有小婢附崔氏婦耳語久之，崔氏婦頷之而去。有頃，復至，王問曰：「何事？」女對曰：「大家昨夜小不安適，使人往候。」王擲筯，怒曰：「我不幸有此女，大奇事！汝爲人婦，豈有阿家體候不安，不檢校湯藥，而與父作生日？吾有此女，何用作生日爲？」遽遣走檐子歸，身亦續至崔氏家問疾，且拜謝教訓子女不至。姻族聞之，無不愧歎。故李夫人婦德克備，治家整肅，貴賤皆不許時世妝梳。勳臣之家，特數西平禮法。《因話録》三。《唐語林》一。

12 李愿司空兄弟九人，四有土地：愿爲夏州、徐泗、鳳翔、宣武、河中五節度，憲爲江西觀察、嶺南節度，愬爲唐鄧、襄陽、徐泗、鳳翔、澤潞、魏博六節度使，聽爲夏州、靈武、河東、鄭滑、魏博、邠寧、鳳翔七節度。一門登壇授鉞，無比焉。《大唐傳載》。《卓異記》。《唐語林》四。

馬燧

1 馬燧貧賤時，寓遊北京，謁府主不見，而乃寄於園吏。吏曰：「莫欲謁護戎否？若謁，即須先言，當爲其歧路耳。護戎諱數字而甚切，君當在意。若犯之，無逃其死也。然若幸愜之，則所益與諸人不同，慎勿暗投也。某乃護戎先乳母子，得以詳悉，而輒贊君子焉。」燧信與疑半。明晨入謁護戎，果犯諱，庭叱而出。畏懼之色見園吏，吏曰：「是必忤護戎耳。」燧問計求脱，園吏曰：「君子戾我，而悔遑如是。然敗則死，不得瀆我也。」遂匿燧於糞車中，載出郭而逃。《博異志》。《廣記》三五六引作《傳異記》。

2 燧與〔李〕抱真雖頻破悦，聞李納助軍到，乃駐軍候勢，晝必取之計，去悦軍三十里下營，夜坐帳中，使心手人潛領悦兵及小將等五十餘人立帳外。燧因矯與兵馬衙官已下高語曰：「昨日所以頻破田悦兵馬者，蓋偶然之事，本亦不料有此勝也。看悦兵雖敗，其將健，皆能死戰，亦天下之强敵矣。今更得李納兵助，其勢不小。我雖頻利，利則有鈍。他日田悦更戰，大將必須審看便宜。如悦直進，不可當鋒耳。」悦帳外兵將往往共聞燧語，良久曰：「昨日陣上獲得田悦將健，所由領過。」既至，燧大罵曰：「田悦小賊，菽麥未分，敢肆猖狂，妄動兵馬。你有何所解，與我相敵！汝皆不自由，被驅入陳，又何過也！今矜汝放去。」兵等大歡叫，拜謝而去，具燧前後言見悦。悦召大將喜而謂曰：「馬燧放言懼我，對人罵我此可知矣，吾再戰必捷也。」又恃李納助軍新到，乃引兵出洹水又陳。燧先伏兵要處，佯不勝，引退。悦使兵盡出逐燧，燧引至伏兵處，伏兵齊發，横截悦軍兩段，與抱真縱兵擊之，大破悦軍三萬餘人。《燕南記》(《通鑑考異》一八)。

3〔建中〕三年夏，詔〔李〕懷光率邠甲五千兼統諸軍東征。六月，師及魏郛，戰焉，陷燕人之衆，師入賊營，收其寶貨。馬公燧曰：「我二年困此賊，彼旦至而夕破之，人其謂我何！」乃稍抽戰卒以孤其勢。田悦曰：「馬太原妬功也，朔方軍可襲矣。」乃使步卒七百人負刀而趨，乘我失度，擠之于河，死者數百人，皆精騎也。馬公遽命平射三百人争橋，以出我軍，故步軍不敗，軍勢大衄。詔唐朝臣自河南引軍會之。《邠志》(《通鑑考異》一八)。

4〔建中三年〕六月，朱滔、〔王〕武俊、〔李〕懷光俱至。懷光即欲戰，馬燧、〔李〕抱真不得已，從之。七月六日，懷光等擊滔，勝之，尋爲王武俊所敗。其夜，决河水，絶懷光等西歸之路。明日，水深三尺餘。馬燧與朱滔有外族之親，呼滔爲表姪，使人説滔曰：「老夫不度氣力，與李相公等昨日先陳。王大夫善戰，海内所知也。司徒五郎與商議，放老夫等卻歸太原，諸節度亦各還本道，當爲聞奏，河北地任五郎收取。」滔見武俊戰勝，私心忌其勝己，乃謂武俊曰：「大夫二兄破懷光等，氣已沮喪，馬司徒既屈服如此，且放去，漸圖未晚。」武俊曰：「豈有四五節度，兵逾十萬，使打賊，始經一陣，被殺卻五萬人，將何面目歸見天子！今窮蹙詐求退去，料不過到洺州界，必築壘相待，悔難及也。」滔心明知其事，竟絶水，放燧等。既離魏府城下，退行三十里，遂連魏縣河，列營相拒。滔雖慙謝，武俊終有恨意。又同進軍魏橋河東南，去懷光營五里。《燕南記》（《通鑑考異》一八）。

5　五節度討魏州，王武俊來救，引水以圍，官軍樵採路絶。馬司徒求于武俊曰：「若開路，當退軍。」武俊曰：「我不會諸將討賊，不利而退，何詞以見天子？」遂令決水。官軍退三十里，復下軍營。《國史補》上。

6　見唐德宗14。

7　司徒馬燧討李懷光，自太原引兵至寶鼎下營。因問其地名，答曰：「埋懷村。」乃大喜曰：「擒賊必矣。」至是果然。《國史補》上。又《廣記》一六三引。《唐語林》四。

8　李懷光使徐庭光以精卒六千守長春宫，馬燧乃挺身至城下呼庭光，庭光則拜於城下。燧度庭光心已屈，乃謂曰：「我來自朝庭，可西面受命。」庭光復西拜。燧曰：「公等皆禄山已來首建大勳，四十餘年功伐最高，奈何棄祖父之勳力，爲族滅之計耶？從吾言，非止免罪，富貴可圖也。」賊徒皆不對。燧曰：「爾以吾言不誠，今相去數步，爾當射我。」乃披襟示之。庭光感泣俯伏，軍士亦泣，乃率其下出降。燧乃以數騎徑入城，處之不疑，莫不畏伏。衆大呼曰：「復得爲王人矣。」渾瑊私謂參佐曰：「瑊爲馬公用兵，與僕不相遠，但怪累敗田悦，今覩其行師料敵，不及遠矣。」燧勇力智彊，常先計後戰。將戰，親自號令，士卒無不感動，戰皆決死，未嘗奔北。兵勝冠於一時。然力能擒田悦，而不能審蕃帥僞款，而保其必盟。平涼之會，爲結贊所紿，關中摇動。此所謂才有餘而心不至。《譚賓録》（《廣記》一九〇）。

9 見李晟7。

10 馬司徒孫始生，德宗命之曰「繼祖」。退而笑曰：「此有二義。」意謂以索繫祖也。《唐國史補》上。又《廣記》二五〇引。《唐語林》一。

11 馬僕射既立勳業，頗自矜伐，常有陶侃之意，故呼田悦爲錢龍，至今爲義士非之。當時有揣其意者，乃先著謡於軍中，曰：「齋鐘動也，和尚不上堂。」月餘，方異其服色謁之，言善相，馬遽見，因請遠左右。曰：「公相非人臣，然小有未通處，當得寶物直數千萬者，可以通之。」馬初不實之，客曰：「公豈不聞謡乎？正謂公也。齋鐘動，時至也。和尚，公之名。不上堂，不自取也。」馬聽之始惑，即爲具肪玉、紋犀及貝珠焉。客一去不復知之，馬病劇，方悔之。《酉陽雜俎》前集一二。

12 見郎士元1。

13 馬侍中嘗寶一玉精盌，夏蠅不近，盛水經月，不腐不耗。或目痛，含之立愈。嘗匣於卧内，有小奴七八歲，偷弄墜破焉。時馬出未歸，左右驚懼。忽失小奴。馬知之大怒，鞭左右數百，將殺小奴，三日尋之不獲。有婢晨治地，見紫衣帶垂於寢牀下，視之，乃小奴蹶張其牀而負焉。不食三日而力不衰，馬睹之大駭，曰：「破吾盌乃細過也。」即令左右撲殺之。《酉陽雜俎》前集九。

馬暢

1 馬司徒之子暢，以第中大杏饋竇文場。文場以進。德宗未嘗見，頗怪之，令使就第封杏樹。暢懼，進宅，廢爲奉誠園，屋木盡拆入内也。《國史補》中。又《廣記》四九六引。《桂苑叢談·史遺》。《御覽》九六八引作《唐史》。

渾瑊

1　渾瑊太師，年十一歲，隨父釋之防秋。朔方節度使張齊邱戲問曰：「將乳母來否？」其年立跳盪功。後二年，拔石堡城，收龍駒島，皆有奇効。《國史補》上。又《廣記》一七四引。《唐語林》四。

2　渾咸寧少給事汾陽，未嘗憚勞。汾陽在軍中，咸寧席未下。夜中酒，溺器必温。汾陽問之，對曰：「向峽以請寢。」汾陽念之曰：「此可教也。」遂授以兵法。《畫墁録》。

3　汾陽王足掌有黑子，一日使渾咸寧洗足，咸寧捧玩久之。王曰：「何也？」對曰：「瑊也足亦有之。」王使跣而視之，哂曰：「不逌吾。」謂渾中壽也。《畫墁録》。

4　朱泚之亂，德宗皇帝車駕出幸奉天。是時沿邊藩鎮皆已舉兵扈蹕，泚自率凶渠直至城下。有西明寺僧陷在賊中，性甚機巧，教泚造攻城雲梯，其高九十餘尺，上施板屋樓櫓，可以下瞰城中。渾中令、李司徒奏曰：「賊鋒既盛，雲梯又壯，若縱之，誠恐不能禦。及其尚遠，請以鋭兵挫之。」遂率王師五千，列陣而出。于時東蘊居後，約戰酣而燎，風勢不便，火不能舉。二公酹酒抗詞，拜空而祝：「天道助順，至聖感神。泚賊包藏禍心，竊弄凶器，敢以狂孽，來犯乘輿。今擁衆脅君，將逼城壘，瑊等誓輸忠節，志殄妖氛。若社稷再興，威靈未泯，當使雲梯就爇，逆黨冰銷！」於是詞情慷慨，人百其勇。俄而風勢遽迴，鼓譟而進，火烈飆駭，煙埃漲天，梯爐卒奔，賊遂退衄。德宗皇帝御樓以觀，中外咸稱萬歲。及克復京國，二公勳績爲首，寵錫茅土，銘鏤鐘鼎，匡扶社稷，終始一致。其後李司徒有子四人，皆分部節制，忠烈榮耀，于今藹然。《劇談録》上。又《廣記》七六引。《唐語林》六。

5 見馬燧8。

6 見李晟6。

7 見唐德宗11。

8 予嘗於渾氏見德宗所賜詔書、金鉞。雜詔數命，其二奉天詔也，一曰：「今賜卿劍一口，上至天，下至泉，將軍裁之。」一曰：「今賜卿筆一管，空名補牒一千紙。有立功將士，可隨大小書給，不必中覆。如有急，令馬希倩奏來。朕今與卿訣矣。」《畫墁録》。

9 德宗自復京闕，常恐生事，一郡一鎮，有兵必姑息之。唯渾令公奏事，不過，輒私喜曰：「上必不疑我也。」《國史補》中。《唐語林》三。

竇文場

1 崔薳爲監察，巡囚至神策軍，爲吏所陷，張蓋而入，諷軍中索酒食，意欲結歡。竇文場怒奏，立敕就臺，鞭于直廳而流血，自是巡囚不至禁軍也。《國史補》下。又《廣記》一八七引。

霍仙鳴

1 霍仙鳴别墅在龍門，一室之中開七井，皆以雕鏤木盤覆之。夏月坐其上，七井生凉，不知暑氣。《雲林異景志》（《雲仙雜記》七）。

裴延齡

1 唐裴延齡累轉司農少卿，尋以本官權判度支。自揣不通食貨之務，乃設鈎距，召度支老吏與謀，以求恩顧。乃奏言：「天下出入錢物，新陳相因，而常不減六七千萬貫。唯在一庫，差殊散失，莫可知之。請于左藏庫中分置，别建欠負耗賸等庫，及季庫月給，納諸色錢物。」德宗從之。但貴欲張名目，以惑上聽，其實錢物更無增加，唯虚費簿書人吏。又奏請：「令京兆府兩税青苗錢，市草百萬團，送苑中。」宰臣議，以爲若市草百萬團，則一方百姓自冬歷夏搬運不了，又妨奪農務。其事得止。京西有汙池卑濕處，蘆葦叢生焉，不過數畝。延齡忽奏云：「厩馬冬月合在槽櫪秣飼，夏中即須有牧放處。臣近尋訪得長安、咸陽兩縣界有陂地百頃，請以爲内厩牧馬之地，且去京城十數里。」德宗信之，言于宰臣，宰臣堅執云：「恐必無此。」及差官閲視，悉皆虚妄。延齡既慙且怒。又因對敭，德宗曰：「朕所居浴堂殿院，一栿以年多故致損壞，而未能换。」延齡曰：「宗廟事重，殿栿事輕。陛下自有本分錢物。」德宗驚曰：「本分錢何名也？」曰：「此是經義。愚儒常才，不足與言。陛下正合問臣，臣能知之。准《禮》經云：天下賦税，分爲三分，一分充乾豆，一分充賓客，一分充君之庖廚。乾豆，供宗廟也。今陛下奉宗廟，雖至嚴至豐至厚，亦不能用一分財賦也。只如鴻臚禮賓，諸國番客，至于迴紇馬價，用一分錢物，尚有贏羨甚多。況陛下御膳宫廚，皆極簡儉，所用外，以賜百官充俸料餐錢等，猶未能盡。據此而言，庖廚之用，其數尚少，皆陛下本分也。用修十殿，亦不合疑，何況一栿！」上曰：「經義如此，人未曾言。」頷之而已。後因計料造神龍寺，須用長七十尺松木，延齡奏云：「臣近于同州檢得一谷，有數千株，皆長七八十尺。」德宗曰：「人云開元、天寶中，近處求覓五六丈木，尚未易得，皆須于嵐、勝州採造，如今何爲近處便有此木？」延齡對曰：「賢者、珍寶、異物，皆處處有之，但遇聖君即出。今此木生自關輔，蓋爲聖君，豈開元、天寶合得有也！」延齡既銳情于苛刻，剥下附上爲功。奏對之際，皆恣騁詭怪虚妄。他人莫敢言者，延齡言之不疑，亦人之所未嘗聞。上頗欲知外事，故特優遇之。《譚賓録》（《廣記》二三九）。《唐會要》三〇。《南部新書》戊。

2 裴延齡恃恩輕躁，班列懼之，唯顧少連不避延齡。嘗畫一鶚，羣鳥噪之，以獻上。上知衆怒如是，故益信之，而竟不大用。《國史補》上。《譚賓録》（《廣記》二三九）。《唐語林》六。

3 見趙憬2。

4 裴延齡嘗怒李京兆充，云：「近日兼放髭鬚白，猶向人前作背面。」《大唐傳載》。

5 見杜黄裳3。

6 裴延齡綴緝裴駰所注《史記》之闕，自號小裴。《南部新書》乙。

韋渠牟

1 大曆中，處士韋渠牟隱鍾山，號「遺名子」，顔真卿題其所隱之堂曰「遺名先生三教會宗堂」。《金陵志》（《天中記》四〇）。

2 見李泌28。

3 見鄭絪1。

4 見李齊運1。

李齊運

1 貞元末，太府卿韋渠牟、金吾李齊運、度支裴延齡、京兆尹嗣道王實，皆承恩寵事，薦人多得名位。時劉師老、穆寂皆應科目，渠牟主持穆寂，齊運主持師老。會齊運朝對，上嗟其羸弱，許其致政而歸，師老失據。故無名子曰：「太府朝天昇穆老，尚書倒地落劉師。」《劉賓客嘉話録》。又《廣記》一八八引。《古今詩話》（《詩話總龜》前集三八、《唐詩紀事》四八）。

薛邕

1 薛邕侍郎有宰相望。時有張山人善相，崔造相公方爲兵部郎中，與前進士姜公輔同在薛侍郎坐中。薛問張山人曰：「坐中有宰相否？」心在己身多矣。張曰：「有。」薛曰：「幾人？」曰：「有兩人。」薛意其一人即己也，曰：「何人？」曰：「崔、姜二人必同時宰相。」薛訝忿之，默然不樂。既而崔郎中徐問張曰：「何以同時？」意謂姜公始前進士，我已正郎，勢不相近也。曰：「命合如此，事須同時，仍郎中在姜之後。」後姜爲京兆尹功曹，充翰林學士。時衆知涇將姚令言入城的取朱泚，泚曾帥涇，得其軍心，乃上疏令防虞之。疏入十日，德宗幸奉天，悔不納姜言，遂於行在擢姜爲給事中、平章事。崔後姜半年以夕郎拜相，果同時而崔在姜後。離虔州後第二改官拜官亦不差，而薛侍郎竟終於列曹。始知前輩不可忽後輩也。《劉賓客嘉話録》。又《廣記》一五一引。

包佶

1 包佶自陳少游所困，遂命其子曰：「意欲數代不與陳氏爲婚媾。」《國史補》上。

2 見包誼1。

3 岳州刺史李俊舉進士，連不中第。貞元二年，有故人國子祭酒包佶者，通於主司，援成之。榜前一日，當以名聞執政。初五更，俊將候佶，里門未開。立馬門側。……既而俊詣佶，佶未冠，聞俊來怒，出曰：「吾與主司分深，一言狀頭可致。公何躁甚，頻見問，吾其輕語者耶！」俊再拜，對曰：「俊懇於名者，受恩決此一朝。今當呈榜之晨，冒責奉謁。」佶唯唯，色猶不平。俊愈憂之，乃變服伺佶出隨之。經皇城東北隅，逢春官懷其榜，將赴中書，佶揖問曰：「前言遂否？」春官曰：「誠知獲罪，負荆不足以謝。

然迫於大權，難副高命。」佶自以交分之深，意謂無阻，聞之怒曰：「季布所以名重天下者，能立然諾。今君移妄於某，蓋以某官閒也。平生交契，今日絶矣！」不揖而行。春官遽追之曰：「迫於豪權，留之不得。竊恃深顧，外於形骸，見責如此，寧得罪於權右耳！請同尋榜，揩名填之。」祭酒開榜，見李公夷簡，欲揩，春官急曰：「此人宰相處分，不可去。」指其下李温曰：「可矣。」遂揩去温字，注俊字。……然俊筮仕之後，追勘貶降，不絶於道。纔得岳州刺史，未幾而終。《續玄怪録》（《廣記》三四一）。

李巽

1 見周愿3。

2 見崔清2。

于邵

1 于邵性孝悌，内行修潔，老而彌篤。初，樊澤嘗舉賢良方正，一見於京師，曰：「將相之材也。」不五年，澤爲節度使。崔元翰近五十，始舉進士，邵異其文，擢首甲科，且曰：「不十年司誥命。」竟如其言。獨孤綬舉博學宏詞，吏部考爲第一；在中書，昇甲科，人稱允當。《譚賓録》（《廣記》一七〇）。《唐書》（《廣卓異記》八）。《南部新書》丙。

2 見高鍇3。

崔元翰

1 崔元翰爲楊崖州所知，欲拜補闕，懇曰：「願得進士。」由此獨步場中。然亦不曉呈試，故先求題目爲地。崔敖知之，旭日都堂始開，敖盛氣白侍郎曰：「若試《白雲起封中》賦，敖請退。」侍郎爲其所中，愕然換其題，是歲二崔俱捷。《國史補》下。又《廣記》一八〇引。《唐摭言》九。

2 崔元翰晚年取應，咸爲首捷：京兆解頭、禮部狀頭、宏詞勅頭、制科三等勅頭。《南部新書》丙。《唐詩紀事》三五。

3 見于邵1。

呂渭

1 見韓皋1。

2 貞元十一年，呂渭第一榜，撓悶不能定去留，因以詩寄前主司曰：「獨坐貢闈裏，愁多芳草生。仙翁昨日事，應見此時情。」《唐摭言》八。《唐詩紀事》四七。參看劉太真2。

3 興元元年，中書省有柳樹，建中末枯，至是再榮，人謂之瑞柳。禮部侍郎呂渭試進士，以瑞柳爲題，上聞而惡之。《唐會要》七六。《南部新書》甲。《唐詩紀事》四七。

4 見田良逸、蔣含弘1。

劉太真

1　劉太真爲陳少游行狀，比之齊桓、晉文，物議囂騰。後坐貢院任情，責及前事，乃貶信州刺史。《國史補》中。《唐語林》六。

2　貞元四年，劉太真侍郎入貢院，寄前主司蕭聽尚書詩曰：「獨坐貢闈裏，愁心芳草生。山公昨夜事，應見此時情。」《唐語林》四。參看吕渭2。

3　見包誼1、2。

李紓

1　見元載8。

2　見薛展1。

3　李紓侍郎好諧戲，又服用華鮮。嘗朝回，以同列入坊門，有負販者呵不避。李駡云：「頭錢價奴兵輒衝官長。」負者顧而言曰：「八錢價措大漫作威風。」紓樂採異語，使僕者誘之至家，爲設酒饌，徐問八錢之義。負者答曰：「只是衣短七耳。」同列以爲破的，紓甚慚。下人呼舉不正，故云短也。《因話録》四。《唐語林》五。

4　唐小説載李紓侍郎駡負販者云「頭錢價奴兵」，頭錢，猶言一錢也。《老學庵筆記》一〇。

韋倫

1 兼御史大夫韋倫奉使吐蕃，以御史苟曾爲判官。行有日矣，或謂倫曰：「吐蕃諱狗，大夫將一苟判官，何以求好？」倫遽奏其事。今上令改「苟」爲「荀」，而其人不易。及使還，曾遂姓荀，不歸舊姓。《封氏聞見記》一〇。

2 韋倫爲太子少保致仕，每朝朔望，羣從甥姪候于下馬橋，不減百人。《國史補》上。《唐書》（《廣卓異記》九）。

韋夏卿

1 韋夏卿與弟正卿，大曆中，同日登制科，皆曰：「今日盛事，全歸二難之手。」《南部新書》甲。

2 韋獻公夏卿不經方鎮，唯止於東都留守，辟吏八人，而路公隋、皇甫崖州鏄皆爲宰相，張尚書賈、段給事平仲、衛大夫中行、李常侍翺、李諫議景儉、李湖南詞皆至顯官，亦名知人矣。《大唐傳載》。《唐語林》三。

3 韋獻公夏卿有知人之鑒，人不知也。因退朝，於街中逢再從弟執誼，從弟渠牟、丹，三人皆第二十四，並爲郎官。簇馬良久，獻公曰：「今日逢三二十四郎，輒欲題目之。」語執誼曰：「汝必爲宰相，善保其末耳。」語渠牟曰：「弟當别奉主上恩，而速貴爲公卿。」語丹曰：「三人之中，弟最長遠，而位極旄鉞。」後竟如其言。《大唐傳載》。又《廣記》二二三引。《南部新書》丁。《唐語林》三。

薛之輿

1　貞元十三年八月，以左諫議大夫薛之輿爲國子司業。之輿少居於海岱之間，永泰中，淄青節度使李正己辟爲從事。因奉使京師，之輿逗遛不歸。正己召之再三，之輿報曰：「大夫既未入朝，之輿焉敢歸使。」因逃匿於山險間十餘年，建中後方復仕宦。上知之，故賞慰以爲諫議大夫。奏：「諫官所上封章，事皆機密，每進一封，須門下、中書兩省印署文牒。每有封奏，人且先知。請別鑄諫院印，須免漏泄。」又累上言時事，上不説，故改官。無幾，以疾免。《唐會要》五五。

賈隱林

1　見唐德宗12。

崔　樞

1　崔樞應進士，客居汴半歲，與海賈同止。其人得疾既篤，謂崔曰：「荷君見顧，不以外夷見忽。今疾勢不起，番人重土殯，脱殁，君能終始之否？」崔許之。曰：「某有一珠，價萬緡，得之能蹈火赴水，實至寶也。敢以奉君。」崔受之，曰：「吾一進士，巡州邑以自給，奈何忽蓄異寶？」伺無人，置於柩中，瘗於阡陌。後一年，崔遊丐亳州，聞番人有自南來尋故夫，并勘珠所在，陳於公府，且言珠必崔秀才所有也，乃於亳來追捕。崔曰：「儻窀穸不爲盜所發，珠必無他。」遂剖棺得其珠。沛帥王彦謨奇其節，欲命爲幕，崔不肯。明年登第，竟主文柄，有清名。《唐語林》一。

2 見裴垍3。

陽城

1 陽城，貞元中與三弟隱居陝州夏陽山中，相誓不婚。啜菽飲水，莞簟布衾，熙熙怡怡，同於一室。後遇歲荒，屏跡不與同里往來，懼於求也。或採桑榆之皮，屑以爲粥。講論詩書，未嘗暫輟。有蒼頭曰都兒，與主協心。蓋管寧之比也。里人敬以哀，饋食稍豐，則閉户不納，散於餓禽。後里人竊令於中户致糠覈十數盃，乃就地食焉。他日，山東諸侯聞其高義，發使寄五百縑，城固拒却。使者受命不令返，城乃標於屋隅，未嘗啓緘。無何，有節士鄭俶者，迫於營舉，投人不應，因途經其門，往謁之。俶戚容瘵貌，城留食旬時，問俶所之，及其瘠瘁之端，俶具以情告。城曰：「感足下之操，城有諸侯近貺物，無所用，輒助足下人子終身之道。」俶固讓。城曰：「子苟非妄，又何讓焉？」俶對曰：「君子既施不次之恩，某願終志後爲奴僕償之。」遂去。俶東洛塋事罷，杖歸城，以副前約。城曰：「子奚如是？苟無他繫，同志爲學可也，何必云役己以相依！」俶泣涕曰：「若然者，微軀何幸！」俶於記覽苦不長，月餘，城令諷《毛詩》，雖不輟尋讀，及與之討論，如水投石也。俶大慙。城曰：「子之學，與吾弟相昵不能舍，有以致是耶？今所止阜北，有高顯茅齋，子可自翫習也。」俶甚喜，遽遷之。復經月餘，城訪之，與論國風，俶雖加功，竟不能往復一辭。城方出，未三二十步，俶縊於梁下，供餽童窺之，驚以告城。城慟哭若裂支體，乃命都兒將酒奠之，及作文親致祭，自咎不敏：「我雖不殺俶，俶因我而死。」自脱衣，令僕夫負之，都兒行櫝楚十五，仍服緦麻，厚瘞之。由是爲縉紳之所推重。後居諫議大夫時，極諫裴延齡不合爲國相，其言至懇，唐史書之。及出守江華郡，日炊米兩斛，魚羹一大鬵，自天使及草衣村野之夫，肆其食之。並置瓦甌樿杓，有類中衢罇也。《乾𦠆子》(《廣記》一六七)。《南部新書》丁。

2 唐德宗朝有陽城者，華陰人也。其弟域。兄弟雍睦，坐卧相隨，皆不娶妻。朝廷以諫議大夫徵起。性嗜酒，常枕以江石，每用質於酒家，有得三數斛者。料錢入室，即復贖之。《獨異志》中。

3 陽城居夏縣，拜諫議大夫。鄭鋼居閿鄉，拜拾遺。李周南居曲江，拜校書郎。時人以爲轉遠轉高，轉近轉卑。《國史補》上。又《廣記》一八七引。《唐語林》四。案：《朝野僉載》二亦載此條，當爲後人誤入。

4 貞元二年六月，以秘書郎陽城爲諫議大夫，仍遣長安縣尉楊寧齎束帛詣夏縣所居致禮。城遂以褐衣赴京師，且詣闕上表陳讓。上使中官齎章服衣之而召見，賜帛五十疋。其後陸贄、李充等以讒毁受譴，朝廷震懼，上怒未解，勢不可測，滿朝無敢言者。城聞而起曰：「吾諫官也，不可令天子殺無罪人。」即率拾遺王仲舒等數人守延英門上疏，論延齡奸佞，贄等無罪。上大怒，召宰臣入語，將加城等罪，良久乃解，令宰相諭遣之。於是金吾將軍張萬福，武將不識文字，亦知感激，端笏詣城與諸諫官等，泣而且拜曰：「今日始知聖朝有直臣。」時議以爲延齡朝夕爲宰相，城獨謂同列曰：「延齡倘入相，吾唯抱白麻慟哭。」後竟坐延齡事，改爲國子司業。《唐會要》五五。

5 陽城爲諫議大夫，德宗欲用裴延齡爲相。城曰：「白麻若出，吾必裂之而死。」德宗聞之以爲難，竟寢之。《國史補》上。《唐語林》三。

6 國子監諸館生，洿雜無良，陽城爲司業，以道德訓喻，有遺親三年者勉之歸覲，由是生徒稍變。《國史補》中。《唐語林》三。

7 陽道州城之爲朝士也，家苦貧，常以木枕布衾質錢數萬，人争取之。《大唐傳載》。又《廣記》一六五引。《唐語林》四。

8 陽道州城未嘗有所蓄積，惟所服用不可闕者。客稱其物可佳可愛，公輒喜，舉而授之。有陳萇者，候其始請月俸，常往稱其錢帛之美，月有獲焉。《大唐傳載》。又《廣記》一六五引。《南部新書》丙。《唐語林》三。

9 陽城出道州，太學生二百七十人詣闕乞留，疏不得上。《南部新書》丁。

蕭昕

1 貞元二年，牛錫庶、謝登，蕭少保下及第。先是昕寶應二年一榜之後，爾來二紀矣，國之耆老，殆非俊造馳騖之所。二子久屈場籍，其年計偕來，主文頗以耕鑿爲急，無何並馳人事，因迴避朝客，誤入昕第。昕岸幘倚杖，謂二子來謁，命左右延接。二子初未知誰也，潛訪於閽吏，吏曰：「蕭尚書也。」因各以常行一軸而贄，大蒙稱賞。昕以久無後進及門，見之甚善，因留連竟日。俄有一僕附耳，昕盼二子驩然。既而上列繼至，二子隱於屏後。或曰：「二十四年載主文柄，國朝盛事，所未曾有。」二子聞之，亦不意是昕。

猶慮數刻淹留，失之善地。朝士既去，二子辭，昕面告之，復許以高第。竟如所諾。《唐摭言》八。

2 見牛錫庶1。

楊　憑

1 楊京兆憑兄弟三人皆能文，學甚攻苦。或同賦一篇，共坐庭石，霜積襟袖，課成乃已。《大唐傳載》。又《廣記》一九八引。《唐語林》二。

2 見李宗閔6。

3 見田良逸、蔣含弘1。

穆　寧

1 穆寧，不知何許人，顔真卿奏爲河北道支使。寧以長子屬母弟曰：「唯爾所適。苟不乏嗣，吾無累矣。」因往平原，謂真卿曰：「先人有嗣矣。古所謂死有輕於鴻毛者，寧是也。願畢佐公，以定危難。」其後寧計或不行。真卿棄平原，夜渡河。《談賓録》（《廣記》一六七）。

2 貞元初，穆寧爲和州刺史，其子故宛陵尚書及給事已下，尚未分官，列侍寧前。時穆氏家法切峻，寧命諸子直饌，稍不如意，則杖之。諸子將至直日，必探求珍異，羅于鼎俎之前，競新其味，計無不爲，然而未嘗免笞叱之過者。一日，給事直饌鼎前，有熊白及鹿脩，忽曰：「白肥而脩瘠，相滋其宜乎？」遂同試，曰：「甚異常品。」即以白裹脩，改之而進。寧果再飽。宛陵與諸季望給事，盛形羡色，曰：「非唯免笞，兼當受賞。」給事頗亦自得。寧飯訖，戒使令曰：「誰直？可與杖俱來。」于是罰如常數。給事將拜杖，遽命前，曰：「有此味，奚進之晚耶？」于是聞者笑而傳之。《資暇集》下。《唐語林》六。案：給事，指穆質。

穆贊　穆質　穆員　穆賞

1 貞元中，楊氏、穆氏兄弟人物氣概不相上下。或言：「楊氏兄弟，賓客皆同；穆氏兄弟，賓客各殊。」以此爲優劣。《國史補》中。又《廣記》一七〇引。《唐語林》三。

2 穆氏兄弟四人：贊、質、員、賞。時人謂：贊俗而有格，爲酪；質美而多入，爲酥；員爲醍醐，言粹而少用；賞爲乳腐，言最凡固也。《國史補》中。又《廣記》一七〇引。《續世説》四。《唐語林》三。

3 見杜佑6。

4 見穆寧2。

5 穆質初應舉，試畢，與楊憑數人會。穆策云：「防賢甚於防姦。」楊曰：「公不得矣。今天子方禮賢，豈有防賢甚於防姦？」穆曰：「果如此是矣。」遂出謁鮮于弁，弁待穆甚厚。食未竟，僕報云：「尊師來。」弁奔走具靴笏，遂命徹食。及至，一眇道士爾。質怒弁相待之薄，且來者是眇道士，不爲禮，安坐如故。良久，道士謂質曰：「豈非供奉官耶？」曰：「非也。」又問：「莫曾上封事進書策求名否？」質曰：「見應制，已過試。」道士曰：「面色大喜，兼合官在清近。是月十五日午後，當知之矣。策是第三等，官是左補闕，故先奉白。」質辭去。至十五日，方過午，聞扣門聲即甚厲，遣人應問，曰：「五郎拜左補闕。」當時不先唱第三等便兼官，一時拜耳，故有此報。後鮮于弁詣質，質怒前不爲畢饌，不與見。弁復來，質見之，乃曰：「前者賈籠也，言事如神，不得不往謁之。」質遂與弁俱往。籠謂質曰：「後三月至九月，勿食羊肉，當得兵部員外郎、知制誥。」德宗嘗賞質曰：「每愛卿對敭，言事多有行者。」質已貯不次之望，意甚薄知制誥。仍私謂人曰：「人生自有，豈有不喫羊肉便得知制誥？此誠道士妖言也。」遂依前食羊。至四月，給事趙憬忽召質云：「同尋一異人。」及到，即前眇道士也。趙致敬如弟子禮，致謝而坐。道士謂質曰：「前者勿令食羊肉，至九月得制誥，何不相取信？今否矣。」「莫更有災否？」曰：「有厄。」質曰：「莫至不全乎？」曰：「初意過於不全，緣識聖上，得免死矣。」質曰：「何計可免？」曰：「今無計矣。」質又問：「若遷貶，幾時得歸？」曰：「少是十五年。補闕却迴，貧道不見。」執手而別，遂不復言。無何，宰相李泌奏：「穆質、盧景亮於大會中，皆自言頻有章奏諫。國有善，即言自己出；有惡事，即言苦諫，上不納。此足以惑衆，合以大不敬論，請付京兆府決殺。」德宗曰：「景亮不知，穆質曾識，不用如此。」又進決六十，流崖州。上御筆書令與一官，遂遠貶。後至十五年，憲宗方徵入。賈籠即賈直言之父也。《異聞集》（《廣記》七九）。

6 見韓滉9。

7 見彦範1。

竇常

1 侍郎潘炎進士牓有六異：朱遂爲朱滔太子，王表爲李納女壻，彼軍呼爲駙馬，趙博宣爲易、定押衙，袁同直入番爲阿師，竇常二十年稱前進士，奚某亦有事，時謂之六差。竇常新及第，薛某給事宅中逢桑道茂，給事曰：「竇秀才新及第，早晚得官？」桑生曰：「二十年後方得官。」一坐皆哂，不信。然果耳五度奏官，皆敕不下，即攝職數四，其如命何！《劉賓客嘉話録》(《廣記》一七九)。《唐詩紀事》三一、三二。

2 見劉禹錫5。

竇羣

1 見袁德師2。

2 貞元六年，竇羣入拜侍御史，有人誣告故尚父子儀孽人張氏宅中有寶玉者，張氏兄弟又與尚父家子孫相告訴，詔促其獄。羣上奏言：「張氏以子儀在時分財，子弟不合争奪。然張氏宅與親仁宅，皆子儀家事，子儀素有大勳，伏望陛下特赦而勿問，使私自退省。」上從之。時人稱其知大體也。《唐會要》六〇。

張濛

1 貞元初，中書舍人五員俱缺，在省唯高參一人，未幾亦以病免。唯庫部郎中張濛獨知制誥。宰相張延賞、李泌累以才可者上聞，皆不許。其月，濛以姊喪給假，或須草詔，宰相命他官爲之，中書省按牘不行者十餘日。《唐會要》五五。《南部新書》壬。

令狐峘

1 大曆十四年改元建中，禮部侍郎令狐峘下二十二人及第。時執政間有怒薦託不得，勢擬傾覆。峘惶恐甚，因進其私書。上謂峘無良，放榜日竄逐，並不得與生徒相面。後十年，門人田敦爲明州刺史，峘量移本州别駕，敦始陳謝恩之禮。《唐摭言》一四。又《廣記》一七九引。

田　敦

1 見令狐峘1。

2 貞元十五年，以諫議田敦爲兵部郎中。上將用敦爲兵部侍郎，疑其年少，故有此拜。《南部新書》丁。

張　薦

1 張秘書薦自筮仕至秘書監，常帶使職。三入蕃，竟歿於赤嶺外。《大唐傳載》。又《廣記》四九七引。

奚陟

1 奚侍郎陟，少年未從官，夢與朝客二十餘人就一廳中喫茶。時方甚熱，陟東行首坐，茶起西，自南而去，二二盌行，不可得至。奚公渴甚，不堪其忍。俄有一吏走入，肥大，抱簿書近千餘紙，以案致筆硯，請押。陟方熱又渴，兼惡其肥，忿之，乘高推其案曰：「且將去。」濃墨滿硯，正中文書之上，並吏人之面手足衣服，無不沾污。乃驚覺。夜索紙筆細録，藏于巾笥。後十五年，爲吏部侍郎。時人方漸以茶爲上味，日事修潔。陟性素奢，先爲茶品一副，餘公卿家未之有也。風爐越甌，盌托角匕，甚佳妙。時已熱，飡罷，因請同舍外郎就廳茶會。陟爲主人，東面首坐，坐者二十餘人。兩甌緩行，盛又至少。揖客自西面始，雜以笑語，其茶益遲。陟先有痟疾，加之熱乏，茶不可得，燥悶頗極。逡巡，有一吏肥黑，抱大文簿兼筆硯，滿面瀝汗，遣押。陟惡忿不能堪，乃於階上推曰：「且將去。」並案皆倒，正中令史面，及簿書盡污。坐客大笑。陟方悟昔年之夢，語於同省。明日，取所記事驗之，更無毫分之差焉。《逸史》（《廣記》二七七）。

熊執易

1 熊執易應舉，道中秋雨泥潦，逆旅有人同宿，而屢歎息者。問之，乃堯山令樊澤，將赴制舉，驢劣不能進。執易乃輟所乘馬，並囊中縑帛，悉與澤，以遂其往。詰朝，執易乃東歸。《國史補》上。《唐摭言》四。又《廣記》一六八引。

2 熊執易通于《易》理，會建中四年，試《易簡知險阻論》，執易端坐剖析，傾動場中，乃一舉而捷。《國史補》下。又《廣記》一七九引。《唐語林》二。

3 唐熊執易通九經。當時設科取士，題目甚多，執易俱中等甲。章武皇帝詔就殿試以二論：一《簡易而知險阻》，一《五運相承是非》，限三千字成。執易前論書三千字；《五運相承論》，於卷首題云：「此非臣末學所知。五運相承，出於遷《史》，非經典明文。又唐方承土運，故不對。」朝廷賞其才，授西川節推，居武元衡幕下。執易於九經著《化統》五百卷。《該聞録》（《類説》一九）。

4 熊執易爲補闕，上疏極諫，竊示僚友歸登。登慘然曰：「願寄一名。雷霆之怒，恐足下不足以獨當也。」《國史補》中。

5 熊執易類九經之義，爲《化統》五百卷，四十年乃就，未及上獻，卒于西川。武相元衡欲寫進，其妻薛氏慮墜失，至今藏于家。《國史補》上。

蕭　存

1 見蕭穎士14。

李直方

1 李直方嘗第果實名如貢士之目者，以緑李爲首，楞梨爲副，櫻桃爲三，甘子爲四，蒲桃爲五。或薦荔枝，曰：「寄舉之首。」又問：「栗如之何？」曰：「取其實事，不出八九。」始范曄以諸香品時輩，後侯朱虛撰《百官本草》，皆此類也。其升降義趣，直方多則而效之。《國史補》下。《唐語林》一。《侯鯖録》一。

2 見房次卿1。

駱浚

1 駱浚者，度支司書手也。嘗健羨一雜事典，題詩一絶於柏樹曰：「幹聳一條青玉直，葉鋪千疊緑雲低。争如燕雀偏巢此，卻是鵷鸞不得棲。」會度支使巡諸司，見此題，問左右，云：「浚所爲也。」召與語，可廳。曰：「錢穀粗曉，詞氣不卑，言語古壯，人品亦佳。」翌日，以語巡官李吉甫，遂擢爲度支巡官。浚請兼巡覆官。自以微賤，不敢厠士大夫之列。月餘，九門内勾出數十萬貫；數月，關右、蒲、潼、京西、京北、三輔勾四百萬，佐大門，卻河陰斗門。曹、汴、宿、宋，無水潦之患。後典名郡，有令名。於春明門外築臺榭，食客皆名人。盧申州題詩云：「地甃如拳石，溪横似葉舟。」即駱氏池館也。《唐語林》三。

陳諫

1 陳諫者，市人，强記。忽遇染人歲籍所染綾帛尋丈尺寸，爲簿合圍，諫泛覽悉記之。州縣籍帳，凡所一閲，終身不忘。《國史補》中。《唐語林》（《白孔六帖》八四）。

史牟

1 史牟榷鹽于解縣，初變榷法，以中朝廷。有外甥十餘歲，從牟撿畦，拾鹽一顆以歸。牟知，立杖殺之。其姊哭而出救，已不及矣。《國史補》中。又《廣記》二六九引。

2 貞元中，郎中史牟爲榷鹽使。有表生二人自鄜來謁，其母仍使子賫一青鹽枕以奉牟，牟封枕付庫，杖殺二表生。《唐語林》六。

潘炎　潘孟陽

1 見常衮3。

2 見竇常1。

3 潘炎侍郎，德宗時爲翰林學士，恩渥極異。其妻劉氏，晏相之女也。京尹某有故，伺候累日不得見，乃遺閽者三百縑。夫人知之，謂潘曰：「豈有人臣，京尹願一見，遺奴三百疋縑帛？其危可知也。」遽勸潘公避位。《幽閒鼓吹》。又《廣記》二七一引。《南部新書》戊。《續世説》八。《唐語林》三。

4 子孟陽初爲户部侍郎，夫人憂惕，謂曰：「以爾人材而在丞郎之位，吾懼禍之必至也。」户部解喻再三，乃曰：「不然，試會爾同列，吾觀之。」因遍招深熟者，客至，夫人垂簾視之。既罷會，喜曰：「皆爾之儔也，不足憂矣。末座慘緑少年何人也？」答曰：「補闕杜黄裳。」夫人曰：「此人全别，必是有名卿相。」《幽閒鼓吹》。又《廣記》二七一引。《南部新書》己。《續世説》八。《唐語林》三。

李　汶

1 李汶爲商州刺史，渭南尉張宏毅過商州，汶意謂必來干我，以請饋□。須臾，吏報宏毅發去矣。汶曰：「未嘗有也。」及拜御史中丞，首請爲監察御史，于是宏毅有時望。《國史補》上。

徐弘毅

1 高平徐弘毅爲〔知〕彈侍御史，創一知班官，令自宣政門檢朝官之失儀者，到臺司舉而罰焉。有公卿大僚令問之曰：「未到班行之中，何必拾人細事？」弘毅報之曰：「爲我謝公卿，所以然者，以惡其無禮於其君。」《大唐傳載》。《唐語林》三。

吴通微　吴通玄

1 吴通微，弟通玄，貞元中同時爲翰林學士。承德宗顧遇，唱和歌詩，批答表疏，移院金鑾坡下，有逾月不出。時詞臣之盛，近無其比。《唐書》(《廣卓異記》一三)。

2 中土人尚札翰，多爲院體者。貞元年中，翰林學士吴通微，常攻行草，然體近吏。故院中胥吏多所倣傚，其書大行於世，故遺法迄今不泯，其鄙拙則又甚矣。《南部新書》己。

柳登

1 柳芳爲郎中，子登疾重。時名醫張方福初除泗州，與芳故舊，芳賀之，且言子病，唯恃故人一顧也。張詰旦候芳，芳遽引視登。遥見登頂曰：「有此頂骨，何憂也。」因按脈五息，復曰：「不錯，壽且逾八十。」乃留方數十字，謂登曰：「不服此亦得。」登後爲庶子，年至九十而卒。《酉陽雜俎》前集七。又《廣記》二一九引。

案：張方福，《廣記》作張萬福。

柳冕

1 柳冕應舉多忌諱，謂「安樂」爲「安康」，以避「落」字也。忽聞榜出，遣僕視之，須臾僕還，曰：「秀才康了也。」《遯齋閒覽》（《類説》四七）。

歸登

1 歸登尚書每浴，皆屏左右，自於浴斛中坐移時。或有窺者，見一巨黿吹水也。性甚鄙嗇。嘗爛一羊脾，旋割旋噉，封其殘者。一旦内子於封處割食，八座不見元封，大怒其内，由是没身不食肉。斯亦愈於和嶠之流也。《北夢瑣言》五。又《廣記》一六五引。

2 見熊執易4。

姚況

1 建中末，姚況有功于國，爲太子中舍人。旱蝗之歲，以俸薄不自給而以餒終。哀哉！《南部新書》甲。

張萬福

1 張萬福以父祖力儒不達，因焚書，從軍遼東有功，累官至右散騎常侍致仕。萬福爲人慷慨，嫉險佞，雖妻子未嘗敢輒干。嘗徑造延英門，賀諫官陽城雪陸贄冤，時人稱之。仕宦七十年，未嘗病一日。雖不識字，爲九郡，皆有惠愛。《唐語林》三。

2 見陽城4。

韓滉

1 韓滉判度支，秋霖彌月，壞人廬舍，鹽池爲潦水所入，其味多苦。滉慮鹽户乞減税，乃詐奏雨不壞池，池生瑞草。上疑之，遣諫議大夫蔣鎮馳駟驗之。鎮與滉仍同上表賀，請宣付史館，置神祠，錫嘉號。《續世説》一二。

2 韓晉公滉聞奉天之難，以夾練囊緘盛茶末，遣健步以進御。至發軍食，常自負米一石登舟，大將已下皆運，一日之中，積載數萬斛。後大修石頭五城，召補迎駕子弟，亦招物議也。《國史補》上。《唐語林》六。

3　韓滉欲獻綾羅于奉天，何士幹請行，滉曰：「便過江。」士幹歸別，則薪米儲峙，羅門庭矣。登舟則資裝財物，皆手筆疏記。《吹劍録》。

4　韓晉公鎮浙西地，痛行捶撻，人皆股慄。時德宗幸梁洋，衆心遽惑，公控領十五部人不動摇，而偏懲里胥。或有詰者，云：「里胥聞蓋或問其故而云，答之之語也。擒賊不獲，懼死而逃，哨聚其類，曰：『我輩進退皆死，何如死中求生乎？』乃撓村劫縣，浸蔓滋多。且里胥者，皆鄉縣豪吏，族系相依。杖煞一番老而狡黠者，其後補署，悉用年少，惜身保家，不敢爲惡矣。今上在外，不欲更有小寇以撓上心。」其旨如此。其里胥不杖死者，必恐爲亂，乃置浙東營吏，俾掌軍籍，衣以紫服，皆樂爲之。潛除酋豪，人不覺也。又痛斷屠牛者，皆暴尸連日。謂人曰：「草賊非屠牛釃酒，不成結構之計。深其罪，所以絶其謀耳。」當此際，賊皆失圖。《唐語林》一。

5　浙西韓相公滉，斷法師雲晏等五人聚集賭錢，因有喧諍，云：「正法何曾執具，空門不積餘財。白日既能賭博，通宵必醉罇罍。强説天堂難到，又言地獄長開。並付江神收管，波中便是泉臺。」《雲溪友議》下。

6　韓晉公節制三吴，多歷年所。取賓佐僚屬，隨其所長，無不得人。嘗有故舊子弟投之，與語，更無能解。召之與讌而觀之，畢席端坐，不旁視，不與比坐交言。數日，署以隨軍，令監庫門，使人視之，每早入，惟端坐至夕。警察吏卒之徒，無敢濫出入者，竟獲其力。《因話録》五。《唐語林》四。《語林》一五。

7　韓晉公滉鎮浙西，威令大行。時陳少游爲淮南節度，理民有冤不得伸者，往詣晉公，必據而平之。浙右進錢，船渡江爲驚濤所溺，篙工募人漉出不得，衆以錢填其數。滉自至津部視之，乃責江神，因指其錢曰：「此錢乾，非水中得之者。」問吏，吏具實對。復投詞垢責，俄然二緡浮出波上，遂以取之。《獨異志》上。

8 相傳云，韓晉公滉在潤州，夜與從事登萬歲樓，方酣，置杯不悦，語左右曰：「汝聽婦人哭乎？當近何所？」對在某街。詰朝，命吏捕哭者訊之，信宿獄不具。吏懼罪，守於屍側。忽有大青蠅集其首，因發髻驗之，果婦私於鄰，醉其夫而釘殺之。吏以爲神，吏問晉公，晉公云：「吾察其哭聲疾而不悼，若强而懼者。王充《論衡》云：鄭子産晨出，聞婦人之哭，拊僕之手而聽。有間，使吏執而問之，即手殺其夫者也。異日，其僕問曰：『夫子何以知之？』子産曰：『凡人於其所親愛，知病而憂，臨死而懼，已死而哀。今哭已死而懼，知其姦也。』」《酉陽雜俎》續集四。又《廣記》一七二引。《疑獄集》三。《折獄龜鑑》五。

9 唐韓晉公滉鎮潤州，以京師米貴，進一百萬石，且請敕陸路觀察節度使發遣。時宰相以爲鹽鐵使進奉，不合更煩累沿路州縣。帝又難違滉請，遂下兩省議。左補闕穆質曰：「鹽鐵使自有官使勾當進奉，不合更煩累沿路州縣。爲節度使亂打殺二十萬人猶得，何惜差一進奉官！」坐中人密聞，滉遂令軍吏李栖華就諫院詰穆公，滉云：「不曾相負，何得如此？即到京與公廷辯。」遂離鎮，過汴州，挾劉玄佐俱行，勢傾中外。穆懼不自得，潛衣白衫，詣興趙王生卜，與之束素。王謝曰：「勞致重幣，爲公夜蓍占之。」穆乃留韓年命並自留年命。明日，令妹夫裴往請卦。王謂裴曰：「此中一人，年命大盛，其間威勢盛於王者，是誰？其次一命，與前相刻太甚，頗有相危害意，然前人必不見明年三月。卦今已是十一月，縱相害，事亦不成。」韓十一月入京，穆曰：「韓爪距如此，犯著即碎，如何過得數月？」又質王生，終云不畏。韓至京，威勢愈盛，日以橘木棒殺人。判桉郎官每候見皆奔走。公卿欲謁，逡巡莫敢進。穆愈懼，乃歷謁韓諸子皐、羣等求解，皆莫敢爲出言者。時滉命三省官集中書視事，人皆謂與廷辯，或勸穆稱疾，穆懷懼不決。及衆官畢至，乃曰：「前日除張嚴常州刺史，昨日又除常州刺史，緣張嚴曾犯贓，所以除替。恐公等不諭，告公等知。」諸人皆賀穆，非是廷辯。無何穆有事見滉，未及通，聞閤中有大聲曰：「穆質争敢如此！」贊者不覺走出，以告質，質懼。明日，度支員外齊抗五更走馬謂質曰：「公以左降邵州邵陽尉，公好去。」無言握手留贈，促騎而去。質又令裴問王生，生曰：「韓命禄已絶，不過後日。明日且有國故，可萬全無失矣。」至日晚，内宣出，王薨輟朝。明日制書不下。後日韓入班倒，牀舁出，遂卒。時朝廷中有惡韓而好穆者，遂不放穆敕下，並以邵陽書與穆。《異聞集》（《廣記》七九）。

10 見顧況2。

11 見丘爲1。

12 見戎昱2。

13 見章八元3。

14 韓晉公自江東入覲，氣概傑出。是時劉玄佐在大梁，倔强難制。滉欲必致朝覲，結爲兄弟，入拜其親。駐車三日，大出金帛賞勞，一軍爲之傾動。玄佐敬伏，乃使人密聽滉。滉夜問孔目吏曰：「今日所費多少？」詰責頗細，玄佐笑而鄙之。《國史補》上。

15 銀笏亦可以稱版。唐韓滉遣使獻羅，每擔夫與白金一版。《能改齋漫録》二。

16 韓晉公治《左氏》，爲浙江東、西道制節。屬淮寧叛亂，發戎遣饋，案籍駢雜，而未嘗廢卷。在軍中撰《左氏通例》一卷，刻石金陵府學。《唐語林》二。

17 唐平章事韓滉有幼子，夫人柳氏所生也。弟湟戲於掌上，誤墜而死。滉禁約夫人勿悲啼，恐傷小郎意。《琴堂諭俗編》上。

18 韓晉公聞徑山，以爲妖妄，肩輿召至庭中。望其狀貌，不覺生敬，乃爲設食，出妻子以拜之。妻乃曰：「願乞一號。」徑山曰：「功德山。」後聞自杭至潤，婦人乞號，皆得功德山也。《國史補》上。

19 韓滉，德宗朝宰相。當建中末，值兹喪亂，遂兼統六道節制，出爲鎮海軍，江浙東西兼荆、湖、洪、鄂等道節度使，中書令，晉國公。按《唐書》：公天縱聰明，神干正直。出入顯重，周旋令猷，出律嚴肅，萬里無虞。然嘗以公退之外雅愛丹青，調高格逸，在僧繇、子雲之上。又學書與畫，畫則師於陸，書則師於張。畫體生成之蹤，書合自然之理。時車駕南狩，徵天下兵，雖兩浙興師，暫勞心計，而六法之妙，無逃筆精。能圖田家風俗，人物水牛，曲盡其妙。議者爲驢牛雖目前之畜，狀最難圖也，惟晉公於此二之能絶其妙。人間圖軸，往往有之，或得其紙本者，其畫亦薛少保之比。居妙品之上也。《唐朝名畫録》。

20 韓滉，字太冲。官止檢校左僕射、同中書門下平章事。退食之暇，好鼓琴。書得張顛筆法，畫與宗人韓幹相埒。其畫人物、牛馬尤工。昔人以謂牛馬目前近習，狀最難似。滉落筆絶人，然世罕得之，蓋滉嘗自言：「不能定筆，不可論書畫。」以非急務，故自晦不傳於人。《宣和畫譜》六。《圖繪寶鑑》二。

21 唐韓晉公滉(美)〔善〕畫，以張僧繇爲之師。善狀人物、異獸、水牛等，尤妙於螃蟹。《古今合璧事類備要》別集八八。

22 韓晉公在朝，奉使入蜀。至駱谷，山椒巨樹，聳茂可愛，烏鳥之聲皆異。下馬以探弓射其顛杪，柯墜於下，響震山谷，有金石之韻。使還，戒縣尹募樵夫伐之，取其幹，載以歸，召良工斵之，亦不知其名。堅緻如紫石，復金色綫交結其間。匠曰：「爲胡琴槽，他木不可並。」遂爲二琴，名大者曰大忽雷，小者曰小忽雷。因便殿德皇言樂，遂獻大忽雷入禁中。所有小忽雷在親仁里。《南部新書》壬。

韓皋

1 韓皋自中書舍人除御史中丞，西省故事，閣老改官，則詞頭送以次舍人。是時吕渭草敕，皋憂恐問曰：「改何官？」渭不敢告。皋劫之曰：「與公一時左降。」渭急，乃告之。皋又欲訴于宰相，渭執之，奪其韡笏，恂恂至午後三刻乃止。《國史補》上。又《廣記》二四四引。《唐語林》六。

2 韓太保皋之爲御史中丞、京兆尹，常有所陳，必於紫宸對百僚而請，未嘗詣便殿。上謂曰：「我與卿言，於此不盡，可來延英。」議及大政，多匡益之。親友咸謂公曰：「自乾元以來，羣臣啓事皆詣延英，方得詳盡，公何獨於外庭對衆官以陳之，得無不慎密乎？」公曰：「御史，天下之平也。摧剛直枉惟在公，何在不可令人知之？奈何求請便殿，避人竊語，以私國家之法？且延英之置也，肅宗皇帝以苗晉卿年老艱步，故設之。後來得詣便殿，多以私自售，希旨求寵，干求相位，奈何以此爲望哉！」《大唐傳載》。又《廣記》一八七引。《唐語林》三。

3 韓僕射臯爲京兆尹，韋相貫之以畿尉趨事。及韋公入相，僕射爲吏部尚書，每至中書，韋常異禮，以伸故吏之敬。又僕射爲尹時，久旱祈雨，縣官讀祝文，一心記公之家諱，及稱官銜畢，而誤呼先相公名，公但慘然，因命重讀，亦不之罪。在夏口，嘗病小瘡，令醫傅膏藥，藥不濡，公問之，醫云：「天寒膏硬。」公笑曰：「韓臯實是硬。」竟不以爲事，得大賢體矣。初，公自貶所量移錢唐，與李庶人不協。後公在鄂州，錡夢萬歲樓上掛冰，因自解曰：「冰者，寒也；樓者，高也。豈韓臯來代我乎？」意甚惡之。其後公果移鎮浙右焉。自黄門以來，三世傳執一笏，經祖父所執，未嘗輕授於僕人之手，歸則躬置于卧内一榻，以示敬慎。《因話録》二。又《廣記》二五〇引。《唐語林》三、四。

4 韓臯爲京尹，詔以宏辭拔萃所試，就府考覈，時論以昇黜爲當。一日下朝，有公主横適騶道，立馬杖肩輿八夫，皆各二十，命捕賊吏引僦夫，送公主歸宅。主入訴，遂貶杭州刺史。《南部新書》壬。

5 韓太保臯常言：「《洪範》五福，獨不言貴者，貴近於高危。福之自至，猶儆動，奈何枉道邀之？」《大唐傳載》。

6 韓太保臯生知音律，嘗觀客彈琴爲《止息》，乃歎曰：「妙哉，嵇生之音也。爲是曲也，其當魏晉之際乎？《止息》與《廣陵散》同出而異名也。其音主商，商爲秋聲，天將肅殺，草木摇落，其歲之晏乎？此所以知爲魏之季也。慢其商絃，與宫同音，是臣奪其君之位乎？此所以知司馬氏之將篡也。廣陵，維揚之地；散者，流亡之謂也。楊者，武帝后之姓也，言楊后與其父駿之傾覆晉祚也。止息者，晉雖興，終止息於此。其音哀憤而噍殺，操蹙而憯痛，永嘉之亂，其應乎此？叔夜撰此，將貽後代知音，且避晉禍，託之鬼神。史氏非知味者，安得不傳其謬也歟？」《大唐傳載》。《盧氏雜説》（《廣記》二〇三）。《唐語林》三。

7 見杜鴻漸4。

韋聿

1 國子司業韋聿，皋之兄也，中朝以爲戲弄。嘗有人言九宫休咎，聿曰：「我家白方常在西南，二十年矣。」《國史補》中。《唐語林》六。

2 見權德輿1。

韋皋

1 唐故劍南節度使、太尉兼中書令韋皋既生一月，其家召羣僧會齋。有一胡僧，貌甚陋，不召而至，韋氏家童咸怒之，以弊席坐於庭中。既食，韋氏命乳母出嬰兒，請羣僧祝其壽。胡僧忽自升階，謂嬰兒曰：「別久無恙乎？」嬰兒若有喜色。衆皆異之。韋氏先君曰：「此子生纔一月，吾師何故言別久耶？」胡僧曰：「此非檀越之所知也。」韋氏固問之，胡僧曰：「此子乃諸葛武侯之後身耳。武侯當東漢之季，爲蜀丞相，蜀人受其賜且久。今降生於世，將爲蜀門帥，蜀人當受其福。吾往歲在劍南，與此子友善。今聞生於韋氏，吾故不遠而來。」韋氏異其言，因以武侯字之。後韋氏自左金吾節制劍南軍，累遷太尉兼中書令，在蜀十八年，果契胡僧之語也。《宣室志》九。又《廣記》九六引。《宋高僧傳》一九。

2 南康在任二十一年，未塗甚崇釋氏，恒持數珠誦佛名。所養鸚鵡，教令念經。及死，焚之，有舍利焉。皋又歸心南宗禪道，學心法於淨衆寺神會禪師。在蜀，富貴僭差，重賦斂，時議非之，然合梵僧懸記焉。《宋高僧傳》一九。

3 西川韋相公皋，昔遊江夏，止於姜使君之館。姜輔，相國之從兄也。姜氏孺子曰荊寶，已習二經，雖兄呼於韋，恭事之禮，如父叔也。荊寶有小青衣曰玉簫，年纔十歲，常令祇候，侍於韋兄，玉簫亦勤於應奉。後二載，姜使君入關求官，而家累不行。韋乃易居，止頭陁寺，荊寶亦時遣玉簫往彼應奉。玉簫年稍長大，因而有情。時廉使陳常侍得韋君季父書云：「姪皋久客貴州，切望發遣歸覲。」廉察啓緘，遺以舟楫服用，仍恐淹留，請不相見，泊舟江渚，俾篙工促行。昏暝拭泪，乃書以別荊寶。寶頃刻與玉簫俱來，既悲且喜。寶命青衣從往，韋以違覲日久，不敢俱行，乃固辭之。遂爲言約，少則五載，多則七年，取玉簫。因留玉指環一枚，并詩一首。五年既不至，玉簫乃静禱於鸚鵡洲。又逾二年，暨八年春，玉簫嘆曰：「韋家郎君一别七年，是不來耳！」遂絶食而殞。姜氏愍其節操，以玉環着於中指，而同殯焉。後韋公鎮蜀，到府三日，詢鞫獄情，滌其冤濫輕重之繫，近三百餘人。其中一輩，五器所拘，偷視廳事，私語云：「僕射是當時韋兄也。」乃厲聲曰：「僕射僕射，憶得姜家荊寶否？」韋公曰：「深憶之。」「即某是也。」公曰：「犯何罪而重羈縲？」答曰：「某辭違之後，尋以明經及第，再選清城縣令。家人誤爇廨舍庫牌印等。」韋曰：「家人之犯，固非己尤。」便與雪冤，仍歸墨綬，乃奏眉州牧。敕下，未令赴任，遣人監守，朱紱其榮，留連賓幕。屬大軍之後，草創事繁，經蓂莢數凋，方謂：「玉簫何在？」姜牧曰：「僕射維舟之夕，與伊留約，七載是期。逾時不至，乃絶食而殞。」因吟留贈玉環詩云：「黄雀銜來已數春，别時難解贈佳人。長吟不見魚書至，爲遣相思夢入秦。」韋公聞之，益增悽嘆，廣修經像，以報夙心。且想念之懷，無由再會。時有祖山人者，有少翁之術，能令逝者相親，但令府公齋戒七日。清夜，玉簫乃至，謝曰：「承僕射寫經，僧佛之力，旬日便當託生。却後十二年，再爲侍妾，以謝鴻恩。」臨訣微笑曰：「丈夫薄情，令人死生隔矣！」後韋公隴右之功，終德宗之代，理蜀不替。是故年深累遷中書令、同平章事。天下嚮附，瀘棘歸心。因作生日，節鎮所賀，皆貢珍奇。獨東川盧八座，送一歌姬，未當破瓜之年，亦以玉簫爲號。觀之，乃真姜氏之玉簫也，而中指有肉環隱出，不異留别之玉環也。京兆公曰：「吾乃知存殁之分，一往一來。玉簫之言，斯可驗矣！」議者以韋中書脱布衣不五秋，而擁旌鉞，皇朝之盛，罕有其倫；然鎮蜀近二紀，雲南諸蕃部落，悉遣儒生教其禮樂，易衽歸仁，彼我以鹽鏟貨賂，悉無怨焉。後司空林公弛其規准，别誘言化，復通其鹽運而不贍金帛，遂令部落懷二，猾悍邦君，蝨蠆爲羣，侵逼城壘，俘掠士庶妻子，其萬人乎！雍陶先輩感亂後詩曰：「錦城南面遥聞哭，盡是離家别國聲。」或謂黜韋帥之功，削成都之爵。且淮陰叛國，名居定難之始；竇融要君，跡踐諸侯之列；蓋録其勳，而不廢其名乎？所讓不合教戎濮詩書，致閒兵法，考其銜怨有以，而莫敢斥言，故乃削爵黜功，是爲大謬矣。《雲溪友議》中。又《廣記》二七四引。

4 公初無官，薄遊劍外，西川節度使、兵部尚書、平章事張延賞以女妻之。既而惡焉，厭薄之情日露。公鬱鬱不得志，時入幕廷，與賓朋從遊，且攄其憤。張公愈惡，乘間謂公曰：「幕僚無非時彦，延賞尚敬憚之。韋郎無事，不必數到。」其見輕也如此。他日，其妻尤甚憫之，曰：「男兒固有四方志，大丈夫何處不安，今厭賤如此而不知，歡然度日，奇哉！推鼓舞人，豈公之樂。妾辭家事君子，荒隅一間茅屋，亦君之居；炊菽羹藜，簞食瓢飲，亦君之食。何必忍愧强安，爲有血氣者所笑。」時公之道未行，自疑其命，嘗希乘張之權於仕。一旦悟此身茫然，於是入告張行意，張公遺帛五束，夫人薄之，揣知深意，不敢言，乃私遺二十束。公將别而行也，自中堂歸院，益州女巫適到，見之，問夫人曰：「向之緑衣入西院者爲誰？」曰：「韋郎。」曰：「此人極貴，位過丞相遠矣。其禄將發，不久亦鎮此，宜殊待之。」問其所以，曰：「貴人之行，必有陰吏。相國之侍一二十人耳，如緑衣郎者，乃百餘人。」夫人既憫韋之是行也，其女且嫁之，聞是大喜，遽言於相國。相國怒曰：「閨闈中人，無端乃如是。且延賞女已嫁此人，憐其貧而贈薄，請益則加，奈何假託妖巫以相謿乎？」物怒，與之帛五束。是日韋行，月餘日到岐，岐帥以西川之貴埒，延置幕中，奏大理評事。尋以鞫獄平允，加監察。以隴州刺史卒，出知州事。俄而朱泚竊神器，駕幸奉天，兵戈亂起，征鎮路絶，輦下軍士衣食將闕，獨隴州貢獻不絶於道，天子忠之，乃除御史中丞、行在軍糧使。既而妖氛廓清，駕還宮闕，乃授兵部尚書、西川節度使。辭相國歲餘，代居其位。相國聞之，拔劍將自抉其目，以懲不知人之過。左右執之，久而方解，聞知韋路入朝，蓋以輕忽之極，無面目復見。噫！夫人未遇，其必然乎？非張相之忽悔，不足以戒天下之傲者。《續玄怪録》二。又《廣記》三〇五引。案：自「俄而朱泚竊神器」以下，《廣記》所引不同，見下條。

5　俄而朱泚亂，駕幸奉天。隴州有泚舊卒五百人，兵馬使牛雲光主之，雲光謀作亂，不克，率其衆奔朱泚，道遇泚使，以僞詔除皋御史中丞，因與之俱還。皋受其命，謂雲光曰：「受命必無疑矣，可悉納器械，以明不相詐。」雲光從之。翌日大饗，伏甲盡殺之，立壇盟諸將。泚復許皋鳳翔節度，皋斬其使。行在聞之，人心皆奮。乃除隴州刺史、奉義軍節度使。及駕還宫，乃授兵部尚書、西川節度使。延賞聞之，將自抉其目，以懲不知人。《續玄怪録》（《廣記》三〇五）。

6　見張延賞5。

7　代妻父爲節度：韋皋、張延賞。按韋皋初自鳳翔判官、殿中侍御史，權領隴州，立殊功，拜節度使。及朱泚平，入爲右金吾將軍，時延賞已爲西川矣。四年之代領兹鎮，士林之中，近古未有。《卓異記》。

8　韋太尉在西川，凡事設教，軍士將吏婚嫁，則以熟綵衣給其夫氏，以銀泥衣給其女氏，又各給錢一萬，死葬稱是，訓練稱是。内附者富贍之，遠來者將迎之。極其聚斂，坐有餘力，以故軍府寖盛，而黎甿重困。及晚年爲月進，終致劉闢之亂，天下譏之。《國史補》中。又《廣記》四九六引。《唐語林》六。

9　唐韋皋之鎮劍南日，鄉俗之弊，逆旅大賈有貨殖萬餘者，因病而酖之。既卒，所有財貨十隱其七八，因兹多致富盛。公密知之。有北客蘇延，家屬太鹵，因商販於蜀川，得病，當夜而卒。以報於公，公使驗其簿，已被店主易其文字，纔遺一二。公乃究尋經過，密勘於里屬，辭多異同，遂劾其司店者。立承隱欺數千餘貫，與諸吏分張，二十餘人，悉命付法。由是劍南無横死之客。《疑獄集》二。《折獄龜鑑》六。

10　韋皋鎮西川，進《奉聖樂》曲，兼與舞人曲譜同進。到京，於留邸按閱，教坊數人潛窺，因得先進。《盧氏雜説》（《廣記》二〇四）。《唐語林》三。

11　見薛濤2。

12 見韋聿1。

13 見陸暢3。

14 見郭子儀22。

15 開成中，延英李石奏曰：「臣往年從事西蜀，中元日常詣佛寺，見故劍南節度使韋皋圖形。百姓至者，先拜之而後謁佛，皆歎，有泣者。臣貴異之，訪於故老，皆曰：『令公恩深於蜀人。』後問曰：『奚爲恩深？』答曰：『百姓稅重，令公輪年全放，自令公後，不復有此惠澤。百姓困窮，追思益切。』」《南部新書》壬。

16 蜀於韋皋刻石文字，後書皋名者，必鐫其中，僅可辨。故宋子京書皋事云：「蜀人思之，見其遺像必拜，凡刻石著皋名者皆鑱去其文，尊諱之。」近有自西南夷得皋授故君長牒，於皋位下，書若皋字，復塗以墨，如刻石者，蓋「皋」花字也。當時書石，亦用前名後押之制，非蜀人鑱其文尊諱之。如本朝韓魏公書花字，寫成「琦」字，復塗以墨，尚可辨，亦此體也。《邵氏聞見後録》一〇。

張建封

1 見裴寬2。

2 張建封自徐州入覲，爲《朝天行》，末句云：「賴有雙旌在手中，鏌鋣昨夜新磨了。」德宗不説。《國史補》上。

3 崔膺性狂率，張建封美其才，引以爲客。隨建封行營，夜中大呼驚軍，軍士皆怒，欲食其肉，建封藏之。明日置宴，其監軍使曰：「某與尚書約，彼此不得相違。」建封曰：「諾。」監軍曰：「某有請，請崔膺。」建封曰：「如約。」逡巡，建封復曰：「某有請。」監軍曰：「唯。」却請崔膺。合座皆笑，然後得免。《國史補》中。又《廣記》二〇二引。《唐語林》六。《唐詩紀事》四三。

4 見李藩1。

5 徐州張尚書妓女多涉獵，人有借其書者，往往粉指痕並印于青編。《妝樓記》(《雲仙雜記》四)。

王鍔

1 王鍔爲辛京杲下偏裨，果時帥長沙，甚易之。一旦擊毬，馳逐既酣，鍔仰天呵氣，高數丈，若白練上衝。果謂妻曰：「此極貴相。」遂以女弟配之。鍔終爲將相。《獨異志》下。又《廣記》二二三引。

2 王鍔累任大鎮，財貨山積，有舊客誡鍔以積而能散之義。後數日，客復見鍔，鍔曰：「前所見教，誠如公言，已大散矣！」客曰：「請問其目。」鍔曰：「諸男各與萬貫，女壻各與千貫矣。」《國史補》中。又《廣記》一六五引。

劉玄佐

1 劉司徒玄佐，滑州匡城人。嘗出師經其本縣，欲申桑梓之禮於令，令堅辭不敢當，玄佐歎恨久之。

先是陳金帛數筐，將遺邑僚，以其愚懦而止。玄佐貴爲相，其母月織絹一疋，以示不忘本。每觀玄佐視事，見邑令走階下，退必語玄佐：「吾向見長官白事卑敬，不覺恐悚。思乃父爲吏本縣，時常畏長官汗慄。今爾當廳據案待之，其何安焉？」因喻以朝廷恩寄之重，須務捐軀。故玄佐始終不失臣節。是時鄉里姻舊，以地近，多投之，司徒不欲以私擢居將校之列，又難置於賤卒，盡署爲將判官。此職例假緋衫銀魚袋，外示榮之，實處散冗。其類漸衆，久之，有獻啓訴於公者。其一聯云：「覆盆子落地變作赤烘，羊羔兒作聲盡是没益。」公覽之而笑，各改署他職。《因話録》三。又《廣記》二五〇引。《唐語林校證》四。

2 汴州相國寺言佛有流汗。節帥劉玄佐遽命駕，自持金帛以施之。日中，其妻子亦至。明日，復起輸齋梵。由是將吏商賈奔走道路，唯恐輸貨不及。乃令官爲簿書，籍其所入。十日，乃閉寺門曰：「佛汗止矣！」所入蓋巨萬計，悉以贍軍。《國史補》上。又《廣記》二三八引。《唐語林》六。

3 劉玄佐鎮汴，嘗以讒怒，欲殺軍將翟行恭，内外哀之，然無敢辨者。處士鄭涉能諧隱，往見玄佐，都無言，既將辭，曰：「聞翟行恭抵刑，乞令所由付屍一觀。」玄佐怪，問之，對曰：「嘗聞枉死人面，一生未識，故借看耳。」玄佐稍悟，乃免。《善謔集》（《天中記》二一六）。

4 見韓滉14。

嚴震

1 嚴司空震，梓州鹽亭縣人。所居枕釜戴山，但有鹿鳴，即嚴氏一人必殞。或一日，有親表對坐，聞鹿鳴，其表曰：「釜戴山中鹿又鳴。」嚴曰：「此際多應到表兄。」其表兄遽對曰：「表兄不是嚴家子，合是三兄與四兄。」不日，嚴氏子一人果亡。是何異也！《北夢瑣言》一二。又《廣記》一四三引。

2 嚴震鎮山南，有一人乞錢三百千，去就過傲。震召子公弼等問之，公弼曰：「此誠不可。旨輒如此，乃患風耳。大人不足應之。」震怒曰：「爾必墜吾門！只可勸吾力行善事，奈何勸吾慳惜金帛？且此人不辨，向吾乞三百千，的非凡也。」命左右准數與之。於是三川之士歸心恐後，亦無造次過求者。明鈔本云出《因話録》、陳校本云出《乾𦠆子》（《廣記》四九六）。

3 見齊映2。

杜亞

1 唐杜亞字次公，鎮維揚日，有倚郭之巨富者，邸店童僕埒於王侯之家。父亡未朞，有繼親在，奉之不以道，母憤恚不勝。後稍解。因元日上壽於母，母賜於子，子受之，欲飲，疑酒有毒，覆地地墳。乃詢其母曰：「以酖殺人，上天何祐？」母撫膺曰：「天乎，天乎！明鑒在上，何當厚誣？雖死不伏！」職者擒之至公府。公問曰：「爾上母壽酒何來？」曰：「長婦執爵而致也。」又問曰：「母賜觴何來？」亦曰：「長婦之執爵也。」又問曰：「長婦何人也？」曰則此子之妻也。公曰：「爾婦執爵，毒因婦起，豈可誣其母乎？」乃令廳側劾之。乃知夫妻同謀，欲害其母，置之於法。《疑獄集》二。《折獄龜鑒》三。

2 杜亞爲淮南，競渡採蓮，龍舟錦纜繡帆之戲，費金數千萬。于頔爲襄州，點山燈，一上油二千石。

李昌夔爲荆南，打獵大修妝飾，其妻獨孤氏亦出女隊二千人，皆著紅紫錦繡襖子。此三府亦因而空耗。《大唐傳載》。《唐語林》五。

李昌夔

1 見戎昱1。

2 見杜亞2。

于頔

1 于頔、董天休俱爲鄜州從事。頔文辨，天休木訥而衣冠甚麗。一日，有吏人獲錦雉來獻，頔笑曰：「此物毛羽燦錯，但鳴不中律吕，亦啞瑞而已矣。」天休覺其譴己，徐曰：「若以聲語求之，蟬似可取，其如鬧禪師座上敲拄杖示衆，而望道遠矣。」頔啣之，因兹日益參商，訟於有司，至於相駡辱。譏調之詩，悉著在史牘。若發誦之，可清歡竟日。目爲「鳳凰案」。《清異録》上。

2 于頔之鎮襄陽也，朝廷姑息，除其子方爲太常丞。頔讓之，表曰：「劉元佐兒士榮，以佐之功，先朝爲太常丞，時臣與士榮同登朝列，見其凡劣，實鄙之。今臣功名不如元佐，男某凡劣不若士榮，若授此爵，更爲叨忝。」德宗令將其表宣示百寮。時士榮爲南衙將軍，目睹其表。有渾鐻者，錫之客也。時鎬宴客飲酒，更爲令曰：「徵近日凡劣，不得即雨。」鐻曰：「劉士榮。」鎬曰：「于方。」鎬謂席人曰：「諸公並須精除。」《劉賓客嘉話録》(《廣記》二六〇)。

3　襄州人善爲漆器，天下取法，謂之襄樣。及于司空頔爲帥，多酷暴；鄭元鎮河中，亦虐，遠近呼爲襄樣節度。《國史補》中。又《廣記》二六九引。

4　于襄陽云：「今之方面，權勝于列國諸侯遠矣。且頔押一字，轉牒天下，皆供給承稟；列國止於我疆而已，不亦勝乎！」《唐語林》六。

5　見杜亞2。

6　于司空頔方熾於襄陽，朝廷以大閹薛尚衍監其軍。尚衍至，頔用數不厚待，尚衍晏如也。後旬日，請出遊，及暮而歸，帟幕茵榻什器一以新矣。又列犢車五十乘，實以綾綵，尚衍頷之而已，亦不形言。頔歎曰：「是何祥也！」《國史補》中。又《廣記》四九六引。

7　鄭太穆郎中爲金州刺史，致書於襄陽于司空頔。鄭書傲倪自若，似無郡吏之禮。書曰：「閤下爲南溟之大鵬，作中天之一柱，騫騰則日月暗，摇動則山嶽頹。真天子之爪牙，諸侯之龜鏡也。太穆孤幼二百餘口，飢凍兩京，小郡俸薄，尚爲衣食之憂。溝壑之期，斯須至矣。伏惟賢公息雷霆之威，垂特達之節，賜錢一千貫，絹一千疋，器物一千事，米一千石，奴婢各十人。」且曰：「分千樹一葉之影，即是濃陰；減四海數滴之泉，便爲膏澤。」于公覽書，亦不嗟訝，曰：「鄭使君所須，各依來數一半，以戎旅之際，不全副其本望也。」又有匡廬符載山人，遣三尺童子賷數幅之書，乞買山錢百萬。公遂與之，仍加紙墨衣服等。又有崔郊秀才者，寓居於漢上，藴積文藝，而物産罄懸。無何，與姑婢通，每有阮咸之從。其婢端麗，饒彼音律之能，漢南之最也。姑貧，鬻婢於連帥。連帥愛之，以類無雙，無雙，即薛太保愛妾，至今圖畫觀之。給錢四十萬，寵眄彌深。郊思慕無已，即强親府署，願一見焉。其婢因寒食來從事家，值郊立於柳陰，馬上連泣，誓若山河。崔生贈之以詩曰：「公子王孫逐後塵，緑珠垂淚滴羅巾。侯門一入深如海，從此蕭郎是路人。」或有嫉郊者，寫詩於于座，公覩詩，令召崔生，左右莫之測也。郊則憂悔而已，無處潛遁也。及見郊，握手曰：「『侯門一入深如海，從此蕭郎是路人。』便是公製作也。四百千，小哉！何靳一書，不早相示！」遂命婢同歸，至於幃幌奩匣，悉爲增飾之，小阜崔生矣。初，有客自零陵來，稱戎昱使君席上有善歌者，襄陽公遽命召焉。戎使君豈敢違命，逾月而至。及至，令唱歌，乃戎使君送妓之什也。公曰：「丈夫不能立功立業，爲異代之所稱，豈有奪人姬愛，爲己之嬉娱？以此觀之，誠可竄身於無人之地。」遂多以繒帛贐行，手書遜謝於零陵之守也。雲谿子曰：王敦驅女樂以給軍士，楊素歸徐德言妻；臨財莫貪，於色不悋者，罕矣！時人用爲雅譚。歷觀國朝挺特英雄，未有如襄陽公者也。戎使君詩曰：「寳鈿香蛾翡翠裙，妝成掩泣欲行雲。殷懃好取襄王意，莫向陽臺夢使君。」《雲溪友議》上。又《廣記》一七七引。《唐語林》四。崔郊事又見《唐宋遺史》（《詩話總龜》前集二六、《類説》三七）。《唐詩紀事》五六。

8 見牛僧孺2。

9 于頔在襄州，嘗有山人王固謁見于，于性快，見其拜伏遲緩，不甚知書生。别日遊宴，不復得進，王殊怏怏。因至使院造判官曾叔政，頗禮接之。王謂曾曰：「予以相公好奇，故不遠而來，今實乖望矣！予有一藝，自古無者，今將歸，且荷公見待之厚，今爲一設。」遂詣曾所居，懷中出竹一節及小鼓，規緲運寸。良久，去竹之塞，折枝連擊鼓子。筒中有蠅虎子數十，分行而出，爲二隊，如對陣勢。每擊鼓，或三或五，隨鼓音變陣，天衡地軸，魚麗鶴列，無不備也。進退離附，人所不及。凡變陣數十，乃行入筒中。曾觀之大駭，方言於于公，王已潛去。于悔恨，令物色求之，不獲。《酉陽雜俎》前集五。又《廣記》七八引。

10 于司空頔因韋太尉《奉聖樂》，亦撰《順聖樂》以進，每宴必使奏之。其曲將半，行綴皆伏，獨一卒舞于其中，幕客韋綬笑曰：「何用窮兵獨舞？」言雖詼諧，一時亦有謂也。頔又令女妓爲六佾舞，聲態壯妙，號《孫武順聖樂》。《國史補》下。又《廣記》二〇四引。《唐語林》三。

11 于司空以樂曲有《想夫憐》，其名不雅，將改之，客有笑者曰：「南朝相府曾有瑞蓮，故歌《相府蓮》，自是後人語訛，相承不改耳。」《國史補》下。又《廣記》二四二引。《唐語林》六。

12 于頔司空嘗令客彈琴。其嫂知音，聽于簾下，曰：「三分中，一分筝聲，二分琵琶聲，絶無琴韻。」《國史補》下。又《廣記》二〇三引。

13 于頔任高洪，苛刻剥下，一道苦之。小將陳儀，白日袖刃，刺洪于府，羣胥奔潰，洪走案庫而伏，中刃七八不死。《國史補》中。

鄭元

1 見于頔3。

李景略

1 李景略，涼州人，寓居河東，闔門讀書。李懷光爲朔方節度，招在幕府。五原有偏將張光者挾私殺妻，前後不能斷，光富於財，貨獄吏，不能劾訊得實情。以景略驗之，光伏辜。《譚賓録》(《廣記》一七二)。

2 見任迪簡1。

任迪簡

1 任迪簡爲天德軍判官，軍饟後至，當飲觥酒，軍吏誤以醋酌，迪簡以軍使李景略嚴暴，發之則死者多矣，乃强飲之，吐血而歸，軍中聞者皆感泣。後景略因爲之省刑。及景略卒，軍中請以爲主，自衛佐拜御史中丞，爲軍使，後至易定節度使。時人呼爲呷醋節帥。《國史補》中。《桂苑叢談·史遺》。《唐語林》三。

盧　羣

1 盧羣居鄭之圃田，讀書業成，東遊淮海，求索得千縑，西之長安。聞桑道茂善相術，車馬闐門，羣傾囊奉之。桑生曰：「吾常以善惡鑒於時，士所惠者涓埃而已。今旣余蓋以多，其旨何哉？」羣答曰：「少爲業已就，西來求官，以天下之人，信先生之口，將求一言得乎？」桑生曰：「有何不可！」羣曰：「乞自三事以下造問公者，唯言近有一盧羣自東來，十年持世間重柄，貴不可及，即是願分。」於是桑生昌言於時賢。不旬辰之内，凡京國重位名士，皆造羣門，同力申薦。代宗聞其名召見，一拜拾遺，累官至鄭滑節度使。《南部新書》癸。

2 盧羣昔寓居鄭州，典貼得良田，及爲鄭滑節度，悉召其主還之。時以爲美談。《南部新書》甲。

陸長源

1 見董晉1。

2 婺州陸郎中長源，判僧常滿、智真等同於倡家飲酒，烹宰雞鵝等事，云：「且口説如來之教，在處貪財；身着無價之衣，終朝食肉。苦行未同迦葉，自謂頭陀；神通何有净名，入諸婬舍。犯爾嚴戒，黷我明刑，仍集遠近僧，痛杖三十處死。」又斷金華觀道士盛若虚，云：「本是樵童牧豎，偶然戴幘依師。不遊玄牝之門，莫鑒丹田之義。早聞僭犯，苟乃包容。作孽既多，爲弊斯久。常住錢穀，唯貯私家。三盞香爐，不修數夕。至於奴婢，遍結親情。良賤不分，兒女盈室。行齊犬馬，一異廉愚。恣伊非類之徒，負我無爲之教。貸其死狀，尚任生全。量決若干，便勒出院。别召精潔主首，務在焚修。」《雲溪友議》下。

3 御史陸長源性滑稽。在鄴中，忽裹蟬翼羅幞尖巾子，或譏之。長源曰：「若有才，雖以蜘蛛羅網裹一牛角，有何不可？若無才，雖以卓琰子裹一簸箕，亦將何用！」《封氏聞見記》五。

姚南仲　曹文洽

1 姚南仲爲鄭滑節度使，時監軍薛盈珍怙勢，干奪軍政。南仲不從，數爲盈珍搆讒于上，上頗疑之。後盈珍遣小使程務盈馳表奏南仲不法，讒搆頗甚。南仲裨將曹文洽時奏事赴京師，竊知盈珍表中語。文洽私懷怒，遂晨夜兼道追務盈，至長樂驛，及之。與同舍宿。中夜殺務盈，沉盈珍表于厠中，乃自殺。日旰，驛吏開門，見流血滿地，旁得文洽二緘。一緘告盈珍罪，一緘表理南仲冤，且陳謝殺務盈。德宗聞其事，頗駭動。南仲慮釁深，遂入朝。初至，上曰：「盈珍擾卿甚也。」南仲曰：「盈珍不擾臣，自隳陛下法耳。如盈珍輩所在，雖羊、杜復生，撫百姓，御三軍，必不成愷悌父母之政，師律善陣之制矣。」德宗默然久之。《譚賓録》（《廣記》一七六、二三九引）。《國史補》中。《金鑾密記》（陶本《説郛》四九）。

張茂昭

1 唐張茂昭爲節鎮，頻喫人肉。及除統軍，到京，班中有人問曰：「聞尚書在鎮好人肉，虚實？」昭笑曰：「人肉腥而且肥，争堪喫！」《盧氏雜説》（《廣記》二六一）。

劉　澭

1 劉澭拔涿州兵數千歸朝，法令齊整，雞犬無遺。受行秦州刺史，理普潤，軍中不置更漏，不設音樂，士卒疾者策杖問之，死者哭之，時人疑其奸雄。後拜節度而卒。《國史補》中。

馬勛

1 唐德宗欲幸梁洋，嚴振遣兵五千至盩厔以俟南幸，其將張用誠陰謀叛背，輸款於李懷光，朝廷憂之。會梁州將馬勛至，上臨軒與之謀。勛曰：「臣請計日至山南，取節度符召之，即不受召，臣當斬其首以復命。」上喜曰：「幾日當至？」勛尅日時而奏，上勉勞而遣之。勛既得振符，乃與壯士五十人偕行出駱谷。用誠以爲未知其叛，以數百騎迓勛。勛與俱之傳舍，用誠左右森然，勛曰：「天寒且休。」軍士左右皆退。勛乃令人多焚其草以誘之，軍士争附火。勛乃令人從容，出懷中符示之曰：「大夫召君。」用誠惶駭起走，壯士自背束其手而擒之。不虞用誠之子居後，引刀斫勛，勛左右遽承其臂，刀不甚下，微傷勛首。遂格殺其子，而仆用誠於地，令壯士跨其腹，以刃擬其喉曰：「聲則死之。」勛馳就其軍，營士已被甲執兵，勛大言曰：「汝等父母妻孥皆在梁州，棄之從人反逆，將欲滅汝族耶？大夫使我取張用誠，不問汝輩，乃何爲乎？」衆讋伏。於是縛用誠，遣送洋州，振杖殺之，拔其二使總其衆。勛以藥自封其首，來復命，愆約半日。《譚賓録》（《廣記》一九二）。案：嚴振，當作「嚴震」。

伊慎　李長榮

1 伊慎每求甲族以嫁子，李長榮則求時名以嫁子，皆自署爲判官，奏曰：「臣不敢學交質罔上。」德宗從之。《國史補》上。《葆化録》(陶本《説郛》三二)。《唐語林》一。

裴肅

1 裴肅在越多齋，此外惟嗜兔，日再食。《南部新書》戊。

2 見裴休8。

李惠登

1 李惠登自軍校授隨州刺史，自言：「吾二名，唯識惠字，不識登字。」爲理清儉，不求人知。兵革之後，闔境大化，近代循吏，無如惠登者。《國史補》中。《唐語林》二。

李舟

1 隴西李舟與齊相國映友善，映爲將相，舟爲布衣，而舟致書於映，以交不以貴也。《唐摭言》四。又《廣記》二三五引。

2 李舟爲虔州刺史，與妹書曰：「釋迦生中國，設教如周孔；周孔生西方，設教如釋迦。天堂無則已，有則君子生；地獄無則已，有則小人入。」聞者以爲知言。《國史補》上。又《廣記》一〇一引。案：李舟，原作李丹，據《新唐書》七二上及《廣記》改。

3 見李謩5。

李丹

1 郎中李丹典濠州，蕭復處士寄家楚州白田，聞丹之義，來謁之。且無傭保棹小舟，唯領一丱歲女僮。時方寒，衣復單弊，女僮尤甚。坐於客次，女僮門外求火燎手，且持其靴去。客吏忽云：「郎中屈處士。」復即芒屩而入。丹揖之坐，略話平素。復忽悟足禮之闕，矍然，乃啓丹曰：「某爲飢凍所迫，高堂慈母處分，令入關投親知。無奴僕，有一小女僮，便令將隨參謁。朝至此，僮駭恐懼公衙，失所在。客吏已通，取靴不得，去就疏脱，唯惶悚而已。」丹曰：「靴與履皆一時之禮。古者解襪登席，即徒跣以爲禮。靴，胡服也，始自趙武靈王，又有何典據！此不足介君子懷，但請述所求意。」遂留從容，復頤旨趨。乃云：「足下相才，他日必領重事。」於是遣使於白田，饋遺復母甚厚。又餞復以匹馬束帛。復後竟爲相。

《乾𦠆子》(《廣記》一七〇)。　案：此文所叙蕭復身世與正史不合。

羅向

1 羅使君向本廬州人，不事巨產，而慕大名，以至困窮，竟無退倦。常投福泉寺僧房寄足，每日隨僧一食，學業而已。歷二十年閒，持節歸郡。洎入境專遊福泉寺，駐旌戟信宿，書其壁曰：「二十年前此布衣，鹿鳴西上虎符歸。行時賓從過前事，到處杉松長舊圍。野老共遮官路拜，沙鷗遥避隼旟飛。春風一宿琉璃殿，唯有泉聲愜素機。」《鑒誡録》八。又《詩話總龜》前集一七引。　案：羅向，《新唐書》一九七作「羅珦」。

閻寀

1 閻寀爲吉州刺史，表請入道，賜名遺榮，隸桃源觀，朝端盛賦詩以贈之。戎昱詩云：「廬陵太守近隳官，月帔初朝五帝壇。」《國史補》中。《唐會要》五〇。

庚倬

1 新野庚倬，貞元初，爲河南府兵曹，有寡姊在家。時洛中物價翔貴，難致口腹，庚常於公堂輟己饌以餉其姊。始言所愛小男，以餉之。同官初甚鄙笑，後知之，咸嘉歎。倬生簡休。《因話録》三。

張造

1 貞元中，度支欲斫取兩京道中槐樹造車，更栽小樹。先符牒渭南縣尉張造。造批其牒曰：「近奉文牒，令伐官槐。若欲造車，豈無良木？恭惟此樹，其來久遠。東西列植，南北成行。輝映秦中，光臨關外。不惟用資行者，抑亦曾蔭學徒。拔本塞源，雖有一時之利；深根固蒂，須存百代之規。況神堯入關，先駐此樹；元宗幸嶽，見立豐碑。山川宛然，原野未改。且邵伯所憩，尚自保全；先皇舊遊，寧宜翦伐？思人愛樹，《詩》有薄言；運斧操斤，情所未忍。」付司具狀牒上度支使，仍具奏聞，遂罷。造尋入臺。《國史補》上。又《廣記》四九六引。

唐人軼事彙編卷十八

段秀實

1 廣德二年正月，白孝德授邠寧節度使……時倉廩匱竭，吏人潛竄，軍士公行發掘，兼施捶訊，閭里怨苦，遠近彰聞。孝德知之，力不能制。公戲謂賓朋曰：「若使余爲軍候，不令至是。」行軍司馬王稷以其言啓於白孝德，即日以公爲都虞候，兼權知奉天縣事。浹旬而軍不犯禁，逾月而路不拾遺。《段公家傳》(《通鑑考異》一六)。

2 初，朱泚謀變大事，李忠臣、源休等並皆同坐，司農卿段秀實與劉海賓伏匕首於靴中，内官覺之。時聖上行幸，羣臣疑貳，草亂之間，段公以戎服見泚，共議匡復，往返三四焉。泚情洩於言，段色厲，奪休之笏擊泚之首。羣凶駭愕，濺血數步，凶黨持兵而至，段公被害。泚一手承血，一手指羣凶，曰：「義士，勿殺之！」聲手相及，段公已害，泚哭之甚哀，封忠義侯，以三品禮葬之。海賓因兵亂而逸於通化門外，被役驢者敗之，並見害。故京師號朱泚爲熱熱二字疑堯舜，號希烈爲當年桀紂。《奉天錄》一。

顔真卿

1　顔真卿字清臣，瑯琊臨沂人也，北齊黄門侍郎之推五代孫。幼而勤學，舉進士，累登甲科。真卿年十八九時，卧疾百餘日，醫不能愈。有道士過其家，自稱北山君，出丹砂粟許救之，頃刻即愈。謂之曰：「子有清簡之名，已誌金臺，可以度世，上補仙官，不宜自沉於名宦之海。若不能擺脱塵網，去世之日，可以爾之形鍊神陰景，然後得道也。」復以丹一粒授之，戒之曰：「抗節輔主，勤儉致身。百年外，吾期爾於伊洛之間矣。」真卿亦自負才器，將俟大用，而吟閲之暇，常留心仙道。既中科第，四命爲監察御史，充河西隴(左)〔右〕軍城覆屯交兵使。五原有冤獄久不決，真卿至，辨之。天時方旱，獄決乃雨，郡人呼爲「御史雨」。河東有鄭延祚者，母卒二十九年，殯於僧舍壖垣地，真卿劾奏之。兄弟三十年不齒，天下聳動。遷殿中侍御史、武部員外。楊國忠怒其不附己，出爲平原太守。安禄山逆節頗著，真卿託以霖雨，修城浚壕，陰料丁壯，實儲廩，佯命文士泛舟，飲酒賦詩。禄山密偵之，以爲書生，不足虞也。無幾禄山反，河朔盡陷，唯平原城有備焉。乃使司兵參軍馳奏，玄宗喜曰：「河北二十四郡，唯真卿一人而已。朕恨未識其形狀耳。」禄山既陷洛陽，殺留守李憕，以其首招降河北。真卿恐摇人心，殺其使者，乃謂諸將曰：「我識李憕，此首非真也。」久之，爲冠飾，以草續支體，棺而葬之。禄山以兵守土門，真卿兄杲卿爲常山太守，共破土門。十七郡同日歸順，推真卿爲帥，得兵二十萬，横絶燕趙。詔加户部侍郎、平原太守。時清河郡客李蕚謁於軍前，真卿與之經略，共破禄山黨二萬餘人於堂邑。肅宗幸靈武，詔授工部尚書、御史大夫。

真卿問道朝于鳳翔，拜憲部尚書，尋加御史大夫，彈奏黜陟，朝綱大舉。連典蒲州、同州，皆有遺愛。爲御史唐實所搆，宰臣所忌，貶饒州刺史。復拜昇州浙西節度使，徵爲刑部尚書。又爲李輔國所譖，貶蓬州長史。代宗嗣位，拜利州刺史，入爲户部侍郎、荆南節度使。尋除右丞，封魯郡公。宰相元載私樹朋黨，懼朝臣言其長短，奏令百官凡欲論事，皆先白長官，長官白宰相，然後上聞，真卿奏疏極言之乃止。後因攝祭太廟，以祭器不修言於朝，元載以爲誹謗時政，貶硤州別駕。復爲撫州、湖州刺史。元載伏誅，拜刑部尚書。代宗崩，爲禮儀使。又以高祖已下七聖，謚號繁多，上議請取初謚爲定，爲宰相楊炎所忌，不行。改太子少傅，潛奪其權。又改太子太師。時李希烈陷汝州，宰相盧杞素忌其剛正，將中害之，奏以真卿重德，四方所瞻，使往諭希烈，可不血刃而平大寇矣。上從之。事行，朝野失色。李勉聞之，以爲失一國老，貽朝廷羞，密表請留。又遣人逆之於路，不及。既見希烈，方宣詔旨，希烈養子千餘人，雪刃争前欲殺之，叢遶詬罵，神色不動。希烈以身蔽之，乃就館舍。希烈因宴其黨，召真卿坐觀之，使倡優讟朝政以爲戲。真卿怒曰：「相公，人臣也，奈何使小輩如此！」遂起。希烈使人問儀制於真卿，答曰：「老夫耄矣，曾掌國禮，所記者諸侯朝覲禮耳。」其後希烈使積薪庭中，以油沃之，令人謂曰：「不能屈節，當須自燒。」真卿投身赴火，其逆黨救之。真卿乃自作遺表墓誌祭文，示以必死。賊黨使縊之，興元元年八月三日也，年七十七。朝廷聞之，輟朝五日，謚文忠公。真卿四朝重德，正直敢言，老而彌壯。爲盧杞所排，身歿於賊，天下冤之。別傳云：真卿將縊，解金帶以遺使者曰：「吾嘗修道，以形全爲先。吾死之後，但割吾支節血，爲吾吭血以紿之，則吾死無所恨矣。」縊者如其言。既死，復收瘞之。《仙傳拾遺》及《戎幕閒談》、《玉堂閒話》（《廣記》三二)。

2 天寶中，有范氏尼，乃衣冠流也，知人休咎，魯公顔真卿妻黨之親也。魯公尉于醴泉，因詣范氏尼問命曰：「某欲就制科，再乞師姨一言。」范氏曰：「顔郎事必成。自後一兩月必朝拜，但半年内慎勿與外國人争競，恐有譴謫。」公又曰：「某官階盡，得及五品否？」范笑曰：「鄰於一品。顔郎所望，何其卑耶！」魯公曰：「官階盡，得五品，身著緋衣，帶銀魚，兒子補齋郎，某之望滿也。」范尼指坐上紫絲布食單曰：「顔郎衫色如此，其功業名節稱是。壽過七十。已後不要苦問。」魯公再三窮詰，范尼曰：「顔郎聰明過人，問事不必到底。」逾月大酺，魯公是日登制科高等，授長安尉。不數月，遷監察御史。因押班，中有諠譁無度者，命吏録奏次，即哥舒翰也。翰有新破石堡城之功，因泣訴玄宗。玄宗坐魯公以輕侮功臣，貶蒲州司倉。驗其事跡，歷歷如見。及魯公爲太師，奉使於蔡州，乃歎曰：「范師姨之言，吾命懸於賊必矣。」《戎幕閒談》(《廣記》二二四)。《南部新書》辛。《唐語林》六。　案：《紺珠集》五、《類説》二一、《白孔六帖》八引范尼言「顔郎衫色如此」一段，云出《明皇十七事》，當爲《戎幕閒談》文羼入《明皇十七事》而致誤。又《白孔六帖》三三録此謂出《常侍言旨》、《海録碎事》一四謂出《大中遺事》，亦並有誤。

3 顔魯公真卿爲監察御史，充河西隴右軍覆屯交兵使。五原旱，有冤獄，獄決乃雨，郡人呼爲「御史雨」。《大唐傳載》。又《廣記》一七二引。《南部新書》乙。《唐語林》一。

4 顔真卿爲平原太守，立三碑，皆自撰親書。其一立于郡門内，紀同時臺省擢牧詣郡者十餘人；其一立于郭門之西，紀顔氏曹魏時顔裴、高齊時顔之推俱爲平原太守，至真卿凡三典兹郡；其一是東方朔廟碑。鐫刻既畢，屬幽方起逆，未之立也。及真卿南渡，胡寇陷城，州人埋匿此碑。河朔克平，別駕吴子晁，好事之士也，掘碑使立于廟所。其二碑求得舊文，買石鐫勒，樹之郡門。時顔任撫州，子晁拓三碑本寄之。顔經艱故，對之愴然，曰：「碑者往年一時之事，何期大賢再爲脩立，非所望也。」即日專使賫書至平原致謝。子晁後至相州刺史，兼御史大夫。《封氏聞見記》十。《唐語林》六。

5〔賀蘭〕進明失律於信都城下，有詔抵罪；公縱之，使赴行在。進明之全，乃公之護也。《顔氏行狀》（《通鑑考異》一五）。

6 顔真卿爲尚書左丞。代宗車駕自陝府還，真卿請先謁五陵、孔廟，而後還宫。宰相元載謂真卿曰：「公所見雖美，其如不合時宜何？」真卿怒而前曰：「用舍在相公，言者何罪？然朝廷事豈堪相公再破除耶！」載深銜之。《唐語林》五。

7 顔魯公爲臨川内史，澆風莫競，文教大行。康樂已來，用爲嘉譽也。邑有楊志堅者，嗜學而居貧，鄉人未之知也。山妻猒其饘臛不足，索書求離，志堅以詩送之曰：「平生志業在琴詩，頭上如今有二絲。漁父尚知谿谷暗，山妻不信出身遲。荆釵任意撩新鬢，明鏡從他別畫眉。今日便同行路客，相逢即是下山時。」其妻持詩詣州，請公牒，以求别醮。顔公案其妻曰：「楊志堅素爲儒學，遍覽九經，篇詠之間，風騷可摭。愚妻覩其未遇，遂有離心。王歡之廪既虚，豈遵黄卷；朱叟之妻必去，寧見錦衣。惡辱鄉閭，敗傷風俗。若無褒貶，僥倖者多阿王。決二十，後任改嫁。楊志堅秀才，贈布絹各二十疋、禄米二十石，便署隨軍，仍令遠近知委。」江左十數年來，莫有敢棄其夫者。《雲溪友議》上。又《廣記》四九五引。《唐詩紀事》二八。

8 肅宗因前事以降誕日爲天平地成節。代宗雖不爲節，猶受諸方進獻。今上即位，詔公卿議。吏部尚書顔真卿奏：「準《禮經》及歷代帝王，無降誕日，惟開元中始爲之。又復推本意，以爲節者，喜聖壽無疆之慶，天下咸賀，故號節曰『千秋』，萬歲之後，尚存此日以爲節假，恐乖本意。」于是勅停之。《封氏聞見記》四。《唐語林》八。

9 李希烈跋扈蔡州，時盧杞爲相，奏顔魯公往宣諭之，而謂顔曰：「十三丈此行出自聖意。」顔曰：「公先中丞面上血，某親舌舐之，乃忍以垂死之年餌於虎口？」杞聞之跼焉。盧即是御史中丞奕之子。《大唐傳載》。《唐語林》三。《續世説》一二。

10 顔魯公之在蔡州，再從姪峴家僮銀鹿始終隨之。淮西賊將僭竊，問儀注于魯公。公答曰：「老夫所記，唯諸侯朝覲之禮耳！」臨以白刃，視之晏然。嘗草遺表，及自爲墓誌祭文，以置座隅，竟遇害于龍興寺。《國史補》上。《唐語林》二。

11 顔魯公嘗得方士名藥服之，雖老，氣力壯健如年三四十人。至奉使李希烈，春秋七十五矣。臨行，告人曰：「吾之死，固爲賊所殺必矣。且元載所得藥方，亦與吾同，但載貪甚，等是死，而載不如吾。吾得死於忠耶？」於是命取席固圜其身，挺立一躍而出。又立兩藤倚子相背，以兩手握其倚處，懸足點空，不至地三二寸，數千百下。又手按牀東南隅，跳至西北者，亦不啻五六。乃曰：「既如此，疾焉得死吾耶？」異日幸得歸骨來秦，吾姪女爲裴郾妻者，郾，即魯公之親表姪。此女最仁孝，及吾小青衣翦綵者，頗善承事；是時汝必與二人同啓吾棺，知有異於常人之死爾！如穆護，穆護，即魯公男碩之小名也。天性之道，難言至此。」至蔡州，責希烈反逆無狀。竟不敢以面目相見，亦不敢以兵刃相恐，潛命獻食者饋空器而已。翌日，賊令官翌來縊之。魯公曰：「老夫受籙及服藥，皆有所得。若斷吭，道家所忌。今贈使人一黄金帶。吾死之後，但割吾他支節爲吾吭血以紿之，死無所恨。」且曰：「使人悟慧如此，不事明天子，反事逆賊，何所圖也？」官翌從其言。至明年，希烈死，蔡帥陳仙奇奉魯公喪歸京。猶子顔峴實從柳常侍與裴氏女及翦綵同迎喪於鎮國仁寺。咸遵遺旨，啓棺如生。柳製魯公挽歌詞曰：「殺身終不恨，歸喪遂如生。」《唐語林》六。當出《常侍言旨》。

12 顔太師魯公刻名於石，或置之高山之上，或沉之大洲之底，而云：「安知不有陵谷之變耶？」《大唐傳載》。又《廣記》二〇一引作《傳記》。《唐語林》四。

13 見沈顔2。

14 顔真卿晚年嘗載石以行，礱而藏之，遇事以書，隨其所在，留其所鐫石。《天中記》八。

15 見懷素3。

16 唐顔真卿善真、行書，寫魯山令元德秀墓碑，李華文，李陽冰篆額。後人争打其本，號爲「四絶」。《實賓録》四。《古今事文類聚》前集六一。

朱泚

1 朱泚眉分九聚，相者告以大貴，泚信之。《金臺録》（《雪仙雜記》六）。

2 〔朱〕泚於宣政殿僭即大位，愚智莫不血怒，衛者多是軍人，周行不過數十。自稱大秦皇帝，年號應天。僞赦書云：「幽囚之中，神器自至，豈朕薄德所能經營。」彭偃之詞。册文，太常少卿樊系之撰，文成服藥而卒。故嚴巨川詩曰：「煙塵忽起犯中原，自古臨危貴道存。手持禮器空垂淚，心憶明君不敢言。落日胡笳吟上苑，通宵虜將醉西園。傳烽萬里無師至，累代何人受漢恩。」《奉天録》一。《南部新書》甲。

3 〔建中〕二年夏五月，京師副元帥李晟收復宫闕。朱泚走涇原，而兵士纔餘數百人，昏忽迷路，不辨南北，因問路於田父。田父對曰：「豈非朱太尉耶！」僞宰相源休止之曰：「漢皇帝。」泚僞號漢。田父曰：「天不長凶，地不生惡，蛇不爲龍，鼠不爲虎。天網恢恢，去將何適？」泚怒將殺之，忽亡其所在。及去涇州百餘里，泚忽馬上叩頭稱乞命，而手足紛紜若有拒捍，因之墜馬。良久復蘇，左右扶上馬，問其故，泚曰：「見段司農、劉海賓杖戈執戟，與朕相敵，不堪其苦也。」時將士聞者益懷異意。翌日達涇州，僞節度使田希鑒閉門不納。遂至寧州彭源縣，爲心腹衛士韓旻、薛綸、朱維孝等逼而墜穽。將殺之，泚謂旻曰：「汝等朕所鍾愛，今將敗績，可忍共殺耶？」旻曰：「誠爲陛下腹心，失則不可共爲塗炭。今借陛下之首以取富貴也。」言未終，泚首已斷。《杜陽雜編》上。《廣德神異録》（《廣記》一二二）。《南部新書》戊。

張光晟

1 賊臣張光晟，其本甚微，而有才用，性落拓嗜酒。壯年爲潼關卒，屢被主將鞭笞。……後頻立戰功，積勞官至司農卿。及建中，德宗西狩，光晟奔從，已至開遠門，忽謂同行朝官曰：「今日亂兵，乃涇卒迴戈耳，無所統，正應大掠而過，如今有主，禍未可知。朱泚久在涇源，素得人心，今者在城，儻爲涇卒扶持，則難制矣。計其倉遑，未暇此謀，諸公能相逐徑往至泚宅，召之俱西乎？」諸公持疑，光晟即奔馬詣泚曰：「人主出京，公爲大臣，豈是宴居之日？」泚曰：「願從公去。」命駕將行，而涇卒已集其門矣。光晟自將逃去，因爲泚所縻。然而奉泚甚力，每有戰，常在其間。及神麢之陣，泚拜光晟僕射平章事，統兵出戰，大敗而還。《集異記》（《廣記》三〇四）。

源休

1 〔朱〕泚始亂長安，源休、姚令言等廣陳圖讖，以堅泚意。及爲僞宰相，日益自負。休乃收圖書，貯倉廩，作蕭何事業。或聞王師不利，而喜色出面，謂令言曰：「天下將定。吾等之功豈後於蕭何矣？」令言曰：「漢皇未弱於劉季。」休退語僞黄門侍郎蔣諫曰：「若度其才，即吾爲蕭，姚爲曹耳。」識者聞之，謂休不奈官職。喬琳雖受僞官而性好諧戲，因語舊僚曰：「源公真所謂火迫酇侯耳。」《杜陽雜編》上。《大唐新語》（《廣記》二五五）。《續世説》六。

喬琳

1 喬琳以天寶元年冬自太原赴舉，至大梁，舍于逆旅。時天寒雪甚，琳馬死，傭僕皆去，聞浚儀尉劉彥莊喜賓客，遂往告之。彥莊客申屠生者善鑒人，自云八十以上，頗箕踞傲物，雖知名之士未嘗與之揖讓。及琳至，則言款甚狎，彥莊異之。琳既出，彥莊謂生曰：「他賓客賢與不肖，未嘗見生與之一言，向者喬生一布衣耳，何詞之密歟？」生笑曰：「此固非常人也。且當爲君之長吏，宜善視之，必獲其報。向與之言，蓋爲君結交耳。然惜其情反于氣，心不稱質，若處極位，不至百日，年過七十，當主非命。子宜志之。」彥莊遂館之數日，厚與車馬，送至長安，而申屠生亦告去，且曰：「吾辱君之惠，今有以報矣，請從此辭。」竟不知所在。琳後擢進士登第，累佐大府。大曆中，除懷州刺史。時彥莊任修武令，誤斷獄，有死者，爲其家訟冤，詔下御史劾其事。及琳至，竟獲免。建中初，徵拜中書侍郎平章事，在位八十七日，以疾罷。後陷賊朱泚中，方削髮爲僧，泚知之，竟逼受逆命。及收復，亦陳其狀，太尉李晟欲免其死，上不可，遂誅之，年七十一矣。《前定録》。又《廣記》一五〇引。《南部新書》庚。

2　朱泚陷京師，天子幸梁洋，喬琳侍從。至盩厔南谷口，奏德宗曰：「臣爲陛下仙遊寺出家以禳災。」上甚喜，惜其去，不能阻，乃聽之。至仙遊不踰月，入京師持杯乞匄。人有布施者，琳戲之曰：「尚有常施。」後反爲泚作吏部尚書，知選事。有選人通官，云「不穩便」，又戲云：「只公此選得穩便否？」泚敗，上親點逆人簿，至琳。上曰：「與卿平昔分深，盩厔相捨，甚欲赦卿，其如法何？持杯判官選，言猶在耳。當時戲談時，朕於爾時惶惶也。」左右喝琳付法。《唐語林》六。《芝田録》（《類説》一一）。

3　見源休1。

彭偃

1 大曆中，彭偃未仕時，嘗有人謂曰：「君當得珠而貴，後且有禍。」尋爲官得罪，謫爲澧州司馬。既至，以江中多蚌，偃喜，以爲珠可貴，即命人採之，獲蚌甚多，而卒無有應。及朱泚反，召偃爲僞中書舍人。偃方悟得珠乃朱泚也。果誅死。《宣室志》一。又《廣記》一四三引。

朱滔

1 朱滔括兵，不擇士族，悉令赴軍，自閲於毬場。有士子容止可觀，進趨淹雅。滔自問之曰：「所業者何？」曰：「學爲詩。」問：「有妻否？」曰：「有。」即令作寄内詩，援筆立成。詞曰：「握筆題詩易，荷戈征戍難。慣從鴛被暖，怯向雁門寒。瘦盡寬衣帶，啼多漬枕檀。試留青黛着，迴日畫眉看。」又令代妻作詩答曰：「蓬鬢荆釵世所稀，布裙猶是嫁時衣。胡麻好種無人種，合是歸時底不歸。」滔遺以束帛，放歸。《本事詩·情感》。《古今詩話》(《詩話總龜》前集二三)。

李希烈

1 建中中，李希烈攻汴州，城未陷，用百姓婦女及輜重以實壕塹，謂之濕梢。《大唐傳載》。又《廣記》二六九引。

張忠志

1〔張〕忠志末年，惟納妖妄之人，兼陰陽、術數，諂媚苟且之輩，争獻圖讖。稱有尊位，詐作朱草、靈芝，鑿石上作名字。又於後堂院結壇場，清齋菜食，置金杯、玉斝、銀盤，云甘露神酒自至其内。又言天符下降。忠志自謂命符上天，將吏罔有諫者。使行文牒，布告州縣云：「靈芝朱草，王者之瑞，輒生壇上，香滿院中，靈石呈祥，天符飛應，甘露如蜜，神酒盈杯，匪我所求，不期自至。各牒管内郡縣，宜令知委，同爲喜慶也。」既而日爲妖妄者更相矯云：「不日當有天神下降，持金箱玉印而至，然後即大位，爲天所授也。四方皆自歸伏，不待征討，海内坐而定矣。」忠志大悦。多以金銀、羅錦，異物賞之。陰陽、妖妄者自知虚僞，恐事泄見誅，共言：「相公宜服甘露、靈芝草湯，即天神降速。」忠志一任妖者，遂於湯中密著毒藥，既飲畢，便失音，三日而卒。《燕南記》(《通鑑考異》一八)。

王士真

1 唐貞元中有李生者，家河朔間，少有膂力，恃氣好俠，不拘細行，常集輕薄少年二十餘輩爲樂。厥後省過，折節讀書，以詩名稱之。累爲河朔官，改深州録事參軍。生美風儀，善談笑，曲曉吏事，廉謹明幹，至於擊鞠飲酒，兼能之，雅爲太守所重。時王武俊帥成德軍，恃功負衆，不顧法度，支郡守畏之側目。嘗遣其子士真巡屬郡，至深州，太守大具牛酒，所居備聲樂，宴士真。太守畏武俊，而奉士真之禮甚謹，又慮有以酒忤士真者，以是僚吏賓客一不敢召。士真大喜，以爲他郡莫能及，歡飲入夜，士真乃曰：「幸使君見待之厚，欲盡樂於今夕。豈無嘉賓韻士？願爲我召而見之。」太守致敬前白曰：「偏郡無名人。其僚屬庸猥，恐其辭令不謹，禮度失當。少有愆責，吾之任也。」士真强之，太守曰：「録事參軍李某，願以侍談笑。」士真曰：「但命之。」於是召李生。生入趨拜，士真見之，色甚怒。既而命坐，貌益恭。士真甚不悦，瞪視攘腕，無向時之歡矣。太守懼，莫知所謂，顧視生，靦然而汗，不能持盃。一座皆愕。少頃，士真叱左右縛李某繫獄，左右即牽李袂疾去，械獄中。已而士真歡飲如初。迨曉宴罷。……有頃，士真醉悟，急召左右往獄中取李某首來，左右即於獄中斬其首以送士真，士真熟視而笑。既而又與太守大飲於郡齋，酒酣，太守因歡甚，乃曰：「某幸得守一郡，而副大使下察弊政，寬不加罪，爲恩厚矣。昨夕，副大使命某召他客，屬郡僻小無客，不足奉歡宴者，竊以李某善飲酒，故爲召之，而李某愚劣，不習禮法，有忤於明公，實余之罪也。今明公既已誅之，宜矣。竊有所未曉，敢問李某之罪何爲者？願得明公教之，且用誡於將來也。」士真笑曰：「李生亦無罪，但一見之，即忿然激吾怒，便有戕戮之意。今既殺之，吾亦不知其所以然也。君無再言。」《宣室志》三。又《廣記》一二五引。

李師古

1 劉元迥者，狡妄人也，自言能錬水銀作黄金，又巧以鬼道惑衆，衆多迷之，以是致富。李師古鎮平盧，招延四方之士，一藝者至，則厚給之。元迥遂以此術干師古，師古異之，面試其能，或十銖五銖，皆立成焉。蓋先以金屑置於汞中也。師古曰：「此誠至寶，宜何用？」元迴貴成其奸，不虞後害，乃曰：「雜之他藥，徐燒三年，可以飛仙；爲食器，可以避毒；以爲翫用，可以辟邪。」師古大神之，因曰：「再燒其期稍緩。子且爲我化十斤，將備吾所急之器也。」元迴本衒此術，規師古錢帛，逡巡則謀遯去。爲師古縻之，專令燒金，其數極廣。元迴無從而致，因以鬼道説師古曰：「公紹續一方三十餘載，雖戎馬倉廩天下莫與之儔，然欲遺四方仰歸威德，所圖必遂者，須假神祇之力。」師古甚悦，因而詢之。元迴則曰：「泰嶽天齊王，玄宗東封，因以沈香刻製其像，所以玄宗享國永年。公能以他寶易其像，則受福與開元等矣。」師古狂悖，甚然之。元迴乃曰：「全軀而致，或恐卒不能辦。且以黄金十五斤，鑄換其首，固當獲祐矣。」師古曰：「君便先爲燒之，速成其事。」元迴大笑曰：「天齊雖曰貴神，乃鬼類耳，若以吾金爲其首，豈冥鬼敢依至靈之物哉？是則斥逐天齊，何希其福哉！但以山澤純金而易之，則可矣。」師古尤異之，則以藏金二十斤恣元迴所爲，仍命元迴就嶽廟而易焉。元迴乃以鉛錫雜類，鎔其外而易之，懷其真金以歸，爲師古作飲食器皿，靡不辦集矣。師古尤加禮重，事之如兄。玉帛姬妾居第，資奉甚厚。明年，……而師古暴瘍，不數日，腦潰而卒。其弟師道領事，即令判官李文會、虞早等按之，元迴辭窮，戮之于市。《集異記》（《廣記》三〇八）。

李懷光

1 〔興元元年〕七月十二日，駕還長安。上使諫議大夫孔巢父、中官譚懷仙持詔赦懷光曰：「奉天之時，非卿不能救朕；今日之事，非朕不能容卿。宜委軍赴闕，以保官爵。」使者將至，懷光陰導其卒使留己。卒之蕃、渾者希懷光意，輒害二使，欲食其肉。懷光翼而覆之，全尸以聞。《邠志》（《通鑑考異》一八）。

2 李懷光既叛於蒲，朝廷以法誅之。有子七人，其長曰銛，謂諸弟曰：「我兄弟不可死於兵卒之手，曾不自裁！」於是執劍俱斬弟首，堆積疊之，立劍於中，以心淬劍，乃洞於胸。聞者傷之。《獨異志》下。

案：銛，史傳作淮。

顧況

1 顧況從辟，與府公相失，揖出幕。況曰：「某夢口與鼻爭高下。口曰：『我談今古是非，爾何能居我上？』鼻曰：『飲食非我不能辨。』眼謂鼻曰：『我近鑒豪端，遠察天際，惟我當先。』又謂眉曰：『爾有何功，居我上？』眉曰：『我雖無用，亦如世有賓客，何益主人？無即不成禮儀。若無眉，成何面目？』」府公悟其譏，待之如初。又舊説：顧況與韋夏卿飲酒，時金氣已殘，夏卿請席徵秋後意，或曰「寒蟬鳴」，或曰「班姬扇」，而況云「馬尾」，衆哂之。曰：「此非在秋後乎？」《唐語林》六。

2 吴郡顧況，貞元中進士及第，詞清妙絶，爲韓晉公浙西觀察判官。公嘗有乳母與外相通，卜射求事，公持法欲殺，闔宅莫敢言，密令人言於況令救之。況乃詣公所問何故，公曰：「天下皆知某守法，豈伊乳母先犯也？」況對曰：「三尺兒亦知公法令禁，何宅内人而違犯？然公幼年時讀書早起夜卧，看侍即要乳母，今年長爲公相侯伯，乳母焉用哉？誠宜殺之也。」公悲悟，遽捨之。況後在朝爲小著，諧謔輕薄，傲毁朝士，貶信州司馬。《桂苑叢談·史遺》。又《類説》二七引《史遺》。

3 白尚書應舉，初至京，以詩謁顧著作。顧覩姓名，熟視白公曰：「米價方貴，居亦弗易。」乃披卷，首篇曰：「離離原上草，一歲一枯榮。野火燒不盡，春風吹又生。」即嗟賞曰：「道得箇語，居即易矣。」因爲之延譽，聲名大振。《幽閒鼓吹》又《廣記》一七〇引。《唐摭言》七。《古今詩話》(《詩話總龜》前集四)。《唐語林》三。《優古堂詩話》。《唐才子傳》六。

4 明皇代，以楊妃、虢國寵盛，宫娥皆頗衰悴，不備掖庭。常書落葉，隨御水而流云：「舊寵悲秋扇，新恩寄早春。聊題一片葉，將寄接流人。」顧況著作聞而和之。既達宸聰，遣出禁内者不少。或有五使之號焉。和曰：「愁見鶯啼柳絮飛，上陽宫女断腸時。君恩不禁東流水，葉上題詩寄與誰。」《雲溪友議》下。《唐詩紀事》七八。

5 顧況在洛，乘間與三詩友遊於苑中，坐流水上，得大梧葉，題詩上曰：「一入深宫裏，年年不見春。聊題一片葉，寄與有情人。」況明日於上游，亦題葉上，放於波中，詩曰：「花落深宫鶯亦悲，上陽宫女斷腸時。帝城不禁東流水，葉上題詩欲寄誰。」後十餘日，有人於苑中尋春，又於葉上得詩，以示況，詩曰：「一葉題詩出禁城，誰人酬和獨含情。自嗟不及波中葉，蕩漾乘春取次行。」《本事詩·情感》。《名賢詩話》(《詩話總龜》前集二三)。　案：宫女葉上題詩，又見盧渥、李茵。

6 李鄴侯爲相日，吴人顧況西遊長安，鄴侯一見如故，待以殊禮。鄴侯卒，況作《白鳥詩》以寄懷，曰：「萬里飛來爲客鳥，曾蒙丹鳳借枝柯。一朝鳳去梧桐死，滿目鴟鳶奈爾何？」大爲權貴所嫉，貶饒州司户。《賈氏談録》。《侯鯖録》六。

7　吴人顧況，詞句清絶，雜之以詼諧，尤多輕薄。爲著作郎，傲毁朝列，貶死江南。《國史補》中。

8　見賀知章5。

9　顧況著作披道服在茅山，有一秀才行吟曰：「駐馬上山阿。」久思不得。顧曰：「何不道『風來屎氣多』？」秀才云：「賢莫無禮。」顧曰：「是況。」其人漸惕而退。《北夢瑣言》七。

10　顧況志尚疏逸，近於方外。有時宰曾招致，將以好官命之，況以詩答曰：「四海如今已太平，相公何用唤狂生。此身還似籠中鶴，東望滄洲叫一聲。」後吴中皆言況得道解化去。《尚書故實》。又《廣記》二〇二引。《南部新書》乙。《唐詩紀事》二八。

11　顧況全家隱居茅山，竟莫知所止。其子非熊及第歸慶，既莫知況寧否，亦隱於舊山。或聞有所遇長生之秘術也。《唐摭言》八。《唐才子傳》三。

12　顧況字逋翁，吴興人。不修檢操，頗好詩詠，善畫山水。初爲韓晉公江南判官，入爲著作佐郎，久次不遷，乃嘲誚宰相，爲憲司所劾，貞元五年貶饒州司户。居茅山，以壽終。有《畫評》一篇，未爲精當也。《歷代名畫記》一〇。《唐詩紀事》二八。

13　顧況字逋翁；文詞之暇，兼攻小筆。嘗求知新亭監，人或詰之，謂曰：「余要寫貌海中山耳。」仍辟善畫者王默爲副知也。《尚書故實》。又《廣記》二一三引。《唐詩紀事》二八。參看王默1。

14　大曆中，吴士姓顧，何焯注：「此顧逋翁也。」以畫山水歷抵諸侯之門。每畫，先帖絹數十幅于地，乃研墨汁及調諸采色，各貯一器，使數十人吹角擊鼓，百人齊聲噉叫。顧子着錦襖錦纏頭，飲酒半酣，遶絹帖走十餘匝，取墨汁攤寫于絹上，次寫諸色，乃以長巾一，一頭覆于所寫之處，使人坐壓，已執巾角而曳之，回環既遍，然後以筆墨隨勢開決爲峯巒島嶼之狀。夫畫者澹雅之事，今顧子瞋目鼓噪，有戰之象，其畫之妙者乎！《封氏聞見記》五。

15　顧況喪一子，年十七。其子魂遊，恍惚如夢，不離其家。顧悲傷不已，因作詩，吟之且哭。詩云：「老人喪一子，日暮泣成血。心逐斷猿驚，跡隨飛鳥滅。老人年七十，不作多時別。」其子聽之感慟，因自誓忽若作人，當再爲顧家子。經日，如被人執至一處，若縣吏者，斷令託生顧家，復都無所知。忽覺心醒，開目認其屋宇，兄弟親愛滿側，唯語不得。當其生也，以後又不記。年至七歲，其兄戲批之，忽曰：「我是爾兄，何故批我！」一家驚異，方叙前生事，歷歷不誤。弟妹小名，悉遍呼之。抑知羊叔子事非怪也。即進士顧非熊，成式常訪之，涕泣爲成式言。釋氏《處胎經》，言人之住胎，與此稍差。《酉陽雜俎》前集一二。又《廣記》三八八引。《唐詩紀事》六三。

16　唐著作郎顧況，字逋翁，好輕侮朝士，貶在江外，多與僧道交游。時居茅山，暮年有一子，即非熊前身也。一旦暴亡，況追悼哀切，所不忍言，乃吟曰：「老人喪愛子，日暮泣成血。老人年七十，不作多時別。」非熊在冥間聞之，甚悲憶，遂以情告冥官，皆憫之。遂商量卻令生於況家，三歲能言冥間聞父苦吟，卻求再生之事，歷歷然。長成應舉，擢進士第。或有朝士問，即垂泣而言之。王定保《摭言》云：人傳況父子皆有所遇，不知何適。由此而言，信有之矣。《北夢瑣言》八。

戴叔倫

1 貞元五年，初置中和節。御製詩，朝臣奉和，詔寫本賜戴叔倫于容州，天下榮之。《國史補》下。又《廣記》一九八引。《衣冠盛事》（陶本《説郛》三一）。《廣卓異記》（《詩話總龜》前集一〇）。

2 戴叔倫貞元中罷容管都督，上表請度爲道士。《唐摭言》八。

戎昱

1 李夔廉桂林，月夜聞鄰居吟詠之音清，遲明訪之，乃昱也，即延爲幕賓。後因飲席調其侍兒，夔微知其故，即贈之。昱感作賦詩，有「恩合死前酬」之句。《郡齋讀書志》四中。《唐才子傳》三。案：李夔，當爲「李昌夔」，大曆八年爲桂管觀察使。

2 韓晉公鎮浙西，戎昱爲部内刺史。失州名。郡有酒妓，善歌，色亦媚妙，昱情屬甚厚。浙西樂將聞其能，白晉公，召置籍中。昱不敢留，餞於湖上，爲歌詞以贈之；且曰：「至彼令歌，必首唱是詞。」既至，韓爲開筵，自持盃，命歌送之，遂唱戎詞。曲既終，韓問曰：「戎使君於汝寄情邪？」悚然起立曰：「然。」言隨淚下。韓令更衣待命，席上爲之憂危。韓召樂將責曰：「戎使君名士，留情郡妓，何故不知而召置之，成余之過！」乃笞之。命與妓百縑，即時歸之。其詞曰：「好去春風湖上亭，柳條藤蔓繫離情。黄鶯久住渾相識，欲别頻啼四五聲。」《本事詩·情感》。《古今詩話》（《詩話總龜》前集二三）。

3 見于頔7。

4 憲宗皇帝朝，以北狄頻侵邊境，大臣奏議，古者和親之有五利，而日無千金之費。上曰："比聞有一卿能爲詩，而姓氏稍僻，是誰？"宰相對曰："恐是包子虚、冷朝陽。"皆不是也。上遂吟曰："山上青松陌上塵，雲泥豈合得相親？世路盡嫌良馬瘦，唯君不棄卧龍貧。千金未必能移姓，一諾從來許殺身。莫道書生無感激，寸心還是報恩人。"侍臣對曰："此是戎昱詩也。京兆尹李鑾擬以女嫁昱，令改其姓，昱固辭焉。"上悦曰："朕又記得《詠史》一篇，此人若在，便與朗州刺史。武陵桃源，足稱詩人之興詠。"聖旨如此稠疊，士林之榮也。其《詠史詩》云："漢家青史内，計拙是和親。社稷依明主，安危託婦人。豈能將玉貌，便欲静胡塵。地下千年骨，誰爲輔佐臣？"上笑曰："魏絳之功，何其懦也？"大臣公卿遂息和戎之論矣。《雲溪友議》下。又《廣記》一九八引。《詩話總龜》前集四。《唐詩紀事》二八。《唐才子傳》三。

5 戎昱，不知何許人也，建中間爲虔州刺史。作字有楷法。其用筆類段季展，然筋骨太剛，而殊乏婉媚，故雅德者避之。嘗書其自作《早梅》詩云："應緣近水花先發，疑是經春雪未消。"豈有得於此者，宜其字特奇崛，蓋是挾勝氣以作之耳。《宣和書譜》四。

梁肅

1 貞元中，李元賓、韓愈、李絳、崔羣同年進士。先是四君子定交久矣，共遊梁補闕之門，居三歲，肅未之面，而四賢造肅多矣，靡不偕行。肅異之，一日延接，觀等俱以文學爲肅所稱，復奬以交遊之道。

然肅素有人倫之鑒，觀、愈等既去，復止絳、羣，曰：「公等文行相契，他日皆振大名；然二君子位極人臣，勉旃！勉旃！」後二賢果如所卜。《唐摭言》七。又《廣記》一七〇引。案：梁肅之「肅」，原誤作「蕭」，《廣記》不誤。

2 陸忠州榜時，梁補闕肅、王郎中傑佐之，肅薦八人俱捷，餘皆共成之。故忠州之得人，皆烜赫。事見韓文公與陸傪員外書。《唐摭言》八。

符載

1 唐武都符載，字厚之，本蜀人，有奇才。始與楊衡、宋濟棲青城山以習業，楊衡擢進士第，宋濟先死無成，唯符公以王霸自許，耻於常調，懷會之望。韋南康鎮蜀，辟爲支使，雖曰受知，尚多偃蹇。韋公於二十四化設醮，請撰齋詞，于時陪飲於摩訶之池，符公離席盥漱，命使院小吏十二人捧硯。人分兩題，繞步池濱，各授口占，其敏速如此。劉闢時爲金吾倉曹參軍，依棲韋公，特與譔真讚，其詞云：「矯矯化初，氣傑文雄。靈螭出水，秋鶚乘風。行義則固，輔仁乃通。他年良覿，麟閣之中。」洎京兆變故，彭城知留務，起雄據之意，符爲其所縻。凡有代奏，愈更恭順。劉闢之敗也，幕寮多罹其禍，唯符生以牋奏藁草一篋呈高崇文相公，長揖東下，棲於廬山。即前之真讚，可謂有先鑒也。居潯陽二林間，優游卒歲。南昌軍奏請爲副倅，授奉禮郎，不赴。命小僮持一幅上于襄陽，乞百萬錢買山。四方交辟，羔雁盈於山門，草堂中以女妓二十人娛侍，聲名藉甚。于時守道循常者號曰「凶人」。曾覽符公全集，其文簡舉清便。入其堂奧者，唯建平子覃正夫乎？宋濟雖有詞學，其文冗汎，非符之流。湛賁卒於彭山宰，墓銘即宋文也。《北夢瑣言》五。又《廣記》一九八引。《唐詩紀事》五一。

2 見于頔7。

3 唐符載文學武藝雙絶，常畜一劍，神光照夜爲晝。客游至淮浙，遇巨商舟艦，遭蛟作梗，不克前進，擲劍一揮，血灑如雨，舟舸安流而逝。後遇寒食，于人家裹秬粽，龐如桶，食刀不可用，以此劍斷之訖，其劍無光，若頑鐵，無所用矣。古人云：「千鈞之弩，不爲鼷鼠發機。」其此劍之謂乎。《芝田録》（《廣記》二三二）。

楊衡

1 見李羣1。

崔郊

1 見于頔7。

李觀

1 見梁肅1。

2 李觀作《百年歌》，王湜請其法，觀向湜彈指曰：「遺子爪甲清塵，庶幾文思有加。」《詩源指訣》（《雲仙雜記》六)。

3 李元賓與弟書云,賴一僕傭債,以資日給。其文頗勤勤叙之,而不記姓名。《唐摭言》一五。

于公異

1 德宗覽李令收城露布,至「臣已肅清宫禁,祇謁寢園,鍾簴不移,廟貌如故」,感涕失聲,左右六軍皆嗚咽。露布,于公異之詞也。議者以國朝捷書露布無如此者。公異後爲陸贄所忌,誣以家行不至,賜《孝經》一卷,坎壈而終,朝野惜之。《國史補》上。又《廣記》四九六引。《侯鯖録》六。

嚴巨川

1 見朱泚2。

歐陽詹

1 見常衮7。

2 見林藻1。

3 歐陽詹字行周,泉州晉江人。弱冠能屬文,天縱浩汗。貞元年,登進士第。畢關試,薄遊太原,於樂籍中因有所悦,情甚相得。及歸,乃與之盟曰:「至都當相迎耳。」即灑泣而別,仍贈之詩曰:

「驅馬漸覺遠，迴頭長路塵。高城已不見，況復城中人。去意既未甘，居情諒多辛。五原東北晉，千里西南秦。一屨不出門，一車無停輪。流萍與繫瓠，早晚期相親。」尋除國子四門助教，住京。籍中者思之不已，經年，得疾且甚，乃危妝引髻，刃而匣之，顧謂女弟曰：「吾其死矣。苟歐陽生使至，可以是爲信。」又遺之詩曰：「自從別後減容光，半是思郎半恨郎。欲識舊時雲髻樣，爲奴開取縷金箱。」絶筆而逝。及詹使至，女弟如言，徑持歸京，具白其事。詹啓函閲之，又見其詩，一慟而卒。故孟簡賦詩哭之。《閩川名士傳》(《廣記》二七四)。《唐詩紀事》三五。

姚峴

1 姚峴有文學，而好滑稽，遇機即發。姚僕射南仲廉察陝郊，峴初釋艱服候見，以宗從之舊，延於中堂。弔訖，未語及他事。陝當兩京之路，賓客謁無時。門外忽有投刺者云：「李過庭。」僕射曰：「過庭之名甚新，未知誰家子弟？」客將左右皆稱不知。又問峴：「知之否？」峴初猶俛首嚬眉，頃之自不可忍，斂手言曰：「恐是李趨兒。」僕射久方悟而大笑。《因話録》四。又《廣記》二五〇引。

2 姚峴爲于頔陝州掾，不勝其虐。與其弟泛舟於河，遂自投而死。《南部新書》辛。

崔護

1 博陵崔護，姿質甚美，而孤潔寡合。舉進士下第，清明日獨遊都城南，得居人莊。一畝之宮，而花木叢萃，寂若無人。扣門久之，有女子自門隙窺之，問曰：「誰耶？」以姓字對，曰：「尋春獨行，酒渴求飲。」女入以杯水至，開門設牀命坐，獨倚小桃斜柯佇立，而意屬殊厚，妖姿媚態，綽有餘妍。崔以言挑之，不對，目注者久之。崔辭去，送至門，如不勝情而入。崔亦睠盼而歸，嗣後絕不復至。及來歲清明日，忽思之，情不可抑，逕往尋之。門墻如故，而已鎖扃之，因題詩於左扉曰：「去年今日此門中，人面桃花相映紅。人面秪今何處去，桃花依舊笑春風。」後數日，偶至都城南，復往尋之，聞其中有哭聲，扣門問之，有老父出曰：「君非崔護邪？」曰：「是也。」又哭曰：「君殺吾女。」護驚起。莫知所答。老父曰：「吾女笄年知書，未適人，自去年以來，常恍惚若有所失，比日與之出，及歸，見左扉有字，讀之，入門而病，遂絕食數日而死。吾老矣，此女所以不嫁者，將求君子以託吾身，今不幸而殞，得非君殺之耶？」又特大哭。崔亦感慟，請入哭之。尚儼然在牀。崔舉其首，枕其股，哭而祝曰：「某在斯，某在斯。」須臾開目，半日復活矣。父大喜，遂以女歸之。《本事詩·情感》。《唐詩紀事》四〇。

2　崔護不登科，怒其考官苗登，即崔之三從舅也。乃私試爲判頭，毀其舅，曰：「甲背有猪皮之異，人問曰：何不去之，有所受。」其判曰：「曹人之袒重耳，駢脅再觀。相里之剥苗登，猪皮斯見。」初，登爲東畿尉，相里造爲尹，曾欲笞之，袒其背，有猪毛，長數寸。故又曰：「當偃兵之時則隧而無用，在穴食之日則搖而有求。」皆言其尾也。《劉賓客嘉話録》（《廣記》二五五）。

崔膺

1 崔膺，博陵人也。性狂，少長於外家，不齒，及長能文，首出衆子，作《道旁孤兒歌》以諷外氏，其文典而美。常在張建封書院，憐其才，引爲上客，善爲畫。時因酒興，偶畫得一疋馬，爲諸小兒竊去。一旦將行營，大叫，稱：「膺失馬！」張公令捕之，廂將問毛色，應云：「膺馬昨夜猶在氈下。」監軍怒，請殺之。建封與監軍先有約，彼此不相違。建封曰：「却乞取崔膺。」軍中遂捨之。《桂苑叢談·史遺》。《唐詩紀事》四三。

2 見張建封3。

3 淮南節度杜佑先婚梁氏女，梁卒，策嬖姬李氏爲正嫡，有勑封邑，爲國夫人。膺密勸請讓追封亡妻梁氏，佑請膺爲表，略云：「以妾爲妻，魯史所禁。」又云：「豈伊身賤之時，妻同勤苦，宦達之後，妾享榮封」云云。梁氏遂得追封，李亦受其命，時議美焉。其後終爲李氏所怒。社日，公命食彘肉，因爲李氏劃堇而卒。《桂苑叢談·史遺》。《史遺》(《類説》二七)。《五總志》 案：崔膺，《類説》誤作「崔英」。

4 膺前於宛陵太守宥一小將，斯人感之，以女爲託。見膺性狂，後恐棄背，乃請一帖，曰：「索婦不可爲妾。」後果見背，其人執書理之，膺之辭失。《史遺》(《類説》二七)。

劉商

1 劉商，官至檢校禮部郎中，汴州觀察判官。少年有篇詠高情。工畫山水樹石。初，師於張璪，後自造真爲意。自張貶竄後，嘗惆悵賦詩曰：「苔石蒼蒼臨澗水，谿風裊裊動松枝。世間惟有張通會，流向衡陽那得知。」或云商後得道。《歷代名畫記》一〇。又《廣記》二一三引。《唐才子傳》四。

2 劉商，官爲郎中，愛畫松石、樹石，格性高邁。時有畢庶子亦善畫松樹、水石，時人云：「劉郎中松樹孤標，畢庶子松根絶妙。」《唐朝名畫録》。

3 劉商，彭城人也，家於長安。少好學强記，精思攻文。有《胡笳十八拍》盛行於世，兒童婦女咸悉誦之。進士擢第，歷臺省爲郎。性躭道術，逢道士即師資之。鍊丹服氣，靡不勤切。每歎光陰甚促，筋骸漸衰，朝馳暮止，但自勞苦。浮榮世官，何益於己！古賢皆隳官以求道，多得度世。幸畢婚嫁，不爲俗累，豈劣於許遠遊哉！由是以病免官，道服東遊。入廣陵，於城街逢一道士，方賣藥，聚衆極多，所賣藥，人言頗有靈効。衆中見商，目之相異，乃罷藥，攜手登樓，以酒爲勸。道士所談，自秦漢歷代事，皆如目覩。商驚異，師敬之，復言神仙道術不可得也。及暮，商歸僑止，道士下樓，閃然不見，商益訝之。商翌日又於城街訪之，道士仍賣藥，見商愈喜，復挈上酒樓，劇談勸醉。出一小藥囊贈商，並戲吟曰：「無事到揚州，相攜上酒樓。藥囊爲贈別，千載更何求。」商記其吟。暮乃別去。後商累尋之，不復見也。乃開囊視，重紙裹一葫蘆子，得九粒藥，如麻粟，依道士口訣吞之，頓覺神爽不饑，身輕醒然。過江遊茅山。久之，復往宜興張公洞，當遊之時，愛罨畫溪之景，遂於胡父渚葺居，隱於山中。近樵者猶見之，曰：「我劉郎中也。」而莫知所止。已爲地仙矣。《續仙傳》(《廣記》四六)。

苑䌷

1 唐尚書裴胄鎮江陵，常與苑論有舊。論及第後，更不相見，但書札通問而已。論弟䌷方應舉，過江陵，行謁地主之禮。客因見䌷名，曰：「秀才之名，雖字不同，且難於尚書前爲禮，如何？」會䌷懷中有論舊名紙，便謂客將曰：「某自別有名。」客將見日晚，倉遑遽將名入，胄喜曰：「苑大來矣，屈入。」䌷至中庭，胄見貌異。及坐，揖曰：「足下第幾？」䌷對曰：「第四。」胄曰：「與苑大遠近？」䌷曰：「家兄。」又問曰：「足下正名何？」對曰：「名論。」又曰：「賢兄改名乎？」䌷曰：「家兄也名論。」公庭將吏，於是皆笑。及引坐，乃陳本名名䌷。既逡巡於便院，俄而遠近悉知。《乾𦠆子》(《廣記》二四二)。

劉言史

1 皮日休《劉棗强碑文》云：……有與李賀同時，有劉棗强焉。先生姓劉氏，名言史，不詳其鄉里。所有歌詩千首，其美麗恢贍，自賀外，世莫得比。王武俊之節制鎮冀也，先生造之。武俊性雄健，頗好詞藝，一見先生，遂加異敬。將署之賓位，先生辭免。武俊善騎射，載先生以貳乘，逞其藝於野。武俊先騎，驚雙鴨起於蒲稗間，武俊控弦，弦不再發，雙鴨聯斃於地。武俊歡甚，命先生曰：「某之伎如是，先生之詞如是，可謂文武之會矣。何不出一言以讚耶！」先生由是馬上草《射鴨歌》以示武俊，議者以爲禰正平《鸚鵡賦》之類也。武俊益重先生，由是奏請官先生，詔授棗强令。先生辭疾不就，世重之曰劉棗强，亦如范萊蕪之類焉。故相國隴西公夷簡之節度漢南也，少與先生遊，且思相見，命列將以襄之緐器千事賂武俊，以請先生。武俊許之。先生由是爲漢南相府賓冠。隴西公日與之爲筆宴，其獻酬之歌詩，大播于當時。隴西公從事或曰：「以某下走之才，誠不足汚辱重地，劉棗强至，衆必以公賓劉於幕吏之上，何抑之如是！」公曰：「愚非惜幕間一足地，不容劉也，然視其狀有不足稱者。諸公視某與劉，分豈有間然哉，反爲之惜其壽爾！」後不得已，問先生所欲爲，先生曰：「司功掾甚閒，或可承闕。」相國由是掾之。雖居官曹，宴見與從事儀等。後從事又曰：「劉棗强縱不容在賓署，承乏於掾曹，詘矣。奚不疏整其秩？」相國不得已而表奏焉。詔下之日，先生不恙而卒。相國哀之慟曰：「果然止掾曹，殺吾愛客。」葬之有加等。墳去襄陽郭五里，曰柳子關。《唐詩紀事》四六。《唐才子傳》四。

于良史

1 于良史爲張徐州建封從事，每自吟曰：「出身三十年，髮白衣仍碧。日暮依朱門，從未染袍赤。」因爲之奏章服焉。《大唐傳載》。《唐語林》四。《唐詩紀事》四三。

覃正夫

1 唐貞元中，秭歸人覃正夫頃棲廬嶽，帥符載徵召爲文，竟汩没於巴巫也。或有以其文數篇示愚，辭韻挺特，風調凛然，真得武都之刀尺也。號《巢居子》，有二十卷。愚因致書於歸州之衙校李玩，俾搜訪之。書未達前三日，里人有家藏全集者，適遇延爇而煨燼之。嗟乎，鄙於覃生，異時也。苟得繕寫流布，振彼聲光，而焚如之酷，何不幸之甚也！《北夢瑣言》五。

胡令能

1 列子終於鄭，今墓在郊藪。謂賢者之跡，而或禁其樵採焉。里有胡生者，性落拓，家貧。少爲洗鏡鎪釘之業，倏遇甘菓、名茶、美醞，輒祭於列禦寇之祠壠，以求聰慧，而思學道。歷稔，忽夢一人，刀劃其腹開，以一卷之書，置于心腑。及睡覺，而吟詠之意，皆綺美之詞，所得不由於師友也。既成卷軸，尚不棄於猥賤之事，真隱者之風，遠近號爲「胡釘鉸」。太守名流，皆仰矚之，而門多長者。或有遺賂，必見拒也；或持茶酒而來，則忻然接奉。其文略記數篇，資其異論耳。《喜圃田韓少府見訪》一首：「忽聞梅福來相訪，笑着荷衣出草堂。兒童不慣見車馬，争入蘆花深處藏。」又《觀鄭州崔郎中諸妓繡樣》曰：「日暮堂前花蕊嬌，争拈小筆上床描。繡成安向春園裏，引得黄鶯下柳條。」《江際小兒垂釣》曰：「蓬頭稚子學垂綸，側坐莓苔草映身。路人借問遥招手，恐畏魚驚不應人。」《雲溪友議》下。又《廣記》一六二引。《南部新書》壬。《唐詩紀事》二八。

2 胡生者，失其名，以釘鉸爲業。居霅溪而近白蘋洲，去厥居十餘步，有古墳，胡生若每茶，必奠酹之。嘗夢一人謂之曰：「吾姓柳，平生善爲詩而嗜茗。及死葬室，乃子今居之側。常銜子之惠，無以爲報，欲教子爲詩。」胡生辭以不能，柳强之曰：「但率子言之，當有致矣。」既寤，試搆思，果有冥助者，厥後遂工焉。《南部新書》壬。

高定

1 高定，貞公郢之子也。爲《易》，合八出以畫八卦，上圓下方，合則爲重，轉則爲演，七轉而六十四卦，六甲八節備焉。著《外傳》二十三篇。定，小字董二，時人多以小字稱。年七歲，讀《書》至《牧誓》，問父曰：「奈何以臣伐君？」答曰：「應天順人。」又問曰：「用命賞於祖，不用命戮於社，豈是順人？」父不能對。年二十三，爲京兆府參軍卒。《國史補》下。又《廣記》一七五引。《唐語林》一。《續世説》四。

獨孤綬

1 見唐德宗38。

薛展

1 薛展爲兒時，有相者曰：「此兒必爲狀元。」及應進士舉，與侍郎李紓有隙，常爲所抑。後李知舉，薛欲東歸，相者又曰：「君今歲爲狀元决矣。」由是乃止。及策試排榜，乃翰林學士婿趙日華爲狀元。朝列疑之，諭李改去，李不覺遽寫薛展二字，既奏名，方悟其夙怨。翌日，展謝，李曰：「天假吾手，非子之才。」《國史補遺》(《分門古今類事》一〇)。

李俊

1 見包佶3。

李稜

1 故殿中侍御史李稜，貞元二年擢第。有别業在江寧，其家居焉。是歲渾太師瑊鎮蒲津，請稜爲管記從事。稜乃曰：「公所欲稜者，然奈某不閒檢束，夙好藍田山水，據使銜合得畿尉，雖考秩淺，如公勳望崇重，特爲某奏請，必諧矣。某得此官，江南迎老親以及寸禄，即某之願畢矣。」渾遂表薦之。德宗令中書商量，當從渾之奏。稜聞桑道茂先生言事神中，因往詣焉，問所求成敗。茂曰：「公求何官？」稜具以本末言之。對曰：「從此二十年，方合授此官，如今則不得。」稜未甚信。經月餘，稜詣執政，謂曰：「足下資歷淺，未合入畿尉，如何憑渾之功高，求僥倖耳。」遂檢吏部格上。時帝方留意萬機，所奏遂寢。稜歸江南，果丁家艱，已近七八年。又忽得躄疾，殆將一紀。元和元年冬，始入選，吏曹果注得藍田縣尉。一唱，忻而授之。乃具説於交友。《續定命録》（《廣記》一五一）。

牛錫庶

1 牛錫庶性静退寡合，累舉不舉。貞元元年，因問日者，曰：「君明年合狀頭及第。」錫庶但望偶中一第爾，殊不信也。時已八月，未命主司。偶至少保蕭昕宅前，值昕杖策將獨遊南園，錫庶遇之，遽投刺，並贄所業。昕獨居，方思賓友，甚喜，延與之語。及省文卷，再三稱賞。因問曰：「外間議者以何人當知舉？」錫庶對曰：「尚書至公爲心，必更出領一歲。」昕曰：「必不見命。若爾，君即狀頭也。」錫庶起拜謝，復坐未安，忽聞馳馬傳呼曰：「尚書知舉。」昕遽起。錫庶復再拜曰：「尚書適已賜許，皇天后土，實聞斯言。」昕曰：「前言期矣。」明年，果狀頭及第。《逸史》（《廣記》一八〇）。《玉泉子》。 案：牛錫庶，《玉泉子》作「牛庶錫」。

2 見蕭昕1。

裴次元

1 裴次元，制策、宏詞同日敕下，並爲敕頭。時人榮之。《南部新書》丙。

包誼

1 包誼者，江東人也，有文辭。初與計偕，到京師後時，趁試不及。宗人祭酒佶憐之，館於私第。誼多遊佛寺，無何，唐突中書舍人劉太真，覩其色目，即舉人也。命一介致問，誼勃然曰：「進士包誼素不相識，何勞要問？」太真甚銜之，以至專訪其人於佶。佶聞誼所爲，大怒而忌之，因詰責遣徙他舍，誼亦無作色。明年太真主文，志在致其永棄，故落雜文，俟終場明遣之。既而自悔之曰：「此子既忤我，從而報之，是爲淺丈夫也必矣；但能永廢其人，何必在此！」於是放入策。太真將放榜，先巡宅呈宰相。榜中有姓朱人及第，宰相以朱泚近大逆，未欲以此姓及第，亟遣易之。太真錯愕趨出，不記他人，唯記誼爾。及誼謝恩，方悟己所惡也，因明言。乃知得喪非人力也，蓋假手而已。《唐摭言》八。又《廣記》一五二引。

2 包誼，江浙人，下第遊漢南，與劉太真相會辯難。劉辭屈，責其不敬，誼擲杯中其額。後太真爲禮部侍郎，誼應舉，太真覽其文卷于包侍郎佶之家。初甚驚嘆，及視其名，迺包誼也，遂默然。至出牓，宰相欲有去留，面問太真換一名，太真不能對；忽記誼之姓名，遽言之，遂中第。《唐語林》四。

羅玠

1 羅玠，貞元五年及第，闕宴，曲江泛舟，舟沈，玠以溺死。後有闕宴前卒者，謂之「報羅」。《唐摭言》三。

尹樞

1 杜黃門第一榜，尹樞爲狀頭。先是杜公主文，志在公選，知與無預評品者。第三場庭參之際，公謂諸生曰：「主上誤聽薄劣，俾爲社稷求棟梁，諸學士皆一時英儁，奈無人相救！」時入策五百餘人，相顧而已。樞年七十餘，獨趨進曰：「未諭侍郎尊旨。」公曰：「未有榜帖。」對曰：「樞不才。」公欣然延之，從容因命卷簾，授以紙筆。樞援毫斯須而就。每札一人，則抗聲斥其姓名；自始至末，列庭聞之，咨嗟嘆其公道者一口。然後長跪授之，唯空其元而已。公覽讀致謝訖，乃以狀元爲請，樞曰：「狀元非老夫不可。」公大奇之，因命親筆自札之。《唐摭言》八。

2 貞元七年，杜黃裳知舉，聞尹樞時名籍籍，乃微服訪之。問場中名士，樞唯唯。黃裳乃具告曰：「某即今年主司也，受命久矣，唯得一人，其他不能盡知，敢以爲請。」樞聳然謝曰：「既辱下問，敢有所隱？」即言子弟有崔元略，孤進有林藻、令狐楚數人。黃裳大喜。其年樞狀頭及第，試《珠還合浦賦》。藻賦成，忽假寐，夢人告曰：「何不敘珠來去之意？」既寤，乃改數句。及謝恩，黃裳謂藻曰：「敘珠來去，如有神助。」《閩川名士傳》(《廣記》一八〇、《御覽》五八七)。《玉泉子》。《唐詩紀事》四二。

林藻　林蘊

1 閩自貞元以前，未有進士。觀察使李錡始建庠序，請獨孤常州及爲《新學記》，云：「縵胡之纓，化爲青衿。」林藻、弟藴，與歐陽詹覩之嘆息，相與結誓，繼登科第。《唐語林》四。

2 見尹樞2。

彭伉

1 彭伉、湛賁，俱袁州宜春人，伉妻即湛姨也。伉舉進士擢第，湛猶爲縣吏。妻族爲置賀宴，皆官人名士，伉居客之右，一座盡傾。湛至，命飯於後閤，湛無難色。其妻忿然責之曰：「男子不能自勵，窘辱如此，復何爲容！」湛感其言，孜孜學業，未數載，一舉登第。伉常侮之，時伉方跨長耳縱遊於郊郭，忽有僮馳報湛郎及第，伉失聲而墜。故袁人謔曰：「湛郎及第，彭伉落驢。」《唐摭言》八。又《廣記》一八〇引。《唐詩紀事》三五。《宜春傳信録》（張本《説郛》三三、陶本《説郛》四四）。

2 彭伉評事，宜陽徵君之孫，及第後，浙西廉使于公辟入幕，歲久未回，妻張氏寄二絶。其一云：「久無音信到羅幃，路遠迢迢遣問誰？問君折得東堂桂，折罷那能不暫歸？」其二云：「驛使今朝過五湖，殷勤爲我報狂夫。從來誇有龍泉劍，試割相思得斷無？」彭伉始以詩寄之曰：「莫訝相如獻賦遲，錦書誰道淚沾衣。不須化作山頭石，待我東堂折桂枝。」《唐詩紀事》七九。

湛賁

1 見彭伉1。

房次卿

1 道政里十字街東，貞元中有小宅，怪異日見，人居者必大遭凶禍。時進士房次卿假西院住，累月無患，乃衆誇之云：「僕前程事，可以自得矣。」咸謂此宅凶，於次卿無何有。」李直方聞而答曰：「是先輩凶於宅。」人皆大笑。《乾𦠆子》（《廣記》三四一）。

陳通方

1 見王播4。

李摯　李行敏

1 貞元十二年，李摯以大宏詞振名，與李行敏同姓，同年，同登第，又同甲子，及第時俱二十五歲。又同門。摯嘗答行敏詩曰：「因緣三紀異，契分四般同。」《唐摭言》四。又《廣卓異記》一二引。《古今詩話》（《詩話總龜》前集一七）。《唐詩紀事》五〇。

獨孤申叔　蔡南史

1 貞元十三年，駙馬王士平與義陽公主反目，蔡南史、獨孤申叔播爲樂曲，號《義陽子》，有《團雪》《散雲》之歌。德宗聞之怒，欲廢科舉，後但流斥南史、申叔而止。《國史補》下。又《廣記》一八〇引。《唐語林》二。

張　汾

1　貞元初，邢君牙爲隴右臨洮節度，進士劉師老、許堯佐往謁焉。二客方坐，一人儀形甚異，頭大足短，衣麻衣而入，都不待賓司引報。直入見君牙，拱手于額曰：「進士張汾不敢拜。」君牙從戎多年，殊不以爲怪，乃揖汾坐，曾不顧堯佐、師老。俄而有吏過梜，宴設司欠失錢物。君牙閲歷簿書，有五十餘千散落，爲所由隱漏。君牙大怒，方令分折去處，汾乃拂衣而起曰：「且奉辭。」牙謝曰：「某適有公事，略須決遣，未有所失于君子，不知遽告辭何也？」汾對曰：「汾在京之日，每聞京西有邢君牙，上柱天，下柱地。今日于汾前，與設吏論牙三五十千錢，此漢争中？」君牙甚怪，便放設吏，與汾相親。汾謂君牙曰：「某在京應舉，每年常用二千貫文，皆出往還。劍南韋二十三、徐州張十三，一日之内，客有數等，上至給舍，即須法味；中至補遺，即須煮鷄豚，或生或鱠。」既而指師老、堯佐云：「如舉子此公之徒，遠相訪，即膤胡而已。何不如此耶？」堯佐矍然。逡巡，二客告辭而退，君牙各贈五縑。張汾洒掃内廳安置。留連月餘，贈五百縑。汾却至武功，堯佐方卧病在館，汾都不相揖。後二年及第，又不肯選。遂患腰脚疾。武元衡鎮西川，哀其龍鍾，奏充安撫巡官，仍攝廣都縣令。一年而殂。《乾𦠆子》（《廣記》四九六）。

宋濟

1 宋濟老于文場，舉止可笑。嘗試賦，誤失官韻，乃撫膺曰：「宋五又坦率矣！」由是大著名。後禮部上甲乙名，德宗先問曰：「宋五免坦率否？」《國史補》下。《唐摭言》一〇。《唐語林》一。案：德宗，《唐摭言》作「明皇」，當误。

2 唐德宗微行，一日夏中至西明寺。時宋濟在僧院過夏，上忽入濟院，方在窗下，犢鼻葛巾抄書，上曰：「茶請一椀。」濟曰：「鼎水中煎，此有茶味，請自潑之。」上又問曰：「作何事業？」兼問姓行。濟云：「姓宋第五，應進士舉。」又曰：「所業何？」曰：「作詩。」又曰：「聞今上好作詩，何如？」宋濟云：「聖意不測。」語未竟，忽從輦遞到，曰「官家官家」，濟惶懼待罪。上曰：「宋五大坦率。」後禮部放牓，上命内臣看有濟名，使迴奏無名，上曰：「宋五又坦率也。」《盧氏小説》（《廣記》一八〇）。《類説》四九作《盧氏雜説》。

3 或有朝客譏宋濟曰：「近日白袍子何太紛紛？」濟曰：「蓋由緋袍子、紫袍子紛紛化使然也。」《國史補》下。又《廣記》一八〇引。《唐摭言》一〇。《唐語林》二。

4 唐許孟容與宋濟爲布素之交。及許知舉，宋不第。放牓後，許頗慙，累請人申意，兼遣門生就看，宋不得已，乃謁焉。許但分訴首過，因命酒，酣，乃曰：「雖然，某今年爲國家取卿相。」時有姚嗣卿及第後，翌日而卒。因起慰許曰：「邦國不幸，姚令公薨謝。」許大慙。《盧氏雜説》（《廣記》二五五、《類説》四九）。《唐語林》六。

曹著

1 見魏光乘2。

喬彝

1 喬彝京兆府解試時，有二試官，彝日午叩門，試官令引入，則已醺醉。視題曰《幽蘭賦》，不肯作，曰：「兩箇漢相對作此題。」速改之，爲《渥洼馬賦》，曰：「校些子。」奮筆斯須而就。警句云：「四蹄曳練，翻瀚海之驚瀾；一噴生風，下胡山之亂葉。」便欲首送。京尹曰：「喬彝崢嶸甚，宜以解副薦之。」《幽閒鼓吹》。又《廣記》一七九引。《唐語林》三。

周存

1 貞元中，有周存者，性喜放生。嘗放一鯉魚，戲爲詩，極佳，陸贄稱之，末云：「倘若成龍去，還施潤物功。」後入試，試題爲《白雲向空盡》，詩既成，苦于無結，忽憶鯉魚詩，因改二字云：「倘若從龍出，還施潤物功。」遂得通籍。《林下詩談》（《瑯嬛記》下）。

苗粲　苗纘

1 苗給事子纘應舉次，而給事以中風語澀，而心中至切。臨試，又疾亟。纘乃爲狀，請許入試否。給事猶能把筆，淡墨爲書，曰：「入！〔入〕！」其父子之情切如此。其年纘及第。《劉賓客嘉話録》（《唐語林》四）。又《廣記》一八〇引。　案：苗給事，《廣記》作「苗粲」。

苗躭

1 苗躭以進士及第，困居洛中有年矣，不堪其窮。或意謂將來通塞，可以響卜，即命兒姪洒掃廳事，設几焚香，束帶秉笏，端坐以俟一言。所居窮僻，久之無聞。日晏，有貨枯魚者至焉。躭復祝其至而諦聽之，其家童連呼之，且挈魚以入，其實元無一錢，良久方出。貨者遲其出，因怒之矣。又兒或微刳其魚，貨者視之，因駡曰：「乞索兒終餓死爾，何滯我之如是耶！」初，躭嘗自外遊歸，途遇疾甚，不堪登降，忽見輦棺而過者，以其價賤，即僦之，寢息其中。既至洛東門，閽者不知其中有人，詰其所由來，躭恐其訝己，徐答曰：「衣冠道路，得貧病不能致他輿，奈何怪也？」閽者退曰：「吾守此三年矣，未嘗見有解語神柩。」後躭亦終江州刺史。《玉泉子》。又《廣記》四九八引。

裴冀

1 建中初，金吾將軍裴冀曰：「若使禮部先時頒天下曰：某年試題取某經，某年試題取某史，至期果然，亦勸學之一術也。」《國史補》中。《唐語林》二。

戴嵩

1 戴嵩，不知何許人也。初，韓滉晉公鎮浙右時，命嵩爲巡官。師滉畫，皆不及，獨於牛能窮盡野性，乃過滉遠甚。至於田家川原，皆臻其玅。然自是廊廟間安得此物？宜滉於此風斯在下矣。世之所傳畫牛者，嵩爲獨步。其弟嶧亦以畫牛得名。今御府所藏三十有八。《宣和畫譜》一三。《歷代名畫記》一〇。《圖繪寶鑑》二。

2 馬正惠公嘗珍其所藏戴嵩《鬬牛圖》，暇日展曝於廳前。有輸租氓見而竊笑。公疑之，問其故，對曰：「農非知畫，乃識真牛。方其鬬時，夾尾於髀間，雖壯夫膂力不能出之。此圖皆舉其尾，似不類矣。」公爲之歎服。《獨醒雜志》一。《圖畫見聞誌》六。《仇池筆記》上。案：《圖畫見聞誌》以爲厲歸真畫，當誤。

3 唐戴嵩善畫水牛，因筆墜則爲烏牛，畫飲水之牛則水中見影，畫牧童牽牛則牛瞳中有牧童。《摭遺》（《類説》三四）。又《記纂淵海》八七引。

4 米元暉尤工臨寫。在漣水時，客鬻戴松牛圖，元暉借留數日，以模本易之，而不能辨。後客持圖乞還真本，元暉怪而問之曰：「爾何以別之？」客曰：「牛目中有牧童影，此則無也。」《清波雜志》五。

周昉

1 周昉，字仲朗，京兆人也，節制之後。好屬文，窮丹青之妙。遊卿相間，貴公子也。兄晧，善騎射，隨哥舒翰征吐蕃，取石堡城，以功爲執金吾。時屬德宗修章敬寺，召晧云：「卿弟昉善畫，朕欲宣畫章敬寺神，卿特言之。」經數月，果召之，昉乃下手。落筆之際，都人競觀，寺抵國門，賢愚必至。或有言其妙者，或有指其瑕者，隨意改定。經月餘，是非語絶，無不歎其精妙，遂下筆成之，爲當時第一。又郭令公女壻趙縱侍郎嘗令韓幹寫真，衆皆稱善。後又請周昉長史寫之。二人皆有能名，令公嘗列二真置於座側，未能定其優劣。因趙夫人歸省，令公問云：「此畫何人？」對曰：「趙郎也。」又云：「何者最似？」對曰：「兩畫皆似，後畫尤佳。」又云：「何以言之？」云：「前畫者空得趙郎狀貌，後畫者兼移其神氣，得趙郎情性笑言之姿。」令公問曰：「後畫者何人？」乃云：「長史周昉。」是日遂定二畫之優劣，令送錦綵數百段與之。今上都有畫水月觀自在菩薩。時人又云：大雲寺佛殿前行道僧、廣福寺佛殿前面兩神，皆殊絶當代。昉任宣州別駕，於禪定寺畫北方天王，嘗於夢中見其形像。又畫士女，爲古今冠絶。又畫《渾侍中宴會圖》、《劉宣武按舞圖》、《獨孤妃按曲圖》粉本，又畫《仲尼問禮圖》、《降真圖》、《五星圖》、《撲蝶圖》，兼寫諸真人、文宣王十弟子卷軸等至多。貞元末，新羅國有人於江淮以善價收市數十卷，持往彼國。其畫佛像、真仙、人物、士女，皆神品也。唯鞍馬、鳥獸、草木、竹石，不窮其狀也。《唐朝名畫録》。又《廣記》二一三、《御覽》七五一引作《畫斷》。《圖畫見聞誌》五。《宣和畫譜》六。　案：周昉之字，《廣記》、《御覽》、《新唐書·藝文志三》、《宣和畫譜》及《歷代名畫記》一〇均作景玄。

邊鸞

1 邊鸞，京兆人也，少攻丹青，最長於花鳥，折枝草木之妙，未之有也。或觀其下筆輕利，用色鮮明，窮羽毛之變態，奮花卉之芳妍。貞元中獻孔雀解舞者，德宗詔於玄武殿寫其貌。一正一背，翠彩生動，金羽輝灼，若運清聲，宛應繁節。後因出宦，遂致疏放，其意困窮，於澤、潞間寫《玉芝圖》，連根苗之狀，精極，見傳於世。近代折枝花居其第一，凡草木、蜂蝶、雀蟬，并居妙品。《唐朝名畫録》。《廣記》二一三引作《畫斷》。《宣和畫譜》一五。

王默

1 王默師項容，風顛酒狂。畫松石山水，雖乏高奇，流俗亦好。醉後以頭髻取墨抵於絹畫。王默早年受筆法於台州鄭廣文虔。貞元末，於潤州殁，舉柩若空，時人皆云化去。平生大有奇事。顧著作知新亭監時，默請爲海中都巡，問其意，云：「要見海中山水耳。」爲職半年，解去。爾後落筆有奇趣。顧生乃其弟子耳。彦遠從兄監察御史厚，與余具道此事。然余不甚覺默畫有奇。《歷代名畫記》一〇。又《廣記》二一四引。

參看顧況13。

王洽

1 唐王墨，不知何許人，名洽。善潑墨，時人謂之王墨，多遊江湖，善畫山水、松柏、雜樹。性疏野好酒，每欲圖障，興酣之後，先已潑墨。或叫或吟，脚蹙手抹，或拂或幹，隨其形象，爲山爲石，爲水爲樹。應心隨意，倏若造化。圖成，雲霞澹之，風雨掃之，不見其墨汙之跡也。《畫斷》(《廣記》二一三、《御覽》七五一、《類説》五八)。《唐朝名畫録》。《宣和畫譜》一〇。《圖繪寶鑑》二。

陳譚

1 陳譚攻山水，德宗時除連州刺史，令寫彼處山水之狀，每歲貢獻。野逸不羣，高情邁俗，張藻之亞也。《唐朝名畫録》。《圖繪寶鑑》二。

王宰

1 王宰居於西蜀，貞元中，韋令公以客禮待之。畫山水樹石，出於象外，故杜員外贈歌云：「十日畫一松，五日畫一石。能事不受相促迫，王宰始肯留真跡。」景玄曾於故席夔舍人廳見一圖障，臨江雙樹，一松一柏，古藤縈繞，上盤於空，下著於水，千枝萬葉，交植屈曲，分布不雜。或枯或榮，或蔓或亞，或直或倚，葉疊千重，枝分四面。達士所珍，凡目難辨。又於興善寺見畫四時屏風，若移造化。風候雲物，八節四時，於一座之内，妙之至極也。故山水松石，並可躋於妙上品。《唐朝名畫録》《廣記》二一三引作《畫斷》。

辛澄

1 辛澄者，不知何許人也。建中元年，大聖慈寺南畔創立僧伽和尚堂，請澄畫焉。纔欲援筆，有一胡人云：「僕有泗州真本。」一見甚奇，遂依樣描寫及諸變相。未畢，蜀城士女瞻仰儀容者側足，將燈香供養者如驅。今已重妝損矣。普賢閣下五如來同坐一蓮花及鄰壁小佛，九身閣裏内如意輪菩薩，並澄之筆，現存。《益州名畫録》上。

梁　廣

1　梁廣，不知何許人也。善畫花鳥，名載譜録，爲一時所稱。故鄭谷作《海棠》詩有「梁廣丹青點筆遲」之句也。谷以詩名家，不妄許可，谷既稱道，廣之畫可見矣。今御府所藏五。《宣和畫譜》一五。《圖繪寶鑑》二。

康崑崙

1　開元中有賀懷智，其樂器以石爲槽，鵾鷄筋作絃，用鐵撥彈之。貞元中，有康崑崙第一手。始遇長安大旱，詔移兩市祈雨，及至天門街市人廣較勝負及鬬聲樂。即街東有康崑崙，琵琶最上，必謂街西無以敵也，遂請崑崙登綵樓，彈一曲新翻羽調《録要》即《緑腰》是也。本自樂工進曲，上令録出要者，因以爲名。自後來誤言「緑腰」也。其街西亦建一樓，東市大誚之。及崑崙度曲，西市樓上出一女郎，抱樂器，先云：「我亦彈此曲，兼移在楓香調中。」及下撥，聲如雷，其妙入神。崑崙即驚駭，乃拜請爲師。女郎遂更衣出見，乃僧也。蓋西市豪族厚賂莊嚴寺僧善本，姓段。以定東鄽之勝。翊日，德宗召入，令陳本藝，異常嘉奬，乃令教授崑崙。段奏曰：「且請崑崙彈一調。」及彈，師曰：「本領何雜，兼帶邪聲。」崑崙驚曰：「段師神人也。臣少年初學藝時，偶於鄰舍女巫授一品絃調，後乃易數師。段師精鑑，如此玄妙也。」段奏曰：「且遣崑崙不近樂器十餘年，使忘其本領，然後可教。」詔許之。後果盡段之藝。《樂府雜録》。又《御覽》五八三引。《琵琶録》（《類説》一三）。

2 韋應物爲蘇州刺史，有屬官因建中亂，得國工康崑崙琵琶，至是送官，表奏入内。《國史補》中。又《廣記》二〇五引。《開城録》（陶本《説郛》二三）。

3 見元伯和1。

宋沇

1 宋沇爲太樂令，知音，近代無比。太常久亡徵調，沇乃考鍾律而得之。《國史補》下。又《廣記》二〇三引。

案：沇，《國史補》原作沆，誤，據《廣記》改。

2 見宋璟24。

3 前録大中二年所著。四年春陽罷免，旋自海南路由廣陵，崔司空爲鎮，司空遇合素厚，留止旬朔，輒獻之，過蒙獎飾。因曰：宋沇即某之中外親丈人，知音之異事，非止於此也。嘗爲太常丞，每〔言〕諸懸鐘磬亡墜至多，補亡者又乖律呂。一日早，於光宅佛寺待漏，貞元中猶未有待漏院，朝士多立城門衢中，或立近坊人家及光宅寺也。聞塔上風鐸聲，傾聽久之。朝迴，復至寺舍，問寺主僧曰：「上人塔上鐸，皆知所自乎？」曰：「不能知。」沇曰：「其間有一是古製。某請一登塔循金索，試歷扣以辨之，可乎？」僧初難，後許，乃扣而辨焉。寺衆即言：「往往無風自搖，洋洋有聞，非此也耶？」沇曰：「是耳。必因祠祭考本懸鐘而應也。」固求摘取而觀之，曰：「此姑洗之編鐘耳。請且獨綴於僧庭。」歸太常，令樂工與僧同臨之，約其時彼扣本樂懸，此果應之。遂購而獲焉。又曾送客出通化門，逢度支運乘，駐馬俄頃，忽草草揖客別，乃隨乘至左藏門，認一鈴，言亦編鐘也。他人但覺鎔鑄獨工，不與衆者埒，莫知其餘。及配懸，音形皆合其度。異乎！此亦識微在金奏者，與列於鼓録，則寖差矣。以大君子所傳，又精義入神，豈容忽而不載，遂附之于末。《羯鼓録》。又《廣記》二〇三引。《唐語林》六。

裴説

1　裴説，寬之姪孫，佐西川韋臯幕。善鼓琴，時稱妙絶。靈開山有美桐，取而製以新樣，遂謂之靈開琴。蜀中又有馬給，彈琴有名，尤能大小間絃。吴人陽子儒，亦於悲風尤妙。《南部新書》壬。

王彦伯

1　王彦伯自言醫道將行，時列三四竈煮藥于庭，老少塞門而請。彦伯指曰：「熱者飲此，寒者飲此，風者飲此，氣者飲此。」皆飲之而去。翌日，各負錢帛來酬，無不效者。《國史補》中。又《廣記》二一九引。《侯鯖録》。

2　荆人道士王彦伯，天性善醫，尤别脉，斷人生死壽夭，百不差一。裴胄尚書子忽暴中病，衆醫拱手，或説彦伯，遽迎使視。脉之良久，曰：「都無疾。」乃煮散數味，入口而愈。裴問其狀，彦伯曰：「中無腮鯉魚毒也。」其子因鱠得病，裴初不信，乃鱠鯉魚無腮者，令左右食之，其候悉同，始大驚異焉。《酉陽雜俎》前集七。又《廣記》二一九引。

宋清

1 宋清賣藥于長安西市，朝官出入移貶，清輒賣藥迎送之。貧士請藥，常多折券，人有急難，傾財救之。歲計所入，利亦百倍。長安言：「人有義聲，賣藥宋清。」《國史補》中。參看柳宗元《宋清傳》。

2 長安宋清以鬻藥致富。嘗以香劑遺中朝簪紳，題識器曰：「三匀煎焚之，富貴清妙。」其法止龍腦、麝末、精沈等耳。《清異録》下。

3 貞元中，宋清進《博經》一卷。《國史纂要》(《記纂淵海》八八)。

李幼清

1 興元中，有知馬者曰李幼清，暇日常取適于馬肆。有致悍馬于肆者，結鏁交絡其頭，二力士以木末支其頤，三四輩執檛而從之，馬氣色如將噬，有不可馭之狀。幼清逼而察之，訊于主者，且曰：「馬之惡，無不具也。將貨焉，唯其所酬耳。」幼清以二萬易之，馬主尚慙其多。既而聚觀者數百輩，訝幼清之決也。幼清曰：「此馬氣色駿異，體骨德度非凡馬。是必主者不知馬，俾雜駑輩槽棧，陷敗狼藉，刷滌不時，芻秣不適，蹏齧蹂奮，蹇破唐突，志性鬱塞，終不可久，無所顧賴，發而爲狂躁，則無不爲也。」既晡，觀者少間。乃別市一新絡頭，幼清自持，徐徐而前，語之曰：「爾材性不爲人知，吾爲汝易是鏁，結雜穢之物。」馬弭耳引首。幼清自負其知，乃湯沐翦飾，別其皂棧，異其芻秣。數日而神氣一小變，踰月而大變。志性如君子，步驟如俊乂，嘶如龍，顧如鳳，乃天下之駿乘也。《唐語林》六。《侯鯖録》四。

馮燕

1 唐馮燕者，魏豪人，父祖無聞名。燕少以意氣任俠，專爲擊毬鬬鶏戲。魏市有争財毆者，燕聞之，搏殺不平，遂沈匿田間。官捕急，遂亡滑，益與滑軍中少年雞毬相得。時相國賈耽鎮滑，知燕材，留屬軍中。他日出行里中，見户旁婦人翳袖而望者，色甚冶。使人熟其意，遂室之。其夫滑將張嬰，從其類飲，燕因得間，復偃寢中，拒寢户。嬰還，妻開户納嬰，以裾蔽燕。燕卑蹐步就蔽，轉匿户扇後，而巾墮枕下，與佩刀近。嬰醉目瞑，燕指巾，令其妻取，妻即以刀授燕。燕熟視，斷其頸，遂巾而去。明旦嬰起，見妻殺死，愕然，欲出自白。嬰鄰以爲真嬰殺，留縛之，趣告妻黨，皆來曰：「常嫉毆吾女，乃誣以過失，今復賊殺之矣，安得他事！即他殺，而得獨存耶？」共持嬰百餘笞，遂不能言。官收繫殺人罪，莫有辨者，彊伏其辜。司法官與小吏持朴者數十人，將嬰就市，看者團圍千餘人。有一人排看者來，呼曰：「且無令不辜死者。吾竊其妻而又殺之，當繫我。」吏執自言人，乃燕也，與燕俱見耽，盡以狀對。耽乃狀聞，請歸其印，以贖燕死。上誼之，下詔，凡滑城死罪者皆免。沈亞之《馮燕傳》(《廣記》一九五)。

張芬

1 張芬曾爲韋南康親隨行軍，曲藝過人，力舉七尺碑，定雙輪水磑。常於福感寺趯鞠，高及半塔，彈力五斗。嘗揀向陽巨笋，織竹籠之，隨長旋培，常留寸許，度竹籠高四尺，然後放長，秋深方去籠伐之，一尺十節，其色如金，用成弓焉。一作彈弓。每塗墻方丈，彈成「天下太平」字。字體端嚴，如人模成焉。《酉陽雜俎》前集五。又《廣記》二二七引。

2 予未虧齒時，嘗聞親故説，張芬中丞在韋南康皐幕中，有一客於宴席上以籌椀中緑豆擊蠅，十不失一，一坐驚笑。芬曰：「無費吾豆。」遂指起蠅，拈其後脚，略無脱者。又能拳上倒椀，走十間地不落。《酉陽雜俎》續集四。又《廣記》二二七引。

汪節

1 太微村在績溪縣西北五里，村有汪節者，其母避瘧於村西福田寺金剛下，因假寐，感而生節。節有神力，入長安，行到東渭橋，橋邊有石獅子，其重千斤，節指而告人曰：「吾能提此而擲之。」衆不信之。節遂提獅子投之丈餘，衆人大駭。後數十人不能動之，遂以賂請節，節又提而致之故地。尋而薦入禁軍，補神策軍將。嘗對御，俯身負一石碾，置二丈方木於碾上，木上又置一牀，牀上坐龜兹樂人一部，奏曲終而下，無壓重之色。德宗甚寵惜，累有賞賜。雖拔山拽牛之力，不能過也。《歙州圖經》（《廣記》一九二）。

賈籠

1 見穆贊5。

葫蘆生

1 見李泌36。

2 見李藩1。

3 見劉闢1。

4 見裴度3。

5 見李固言2。

龐蘊

1 龐蘊，字道玄，衡陽人。嗜浮屠法，厭離貪俗，挈所有沉之洞庭，鬻竹器以爲生。後居襄陽。臨終，召刺史于頔謂曰：「但願空諸所有，慎勿實諸所無。善住世間，皆知影響。」言訖奄然而化，時貞元間也。世號龐居士。《唐詩紀事》四九。《南部新書》己。參看《景德傳燈録》八、《五燈會元》三。

僧些

1 荆州貞元初，有狂僧，些，其名者。善歌《河滿子》。常遇醉伍伯途辱之，令歌，僧即發聲，其詞皆陳伍伯從前隱慝也。伍伯驚而自悔。《酉陽雜俎》前集三。又《廣記》九七引。《宋高僧傳》二〇。

靈鑒

1 慈恩寺僧廣升言，貞元末，閬州僧靈鑒善彈。其彈丸方，用洞庭沙岸下土三斤，炭末三兩，瓷末一兩，榆皮半兩，泔澱二勺，紫礦二兩，細沙三分，藤紙五張，渴搨汁半合，九味和擣三千杵，齊手丸之，陰乾。鄭彙爲刺史時，有富家名寅，讀書善飲酒，彙甚重之。後爲盜，事發而死。寅常詣靈鑒角放彈。寅指一樹節，其節目相去數十步，曰：「中之獲五千。」一發而中，彈丸反射，不破。至靈鑒，乃陷節碎彈焉。《酉陽雜俎》前集一〇。

李日月母

1 初，李日月中矢而死，朱泚備禮送於長安休祥私第，母氏苛尅而不哭，厲聲罵曰：「奚奴！國家負汝何事，敢生悖逆，死猶晚矣！」朱泚備禮而葬之，母氏始終不哭一聲。皇帝行在亦知之。及李晟收長安，諸黨並從夷戮，唯李日月母存而不問。君子曰：馬服君婦有知子之鑒而免禍，李日月母以子叛恩，存大義而不哭，殊有古人之風。《奉天録》一。

竇桂娘

1 烈女姓竇氏，小字桂娘。父良，建中初爲汴州户曹掾。桂娘美顔色，讀書甚有文。李希烈破汴州，使甲士至良門取桂娘去。將出門，顧其父曰：「慎無戚戚，必能滅賊，使大人取富貴于天子。」桂娘既以才色在希烈側，復能巧曲取信，凡希烈之密，雖妻子不知者，悉皆得聞。希烈歸蔡州，桂娘嘗謂希烈曰：「忠而勇，一軍莫如陳仙奇。其妻竇氏，仙奇寵且信之，願得相往來，以姊妹叙齒。因徐説之，以堅仙奇之心。」希烈然之，因以姊事仙奇妻。嘗間謂曰：「賊凶殘不道，遲晚必敗，姊因早圖遺種之地。」仙奇妻然之。興元元年四月，希烈暴死，其子不發喪，欲盡誅老將校，俾少者代之。計未決，有獻含桃者，桂娘白希烈子：「請分遺仙奇妻，且以示無事於外。」因爲蠟帛書曰：「前日已死，殯在後堂。欲誅大臣，須自爲計。」次朱染帛丸如含桃。仙奇發丸見之，言於薛育曰：「兩日稱疾，但怪樂曲雜發，晝夜不絶。此乃有謀未定，示暇於外。事不疑矣。」明日，仙奇、薛育各以所部兵譟於衙門，請見希烈。烈子迫出拜，願去僞號，一如李納。仙奇曰：「爾悖逆，天子有命！」因斬希烈妻及子，函七首以獻，陳尸於市。後兩月，吴少誠殺仙奇，知桂娘謀，因亦殺之。《樊川集》（《廣記》二七〇）。

房孺復妻崔氏

1 房孺復妻崔氏，性忌，左右婢不得濃妝高髻，月給胭脂一豆、粉一錢。有一婢新買，妝稍佳，崔怒謂曰：「汝好妝耶？我爲汝妝。」乃令刻其眉，以青填之，燒鎖梁，灼其兩眼角，皮隨手焦卷，以朱傅之。及痂脱，瘢如妝焉。《酉陽雜俎》前集八。又《廣記》二七二引。

崔慎思婦

1 博陵崔慎思，唐貞元中應進士舉。京中無第宅，常賃人隙院居止，而主人別在一院，都無丈夫。有少婦年三十餘，窺之亦有容色，唯有二女奴焉。慎思遂遣通意，求納爲妻。婦人曰：「我非仕人，與君不敵，不可爲他時恨也。」求以爲妾，許之，而不肯言其姓，慎思遂納之。二年餘，崔所取給，婦人無倦色。後產一子，數月矣。時夜，崔寢，及閉户垂帷，而已半夜，忽失其婦，崔驚之。意其有姦，頗發忿怒，遂起，堂前彷徨而行。時月朧明，忽見其婦自屋而下，以白練纏身，其右手持匕首，左手攜一人頭。言其父昔枉爲郡守所殺，入城求報，已數年矣，未得，今既剋矣，不可久留，請從此辭。遂更結束其身，以灰囊盛人首攜之，謂崔曰：「某幸得爲君妾二年，而已有一子，宅及二婢皆自致，並以奉贈，養育孩子。」言訖而別，遂踰墻越舍而去，慎思驚嘆未已。少頃却至，曰：「適去，忘哺孩子少乳。」遂入室，良久而出，曰：「餧兒已畢，便永去矣。」慎思久之怪不聞嬰兒啼，視之，已爲其所殺矣。殺其子者，以絶其念也。古之俠莫能過焉。《原化記》(《廣記》一九四)。

高彦昭女

1 高彦昭初事李正己。及子納叛國，彦昭以濮州降於河南都統劉玄佐。納怒，殺其妻子。女七歲，見其母兄將就害，拜天而祝，乃問其故，曰：「以天之神明，將有祈也！」女曰：「天如神明，豈使効順而旌戮也。」不拜而死。上聞之，乃下太常議謚曰愍。《唐會要》八〇。

崔寧女

1 茶托子：始建中蜀相崔寧之女，以茶盃無襯，病其熨指，取楪子承之。既啜而盃傾，乃以蠟環楪子之央，使其盃遂定。即命匠以漆環代蠟，進於蜀相。蜀相奇之，爲製名而話於賓親，人人爲便，用於代。是後傳者更環其底，愈新其製，以至百狀焉。《資暇集》下。《事始》(張本《說郛》一〇)。

崔阡

1 德宗誕日，三教講論。儒者第一趙需，第二許孟容，第三韋渠牟，與僧覃延嘲謔，因此承恩也。渠牟薦一崔阡，拜諭德，爲侍書於東宮；東宮，順宗也。阡觸事面墻。對東宮曰：「臣山野鄙人，不識朝典，見陛下合稱臣否？」東宮曰：「卿是宮寮，自合知也。」《劉賓客嘉話録》。又《廣記》二六〇引。《唐語林》六。

何儒亮　趙需

1 進士何儒亮自外州至，訪其從叔，誤造郎中趙需宅，白云：「同房。」會冬至，需家致宴揮霍，需曰既是同房，便令引入就宴。姊妹妻女並在座焉。儒亮食畢徐出，需細審之，乃何氏子也，需大笑。儒亮歲餘不敢出，京師自是呼爲何需郎中。《國史補》中。又《廣記》二四二引。

2 進士何儒亮，自外方至京師，將謁從叔，誤造郎中趙需宅。自云同房。會冬，需欲家宴，揮霍之際，既是同房，便入宴。姑姊妹盡在列。儒亮饌徹徐出。細察，乃何氏子，需笑而遣之。某按：此事是趙贊侍郎與何文哲尚書。相與鄰居時，俱侍御史，水部趙郎中需方應舉，自江淮來，投刺於贊，誤造何侍御第。何，武臣也，以需進士，稱猶子謁之，大喜，因召入宅。不數日，值元日，骨肉皆在坐，文哲因謂需曰：「姪之名宜改之。且『何需』，似涉戲於姓也。」需乃以本氏告，文哲大愧，乃厚遺之而促去。需之孫項，前國學明經，文哲姪孫繼，爲杭之戎吏，皆説之相符，而並無儒亮之説。《國史補》所記乃誤耶？《唐語林》六。

常愿

1 貞元中，武臣常愿好作本色語。曾謂余曰：「昔在奉天爲行營都虞候，聖人門都有幾個賢郎。」他悉如此。且曰：「奉天城斗許大，更被朱泚吃兵馬楦，危如累雞子。今抛向南衙，被公措大偉，齕鄧鄧把將他官職去。」至永貞初，禹錫爲御史監察，見常愿攝事在焉。因謂之曰：「更敢道紇鄧否？」曰：「死罪死罪。」《劉賓客嘉話録》(《廣記》二〇六)。

李佐

1 唐李佐，山東名族。少時因安史之亂，失其父。後佐進士擢第，有令名，官爲京兆少尹。陰求其父。有識者告後，往迎之於鬻凶器家，歸而奉養。如是累月。一旦，父召佐謂曰：「汝孝行絶世。然吾三十年在此黨中，昨從汝來，未與流輩謝絶。汝可具大猪五頭、白醪數斛、蒜虀數甕、薄餅十柈開設中堂，吾與羣黨一酌申欵，則無恨矣。」佐恭承其教，數日乃具。父散召兩市善薤歌者百人至。初即列坐堂中，久乃雜謳，及暮皆醉。衆扶佐父登榻，而薤歌一聲，凡百齊和。俄然相扶父出，不知所在。行路觀者億萬。明日，佐棄家人入山，數日而卒。《獨異志》（《廣記》二六〇）。《南部新書》癸。

唐人軼事彙編卷十九

王叔文

1 王叔文以度支使設食于翰林中，大會諸閹，袖金以贈。明日又至，揚言聖人適于苑中射兔，上馬如飛，敢有異議者腰斬。其日乃丁母憂。《國史補》中。

2 叔文母將死前一日，叔文以五十人擔酒饌入翰林，讌李忠言、劉光琦、俱文珍及諸學士等。中飲，叔文執盞云云。又曰：「羊士諤毀叔文，叔文將杖殺之，而韋執誼懦不敢。劉闢以韋皋迫脅叔文求三川，叔文平生不識闢。叔文今日名位何如，而闢欲前執叔文手，豈非凶人邪！叔文時已令掃木場，將集衆斬之，執誼又執不可。每念失此兩賊，令人不快。」又自陳判度支已來，所爲國家興利除害，出若干錢以爲功能。俱文珍隨語折之。叔文無以對，命滿酌雙卮對飲，酒數行而罷。方飲時，有暫起至廳側者，聞叔文從人相謂曰：「母死已臭，不欲棺斂，方與人飲酒，不知欲何所爲！」歸之明日，而其母死。或傳母死數日乃發喪。《順宗實録詳本》(《通鑑考異》一九)。

韋執誼

1 與妻父同時爲相：杜黄裳、韋執誼。初，黄裳爲相，時執誼自吏部郎中賜緋、紫，直及平章事。自近古未有。《卓異記》。《唐書》(《廣卓異記》六)。

2 王叔文始欲掃木場斬劉闢，而韋執誼違之，蓋欲爲皋求三川也。《南部新書》丙。

3 順宗寢疾，韋執誼、王叔文等竊弄權柄。憲宗在東宫，執誼懼之，遂令給事中陸質侍讀，潛伺上意，因解之。及質發言，上曰：「陛下令先生與寡人講讀，何得言他？」惶懼而出。《唐語林》三。

4 韋崖州執誼自幼不喜聞嶺南州縣。拜相日，出外舍，見一州郡圖，遲迴不敢看。良久，臨起倶視，乃崖州圖也。竟以貶終。《大唐傳載》。《感定録》(《廣記》一五三)。《唐語林》六。

5 元和初，韋執誼貶崖州司户參軍。刺史李甲憐其羈旅，乃舉牒云：「前件官久在相庭，頗諳公事，幸期佐理，勿憚縻賢。事須請攝軍事衙推。」《嶺南異物志》(《廣記》四九七)。《續世説》九。

6 見李德裕33。

杜黄裳

1、2 見尹樞1、2。

3 裴操者，延齡之子，應鴻辭舉。延齡于吏部候消息。時苗給事及杜黄門同時爲吏部知銓，將出門，延齡接見，採偵二侍郎口氣。延齡乃念操賦頭曰：「是沖仙人。」黃門顧苗給事曰：「記有此否？」苗曰：「恰似無。」延齡仰頭大呼曰：「不得！不得！」敕下，果無名操者。劉禹錫曰：「當延齡用事之時，不預實難也。非杜黃門誰能拒之？」《唐語林》三。案：此條唐蘭考爲《劉賓客嘉話録》佚文。

4 元和元年九月，平西蜀。初，劉闢作亂，上不欲用兵，羣議未決。宰臣杜黃裳堅請討除，以高崇文爲行營節度使，〔俱〕文珍爲都監。數月無功，黃裳奏曰：「往年討吴少誠於淮西，韓全義兵敗，緣當時所徵之兵，各有主將，又制自監軍故也。今日用兵，與貞元時不異。臣竊爲陛下惜之。若獨任崇文，必濟。」上從之。及蜀平，諸相入賀，上獨勞黃裳曰：「卿之功也。」黃裳自始經營討闢，至於成功，指授崇文，無不懸合。崇文素憚保義軍節度使劉澭，黃裳謂曰：「若不奮命，當以劉澭代之。」由是得崇文之死力。時宿將專征者甚衆，自謂當選，詔出用崇文，人人大驚。及王師入成都，擒劉闢以獻，詔刻石紀功於鹿頭山下。《唐會要》五一。

5 杜黃裳當憲宗初載，深謀密議，眷禮敦優，生日例外別賜九龍燭十挺。《清異録》上。

6 李師古跋扈，憚杜黃裳爲相，未敢失禮，乃命一幹吏寄錢數千繩，并氈車子一乘，亦直千緡。使者未敢遽送，乃於宅門伺候累日，有緑輿自宅出，從婢二人，青衣襤褸，問：「何人？」曰：「相公夫人。」使者遽歸，以告師古，師古折其謀，終身不敢失節。《幽閒鼓吹》。又《廣記》一六五引。《唐語林》一。

7 憲宗固英主也，然始即位得杜邠公，大啓胸臆，以致其道，作事謀始，邠公之力也。《國史補》中。《唐語林》三。

鄭餘慶

1 見裴佶3。

2 德宗幸金鑾院，問學士鄭餘慶曰：「近日有衣作否？」餘慶對曰：「無之。」乃賜百縑，令作寒服。《國史補》中。《衣冠盛事》（陶本《説郛》三一）。

3 見唐憲宗16。

4 宣平鄭相之銓衡也，選人相賀得入其銓。劉禹錫曰：「予從弟某爲鄭銓，注潮州尉，一唱，唯唯而出。鄭呼之卻迴，曰：『如公所試，場中無五六人；一唱便受，亦無五六人。此而不奬，何以銓衡？公要何官，去家穩便？』曰：『家住常州。』乃注武進縣尉。選人翕然畏而愛之。及後作相，選官又稱第一，宜其有後於魯也。」又云：「陳諷、張復元各注畿縣尉，請換縣，允之。既而張卻請不換，鄭牓子引張，纔入門，報已定，不可改。時人服之。」《唐語林》一，原出《劉賓客嘉話録》。又《廣記》一八六引《嘉話録》。

5 鄭餘慶清儉有重德。一日，忽召親朋官數人會食，衆皆驚，朝僚以故相望重，皆凌晨詣之。至日高，餘慶方出。閒話移時，諸人皆囂然。餘慶呼左右曰：「處分廚家，爛蒸去毛，莫拗折項。」諸人相顧，以爲必蒸鵝鴨之類。逡巡，舁臺盤出，醬醋亦極香新，良久就餐，每人前下粟米飯一椀，蒸胡蘆一枚。相國餐美，諸人强進而罷。《盧氏雜説》（《廣記》一六五）。《玉泉子》。

6 司徒鄭真公，每在方鎮，崇樹公家，陳設器用，無不精備。至於宴犒之事，未嘗刻薄。而居常奉身，過於儉素。中外婚嫁，無日無之，凡是禮物，皆經神慮。公與其宗叔太子太傅絪，俱住招國。太傅第在南，出自南祖。司徒第在北，出自北祖。時人謂之南鄭相、北鄭相。司徒堂兄文憲公，前後相德宗。亦謂之大鄭相、小鄭相焉。其後門内，居臺席者多矣。《因話録》二。《唐語林》六。

7 見李宗閔6。

鄭絪

1 韋渠牟因對德宗，德宗問之曰：「我擬用鄭絪作宰相，如何？」渠牟曰：「若用此人，必敗陛下公事。」他日又問，對亦如此。帝曰：「我用鄭絪，定也，卿勿更言。」絪即昭國司徒公也。再入相位，以清儉文學號爲賢相，於今傳之。渠牟之毁，濫也。《劉賓客嘉話録》（《廣記》一八八）。

2 順宗風噤不言，太子未立，牛美人有異志。上召學士鄭絪於小殿，令草立儲詔。絪搦管不請，而書「立嫡以長」四字，跪而上呈，帝深然之，乃定。《國史補》中。又《廣記》一六四引。《唐語林》三。

3 鄭絪相公宅在昭國坊南門，忽有物投瓦礫，五六夜不絶，乃移於安仁西門宅避之，瓦礫又隨而至。經久，復歸昭國。鄭公歸心釋門，禪室方丈，及歸，將入丈室，蟢子滿室懸絲，去地一二尺，不知其數，其夕瓦礫亦絶。翌日拜相。《酉陽雜俎》前集四。《祥異集驗》（《廣記》一三七）。《分門古今類事》四引作《集異記》。

4 見鄭餘慶6。

5 鄭陽武常言欲爲《易比》，以三百八十四爻比以人事。又云：「玄義之有莊周，猶禪律之有維摩詰，欲圖畫之，俱恨未能。」《國史補》中。《唐語林》一。

6 劉瞻之先，寒士也，十許歲，在鄭絪左右主筆硯。十八九，絪爲御史，巡荊部商山歇馬亭，俯瞰山水。時雨霽，巖巒奇秀，泉石甚佳，絪坐久，起行五六里，曰：「此勝概不能吟詠，必晚何妨？」却返於亭。欲題詩，顧見一絶，染翰尚濕，絪大訝其佳絶。時南北無行人，左右曰：「但向來劉景在後行二三里。」公戲之曰：「莫是爾否？」景拜曰：「實見侍御吟賞起予，輒有寓題。」引咎又拜。公咨嗟久之而去。比迴京闕，戒子弟涵、瀚已下曰：「劉景他日有奇才，文學必超異。自此可令與汝共處於尊院，寢饌一切，無異爾輩。吾亦不復指使。」至三數年，所成文章皆辭理優壯。凡再舉成名。公召辟法寺學省清級。乃生瞻，及第作相。《芝田録》（《廣記》一七〇）。《玉泉子》。

7 〔大興善寺〕東廊之南素和尚院，庭有青桐四株，素之手植。元和中，卿相多遊此院。桐至夏有汗，污人衣如輠脂，不可浣。昭國東門鄭相嘗與丞郎數人避暑，惡其汗，謂素曰：「弟子爲和尚伐此樹，各植一松也。」及暮，素戲祝樹曰：「我種汝二十餘年，汝以汗爲人所惡，來歲若復有汗，我必薪之。」自是無汗。寶曆末，予見説已十五餘年無汗矣。素公不出院，轉《法華經》三萬七千部，夜嘗有貉子聽經，齋時烏鵲就掌取食。《酉陽雜俎》續集五。《宋高僧傳》二五。

李吉甫

1 李西臺文獻公避暑於青龍寺，夢戴白神人云：「昔尹氏相宣王，致中興；君男亦佐中興，君宜以吉甫名之。」《大唐傳載》。

2 貞元中，有袁隱居者，家於湘楚間，善《陰陽占訣歌》一百二十章。時故相國李公吉甫，自尚書郎謫官東南，一日，隱居來謁公，公久聞其名，即延與語。公命算己之禄仕，隱居曰：「公之禄真將相也，公之壽九十三矣。」李公曰：「吾之先未嘗有及七十者，吾何敢望九十三乎？」隱居曰：「運算舉數，乃九十三耳。」其後李公果相憲宗皇帝，節制淮南，再入相而薨。年五十六，時元和九年十月三日也。校其年月日，亦符九十三之數。豈非懸解之妙乎。隱居著《陰陽占訣歌》，李公序其首。《宣室志》（《廣記》七二）。

3 李相國忠公，貞元十九年爲饒州刺史。先是，郡城之東，四牧故府，廢者七稔，公涖止後，命啓籥而居之。郡吏以語怪堅請，公曰：「神實正直，正直則神避。妖不勝德，德失則妖興。居之在人。」《大唐傳載》。《唐語林》三。

4 李太師吉甫在淮南，州境廣疫，李公不飲酒，不聽樂，會有制使至，不得已而張筵，憂慘見色。醼合，謂諸客曰：「弊境疾厲，亡殁相踵，諸賢傑有何術可以見救？」下坐有一秀才起應曰：「某近離楚州，有王鍊師，自云從太白山來，濟拔江淮疾病。休糧服氣，神骨甚清，得力者已衆。」李公大喜，延於上坐，復問之，便令作書，並手札，遣人馬往迎。旬日至，館於州宅，稱弟子以祈之。王生曰：「相公但令於市内多聚龜殼、大鑊、巨甌，病者悉集，無慮不瘥。」李公遽遣備之。既得，王生往，令濃煎，重者恣飲之，輕者稍減，既汗皆愈。李公喜，既與之金帛，不受。不食，寡言。唯從事故山南節帥相國王公起，王坐見，必坐笑以語，若舊相識。李公因令王公邀至宅宿，問其所欲，一言便行。深夜從容曰：「判官有仙骨，學道必白日上昇。如何？」王公無言。良久曰：「此是塵俗態縈縛耳。若住人世，官職無不得者。」王公請以兄事之。又曰：「本師爲在白鹿，與判官亦當家，能與某同往一候謁否？」意復持疑，曰：「仙公何名？」曰：「師不敢言。」索筆書鶴字。王生從此不知所詣。王公果富貴。《逸史》（又《廣記》四八）。

5　見裴垍1。

6　李忠公之爲相也，政事堂有會食之牀。吏人相傳，移之則宰臣罷。不遷者五十年。公曰：「朝夕論道之所，豈可使朽蠹之物穢而不除？俗言拘忌，何足聽也！以此獲免，余之願焉。」命徹而焚。其下鏟去聚壤十四畚。議者稱正焉。《大唐傳載》。《唐語林》三。

7　憲宗久親政事，忽問：「京兆尹幾員？」李吉甫對曰：「京兆尹三員，一員大尹，二員少尹。」時人謂之善對。《國史補》中。又《廣記》一七四引。《唐語林》一。

8　永寧王二十、光福王八二相，皆出於先安邑李丞相之門。安邑薨於位，一王素服受慰，一王則不然，中有變色，是誰過歟？又曰：李安邑之爲淮海也，樹置裴光德，及去則除授不同。李再入相，對憲宗曰：「臣路逢中人送節與吴少陽，不勝憤憤。」聖顔赬然。翌日，罷李丞相藩爲太子詹事，蓋與節是藩之謀也。又論：征元濟時饋運使皆不得其人，數日，罷光德爲太子賓客；主饋運者，裴之所除也。劉禹錫曰：「宰相皆用此勢，自公孫弘始而增穩妙焉。但看其傳，當自知之。蕭、曹之時，未有斯作。」《劉賓客嘉話録》。《唐語林》六。

9　安邑李相公吉甫，初自省郎爲信州刺史。時吴武陵郎中，貴溪人也，將欲赴舉，以哀情告於州牧，而遺五布三帛矣。吳以輕鮮，以書讓焉。其詞唐突，不存桑梓之分，乃非其禮，正郎微誚焉。贊皇母氏諫曰：「小兒方求成人，何得與舉子相忤？」遂與米二百斛。趙郡果爲宰輔，竟其憾焉。元和二年，崔侍郎邠重知貢舉，酷搜江湖之士。初春將放二十七人及第，潛持名來呈相府。才見首座李公，公問：「吳武陵及第否？」主司恐是舊知，遽言：「吳武陵及第也。」其牓尚在懷袖，忽報中使宣口敕，且揖禮部從容，遂注武陵姓字，呈上李公。公謂曰：「吳武陵至是麤人，何以當其科第？」禮部曰：「吳武陵德行雖即未聞，文筆乃堪採録。名已上牓，不可却焉！」相府不能因私訕士，唯唯而從。吳君不附國庠，名第在於牓末。是日既集省門試，謂同年曰：「不期崔侍郎今年倒掛牓也。」觀者皆訝焉。《雲溪友議》下。《唐語林》六。

10 見李栖筠1。

11 書題籤。大僚題上紙籤，起於丞相李趙公也。元和中，趙公權傾天下，四方緘翰日滿閽者之袖。而潞帥郗士美時有珍獻，趙公喜，而回章盈幅，曲叙殷勤，誤卷入振武封内以遣之，而振武別紙則附于潞。時阿跌光進帥麟，覽盈幅手字，知誤畫，時飛還趙公。趙公因命書吏，凡有尺題，各令籤記以送。故于今成風也。《資暇集》下。又《續事始》（張本《說郛》一〇）引。

12 見武元衡4。

13 見張仲方1。

裴垍

1 初，姜公輔行在命相，乃就第而拜之。至李吉甫除中書侍郎平章事，適與裴垍同直，垍草吉甫制，吉甫草武元衡制，垂簾揮翰，兩不相知。至暮，吉甫有歎惋之聲，垍終不言，書麻尾之後，乃相慶賀。禮絶之敬，生於座中。及明，院中使學士送至銀臺門，而相府官吏候於門外，禁署之盛，未之有也。《翰林志》。

2 裴垍入相之年，才四十四，鬢髮盡白。《南部新書》庚。

3 裴相垍嘗應宏詞，崔樞考不中第。及爲相，擢樞爲禮部侍郎，笑而謂曰：「此報德也。」樞惶恐欲墜階。又笑曰：「此言戲耳！」《國史補》中。《唐摭言》一一。《唐語林》三。《唐詩紀事》五〇。

4 元和三年十一月，上問：「爲治之要何先？」宰臣裴垍對曰：「先正其心。」上深然之。《唐會要》五一。

5 見李藩2。

6 裴光德垍在中書，有故人，官亦不卑，自遠相訪。裴公給恤優厚，從容款狎，在其第無所不爲。乘間求京府判司。裴公曰：「公誠佳士，但此官與公不相當，不敢以故人之私，而隳朝廷綱紀。他日有瞎眼宰相憐公者，不妨却得，某必不可。」其執守如此。《因話録》五。又《類説》一四引。《唐語林》一二。案：「光德」，原作「先德」，據《類説》改。

7 見唐憲宗15。

8 見李吉甫8。

李藩

1 李相藩嘗寓東洛，年近三十，未有宦名。夫人即崔構庶子之女，李公寄託崔氏，待之不甚厚。時中橋胡蘆生者善卜，聞人聲即知貴賤。李公患腦瘡，又欲挈家居揚州，甚愁悶，乃與崔氏弟兄訪胡蘆生。胡蘆生好飲酒，人詣之，必攜一壺，故謂爲胡蘆生。李公與崔氏各攜錢三百。生倚蒲團，已半酣。崔氏弟兄先至，胡蘆生不爲之起，但伸手請坐。李公以疾後至，胡蘆生曰：「有貴人來。」乃命侍者掃地，既畢，李公已到。未下驢，胡蘆生笑迎執手，曰：「郎君貴人也。」李公曰：「某貧且病，又欲以家往數千里外，何有貴哉？」胡蘆生曰：「紗籠中人，豈畏迍厄！」李公請問紗籠之事，終不説。遂往揚州，居於參佐橋。使院中有一高員外，與藩往還甚熟，一旦來詣藩，既去，際晚又至。李公甚訝之。既相見，高曰：「朝來拜候，却歸困甚，晝寢。夢有一人，召出城外，於荆棘中行，見舊使莊户，卒已十年，謂某曰：『員外不合至此，爲物所誘，且便須廻。』某送員外去。』却引至城門，某謂之曰：『汝安得在此？』云：『我爲小吏，差與李三郎當直。』某曰：『何處李三郎？』曰：『住參佐橋。』知員外與李三郎往還，故此祗候。』某曰：『三郎安得如此？』曰：『是紗籠中人。』詰之不肯言。因曰：『某饑，員外能與少酒飯錢財否？子城不敢入，請與城外置之。』某謂曰：『就三郎宅中得否？』曰：『若如此，是殺某也。』遂覺。已令於城外與置酒食，且奉報好消息。」李公微笑。數年，張建封僕射鎮揚州，奏李公爲巡官、校書郎。會有新羅僧能相人，且言張公不得爲宰相，甚懷怏。因令於使院中，看郎官有得爲宰相者否。遍視良久，曰：「並無。」張公尤不樂，曰：「莫有郎官未入院否？」報云：「李巡官未入。」便令促召。逡巡至，僧降階迎，謂張公曰：「巡官是紗籠中人。僕射且不及。」張公大喜，因問紗籠中之事，僧曰：「宰相，冥司必潛紗籠護之，恐爲異物所擾，餘官即不得也。」方悟胡蘆生及高所説。李公竟爲宰相也。信哉，人之貴賤分定矣！《逸史》（《廣記》一五三）。《兩京雜記》（《類説》四）。《孔氏談苑》五。《五色線》下。

2 元和三年，李藩爲給事中。時制敕有不可，遂於黄紙批之。吏曰：「宜連白紙。」藩曰：「別以白紙是文狀，豈曰批敕。」裴垍言於上，以謂有宰相器。俄而鄭絪罷免，藩遂拜相。《南部新書》壬。《唐會要》五四。

3 見李吉甫8。

4 見李賀7。

權德輿

1 權相爲舍人，以聞望自處，嘗語同僚曰：「未嘗以科第爲資。」鄭雲逵戲曰：「更有一人。」遽問：「誰？」答曰：「韋聿者也。」滿座絶倒。《國史補》中。《唐語林》六。

2 貞元十八年八月，中書舍人權德輿獨直禁垣，數旬一歸家。嘗上疏請除兩省官，詔報曰：「非不知卿勞苦，以卿文雅，尚未得如卿等比者，所以久難其人。」德輿居西掖八年，其間獨掌者數歲。及以本官知禮部貢舉事畢，仍掌命書。《唐會要》五五。

3 見唐憲宗16。

4 權文公德輿身不由科第，掌貢舉三年。門下所出諸生，相繼爲公相。得人之盛，時論居多。《因話録》二。《唐語林》四。

5 見許孟容3。

6 權丞相德輿言無不聞，又善廋詞。嘗逢李二十六於馬上，廋詞問答，聞者莫知其所説焉。或曰：「廋詞何也？」曰：「隱語耳。語不曰：『人焉廋哉，人焉廋哉！』此之謂也。」《劉賓客嘉話録》（《廣記》一七四）。

李絳

1 李丞相絳先人爲襄州督郵。方赴舉，求鄉薦。時樊司空澤爲節度使，張常侍正甫爲判官，主鄉薦。張公知丞相有前途，啓司空曰：「舉人悉不如李某秀才，請只送一人，請衆人之資以奉之。」欣然允諾。又薦丞相弟爲同舍郎。不十年而李公登庸，感司空之恩，以司空之子宗易爲朝官。人問宗易之文于丞相，丞相戲而答曰：「蓋代。」時人因以「蓋代」爲口實，相見論文，必曰：「莫是樊三蓋代否？」丞相之爲户部侍郎也，常侍爲本司郎中，因會，把酒請侍郎唱歌，李終不唱而哂之，滿席大噱。《劉賓客嘉話録》。又《廣記》一七九引。《唐語林》三。

2 見梁肅1。

3 見唐憲宗11。

4 憲宗時，中官吐突承璀有恩澤，欲爲上立德政碑。碑屋已成，磨礱石訖，請宣索文。時李絳爲翰林學士，奏曰：「大人者，與天地合其德，日月合其明，無立碑紀美之事。恐取笑夷夏。」上深然之，遽命拆屋廢石。承璀奏：碑屋用功極多，難便毁拆。欲堅其請。上曰：「急索牛拽倒。」其納諫如此。《盧氏雜説》（《廣記》一六四）。《唐會要》五七。

5 長慶初，李尚書絳議置郎官十人，分判南曹，吏人不便。旬日出爲東都留守。自是選曹成狀，常亦速畢也。《國史補》下。又《廣記》一八六引。《唐語林》六。

6 李絳，趙郡贊皇人。曾祖貞簡。祖岡，官終襄帥。絳爲名相。絳子璋，宣州觀察。楊相公造白檀香亭子初成，會親賓落之。先是璋潛遣人度其廣狹，織一地毯，其日，獻之。及收敗，璋從坐。璋子德璘名過其實，入梁，終夕拜。《唐摭言》七。《杜陽編》（《廣記》二三七）。

韋貫之

1 韋貫之及第年，建議曰：「今歲有司放榜，春關以前，請以新及第爲名。」至今不改。《南部新書》乙。

2 見武元衡1。

3 韋相貫之爲尚書右丞，入内僧廣宣贊門曰：「竊聞閣下不久拜相。」貫之叱曰：「安得不軌之言！」命紙草奏，僧恐懼走出。《國史補》中。《唐語林》三。

4 見韓皋3。

5長安中，爭爲碑誌，若市賈然。大官薨卒，造其門如市，至有喧競構致，不由喪家。是時裴均之子，將圖不朽，積縑帛萬匹，請於韋相貫之，舉手曰：「寧餓死，不苟爲此也。」《國史補》中。又《御覽》五八九引。《唐語林》一。

武元衡

1武元衡與韋貫之同年及第。武拜門下侍郎，韋罷長安尉，赴選，元衡以爲萬年丞。過堂日，元衡謝曰：「某與先輩同年及第，元衡遭逢，濫居此地，使先輩未離塵土，元衡之罪也。」貫之嗚咽流涕而退。後數月，除補闕。是年，元衡帥西川，三年後入相，與貫之同日宣制。《續定命録》(《廣記》一五四)。

2元衡在蜀，淡於接物，而開府極一時選：〔柳〕公綽爲少尹，〔張〕正壹觀察判官，〔崔〕備度支判官，裴度掌書記，盧士玫觀察推官，楊嗣復節度推官。《唐詩紀事》四五。

3武黄門之西川，大宴，從事楊嗣復狂酒，逼元衡大觥，不飲，遂以酒沐之，元衡拱手不動，沐訖，徐起更衣，終不令散宴。《乾䉛子》(《廣記》一七七)。

4元和中，宰相武元衡與李吉甫齊年，又同日爲相；及出鎮，又分領揚、益；至吉甫再入，元衡亦還；吉甫前一年以元衡生月卒，元衡以吉甫生月遇害，年五十八。《感定録》(《廣記》一五四)。

5、6見李德裕4、5。

7元衡善爲五言，好事者傳之，被之管絃。嘗夏夜作詩云：「夜久喧暫息，池臺惟月明。無因駐清景，日出事還生。」明日遇害。《唐詩紀事》三三。

裴度

1　裴晉公度微時羈寓洛中，常乘蹇驢入皇城。方上天津橋，時淮西不庭已數年矣，有二老人傍橋柱而立，語云：「蔡州用兵日久，徵發甚困於人，未知何時得平定？」忽覩裴公，驚愕而退。有僕者攜書囊後行，相去稍遠，聞老人云：「適憂蔡州未平，須待此人爲將。」既歸，僕者具述其事。裴公曰：「見我龍鍾相戲爾。」其秋，東府鄉薦，明年及第。洎秉鈞衡，朝廷議授吴元濟節鉞。既而延英候對，憲皇以問宰臣。裴公奏曰：「賊臣跋扈四十餘年，聖朝姑務含弘，蓋慮凋傷一境。不聞歸心効順，乃欲坐據一方。若以旄鉞授之，翻恐恣其凶逆。以陛下聰明神武，藩鎮皆願勤王，臣請一詔追兵，可以平蕩妖孽。」於是命晉公爲淮西節度使，興師致討。時陳許、汴、滑三帥，先於郾城縣屯軍，晉公統精甲五萬會之，受律鼓行而進，直造蔡州城下。纔兩月，擒賊以獻，淮西遂平。後入朝居廊廟，六拜正司徒，爲侍中、中書令。儒風武德，振耀古今。洎留守洛師，每話天津橋老人之事。《劇談録》上。又《廣記》一三八引。《唐語林》六。

2　裴晉公質狀眇小，相不入貴。既屢屈名場，頗亦自惑。會有相者在洛中，大爲縉紳所神，公時造之問命。相者曰：「郎君形神稍異於人，不入相書。若不至貴，即當餓死。然今則殊未見貴處。可别日垂訪，勿以蔬糲相鄙。」公然之，凡數往矣。無何，阻朝客在彼，因退遊香山佛寺，徘徊廊廡之下。忽有一素衣婦人致一緹綹於僧伽和尚欄楯之上，祈祝良久，復取筊擲之，叩頭瞻拜而去。少頃，度方見其所致，意彼遺忘，既不可追，然料其必再至，因爲收取。躊躇至暮，婦人竟不至，度不得已，攜之歸所止。詰旦，復攜就彼。時寺門始闢，俄覩向者素衣疾趨而至，逡巡撫膺惋歎，若有非横。度從而訊之。婦人曰：「新婦阿父無罪被繫，昨告人，假得玉帶二、犀帶一，直千餘緡，以賂津要。不幸遺失於此。今老父不測之禍無所逃矣！」度憮然，復細詰其物色，因而授之。婦人拜泣，請留其一。度不顧而去。尋詣相者，相者審度，聲色頓異，大言曰：「此必有陰德及物。此後前塗萬里，非某所知也。」再三詰之，度偶以此言之。相者曰：「秖此便是陰功矣，他日無相忘！勉旃，勉旃！」度果位極人臣。《唐摭言》四。又《廣記》一一七引。《樂善録》二。

3　裴中令應舉，詣葫蘆生問命。未之許，謂無科級之分。試日，入安上門，人馬擁併，見一婦人，類賈客之妻，從女奴皆衣服鮮潔，挈一合，以紫帕封。女奴力勸，置於門闑。門闢，失婦人所在，合復在闑傍，公以衫裾衛之，意爲他人所購，冀其主復至。舉人悉集，公獨在門，日晏終不去。久之，婦人方悲號，公詰其冤抑，以狀答曰：「夫犯刑憲，其案已圓在朝夕。某家素豐，蓄一寶帶，會有能救護者，與數萬緡，至羅錦，悉不取，唯須此帶。今早晨親遣女使更持送，忽失所在，吾夫不免矣！」公識其主，即以予之。婦人再拜，泣謝而去。試不及，免罷一舉。他日復訪葫蘆生，生見公，驚曰：「君非去年相遇者耶？君將來及第，兼位極人臣，蓋近有陰德。」《唐語林》六。《芝田録》（《類説》一一）。案：裴中令，《類説》作「白中令」，當誤。

4　見胡証1。

5　晉公貞元中作《鑄劍戟爲農器賦》。其首云：「皇帝之嗣位三十載，寰海鏡清，方隅砥平。驅域中盡歸力穡，示天下不復用兵。」憲宗平蕩宿寇，數致太平，正當元和十三年。而晉公以文儒作相，竟立殊勳，爲章武佐命，觀其辭賦氣概，豈得無異日之事乎？《因話録》三。《唐語林》二。《唐詩紀事》三三。

6　武元衡罷相出鎮西蜀，柳公綽與裴度俱爲判官。公綽先度入爲吏部郎中，度有詩餞别云：「兩人同日事征西，今日公先捧紫泥。」《詩話總龜》前集四三。

7　見杜佑8。

8　元和九年十二月，釋下邽令裴寰之罪。初，每歲冬，以鷹犬出近畿習狩，謂之外按使，領徒數百輩，恃恩恣横。郡邑懼擾，皆厚禮迎犒，恣其所便。止舍私邸，百姓畏之如寇盜。每留旬日，方更其所。至是，行次下邽，寰爲令，嫉其强暴擾人，但據文供饋。使者歸，乃譖寰有慢言，上大怒，將以不敬論。宰相武元衡等于延英懇救理之，上怒不改。及出，逢御史中丞裴度入，元衡等謂曰：「裴寰事，上意不開，恐不可論。」度唯唯而入，抗陳其事，謂寰無罪。上愈怒，曰：「如卿言，裴寰無罪，則當決五坊小使；如小使無罪，則當決裴寰。」度曰：「誠如聖旨。但以裴寰爲令長，愛惜陛下百姓如此，豈可罪之？」上怒稍解。初令書罰，翌日釋之。《唐會要》五二。

9　憲宗初徵柳宗元、劉禹錫至京，俄而以柳爲柳州刺史，劉爲播州刺史。柳以劉須侍親，播州最爲恶處，請以柳州换。上不許。宰相對曰：「禹錫有老親。」上曰：「但要與恶郡，豈繫母在！」裴晉公進曰：「陛下方侍太后，不合發此言。」上有愧色，既而語左右曰：「裴度終愛我切。」劉遂改授連州。《因話録》一。

10 元和十年，以御史中丞裴度兼刑部侍郎。時度宣慰淮西迴，所言軍機，多合上旨，故以兼官寵之。自徵兵討淮西，凡十餘鎮之兵，皆環於申蔡，未立戰功。裴度使還，且令與諸朝賢詳議，乃入奏曰：「臣觀諸將，唯李光顔見義能勇，必能立功。」果首敗賊於時曲。上尤賞之。《唐會要》五九。

11 故中書令晉國公裴度，自進士及第，博學、宏詞、制策三科，官途二十餘載，從事浙右，爲河南掾。至憲宗朝，聲聞隆赫，歷官三署，拜御史中丞。上意推重，人情翕然。明年夏六月，東平帥李師道包藏不軌，畏朝廷忠臣，有賊殺宰輔意。密遣人由京師靖安東門禁街，候相國武元衡，仍闇中傳聲大呼云：「往驛坊，取中丞裴某頭。」是時京師始重揚州氈帽，前一日，廣陵帥獻公新樣者一枚，公翫而服之。將朝，燭下既櫛，乃取其蓋張焉。導馬出坊之東門，賊奄至，唱殺甚厲，賊遂揮刀中帽，墜馬。賊爲公已喪元矣，掠地求其墜顱急。騶乘王義遽廻鞚，以身蔽公。賊知公全，再以力擊義，斷臂且死。度賴帽子頂厚，經刀處，微傷如線數寸。旬餘如平常。及昇台衮，討淮西，立大勳，出入六朝，登庸授鉞。門館僚吏，雲布四方。其始終遐永也如此。《續定命録》（《廣記》一五三）。

12 永貞之前，組藤爲蓋，曰席帽，取其輕也。後或以太薄，冬則不禦霜寒，夏則不障暑氣，乃細色罽代藤，曰氈帽，貴其厚也，非崇貴莫戴，而人亦未尚。元和十年六月，裴晉公之爲臺丞，自化理第早朝，時青、鎮二帥拒命，朝廷方參議兵計，而晉公預焉。二帥俾捷步張晏等傳刃伺便謀害，至里東門，導炬之下，霜刃欻飛，時晉公繫帽是賴，刃不即及，而帽折其簷。既脱禍，朝貴乃尚之。近者布素之士皆戴焉。折簷帽尚在裴氏私帑中。《資暇集》下。

13 裴晉公爲盜所傷刺，隸人王義扞刃死之。公乃自爲文以祭，厚給其妻子。是歲進士撰王義傳者，十有二三。《國史補》中。又《廣記》一六七引。《南部新書》戊。《唐語林》六。

14 見唐憲宗6。

15 裴度往淮西督戰，恐翰林學士令狐楚沮軍事，乃請改制書數事，且言楚草制失辭，罷之。《吹劍録》。

16 裴晉公赴敵淮西，題名華岳之闕門。大順中，户部侍郎司空圖以一絶紀之曰：「岳前大隊赴淮西，從此中原息戰鞞，石闕莫教苔蘚上，分明認取晉公題。」《唐摭言》三。又《廣記》一九九引。《唐詩紀事》三三。

17 公出討淮西，過女几山下，刻石題詩，後果尅期平賊。其詩云：「待平賊壘報天子，莫指仙山示武夫。」由是淮蔡底平，民安生業。白居易作詩一百言，繼公篇之末。《唐詩紀事》三三。

18 見張正甫2。

19 元和元年秋九月，淮西帥吴少誠死，子元濟拒命，詔隣淮西者以兵四面攻之，凡數年不克。十三年，詔丞相晉國公裴度將兵擊焉。度既至，因命封人深池濠，且發其地。有得一石者，上有雕蟲文字爲銘，封人持以獻度。文曰：「井底一竿竹，竹色深緑緑。雞未肥，酒未熟，障車兒郎且須縮。」度得之，以示從事，令辯其義焉。咸不能究。度方念之，俄有一卒自行間躍而賀曰：「吴元濟逆天子之命，縱狂兵爲反謀。賴天子威聖與丞相令德，合今日逆豎成擒矣。敢賀丞相功。」度驚訊之，對曰：「封人得石銘，是其兆也。且『井底一竿竹，竹色深緑緑』者，言吴少誠由行間一卒，遂擁十萬兵，爲一方帥，且喻其榮也。『雞未肥』者，言無肉也；夫以『肥』去『肉』，爲『己』字也。『酒未熟』者，言無水也；以『酒』去『水』，爲

『酉』字也。『障車兒郎』，謂兵革之士也。『且須縮』者，謂宜退守其所也。推是言之，則已酉日當尅也。苟未及期，則可俟矣。」度喜顧左右曰：「卒，辯者也。」歎而異之。是歲冬十月，相國李愬將兵入淮西，生得元濟，盡誅反者。度因校其日，果已酉焉。於是度益奇卒之辯，擢爲裨將。《宣室志》五。又《廣記》三九二引。《分門古今類事》七。

20 裴出征淮西，請韓愈自中書舍人爲掌書記。及賊平朝覲，樂和李僕射方爲華州刺史，戎服櫜鞬迎於道左。愈有詩云：「荊山行盡華山來，日照潼關四扇開。刺史莫辭迎候遠，相公親破蔡州回。」《劇談録》（《廣記》一三八）。

21 見唐憲宗21。

22 見韓愈13。

23 相國晉公裴度出鎮興元，因入覲，值范陽節度使朱克融因春衣使，奏曰：「使者傲，賜衣惡，軍士皆無衣，兼請之。又聞車駕幸東都，請以丁匠五千，先理宮寢。」敬宗召公問，公對曰：「克融凶駭者，此將滅之徵也。欲挫之，則曰：『所遣工役當令供待，速行也。』若欲緩之，則發一詔曰：『聞中官慢易，俟歸，當痛責之。春服，所司之制，我已罪之也。瀍洛之幸，職司所供，固不煩士卒也。三軍請衣，吾無所愛，但非徵役例。』」克融卻出使，宴賂命回，乃賚瑞寶以獻。不數月，克融果死。《唐語林》一。

24 見唐敬宗4。

25 見唐文宗19。

26 晉公午橋莊有文杏百株，其處立碎錦坊。《曹林異景》（《雲仙雜記》六）。

27 午橋莊小兒坡，茂艸盈里，晉公每使數羣白羊散于坡上，曰：「芳草多情，賴此妝點也。」《窮幽記》（《雲仙雜記》四）。

28 唐開成二年三月三日，河南尹李待價將禊於洛濱，前一日啓留守裴令公。公明日召太子少傅白居易，太子賓客蕭籍、李仍叔、劉禹錫，中書舍人鄭居中等十五人合宴於舟中。自晨及暮，前水嬉而後妓樂，左筆硯而右壺觴，望之若仙，觀者如堵。裴公首賦一章，四坐繼和，樂天爲十二韻以獻，見於集中。《容齋隨筆》一。

29 樂天求馬，裴贈以馬，因戲云：「君若有心求逸足，我還留意在名姝。」引妾換馬之事。樂天答云：「安石風流無奈何，欲將赤驥換青娥。不辭便送東山去，臨老何人與唱歌？」《唐詩紀事》三三。

30 見皇甫湜1。

31 裴晉公自爲誌銘曰：「裴子爲子之道，備存乎家牒；爲臣之道，備存乎國史。」杜牧亦自銘曰：「嗟爾小子，亦克厥修。」此二銘詞簡而備。《唐語林》二。

32 裴晉公平淮西後，憲宗賜玉帶一條。公臨薨，却進，使門人作表，皆不如意。公令子弟執筆，口占狀曰：「内府之珍，先朝所賜。既不敢將歸地下，又不合留向人間，謹却封進。」聞者歎其簡切而不亂。《因話録》三。又《廣記》一九八引。《唐語林》二。《四六話》下。

33 唐裴晉公度寢疾永樂里，暮春之月，忽遇遊南園，令家僕僮舁至藥欄，語曰：「我不見此花而死，可悲也。」悵然而返。明早，報牡丹一叢先發，公視之，三日乃薨。《獨異志》上。

34 裴令臨終，告門人曰：「吾死無所繫，但午橋莊松雲嶺未成，軟碧池繡尾魚未長，《漢書》未終篇，爲可恨爾。」《晉公遺語》(《雲仙雜記》一)。

35 見唐文宗14。

36 唐裴晉公度風貌不揚，自譔真讚云：「爾身不長，爾貌不揚，胡爲而將，胡爲而相？」幕下從事遜以美之，且曰：「明公以内相爲優。」公笑曰：「諸賢好信謙也。」幕僚皆悚而退。《北夢瑣言》一〇。

37 裴晉公爲相，布衣交友，受恩子弟，報恩奬引不暫忘。大臣中有重德寡言者，忽曰：「某與一二人皆受知裴公。白衣時，約他日顯達，彼此引重。某仕宦所得已多，然晉公有異于初，不以輔佐相許。」晉公聞之，笑曰：「實負初心。」乃問人曰：「曾見靈芝、珊瑚否？」曰：「此皆希世之寶。」又曰：「曾遊山水否？」曰：「名山數遊，唯廬山瀑布狀如天漢，天下無之。」晉公曰：「圖畫尚可悦目，何況親觀？然靈芝、珊瑚，爲瑞爲寶可矣，用于廣廈，須杞、梓、樟、楠；瀑布可以圖畫，而無濟于人，若以溉良田，激碾磑，其功莫若長河之水。某公德行文學、器度標準，爲大臣儀表，望之可敬；然長厚有餘，心無機術，傷于畏怯，剸割多疑。前古人民質樸，征賦未分，地不過數千里，官不過一百員，内無權倖，外絶姦詐，畫地爲獄，人不敢逃；以赭染衣，人不敢犯。雖曰列郡建國，侯伯分理；當時國之大者，不及今之一縣，易爲匡濟。今天子設官一萬八千，列郡三百五十，四十六連帥，八十萬甲兵，禮樂文物，軒裳士流，盛于前古。材非王佐，安敢許人！」《唐語林》三。

38 裴晉公在中書，左右忽白以印失所在，聞之者莫不失色。度即命張筵舉樂，人不曉其故，竊怪之。夜半飲酣，左右忽白以印存焉，度不答，極歡而罷。或問度以其故，度曰：「此出於胥徒盜印書券耳。緩之則存，急之則投諸水火，不復更得之矣。」時人服其弘量，臨事不撓。《玉泉子》。又《廣記》一七七引。《南部新書》辛。《唐語林》三。《折獄龜鑑》七。

39 元和中，有新授湖州録事參軍未赴任，遇盜，數剽殆盡，告敕歷任文簿，悉無孑遺。遂於近邑求丐故衣，迤邐假貸，却返逆旅。旅舍俯逼裴晉公第，時晉公在假，因微服出遊側近邸，遂至湖糾之店。相揖而坐，與語周旋。問及行止，糾曰：「某之苦事，人不忍聞。」言發涕零。晉公憫之，細詰其事，對曰：「某主京數載，授官江湖，遇寇盪盡，唯殘微命。此亦細事爾。其如某將娶而未親迎，遭郡牧强以致之，獻於上相裴公，位亞國號矣。」裴曰：「子室之姓氏何也？」答曰：「姓某，字黄娥。」裴時衣紫袴衫，謂之曰：「某即晉公親校也，試爲子偵。」遂問姓名而往。糾復悔之：此或中令之親近，入而白之，當致其禍也，寢不安席。遲明，詣裴之宅側偵之，則裴已入内。至晚，有頳衣吏詣店，頗忽遽，稱令公召。糾聞之惶懼，倉卒與吏俱往。至第斯須，延入小廳，拜伏流汗，不敢仰視，即延之坐。竊視之，則昨日紫衣押牙也。因首過再三。中令曰：「昨見所話，誠心惻然，今聊以慰其憔悴矣。」即命箱中官誥授之，已再除湖糾矣。喜躍未已，公又曰：「黄娥可于飛之任也。」特令送就其逆旅，行裝千貫，與偕赴所任。《玉堂閒話》（《廣記》一六七）。

40 裴晉公爲門下侍郎，過吏部選人官。謂同過給事中曰：「吾徒僥倖至多，此輩優與一資半級，何足問也？一皆注定，未曾限量。」公不信術數，不好服食，每語人曰：「雞猪魚蒜，逢著則吃。生老病死，時至則行。」其器抱弘達，皆此類。《因話録》二。又《廣記》一七七引。《玉泉子》。《唐語林》三。

41 裴度少時，有術士云，命屬北斗廉貞星神，宜每存敬，祭以果酒。度從之，奉事甚謹。及爲相，機務繁冗，乃致遺忘，心恒不足，然未嘗言之於人，諸子亦不知。京師有道者來謁，留之與語，曰：「公昔年尊奉天神，何故中道而止？崇護不已，亦有感於相公。」度笑而已。後爲太原節度，家人病，迎女巫視之，彈胡琴，顛倒良久，蹶然而起曰：「請裴相公。廉貞將軍遣傳語：『大無情，都不相知耶？』將軍甚怒，相公何不謝之？」度甚驚。巫曰：「當擇良日潔齋，於浄院焚香，具酒果，廉貞將軍亦欲見形於相公。」其日，度沐浴，具公服，立於階下，東向奠酒再拜。見一人金甲持戈，長三丈餘，北向而立。裴公汗洽，俯伏不敢動。少頃即不見。問左右，皆云無之。度尊奉不敢怠忽也。《逸史》(《廣記》三〇七)。

42 裴令公常訓其子：「凡吾輩但可文種無絶。然其間有成功，能致身爲萬乘之相，則天也。」《龍城録》下。《異人録》(《類説》一二)。

43 唐裴晉公度在相位日，有人寄槐瘿一枚，欲削爲枕。時郎中庾威，世稱博物，召請別之。庾捧翫良久，白曰：「此槐瘿是雌樹生者，恐不堪用。」裴曰：「郎中甲子多少？」庾曰：「某與令公同是甲辰生。」公笑曰：「郎中便是雌甲辰。」《盧氏雜説》(《廣記》二五〇)。《鷄跖集》(《類説》二九)。又張本《説郛》七五、陶本《説郛》三二引。

44 裴晉公於藍田得一大筍，破之，有三四眼睛，而香美過甚，乃與曾序分食之。《晉公遺語》(《雲仙雜記》七)。

45 裴晉公盛冬常以魚兒酒飲客，其法用龍腦凝結，刻成小魚形狀，每用，沸酒一盞投一魚其中。《清異録》下。

46 裴度除夜歎老，迨曉不寐，爐中商陸火凡數添也。《金門歲節》(《雲仙雜記》五)。

47 裴令公度性好養犬，凡所宿設燕會處，悉領之，所食物餘者，便和椀與犬食。時子壻李甲見之，數諫，裴令曰：「人與犬類，何惡之甚？」犬正食，見李諫，乃棄食，以目視李而去。裴令曰：「此犬人性，必讐於子，竊慮之。」李以爲戲言。將欲午寢，其犬乃蹲而向李。李見之，乃疑犬讐之。犬見未寢，又出其户。李見犬去後，乃以巾櫛安枕，多排衣服，以被覆之，其狀如人寢，李乃藏於異處視之。逡巡，犬入其户，將謂李已睡，乃跳上寢牀，當喉而嚙。嚙訖知謬，犬乃下牀憤跳，號吠而死。《集異記》(《廣記》四三七)。

李逢吉

1 見白居易4。

2 李涼公逢吉未掌綸誥前，家有老婢好言夢，後多有應。李公久望除官，因訪于婢。一日，婢晨至，慘然。公問其故，曰：「昨夜與郎君作夢，不是好意，不欲説。」公强之。婢曰：「夢有一人，舁一棺至堂後，云：『且置在此。』不久，即移入堂中。此夢恐非佳也。」公聞竊喜。俄爾除中書舍人。後知貢舉，未畢而入相。《因話録》六。又《廣記》二七八引。《續前定録》(張本《説郛》一〇〇)。

3 元和十一年，歲在丙申，李涼公下三十三人皆取寒素。時有詩曰：「元和天子丙申年，三十三人同得仙。袍似爛銀文似錦，相將白日上青天。」《唐摭言》七。又《廣記》一八一引。

4 李太師逢吉知貢舉，牓成未放而入相，禮部王尚書播代放牓。及第人就中書見座主，時謂「好脚跡門生」，前世未有。《因話録》二。《唐語林》四。

5 見唐敬宗4。

6 太和初，有爲御史分務洛京者，子孫官顯，隱其姓名。有妓善歌，時稱尤物。時太尉李逢吉留守，聞之，請一見，特説延之，不敢辭，盛妝而往。李見之，命與衆姬相面。李妓且四十餘人，皆處其下。既入，不復出。頃之，李以疾辭，遂罷坐，信宿絶不復知。怨歎不能已，爲詩兩篇投獻。明日見李，但含笑曰：「大好詩。」遂絶。詩曰：「三山不見海沉沉，豈有仙蹤尚可尋。青鳥去時雲路斷，嫦娥歸處月宫深。紗窗遥想春相憶，書幌誰憐夜獨吟。料得此時天上月，祇應偏照兩人心。」《本事詩·情感》。《唐詩紀事》八〇。《古今詩話》（《詩話總龜》前集二三、《苕溪漁隱叢話》前集六〇）。案：苕溪漁隱曰：「余觀《劉賓客外集》，有《憶妓》四首，内一首，即前詩也，其餘三首，亦是前詩之意。《古今詩話》中既不誌御史姓名，則此詩豈非夢得爲之假手乎？」《苕溪漁隱叢話》前集六〇。

7 逢吉與令狐楚有唱和詩，曰《斷金集》。裴夷直爲之序云：「二相未遇時，每有所作，必驚流輩。不數年，遂壓秉筆之士。及入官登朝，益復隆高，我不求異，他人自遠。」逢吉卒，楚有《題斷金集》詩云：「一覽《斷金集》，載悲埋玉人。牙絃千古絶，珠淚萬行新。」《唐詩紀事》四七。

崔羣

1 見梁肅1。

2 唐崔羣爲相，清名甚重。元和中，自中書舍人知貢舉。既罷，夫人李氏因暇日常勸其樹莊田以爲子孫之計。笑答曰：「余有三十所美莊良田遍天下，夫人復何憂？」夫人曰：「不聞君有此業。」羣曰：「吾前歲放春榜三十人，豈非良田耶？」夫人曰：「若然者，君非陸相門生乎？然往年君掌文柄，使人約其子簡禮，不令就春闈之試。如君以爲良田，則陸氏一莊荒矣。」羣慚而退，累日不食。《獨異志》下。又《廣記》一八一引。《南部新書》己。《唐語林》四。《唐餘録》（《類説》一二、《古今合璧事類備要》前集三八）。

3 崔羣在翰苑，爲憲皇獎遇最深。有宣云：「今後學士進狀，並取崔羣連署，方得進來。」《南部新書》己。

4 崔相國羣之鎮徐州，嘗以《崔氏易林》自筮。遇乾之大畜，其繇曰：「典策法書，藏在蘭臺。雖遭亂潰，獨不遇災。」及經王智興之變，果除秘書監也。《因話録》六。《續前定録》。《唐語林》六。

5 崔相國羣爲華州刺史，鄭縣陸鎮以名與崔公近諱音同，請假。崔視事後，遍問官屬，怪鎮不在列，左右以迴避對。公曰：「縣尉旨授官也，不可以刺史私避，而使之罷不治事。」召之令出。鎮因陳牒，請權改名瑱。公判准狀，仍戒之曰：「公庭可以從權，簿書則當仍舊，臺者中無陸瑱名也。」其知大體如此。《因話録》三。

6 祕書監劉禹錫，其子咸允，久在舉場無成。禹錫憤惋宦途，又愛咸允甚切，比歸闕，以情訴於朝賢。太和四年，故吏部崔羣與禹錫深於素分，見禹錫蹭蹬如此，尤欲推輓咸允。其秋，羣門生張正謩充京兆府試官，羣特爲禹錫召正謩，面以咸允託之，覬首選焉。及牓出，咸允名甚居下。羣怒之，戒門人曰：「張正謩來，更不要通。」正謩兄正矩，前河中參軍，應書判拔萃，其時羣總科目人，考官糊名考訖，羣讀正矩判，心竊推許，又謂是故工部尚書正甫之弟，斷意便與奏。及敕下，正矩與科目人謝主司，獨正矩啓叙，前致詞曰：「某殺身無地以報相公深恩。一門之内，兄弟二人，俱受科名拔擢，粉骨虀肉，無以上答。」方泣下，語未終，羣忽悟是正謩之兄弟，勃然曰：「公是張正謩之兄？爾賢弟大無良，把羣販名，豈有如此事？與賊何異？公之登科，命也，非某本意，更謝何爲！」《續命定録》（《廣記》一五六）。

李夷簡

1 李相夷簡未登第時，爲鄭縣丞。涇州之亂，有使走驢東去，甚急。夷簡入白刺史曰：「聞京城有故，此使必非朝命，請執而問之。」果朱泚使朱滔也。《國史補》上。又《廣記》一七二引。《唐語林》三。

2 見劉言史1。

3 李夷簡元和末在蜀。蜀市人趙高好鬬，常入獄。滿背鏤毗沙門天王，吏欲杖背，見之輒止，恃此轉爲坊市患害。左右言於李，李大怒，擒就廳前，索新造筋棒，頭徑三寸，叱杖子打天王，盡則已，數三十餘不絶。經旬日，袒衣而歴門，叫呼乞修理功德錢。《酉陽雜俎》前集八。又《廣記》二六四引。

袁滋

1 復州青溪山，秀絶無比。袁相公滋未達時，居復郢間，晴日偶過峻峯，行數里，漸幽奇險怪，人跡罕到。有儒生，以賣藥爲業，家焉。袁公與語，言甚相狎，因留宿。乃問曰：「此處合有靈隱者，曾從容不？」答曰：「有道者五六人，每三兩日一至，不知居處。某雖與之熟，亦不肯言。」袁曰：「某來修謁，得否？」曰：「彼甚惡人，然頗好酒。足下求美醞一榼，就此宿候，或得見也。」袁公去，得酒持至，以伺之。數夕果到，五人鹿皮冠或紗帽，藜杖草履，遥相與通寒暄，大笑，乃臨澗濯足戲弄。儒生置酌列席。少頃，盡入茅舍，覩酒甚喜，曰：「何處得此？」既飲數盃，儒生曰：「某非能自致，有客攜來，願謁仙兄。」乃導袁公出，歷拜俯僂。五人相顧失色，且悔飲此酒，兼怒儒生曰：「不合引外人相擾。」儒生曰：「茲人誠志可賞，況是道流，稍許從容，亦何傷也？」意遂漸解，復覩袁公恭甚，乃時與語笑。目袁生曰：「坐。」袁再拜就席。少頃半酣，頗歡，注視袁公，相謂曰：「此人大似西峯坐禪和尚。」良久云：「直是。」屈指數日，此僧亡來四十七年矣。問袁公之歲，正四十七。相顧撫掌曰：「覓官職去，福禄至矣。」已後極富貴。」遂呼主人別，袁公拜，道流皆與握手。過澗上山頂，捫蘿跳躍，有若飛鳥，逡巡不見。《逸史》（《廣記》三八八、一五三）。

2 李汧公鎮鳳翔，有屬邑編甿，因耨田得馬蹏金一瓮。《漢書》武帝詔云：「往者東嶽見金，又有白麟神馬之瑞，宜以黄金鑄麟狀，以叶瑞應。」蓋鑄金象馬蹄之狀。其後民間效之。里民送於縣署，沿牒將至府庭。宰邑者喜於獲寶，欲以自爲殊績，慮公藏主守不嚴，因使置於私室。信宿，與官吏重開視之，則皆爲土塊矣。瓮金出土之際，鄉社悉來觀驗，遽爲變更，靡不驚駭。以狀聞於府主，議者僉云奸計換之。遂遣理曹掾與軍吏數人就鞫案其事，獲金之社咸共證焉。宰邑者爲衆所擠，摧沮莫能自白，既而詬辱滋甚，遂以爲易金伏罪。詞欵具存，未窮隱用之所，遂令拘繫僕隸，脅以刑辟。或云藏於糞壤，或云投於水中，紛紜枉撓，結成獄具，備以詞案上聞。

汧公覽之愈怒。俄而因有筵席，停盃語及斯事，列坐賓客咸共驚嘆。或云效齊人之攫，或云有楊震之癖，談笑移時，以爲胠篋穿窬，無足訝也。時袁相公滋亦在幕中，俛首略無詞對。李公目之數四，曰：「宰邑非判官親懿乎？」袁相曰：「與之無素。」李曰：「聞彼之罪，何不樂之甚？」袁相曰：「某疑此事未了，更請相國詳之。」汧公曰：「換金之狀極明。若言未了，當別有見，非判官莫探情僞。」袁相曰：「諾。」因俾移獄府中按問，乃令閱瓮間，得三十五塊，詰其初獲者，即本質在焉。遂於列肆索金鎔寫，與塊形相等。既成，始秤其半，已及三百斤矣。詢其負擔人力，二農工。詎中舁至縣境，計其負金大數，非二人以竹擔可舉。明其即路之時，金已化爲土矣。於是羣情大豁，宰邑者遂獲清雪。汧公歎伏無已，每言才智不如。其後履歷清途，至德宗朝，皆爲宰相。《劇談録》上。又《廣記》一七一引。《折獄龜鑑》一。

高崇文

1 韋皋薨，行軍司馬劉闢知留後，率將士逼監軍使，請奏命闢爲帥，以徇军情。旋舉兵扼鹿頭關下蜀，蜀帥李康棄城走。上敕宰臣選將討伐。杜黄裳曰：「保義節度使劉澭、武成節度使高崇文，皆剛毅忠勇可用。」上曰：「二人誰爲優？」黄裳曰：「劉澭自涿州拔城歸闕，扶老攜幼，萬人就路，飲食舒慘，與衆共之。居不設樂，動拘法令，峻嚴整肅，人望而畏。付以專征，必著勳績。」澭，濟之弟。濟繼怦鎮幽州，澭任瀛州刺史，與濟有隙，濟欲害之，母氏潛報澭，澭乃誓拔所部歸闕。不由驛路而行，秋毫不犯。朝廷優遇，乃割鳳翔府普潤、麟遊等縣爲行秦州。以普潤爲理所，保義爲軍號，拜澭行秦州刺史，充保義軍節度使。所領將十營於此。澭鎮普潤七年，後鎮涇原。上曰：「卿選劉澭，甚得其人，然卿慮亦未盡。澭馭衆嚴肅，固是良將。性本倔強，與濟不叶，危急歸命，河朔氣度尚在。常聞鬱鬱扼腕，恨不得名藩，應有深意。若征伐有功，須令鎮西川以爲寵。況全蜀重地，數十年間，碩德名臣，方可寄任。澭生長幽燕，只知盧龍節制，不識朝廷憲章。向者幽繫幕吏，杖殺縣令，皆河朔規矩，我亦爲之容貸。若使鎮西川，是自掇心腹疾。不如崇文，久將親軍，寬和得衆，用兵沈審。」乃命爲西川行營節度使。崇文下劍門，長子曰暉，不當矢石，將斬之以勵。師次緜州，斬磽州節度使李康，疏康擅離征鎮，不爲拒敵。當時議者云：康任懷州刺史，收殺武陟尉，即崇文判官宋君平之父，崇文乘此事爲之報讎。入成都日，有若閒暇，命節級將吏，凡軍府事無巨細，一取韋皋故事。一應爲闢脅從者，但自首並不問。韋皋參佐房式、韋乾度、獨孤密、符載、郗士美，本名犯文宗廟諱。皆即論薦。館驛巡官沈衍、段文昌，闢迫令刺按，禮同上介，亦接諸公後謁。崇文謂文昌曰：「公必爲將相，未敢奉薦。」叱起沈衍，令梟首於驛門外。舉酒與諸公盡歡，俳優請爲劉闢責買戲，崇文曰：「闢是大臣謀反，非鼠竊狗盜。國家自有刑法，安得下人輒爲戲弄？」杖優者，皆令戍邊。房式除給事中，韋乾度兵部郎中，獨孤密除起居郎，郗士美除太常博士，符載除秘書郎，並未到闕而命下。劉闢就擒，得侍妾二人，皆殊色，監軍使請進上。崇文曰：「謬當重寄，初收大藩，且要境内肅清，萬姓復業，以寬聖慮。進美婦人，作狐魅天子意，崇文此生不爲也。」遽命配鰥處將校。上聞之，語内臣曰：「崇文得殊色，不進來，又不自留，是忠直也，是田舍人也。」三年爲蜀帥，惠化大行。不事威儀，禮賢接士。身與子弟車服玩用無金玉之飾。一朝謂監軍從事曰：「崇文，河北一健兒，偶然際會，累立戰功，國家酬獎亦極矣。西川是宰相迴翔地，崇文叨居已久，豈宜自安？但得爲節制邊鎮，死於王事，誠願足矣。」乃陳讓請邠寧，以至於卒。《唐語林》一。案：此條原出

《補國史》,《通鑑考異》一九引《補國史》尚有此條片斷文字。

2 唐高相國崇文本薊州將校也,因討劉闢有功,授西川節度使。一旦大雪,諸從事吟賞有詩,渤海遽至飲席,笑曰:「諸君自爲樂,殊不見顧鄙夫。鄙夫雖武人,亦有一詩。」乃口占云:「崇文崇武不崇文,提戈出塞號將軍。那個髆兒射落雁,渤海鄙言,多人呼爲髆兒。白毛空裏落紛紛。」其詩著題,皆謂北齊敖曹之比也。太尉騈,即其孫也。《北夢瑣言》七。又《廣記》二〇〇引。《詩話總龜》前集二一引。《唐詩紀事》五四。

3 唐贊皇公李德裕曰:蜀傳張儀築成都城,屢有頹壞。時有龜周行旋走,至是一龜行路築之,既而城果就。予未至郡日,嘗聞龜殼猶在城内。昨詢訪耆舊,有軍資庫官宇文遇者,言比常在庫中,元和初,節度使高崇文知之,命工人截爲腰帶胯具。自張儀至崇文千餘載,龜殼尚在,而武臣毁之,深可惜也。《戎幕閒談》(《廣記》四七二)。又張本《説郛》七、陶本《説郛》四六引之,文有異。

李愬

1 〔元和十二年〕正月二十四日甲申,公至所部。先是,士卒經萬勝、蕭陂、鐵城、新興之敗,人心皆惴恐,不敢言戰。公佯曰:「戰争非吾所能。」既而陰召大將計其事。是時,公以表請徑襲元濟,人皆笑其説,乃使觀察判官王擬請師闕下,詔徵義成、河中、鄜坊馬步共二千以補其闕。《平蔡録》(《通鑑考異》二〇)。

2 李司空愬之討吴元濟也,破新栅,擒賊將李祐,將斬而後免之。解衣輟食,與祐卧起帳中半歲,推之肝膽,然後授以精甲,使爲先鋒,雖祐妻子在賊中,愬不疑也。夜冒風雪,行一百六十里,首縛元濟而成大功，乃祐之力也。《國史補》中。

3　裴度帶相印入蔡，李愬具軍容；度避之。愬曰：「此方不識上下，今具戎服拜相國于堂下，使民吏生畏。」度然之。自後帶宰相出鎮，凡經州郡，皆具櫜鞬，迎于道左，自此始也。《南部新書》丙。

4　見韓愈13。

李　聽

1　聽七歲爲協律，入公署，吏胥之小，不爲致禮，聽鞭之見血，西平大奇之。《廣卓異記》一七。

2　李聽爲羽林將軍，有名馬。穆皇在東宫，諷聽獻之，聽以總兵不從。及即位，太原擬帥皆不允，謂宰臣曰：「李聽爲羽林將軍，不與朕馬，是必可任。」遂降制。《南部新書》甲。

李　祐

1　見李愬2。

2　唐李祐爲淮西將，元和十二年送款歸國。裴公破吴元濟，入其城，漢軍有剥婦人衣至裸體者。祐有新婦姜氏，懷姙五月矣，爲亂卒所劫，以刀劃其腹，姜氏氣絶踣地。祐歸見之，腹開尺餘，因脱衣襦裹之。婦一夕復蘇，傅以神藥而平。滿十月而産一男。朝廷以祐歸國功，授一子官。子曰行修，年三十餘爲南海節度，罷歸，卒於道。《獨異志》上。又《廣記》二一九引。《南部新書》癸。

李光顔

1 李太師光顔以大勳康國，品位穹崇。愛女未聘，幕僚謂其必選佳壻，因從容語次，盛譽一鄭秀才詞學門閥，人韻風流異常，冀太師以子妻之。他日又言之。太師謝幕僚曰：「李光顔，一健兒也。遭遇多難，偶立微功，豈可妄求名族，以掇流言乎？某已選得一佳壻，諸賢未見。」乃召一客司小將，指之曰：「此即某女之匹也。」超三五階軍職，厚與金帛而已。從事許當曰：「李太師建定難之勳，懷弓藏之慮，武寧保境，止務圖存。而欲結援名家，非其志也。與夫必娶高國，求婚王、謝，何其遠哉！」王特尚書與太師宅重疊姻戚，常語之。《北夢瑣言》三。又《廣記》四九七引。《唐語林》四。

烏重胤

1 烏重胤葬先世，掘得石牌，有云：「牛領岡前，紅簫隴下，葬用丙日，手板相亞。」重胤依而用之。《壠上書》（《雲仙雜記》四）。

吐突承璀

1 左軍中尉吐突承璀方承恩顧，及將敗之歲，有妖生所居。先是，承璀嘗華一室，紅梁粉壁，爲謹詔敕藏機務之所。一日晨，啓其户，則有毛生地高二尺許，承璀大惡之，且恐事泄，乃躬執箕箒芟除以瘞。

雖防口甚固，而亹亹有知者。承璀尤不欲達于班列，一日命其甥嘗所親附者曰：「姑爲我微行省闥之間，伺其叢談有言者否？」甥禀教斂躬而往，至省寺即詞詰，守衛輒不許進。方出安上門，逢二秀士自貢院迴，笑相謂曰：「東廣坤毳，可以爲異矣。」甥馳告曰：「醋大知之久矣，中官謂南班，無貴賤皆呼醋大。且易其名呼矣，謂左軍爲『東廣』，地毛爲『坤毳』矣。」承璀笑曰：「其可那何！或令專局北司，則飛龍、莊宅、內園，弓箭皆得以文呼也。」其明年，承璀以托附澧王潛圖不軌，籍没其家。《闕史》上。

2　吐突承璀嗜蛤蜊，炙以鐵絲床，數澆鹿角漿，然後食。《傳芳略記》(《雲仙雜記》七)。

3　見唐宣宗78。

衛次公

1　衛侍郎次公在吏部，避嫌，宗從皆不注擬。有從子申甫，自江淮來調選，因告主吏，曰：「但得官，便出城。即可矣。」遂館申甫於别第。未幾，撥江南令。將出城，爲次公老僕所遇，不得已，見次公。次公詰其由，申甫以實對。次公曰：「今年所注，不省有汝姓名。」驗其籤名，則次公署之也。迺召主吏，貸其罪以問之。吏曰：「凡所取押，皆冒。」次公嘆曰：「某慮不及此！」遂遣赴官。《唐語林》六。

2　唐吏部侍郎衛次公早負耿介清直之譽，憲宗皇帝將欲相之久矣。忽夜召翰林學士王涯草麻，内兩句褒美云：「雞樹之徒老風烟，鳳池之空淹歲月。」詰旦，將宣麻，案出，忽有飄風，墜地，左右收之未竟。上意中輟，令中使止其事，仍云：「麻已出，即放下；未出，即止。」由此遂不拜。終於淮南節度。《續定命録》(《廣記》一五五)。

杜兼

1 杜河南兼常聚書至萬卷,每卷後必有自題云:「清俸買來手自校,汝曹讀之知聖道,鬻及借人爲不孝。」《大唐傳載》。又《廣記》二〇一引。《南部新書》辛。《唐語林》(《類説》三二)。案:《澠水燕談録》六記作杜暹事,蓋誤。

杜羔

1 杜羔有至行,父爲河北一尉而卒。母氏非嫡,經亂不知所之,羔嘗抱終身之感。會堂兄兼爲澤潞判官,嘗鞫獄于私第,有老婦辯對,見羔出入,竊謂人曰:「此少年狀類吾兒。」詰之,乃羔母也,自此迎侍而歸。又往來河北求父厝所,邑中故老已盡,不知所詢,館于佛廟,日夜悲泣。忽覩屋柱煙煤之下,見字數行,拂而視之,乃其父遺跡,言:「後我子孫,若求吾墓,當于某村某家詢之。」羔號泣而往,果有老父年八十歲餘,指其丘壠,因得歸。羔至工部尚書致仕。《國史補》中。又《御覽》四一四引。《唐語林》四。《唐詩紀事》七八。

2 杜羔妻劉氏,善爲詩。羔累舉不第,將至家,妻先寄詩與之曰:「良人的的有奇才,何事年年被放回,如今妾面羞君面,君若來時近夜來。」羔見詩,即時回去。尋登第,妻又寄詩云「長安此去無多地,鬱鬱葱葱佳氣浮。良人得意正年少,今夜醉眠何處樓。」《南部新書》丁。又《詩話總龜》前集二六引。《玉泉子》。又《廣記》二七一引。《唐詩紀事》七八。

蔣乂

1 蔣乂撰《宰臣録》。每拜一相，旬月必獻一卷，故得物議所嗤。《國史補》中。又《廣記》二六〇引。

2 元和二年十一月，斬李錡並男師回于子城西南隅。初，詔書削錡屬籍，宰臣鄭絪、李吉甫等議其所坐親疏未定，乃召兵部郎中蔣乂問曰：「詔罪錡一房，當是大功内耶？」乂曰：「大功是錡堂兄弟，即淮安王神通之下，錡即淮安王五代孫也。淮安有大功于國，陪陵配饗，事著史册，今若以其裔孫叛逆之罪而上累淮安，非也。」吉甫又問曰：「錡親兄弟當連坐否？」乂曰：「錡親昆弟皆是若幽之子。若幽累著功勳，死于王事，即使錡之兄弟從坐，若幽便當籍没者，于典禮亦所未安。」宰臣頗以爲然。《唐會要》三九。

盧坦

1 元和三年三月，御史中丞盧坦舉奏：「前山南西道節度使柳晟，授任方隅，所寄尤重，至于勑令，首合遵行，一昨歸朝，固違明旨，復修貢獻，有紊典章，伏請付法。」又奏：「前浙東觀察使閻濟美，到城之時，亦有進獻，當時勘責，稱離越州後，方見赦書，道路已遥，付納無處者，即經鴻霈，須爲商量，已書罰訖。伏准今年正月赦文，自今已後，諸道長史有赴闕廷者，並不得取本道錢物，妄稱進奉。柳晟等既違新令，不敢不奏。」初，坦既奏舉晟、濟美，二人皆待罪於朝堂，上召坦對，褒慰久之，曰：「愚等所獻，皆以家財，朕已許原，不可失信。」坦奏曰：「赦令，天下之大信也，天下皆知之。今二臣違令，是不長法，陛下奈何以小信而失天下大信乎！」上曰：「朕已受之，如何？」坦曰：「歸之有司，不入內藏，使四方知之，以昭聖德。」上稱善其言。《唐會要》六一。

呂元膺

1 呂元膺爲鄂岳都團練使，夜登城，女墻已鐍，守陴者曰：「軍法，夜不可開。」乃告言中丞自登。守者又曰：「夜中不辨是非，雖中丞亦不可。」元膺乃歸，明日擢守陴者爲大職。《國史補》中。又《廣記》四九六引。《唐語林》三。

2 唐呂元膺之鎮岳陽，因出遊賞，乃登高阜瞰原野，忽見有喪轝者駐之於道左，男子五人皆縗服隨之，公曰：「遠葬則休，近葬則省，此姦黨爲詐也。」乃令左右搜索之，棺木皆兵刃，擒之。公詰其情，衆曰：「某盜賊也，欲謀過江掠貨，是以假喪轝，使渡者不疑。」公令劾之，更有同黨數十輩已於彼岸期集，亦擒之，俱付於法。《疑獄集》二。《折獄龜鑑》七。

3 呂元膺爲東都留守，常與處士對棋，棋次，有文簿堆擁。元膺方秉筆閱覽，棋侶謂呂必不顧局矣，因私易一子以自勝。呂輒已窺之，而棋侶不悟。翌日，呂請棋處士他適，內外人莫測，棋者亦不安，乃以束帛贐之。如是十年許，呂寢疾將亟，兒姪列前，呂曰：「遊處交友，爾宜精擇。吾爲東都留守，有一棋者云云。吾以他事，俾去。易一着棋子，亦未足介意，但心迹可畏。亟言之，即慮其憂懾；終不言，又恐汝輩滅裂於知聞。」言畢，惘然長逝。《芝田録》(《廣記》四九七)。《玉泉子》。

張正甫

1　見李絳1。

2　張正甫爲河南尹，裴中令銜命伐淮西，置宴府西亭。裴公舉一人詞藝好解頭，張相公正色曰：「相公此行何爲也？争記得河南府解頭？」中令有慚色。《幽閒鼓吹》。又《廣記》一八〇引。《唐語林》三。

3　見柳公綽8。

4　崔咸舍人嘗受張公之知，及懸車之後，公與議行止。崔時爲司封郎中，以感知之分，極言贊美。公便令製表。表上值無厚善者，而一章允請。三數月後，門館闃寂，家人輩竊罵之，公後亦悔，每語子弟曰：「後有大段事，勿與少年郎議之。」《幽閒鼓吹》。又《廣記》二四三引。

孔　戣

1　孔戣爲華州刺史，奏江淮海味無堪，道路擾人，並其類數十條上。後欲用戣，上不記名，問裴晉公，不能答。久之方省，乃拜戣嶺南節度使。有殊政，南中士人死于流竄者，子女皆爲嫁之。《國史補》中。《唐語林》三。

2　孔戣好術藝，延接方士，多所傳授。能口中現五色牙齒，彩色光絢，一瞬即改。《止戈集》（《雲仙雜記》八）。

崔倕　崔鄲

1 博陵崔倕，緦麻親同爨，貞元以來，言家法者以倕爲首。倕生六子，一登相輔，五任大僚。太常卿邠、太府卿酆、外臺尚書郾、廷尉郇、執金吾鄯、左僕射平章事鄲。邠及郾五知舉，得士百四十八人。邠昆弟自始仕至貴達，亦同居光德里一宅。宣皇聞之，歎曰：「崔鄲家門孝友，可爲士族之法矣。」鄲嘗構小齋于別寢，御筆題額，號曰德星堂。今京兆民因崔氏舊里，立德星社。《南部新書》戊。《唐語林》一。

崔邠

1 五方師子本領出在太常，靖恭崔尚書邠爲樂卿，左軍并教坊曾移牒索此戲，稱云備行從。崔公判回牒不與閱。儺日如方鎮大享，屈諸司侍郎兩省官同看。崔公時在色養之下，自靖恭坊露冕從板輿入太常寺棚中，百官皆取路迴避，不敢直衝，時論榮之。《南部新書》乙。

2 兄弟三人爲禮部侍郎：崔邠、郾、鄲。按國紀以文章取事，儀曹選之以登第，吏部得補官，方帥因之以奏請，丞相因之除授。不由奏官之擇，雖詞人無階級可進，故禮部之重根本如是。崔邠、郾、鄲兄弟三人，皆仕此官，斯爲卓異。《卓異記》。

3 元和二年，崔邠爲禮部侍郎，連放二牓。又元和六年，邠之弟郾爲禮部侍郎，連放二牓。元和十四年，郾之弟鄲爲禮部侍郎，放一牓。大中七年，郾之子瑶自中書舍人爲禮部侍郎，又放一牓。崔氏六牓，皆刻石於常樂街泰寧寺，時人謂之曰牓院。瑶後爲陜州長史，其詞曰：「唯爾諸父，自元和代至於爾躬，五十年間，四主文柄，上下六載，輝耀一時。充于庭臣，皆汝門生。」天下以爲盛。咸通十四年，鄴之三子瑾，自中書舍人拜禮部侍郎，又放一牓，乃命門生韋庠刻石，將飾七牓。《登科記》（《廣卓異記》一九）。

崔　鄴

1 見杜牧1。

柳公綽

1 余讀唐《柳氏家訓》載：柳公綽爲中丞日，張平叔以僥倖承寵。及罪發，鞫于憲司，吏引曰：「張侍郎公。」綽叱曰：「贓吏豈可呼官！」據案復引曰：「囚張平叔，繫于别圄。」遂窮竟其失官錢四萬緡，以具獄聞。《能改齋漫録》六。《寓簡》五。

2 柳元公初拜京兆尹，將赴府上，有神策軍小將乘馬不避，公於街中杖殺之。及因對敭，憲宗正色詰公專殺之狀。公曰：「京兆尹天下取則之地，臣初受陛下奬擢，軍中偏裨，躍馬衝過，此乃輕陛下典法，不獨侮臣。臣杖無禮之人，不打神策軍將。」上曰：「卿何不奏？」公曰：「臣只合決，不合奏。」上曰：「既死，合是何人奏？」公曰：「在街中，本街使金吾將軍奏；若在坊内，則左右巡使奏。」上乃止。《因話録》二。《唐語林》三。

3 公穆宗朝爲大京兆，有禁軍校冒騶卒唱，駐馬斃之。明日，延英對上云云。朝退，上顧左右曰：「爾輩大須作意，如此神采，我亦怕他。」《柳氏叙訓》（《通鑑考異》二〇）。

4 柳公綽在山南，有屬邑啓事者犯諱，糾曹請罰。公曰：「此乃官吏去就，非公文科罰。」退其糾狀。《南部新書》壬。

5 公爲襄陽節度使，有名馬，人争畫爲圖。圉人潔其蹄尾，被蹴致斃，命斬於鞠場。賓吏請曰：「圉人備之不至，良馬可惜！」公曰：「有良馬之貌，含駑馬之性，必殺之。」有齊縗者，哭且獻狀曰：「遷三世十二喪於武昌，爲津吏所遏，不得出。」公覽狀，召軍侯擒之，破其十二柩，皆實以稻米。時歲儉，鄰境尤甚，人以爲神明之政。《柳氏叙訓》（《通鑑考異》二〇）。《折獄龜鑑》七。

6 寶曆三年，京兆府有姑鞭婦致死者，請斷以償死。刑部尚書柳公綽議曰：「尊毆卑，非鬬也。且其子在，以妻而戮其母，非教也。」遂減死。《南部新書》壬。

7 僕射柳元公家行，爲士林儀表。居大官，奉繼親薛太夫人，盡孝敬之道，凡事不異布衣時。薛夫人左右僕使，至有連小字呼公者。性嚴重，居外下輩，常惕懼。在薛夫人之側，未嘗以毅顔待家人，恂恂如小子弟。敦睦内外，當世無比。宗族窮苦無告，因公而存立優泰者，不知其數。在方鎮，子弟有事他適，所經境内，人不知之。族子應規，爲水部員外郎，求公爲市宅，公不與。潛語所親曰：「柳應規以儒素進身，始入省，便坐新宅，殊不若且税居之爲善也。」及水部殁，公撫視孤幼，恩意加厚，特爲置居處，諸子皆與身名。族孫立疾病，以兒女託公。及廉察夏口，嫁其孤女，雖箱篋刀尺微物，悉手自閲視以付之。公出自清河崔氏，繼外族薛氏，前後與舅能、從同時領方鎮，居省闥。又與繼舅苹同時爲觀察使。妻父韓僕射同時居大僚，未嘗敢以爵位自高，減卑下之敬，其行己如此。《因話録》二。《唐語林》一。參見李宗閔6。

8　柳元公善張尚書正甫，元公之子仲郢嘗遇張於途，去蓋下馬而拜，張止之，不獲。他日張言於元公曰：「壽郎則小僕射之小字也。相逢，其謙太過。」元公作色不應。久之，張起去。元公謂客曰：「張正甫與公綽往還，欲使兒於街中騎馬衝公綽耶？此人亦不足與語。」張聞之，拜謝。元公爲西川從事，嘗納一姬，同院知之，或徵出其妓者，言之數四。元公曰：「士有一妻一妾，以主中饋，備灑掃。公綽買妾，非妓也。」《因話録》三。《唐語林》三。

9　柳公綽每日與子弟論文，或講求涖官治家之要，至人定鐘，始歸寢。《海録碎事》七上。

10　柳子温家法：常命粉苦參、黄連、熊膽和爲丸，賜子弟永夜習學，含之以資勤苦。《南部新書》丁。

案：柳子温爲公綽父。

劉伯芻

1　刑部侍郎從伯伯芻自王府長史三年爲新羅使，始得郎中，朱紱。因見宰相，自言此事。時宰不知是誰，曰：「大是急流。」《劉賓客嘉話録》。

2　蘇户部并、劉常侍伯芻皆聚書至二萬卷。《大唐傳載》。

3　故刑部侍郎劉公諱伯芻，於又新丈人行也。爲學精博，頗有風鑒，稱較水之與茶宜者凡七等。《煎茶水記》（張本《説郛》八一、陶本《説郛》九三）。

4　刑部侍郎從伯伯芻嘗言：某所居安邑里，巷口有鬻餅者，早過户，未嘗不聞謳歌而當爐，興甚早。一旦，召之與語，貧窘可憐。因與萬錢，令多其本，日取餅以償之。欣然持鏹而去。後過其户，則寂然不聞謳歌之聲，謂其逝矣。及呼乃至，謂曰：「爾何輟歌之遽乎？」曰：「本流既大，心計轉粗，不暇唱《渭城》矣。」從伯曰：「吾思官徒亦然。」因成大噱。《劉賓客嘉話録》。

孟簡

1　元和中，簡將試，詣日者卜之，曰：「近東門坐，即得之矣。」既入，即坐西廊。迫晚，忽得疾，隣坐請與終篇，見其姓，即東門也。乃擢上第。《唐詩紀事》四一。

2　孟簡爲常州刺史，與盧仝遊北湖，盡買漁人所獲魚放之，仝作文。《古今事文類聚》後集三四。

3　見李遜2。

4　浙東孟簡尚書，六衙按覆囚徒，其間一人自曰「魯人孔顒」，獻詩啓云：「偶尋長街，柳陰吟詠，忽被都虞候拘縲數日，責以罪名，敢露血誠，伏請申雪。」孟公立以賓客待之，批其狀曰：「薛陟不知典教，豈辨賢良？驅遣健徒，憑陵國士，殊無畏憚，輒恣威權。黜成刺許之賓，何異吠堯之犬！然以久施公効，尚息杖刑，退補散將，外鎮收管。」孔生詩曰：「有箇將軍不得名，唯教健卒喝書生。尚書近日清如鏡，天子官街不許行。」《雲溪友議》中。

許孟容

1 許孟容進士及第，學究登科，時號「錦襖子上着莎衣。」蔡京與孟容同。《唐摭言》九。又《廣記》一七九、《詩話總龜》前集四一引。

2 貞元十三年二月，授許孟容禮部員外郎。有公主之子，請兩館生，孟容舉令式不許。主訴於上，命中使問狀。孟容執奏。竟不可奪，遷本曹郎中。《南部新書》庚。

3 貞元末，許孟容爲給事中，權文公任春官，時稱權許。進士可不，二公未嘗不相聞。《南部新書》癸。

4 見宋濟4。

5 許孟容爲給事中，宦者有以台座誘之者，拒而絶之，雖不大拜，亦不爲患。《國史補》中。《廣語林》三。

6、7 見李固言1、2。

8 武相元衡遇害，朝官震恐，多有上疏請不窮究。唯尚書左丞許孟容奏言：「當罪京兆尹，誅金吾鋪官，大索求賊。」行行然有前輩風采。時京兆尹裴武問吏。吏曰：「殺人者未嘗得脱。」數日果擒賊張晏輩。《國史補》中。《唐語林》二。

楊於陵

1 見章八元3。

2 見李程1。

3 元和末，有敕申明父子兄弟無同省之嫌。自是楊於陵任尚書，其子嗣復歷郎署，兄弟分曹者亦數家。《國史補》下。《唐語林》六。

4 楊僕射於陵在考功時，與李師稷及第。至其子相國嗣復知舉，門生集候僕射，而李公在座，時人謂之楊家上下門生。代有姑之壻，與姪之壻，謂之上下同門，蓋以此況也。《因話録》三。《唐語林》四。

郗士美

1 許下郗尚書士美，元和末爲鄂州觀察使，仁以撫下，忠以奉上，政化之美，載在册書。一日夙興，將出視事，束帶已畢，左手引鞾，未及陷足，忽有巨鼠過庭，北向拱立而舞。八座大怒，驚叱之，略無懼意，因擲靴以擊。鼠則奔逸，有毒虺墮於鞾中，珠目錦身，長筴細螫，勃勃起于舌端。向無鼠妖，則必致臃指潰足之患矣。《闕史》上。又《廣記》四四〇引。

李遜

1 李遜爲衢州刺史，以侯高試守縣令，高策杖入府，以議百姓，亦近代所難也。《國史補》中。

2 故刑部李尚書遜爲浙東觀察使，性仁卹，撫育百姓，抑挫冠冕。有前諸暨縣尉包君者，秩滿，居于縣界，與一土豪百姓來往。其家甚富，每有新味及果實，必送包君。忽妻心腹病，暴至困慑，有人視者，皆曰：「此狀中蠱。」及問所從來，乃因土豪獻果，妻偶食之，遂得兹病。此家養蠱，前後殺人已多矣。包君曰：「爲之奈何？」曰：「養此毒者，皆能解之。今少府速將夫人詣彼求乞，不然，即無計矣。」包君乃當時雇船攜往，僅百餘里，逾宿方達。其土豪已知，唯恐其毒事露，憤怒頗甚。包君船亦到，先登岸，具衫笏，將祈之。其人已潛伏童僕十餘，候包君到，鞁履柱毬杖，領徒而出，包未及語，詬駡叫呼，遂令拽之於地，以毬杖擊之數十，不勝其困。又令村婦二十餘人，就船拽包君妻出，驗其病狀，以頭捽地，備極耻辱。妻素羸疾，兼有娠，至船而殞。包君聊獲餘命。及却廻，土豪乃疾棹到州，見李公訴之云：「縣尉包包某倚恃前資，領妻至莊，羅織攪擾，以索錢物，不勝寃憤。」李公大怒，當時令人齎枷鎖追。包君纔到，妻尚未殮，方欲待事畢至州論，忽使急到，遂被荷枷鏁身領去。其日，觀察判官獨孤公卧於廳中睡次，夢一婦人，顔色慘沮，若有所訴者，捧一石硯以獻，獨孤公受之，意頗悽惻。及覺，因言於同院，皆異之。逡巡，包君到，李公令獨孤即推鞠，尋其辯對，包君所居乃石硯村也。郎驚異良久，引包君入，問其本末，包涕泣具言之。詰其妻形貌年幾，乃郎夢中所見，感憤之甚。不數日，土豪皆款伏。具獄過李公，李公以其不直，遂憑土豪之狀。包君以倚恃前資，擅至百姓莊攪擾，決臂杖十下；土豪以前當縣官，罰二十功。從事賓客，無不陳説，郎亦力争之，竟不能得。包君妻兄在揚州聞之，奔波過浙江，見李公，涕泣論列其妹寃死之狀。李公大怒，以爲客唁，決脊杖二十，遞于他界。自淮南無不稱其寃異。郎自此託疾請罷。時孟尚書簡任常州刺史，常與越近，具熟其事。明年，替李公爲浙東觀察使，乃先以帖，令録此土豪一門十餘口。到纔數日，李公尚未發，盡斃於州，厚以資幣贈包君。數州之人聞者，莫不慶快矣。《逸史》（《廣記》一七二）。

李建

1 李建爲吏部郎中，常言于同列曰：「方今俊秀，皆舉進士。使僕得志，當令登第之歲，集于吏部，使尉緊縣，既罷又集，乃尉兩畿，而升于朝。大凡中人，三十成名，四十乃至清列，遲速爲宜。既登第，遂食禄，既食禄，必登朝，誰不欲也。無淹翔以守常限，無紛競以求再捷，下曹得其修舉，上位得其歷試。就而言之，其利甚博。」議者多之。《國史補》下。又《廣記》一八六引。《唐語林》二。

王仲舒

1 江西私釀酒法尤嚴，王仲舒廉察日，奏罷之。《南部新書》甲。

2 韋山甫以石流黄濟人嗜欲，故其術大行，多有暴風死者。其徒盛言山甫與陶貞白同壇受籙，以爲神仙之儔。長慶二年，卒於餘干。江西觀察使王仲舒遍告人曰：「山甫老病而死，死而速朽，無小異于人者。」《國史補》中。《唐語林》六。

3 見馬逢1。

馬逢

1 王仲舒爲郎中，與馬逢友善，每責逢曰：「貧不可堪，何不求碑誌見救？」逢笑曰：「適有人家走馬呼醫，立可待否？」《國史補》中。又《廣記》四九七引。《唐語林》六。《侯鯖録》六。

胡　証

1　胡証尚書質狀魁偉，膂力絶人，與裴晉公度同年。公嘗狎遊，爲兩軍力士十許輩陵轢，勢甚危窘。公潛遣一介求救於胡。胡衣皂貂金帶，突門而入，諸力士睨之失色。胡後到飲酒，一舉三鍾，不啻數升，杯盤無餘瀝。逡巡，主人上燈，胡起取鐵燈臺，摘去枝葉，而合其跗，横置膝上，謂衆人曰：「鄙夫請非次改令，凡三鍾引滿，一徧三臺，酒須盡，仍不得有滴瀝。犯令者一鐵躋。」自謂燈臺。胡復一舉三鍾。次及一角觝者，凡三臺三徧，酒未能盡，淋漓逮至並座。胡舉躋將擊之，羣惡皆起設拜，叩頭乞命，呼爲神人。胡曰：「鼠輩敢爾，乞汝殘命！」叱之令去。《北里志》。《唐摭言》三。又《廣記》一九五引。

2　見趙宗儒6。

裴　佶

1　朱泚之亂，裴佶與衣冠數人佯爲奴，求出城。佶貌寢，自稱甘草。門兵曰：「此數子非人奴，如甘草者不疑。」《國史補》上。又《廣記》四九五引。

2　北省班，諫議在給事中上，中書舍人在給事中下。裴尚書佶爲諫議大夫，形質短小，諸舍人戲之曰：「如此短，何得向上立？」裴對曰：「若怪，即曳向下着。」衆皆大笑。後除舍人。《因話録》五。又《廣記》二五〇引。《南部新書》壬。　案：「佶」原作「休」，誤。據《廣記》、《南部新書》改。

3 裴佶字弘正，宰相耀卿之孫，吏部郎中綜之子，卒於工部尚書。鄭餘慶請先行朋友服，私謚曰貞。子曰泰章。《唐摭言》四。

裴　武

1 裴尚書武，奉寡嫂，撫甥姪，爲中表所稱。尚書卒後，工部夫人崔氏語其仁，輒流涕。工部名佶，有清德，武之長兄也。兄弟皆爲八座，自丞相耀卿至工部子泰章，四世入南北省，羣從居顯列者，不可勝書。泰章後亦爲尚書。《因話録》二。《唐語林》一。

王源中

1 王源中，字正蒙，在内署嗜酒，當召對，方沉醉不能起。及醉醒，同列告之，源中但懷憂惕，殊無悔恨。他日又以醉不任赴召，遂不得大用。開成三年十一月，薨於鄆州節度使。又曾賜酒十金甌，酒飲皆盡，甌亦隨賜。《南部新書》壬。

2 見唐文宗16。

庾承宣

1 見韋孝標1。

2、3 見李石1、2。

4 見薛廷老1。

王　潛

1 唐王潛司徒與武相元衡有分，武公倉卒遭罹，潛常於四時爇紙錢以奉之。《北夢瑣言》一二。

2 太和初，王潛爲荆南節度使，無故有白馬馳入府門而斃，僵卧塞塗。是歲潛卒。此近馬禍也。《因話録》六。又《廣記》一四四引。

劉宗經

1 南蠻清平官，猶國家之宰相也。元和中，有鄧旁來庭，宰臣問之：「公名旁，其何意乎？」對曰：「亦猶大朝之劉宗經矣。」《大唐傳載》。

李約

1 兵部李員外約，汧公之子也。識度清曠，迥出塵表。與主客張員外諗同棄官，并韋徵君況墻東遯世，不婚娶，不治生業。李尤厚於張，每與張匡牀靜言，達旦不寢，人莫得知。贈張詩曰：「我有心中事，不向韋二說。秋夜洛陽城，明月照張八。」諗即尚書公之羣從。《尚書故實》。又《廣記》一六八引。《南部新書》丁。《詩話總龜》前集二七。《唐詩紀事》三一。　案：韋二，《南部新書》、《唐詩紀事》作「韋三」。

2 兵部員外郎約，汧公之子也。以近屬宰相子，而雅度玄機，蕭蕭沖遠，德行既優，又有山林之致。琴道、酒德、詩調皆高絶，一生不近粉黛，性喜接引人物，不好俗談。晨起，草裹頭，對客蹙融，便過一日。多蓄古器，在湖州嘗得古鐵一片，擊之清越。又養一猿名山公，嘗以之隨逐。月夜泛江登金山，擊鐵鼓琴，猿必嘯和。傾壺達旦，不俟外賓。與璘先君同在浙西使府，居處相接，慕先君家行及詩韻，契分最深。伯父高陵府君夫人韋氏，即兵部之姨妹也。余雖不及見，每聞長屬說其風格容儀，真神仙也。又傳聞汧公徐夫人，雖生二子，中年於徐夫人，琴瑟小乖，及兵部在母之後，情好加重。夫人情性益善於初。既得君於諸子之中，寶愛懸隔，天人降謫，信不誣矣。在官所得俸禄，付與從子，一不問數，惟給奉崔氏、元氏二孀姨，事事禮厚。元氏夫人有操行，祭酒弘農公既爲傳，此不復書。君初至金陵，於府主庶人錡坐，屢讚招隱寺標致。一日，庶人燕于寺中。明日謂君曰：「十郎嘗誇招隱寺，昨遊宴細看，何殊州中？」君笑曰：「某所賞者，疏野耳。若遠山將翠幕遮，古松用綵物裹，腥羶涴鹿掊泉，音樂亂山鳥聲，此則實不如在叔父大廳也。」庶人大笑。約天性唯嗜茶，能自煎。謂人曰：「茶須緩火炙，活火煎。」活火謂炭火之焰者也。客至不限甌數，竟日執持茶器不倦。曾奉使行至陜州硤石縣東，愛渠水清流，旬日忘發。《因話録》二。又《廣記》二〇一引。《唐語林》六。《唐詩紀事》三一。《澄懷録》上。

3 梁武帝造寺，令蕭子雲飛白大書「蕭」字，至今一「蕭」字存焉。李約竭産自江南買歸東洛，匾于小亭以翫之，號爲蕭齋。《國史補》中。《唐詩紀事》三一。《澄懷録》上。

4 見張璪1。

5 兵部李約員外嘗江行，與一商胡舟檝相次。商胡病，固邀相見，以二女託之，皆絶色也。又遺一珠，約悉唯唯。及商胡死，財寶約數萬，悉藉其數送官，而以二女求配。始殮商胡時，約自以夜光含之，人莫知也。後死商胡有親屬來理資財，約請官司發掘驗之，夜光果在。其密行皆此類也。《尚書故實》。又《廣記》一六八引。《唐語林》一。《劉賓客嘉話録》亦有此文，唐蘭考爲誤入。　案：此事又作李勉、李灌事，參見李勉3、李灌1。

張仲方

1 近俗以權臣所居坊呼之，李安邑最著，如爵邑焉。及卒，太常議謚，度支郎中張仲方駁曰：「吉甫議信不著，又興兵戎，以害生物，不可美謚。」其子上訴，乃貶仲方。《國史補》中。

2 見李德脩1。

周愿

1 見韓愈4。

2 元和中，郎吏數人省中縱酒，語平生各愛尚及憎怕者，或言愛圖畫及博弈，怕妄與佞。工部員外汝南周愿獨云：「愛宣州觀察使，怕大蟲。」《大唐傳載》。又《廣記》四九七引。《唐語林》六。

3 周愿嘗奉使魏州，節度使田季安引之連轡。路周一驢極肥，季安指示愿曰：「此物大王世充。」應聲答曰：「總是小竇建德。」李尚書巽性嚴毅，不好戲笑。時愿知江西鹽鐵留後事，將至，李公戒從事曰：「周生好諧謔，忝僭無禮，幸諸賢稍莊以待之。」及愿至。數燕，李公寒温外，不與之言，周亦無由得發。一日，饌親賓，愿亦預焉。李公有故人子弟來投，落拓不事。李公遍問舊時別墅，及家童有技者，圖書有名者，悉云賣却。李責曰：「郎君未官家貧，産業從賣，何至賣及書籍古畫！」惆悵久之。復問曰：「有一本虞永興手寫《尚書》，此猶在否！」其人慚懼，不敢言賣，云：「暫將典錢。」愿忽言曰：「《尚書》大屯。」李公忘却先拒其談諧之事，遂問曰：「《尚書》何屯？」愿曰：「已遭堯典舜典，又被此兒郎典。」李公興怒之意大開，自此更不拒周。一日後，洪之屬邑民産一子，有三首，李公覽狀惡之，久不懌。愿曰：「留待長大，令試幞頭。」《因話録》四。又《廣記》二五一引。

獨孤郁

1　獨孤郁，權相子壻，歷掌内職綸詔，有美名。憲宗嘗歎曰：「我女壻不如德輿女壻。」《國史補》中。又《廣記》一六四引。《唐語林》三。

韋顗

1　敬宗時吏部郎韋顗，宰相忠貞公見素之孫，大曆中刑部員外郎襲靈昌公益之子，孝友貞重。未卯角，繼踵大釁，成長謝事，終身抱戚。及釋褐，命服裏衣不釋絹素。博覽羣書，不爲諷詠。嗜學彊記，自筮仕至夕拜，秉筆記録，不暫廢輟。士流出身，内外揚歷，行能所立，其材何適，必廣詢搜載於別録。武臣謀將，毅勇忠廉，可將千人，可將萬人，可攻可守，無不博記其姓名。州縣征賦重輕，物産繁闕，凋殘富庶，風俗里路，山川險易，兵甲强弱，無不備詳。山澤利害，國用經費，凡曰能吏，與之較量濟物澤人、除苛静理之術，蔚爲吏師。外國所習，邊疆控扼，曾經歷者，無不與之論。洞曉天文數術，陰陽《易》象，四方災沴，朝廷休寧，無不先知。丞相裴公垍、韋公貫之、李公絳、崔公羣、蕭公俛，皆布衣舊，繼登台衮。每有朝廷重事，廟謀未決者，必資於韋公。及敷奏施行，咸稱折中。或尹京推鎮，銜命難理之邦，命屬未定其人，咨於韋，韋曰：「某寬和通簡，某剛勁峻急，某衈物利人，某殘刻執滯，某明於辨博，某練達刑書；某可以任繁劇，某可以輯凋瘵。」裨贊朝略，未嘗有私。性沈厚容納，進退情理，而士大夫親昵交友，莫能知者。

五丞相敬服，以爲龜鏡，相顧而嘆曰：「吾輩五人智慮，自昏及曉籌度事，不逮韋公欬唾之間。房、杜、姚、宋，相業著於簡書，吾恨不得親承規矩，韋公之才，但恐房、杜、姚、宋不相遠也。」《唐語林》一。

賈直言

1 〔長慶〕四年八月，以諫議大夫賈直言爲檢校右庶子、兼御史丞，充昭義軍司馬，仍賜金紫。初，直言父德宗時得罪死，且飲之以毒藥。直言在側，適中使手中掣得藥，一飲而盡。中使蒼黄復奏，德宗感其事，遂不之罪。直言飲藥迷死，一日，藥潰左肋而出，卻得生活，身遂偏枯。久之，又李師道請爲從事。直言具以逆順論師道，遂以紙畫檻車一枚呈師道。師道問是何物，答曰：「此是檻車，因送罪人至京師者。天子神聖，公爲反逆不悛，必當滅公父子，同載於此車，送都市顯戮，豈不悲乎？」因大哭於前。師道命殺之，左右感其義，莫有應者。師道懼不敢殺，遂牢囚之。劉悟破師道，得直言於狴獄中而用之，鄆帥之情，皆因之以歸，無動摇者。後失帥，亦不變於前。宰臣上陳直言，寵其官秩，遂非次除諫議大夫。劉悟累表乞留云：「軍中事非直言不可。」從其請改，復有斯授。《唐會要》五五。

2 賈直言父道，德宗朝漏洩禁中事，帝怒，賜鴆酒。直言白中使，請自執器以飲父，因自飲之，立死。酒自左足洞出，復生。使具奏，流其父并直言於南海。遇赦還。以勁直聞，爲鄆帥縻以郡職。劉悟葬東平之强，直言之謀也。朝廷以功就徵，拜諫議大夫，悟上表乞留，委以戎事。大和初，授絳郡太守。每話所經之事，自云：「始飲鴆，志在必死。岑然覺毒沿五内至支節，其痛愈於鑽灼，摩頂旋踵，不可名狀。

天陰則又甚焉。胻其脞及足脛，色皆如墨，有傍攻出六膿液紫瘀臭敗，逆搶人鼻，達數十步外。唯食啖無減。始知何遜之好不誣矣。」自降除壽春，竟終天年，七十有六。《續定命録》(《御覽》四一四)。《獨異志》下。

3　直言妻董氏亦奇節。直言隨父流所，謂董氏曰：「生死莫期，不復相見。」令其改適。董入室，以繩縛髮，取筆令直言封之，啓曰：「非君不解，畢死不開。」其後二十二年再會，舊題宛然，以油沐之，其髮俱墮。《獨異志》下。

蕭　祐

1　李實爲司農卿，督責官税。蕭祐居喪，輸不及期，實怒，召至，租車亦至，故得不罪。會有賜與，當爲謝狀，嘗秉筆者有故，實急，乃曰：「召衣齊衰者。」祐至，立爲草狀，實大喜，延英面薦，德宗聞居喪禮，屈指以待。及釋服，明日以處士拜拾遺。祐雖工文章，善書畫，好鼓琴，其拔擢乃偶然耳。《國史補》中。又《廣記》二〇二引。《唐語林》六。

2　蕭祐畫山水甚有意思，爲桂州觀察使。《歷代名畫記》一〇。

楊歸厚

1　開元十九年四月，于京城置禮會院，院屬司農寺，在崇仁坊南街。後元和中，拾遺楊歸厚私以婚禮上言借禮會院，因此貶官。《南部新書》丁。

韋乾度

1 韋乾度爲殿中侍御史，分司東都。牛僧孺以制科敕首，除伊闕尉。臺參，乾度不知僧孺授官之本，問何色出身，僧孺對曰：「進士。」又曰：「安得入畿？」僧孺對曰：「某制策連捷，忝爲勑頭。」僧孺心甚有所訝，歸以告韓愈，愈曰：「公誠小生，韋殿中固當不知。愈及第十有餘年，猖狂之名，已滿天下，韋殿中尚不知之。子何怪焉？」《乾𦠆子》（《廣記》四九七）。

袁德師

1 袁德師，給事中高之子也。九日出餻，謂人曰：「某不敢喫，請諸公破除。」且言是其先諱，良久低頭。然語多不可具載。《劉賓客嘉話録》。

2 唐竇羣與袁德師同在浙西幕，竇羣知尉，嘗嗔堂子曰：「須送伯禽。」問德師曰：「會否？」曰：「某乙亦不到如此，也還曾把書讀，何乃相輕！」詰之：「且伯禽何人？」德師曰：「只是古之堂子也。」滿座人哂。《劉賓客嘉話録》（《廣記》二六〇）。

3 汝南袁德師，故給事高之子。嘗於東都買得婁師德故園地，起書樓。洛人語曰：「昔日婁師德園，今乃袁德師樓。」《大唐傳載》。

劉敦儒　李道樞

1 劉敦儒事親以孝聞。親心緒不理，每鞭人見血，則一日悦暢。敦儒嘗斂衣受杖，曾不變容。憲宗朝，旌表門閭。又趙郡李公道樞先夫人盧氏，性嚴，事亦類此。公名問已光，又在班列，往往賓客至門，值公方受杖責。《因話録》二。《唐語林》一。

韓　弘

1 博陵崔子年出書一通，示余曰：「劉逸淮在汴時，韓弘爲右廂虞候，王某爲左廂虞候，與弘相善。或譖二人取軍情，將不利於劉，劉大怒，俱召詰之。弘即劉之甥，因控地碎首，大言數百，劉意稍解。王某年老股戰，不能自辯。劉叱令拉坐，杖三十。時新造赤棒，頭徑數寸，固以筋漆，立之不仆，數五六當死矣。韓意其必死，及昏，造其家，怪無哭聲。又謂其懼不敢哭，訪其門卒，即言大使無恙。弘素與某熟，遂至卧内問之。王曰：『我讀《金剛經》四十年矣，今方得力。記初被坐時，見巨手如簸箕，吸然遮背。』因袒示韓，都無撻痕。韓舊不好釋氏，由此始與僧往來。日自寫十紙。及貴，計數百軸矣。後在中書，盛暑時，有諫官因事謁見，韓方洽汗寫經。諫官怪問之，韓乃具道王某事。予職在集仙，當侍柳公常爲予説。」已上並本録，崔公名壽。《因話録》六。又《廣記》一〇六引。《酉陽雜俎》續集七。

2 張圓者，韓弘舊吏。初弘秉節，事無大小委之。後乃奏貶，圓多怨言，乃量移誘至汴州，極歡而遣，次八角店，白日殺之，盡收所賂而還。《國史補》中。

3 京城貴遊，尚牡丹三十餘年矣。每春暮，車馬若狂，以不耽玩爲耻。執金吾鋪官圍外寺觀種以求利，一本有直數萬者。元和末，韓令始至長安，居第有之，遽命斸去曰：「吾豈效兒女子耶！」《國史補》中。又《廣記》四〇九引。案：《西溪叢語》上亦載此事，「韓令」改作「韓滉」，誤。

4 父子同時爲節度使：韓弘汴州、公武鄜州，田弘正魏博、布涇原。按：韓弘、田弘正兩人，皆稱有功。憲宗英特，爲兩家父子同時爲節度使。或曰：「當代爲美。」又曰：「王智興河中，子晏平靈武，亦皆同時，何不具載？」對曰：「王智興逐崔羣劫徐州，晏平用賄十萬貫取朔方，其未久又坐贓貶永州司户，固不足以編之。」《卓異記》。

韓公武

1 秘書省内有落星石，薛少保畫鶴，賀監草書，郎餘令畫鳳，相傳號爲四絶。元和中，韓公武爲秘書郎，挾彈中鶴一眼，時謂之五絶。《因話録》五。《南部新書》甲。《唐詩紀事》七。

王播

1 王播少孤貧，嘗客揚州惠昭寺木蘭院，隨僧齋飡。諸僧厭怠，播至，已飯矣。後二紀，播自重位出鎮是邦，因訪舊遊，向之題已皆碧紗幕其上。播繼以二絶句曰：「二十年前此院遊，木蘭花發院新修。

而今再到經行處，樹老無花僧白頭。」「上堂已了各西東，慚愧闍黎飯後鐘。二十年來塵撲面，如今始得碧紗籠。」《唐摭言》七。又《廣記》一九九引。《古今詩話》(《詩話總龜》前集二四)。《唐詩紀事》四五。

2　王播少貧賤，居揚州，無人知識，唯一軍將常接引供給，無不罄盡。杜僕射亞在淮南，端午日盛爲競渡之戲，諸州徵伎樂，兩縣争勝負，綵樓看棚，照耀江水，數十年未之有也。凡揚州之客，無賢不肖盡得預焉。唯王公不招，惆悵自責。宗人軍將曰：「某有棚，子弟悉在，八郎但於棚内看，却勝居盤筵間也。」王公曰：「唯。」遂往棚。時夏，初日方照，宗人令送法酒一榼，曰：「此甚好，適令求得。」王公方憤懣，自酌將盡，棚中日色轉熱，酒濃昏憊，遂就枕。纔睡，夢身在宴處，居杜之坐，判官在下，多於杜公近半。良久驚覺，亦不敢言於人。後爲宰相，將除淮南，兼鹽鐵使，敕久未下，王公甚悶，因召舊從事在城者語之曰：「某淮南鹽鐵，此必定矣。當時夢中判官數多一半，此即並鹽鐵從事也。」數日果除到。後偶臨江宴會，賓介皆在，公忽覺如已至者。思之，乃昔年夢，風景氣候，無不皆同。時五月上旬也。《逸史》(《廣記》二七八)。

3　王太尉播，少貧，居瓜洲寄食，多爲人所薄。及登第，歷榮顯，掌鹽鐵三十餘年。自劉忠州之後，無如播者。後鎮淮南，乃遊瓜洲故居，賦詩感舊。李衛公出在蜀關，而致和其詩以寄播。《唐語林》四。

4　陳通方，閩縣人，貞元十年顧少連下進士及第。時屬公道大開，採掇孤俊。通方年二十五，第四人及第。以其年少名高，輕薄自負。與王播同年，王時年五十六，通方薄其成事後時，因期集戲撫其背曰：「王老王老，奉贈一第。」言其日暮途遠，及第同贈官也。王曰：「擬應三篇。」通方又曰：「王老一之謂甚，其可再乎？」王心每貯之。通方尋值家艱還歸，王果累捷高科，官漸達矣。通方後履人事入關，王已丞郎判鹽鐵。通方窮悴寡坐，不知王素銜其言，投之求救。同年李虛中時爲副使，通方亦有詩扣之，求爲汲引云：「應念路傍憔悴翼，昔年喬木幸同遷。」王不得已，署之江西院官。赴職未及其所，又改爲浙東院；僅至半程，又改與南陵院。如是往復數四，困躓日甚。退省其咎，謂甥姪曰：「吾偶戲謔，不知王生遽爲深憾。人之於言，豈合容易哉！」尋植王真拜，禮分懸絶，追謝無地，悵望病終。《閩川名士傳》（《廣記》二六五）。《唐詩紀事》三二。《實賓録》六。案：貞元十年，王播三十六歲，此文所説五十六歲，誤。

5 淮南節度使王播以錢十萬貫賂遺恩倖求鹽鐵使，諫議大夫獨孤朗、張仲方，起居郎孔敏行、柳公權，起居舍人宋申錫，補闕韋仁實、劉敦儒，拾遺李景讓、薛延老等十人前一日詣延英抗論其事。後之有遷，其途實繁，自宰相、翰林學士、三司使皆有定價，因此致位者不少。近又縣令、録事參軍亦列肆鬻之，至有白身便爲宰相者，然所至多爲四方諸侯不放，上有以知其來也。俾不遵王命，抑有由焉。豈時之重利耶！抑諫省任非其人耶？未嘗以一字整頓頽綱，深所未喻。《玉泉子》。《盧氏雜説》（《廣記》二六二）。

潘華

1 曲阜縣先聖廟前有數株古柏，亦傳千餘歲，其大十圍。潘華爲兖州，軍食貧窮，無以結四方之信，華遂命伐之，裁爲簡册，刻爲器皿，以行餉云。《大唐傳載》。案：潘華，疑爲「曹華」之誤。據新、舊《唐書》所載，曹華於元和末長慶初曾治兖州。

馬　摠

1　馬摠爲天平節度使，暇日方修遠書。時術人程居在旁，摠憑几忽若假寐，而神色慘慼，不類於常。程不敢驚，乃徐起，詣其佐相元封告之。俄而摠召元封，屏人謂曰：「異事，異事。某適有所詣，嚴邃崇閎，王者之居不若也。爲人導前，見故杜十丈司徒，笑而下階相迎曰：『久延望，甚喜相見。』因留連，曰：『佑之此官，亦人世之中書令耳。六合之内，靡不關聞。然久處會劇，心力殆倦，將求賢自代。公之識度，誠克大用，况親且故，所以奉邀，敬以相授。』摠固辭，至於泣下。良久，杜乃曰：『既未願，則且歸矣。然二十年當復相見。』」摠既寤，大喜其壽之遐遠。自是後二年而薨，豈馬公誤聽，將佑增其年以悦其意耶？《集異記》（《廣記》三〇八）。《玉泉子》。

范希朝

1　范希朝將赴鎮太原，辭省中郎官，既拜而言，曰：「郎中有事，但處分希朝。」希朝第一遍不應，亦且恕，至第三遍不應，即任郎中員外下手插打得。」「插打」爲造箭者插羽打幹，言攢箭射我也。《劉賓客嘉話録》。

閻濟美

1 閻濟美：前朝公司卿許與定分，一忘不爲。某三舉及第。初舉，劉單侍郎下雜文落；第二舉，坐王侍郎雜文落第。某當是時，年已蹭蹬，常於江激往徑山欽大師處問法。是春，某既下第，又將出關，因獻坐主六韻律詩曰：「謇諤王臣直，文明雅量全。望鑪金自躍，應物鏡何偏。南國幽沈盡，東堂禮樂宣。轉今遊異土，更昔至公年。芳樹歡新景，青雲泣暮天。唯愁鳳池拜，孤賤更誰憐。」座主覽焉，問某：「今年何者退落？」具以實告，先榜落第。座主赧然變色，深有遺才之歎，乃曰：「所投六韻，必展後効。足下南去，幸無疑將來之事。」某遂出關。秋月，江東求薦，名到省後，兩都置舉，座主已在洛下。比某到洛，更無相知，便投跡清化里店。屬時物翔貴，囊中但有五縑，策蹇驢而已。有舉公盧景莊已爲東府首薦，亦同處焉，僕馬甚豪。與某相揖，未交一言，久乃問某曰：「閣子自何至止？」對曰：「從江東來。」敬奉不敢怠。景莊一旦際暮醉歸，忽蒙問某行第，乃曰：「閻二十，消息絶好，景莊大險。」某對曰：「不然，必先大府首薦，聲價已振京洛。如某遠地一送，豈敢望有成哉。」景莊曰：「足下定矣。」十一月下旬，遂試雜文。十二月三日，天津橋放雜文牓，景莊與某俱過，其日苦寒。是月四日，天津橋作鋪帖經，景莊尋被絀落。某具前白主司曰：「某早留心章句，不工帖書，必恐不及格。」主司曰：「可不知禮闈故事，亦許詩贖？」某致詞後，紛紛去留。某又遽前白主司曰：「侍郎開獎勸之路，許作詩贖帖，未見題出。」主司曰：「賦《天津橋望洛城殘雪》詩。」某只作得二十字。某詩曰：「新霽洛城端，千家積雪寒。未收清禁色，偏向上陽殘。」已聞主司催約詩甚急，日勢又晚，某告主司：「天寒水凍，書不成字。」便聞主司處分：「得句見在將來。」主司一覽所納，稱賞再三，遂唱過。其夕，景莊相賀云：「前與足下並鋪，試《蠟日祈天宗》賦，竊見足下用『魯丘』對『衛賜』。據義，衛賜則子貢也。足下書衛『賜』作『駟』馬字，唯以此奉憂耳。」某聞是說，反思之，實作「駟」馬字，意甚惶駭。比榜出，某濫忝第。與狀頭同參座主，座主曰：「諸公試日，天寒急景，寫札雜文，或有不如法。今恐文書到西京，須呈宰相。請先輩等各買好紙，重來請印，如法寫浄送納，抽其退本。」諸公大喜。及某撰本却請出，「駟」字上朱點極大。座主還闕之日，獨揖前曰：「春間遺才，所投六韻，不敢暫忘，聊副素約耳。」《乾𦠆子》（《廣記》一七九）《唐詩紀事》三六。　案：據《唐詩紀事》，閻濟美座主爲張謂。

2　唐閻濟美之鎮江南，有舟人傭載商賈人貨，時有賈客所載甚繁碎，其間有銀一十錠，密隱之於貨中。舟人潛窺之，伺其下岸，乃盜之，沉於船泊之所。船夜發，至於鎮所，點閱餘貨，乃失其銀，遂執舟者以見公。公曰：「客載之家盜物皆然也。」問曰：「客昨者宿何所？」曰：「此百里浦汊中。」公令武士與船夫同往索之。公密謂武士曰：「必是船人盜之，沉於江中矣。爾可令檝師沉鈎之，其物必在。若獲之，必受吾重賞。」乃依公命鈎而引之，銀在篋中，封署猶全，而獻於公。公劾之，舟者立承伏法。《疑獄集》二。《折獄龜鑑》七。

韋丹

1 韋丹少在東洛，嘗至中橋，見數百人喧集水濱，乃漁者網得大黿，繫之橋柱，引頸四顧，似有求救之狀。丹問曰：「幾千錢可贖？」答曰：「五千文。」丹曰：「吾祇有驢直三千，可乎？」曰：「可。」于是與之，放黿水中，徒步而歸，後報恩，別有傳。《國史補》上。《河東記》（《廣記》一一八）。《唐語林》三。

2 唐韋丹，字文明，鎮江西日，有倉吏主掌十餘年，數盈五十萬斛，因復量，負欠三十石。公憫之，曰：「斯吏也，主掌十餘年，計欠三十石，必不自取而費也，必爲權要者所須。」乃假令搜索家私文案驗之，其分用明歷具在，因輸示諸吏曰：「爾等恃以威權，取索於倉吏，吏之缺也，豈獨陪填，又將代爾之罪。今各據其所得，限一月納足，則捨爾罪。」羣吏頓首曰：「君侯以至明察下，某等合當刑責，儻捨重罪，則陪填不恨矣。」既足，倉吏釋錮而歸。《疑獄集》二。《折獄龜鑑》四。

3 韋丹任洪州，值毛鶴等叛，造蒺藜棒一千具，並於棒頭以鐵釘釘之如蝟毛，車夫及防援官健各持一具。其棒疾成易具，用亦與刀劍不殊。《南部新書》己。

4 江西韋大夫丹與東林靈澈上人騭忘形之契，篇詩唱和，月唯四五焉。序曰：「澈公近以《匡廬七詠》見寄，及吟味之，皆麗絶於文圃也。即蓮花峰、石鏡、虎跑泉、聰明水、白鹿洞、鐵船、康王廟爲七脉也。此七篇者，俾予益起歸歟之興。且芳時勝侶上游，於三二道人，必當攀躋千仞之峯，觀九江之水。是時也，飄然而去，不希京口之顧；默爾而遊，不假東門之送。天地爲一朝，萬物任陶鑄。夫二林羽翼，松逕幽邃，則何必措足於丹霄，馳心於太古矣！偶爲《思歸》絶句詩一首，以寄上人。法友譚玄，幸先達其深趣矣！」予謂韋亞台歸意未堅，果爲高僧所誚。歷覽前代散髮海隅者，其幾人乎？《寄廬山上人澈公》詩曰：「王事紛紛無暇日，浮生冉冉只如雲。已爲平子歸休計，五老巖前必共君。」澈奉酬詩曰：「年老身閒無外事，麻衣草座亦容身。相逢盡道休官去，林下何曾見一人！」《雲溪友議》中。又《廣記》二五六引。《唐詩紀事》四五。

5 上（今案：指宣宗）因讀元和實録，見故江西觀察使韋丹政事卓異，問宰臣：「孰爲丹後？」宰臣周墀奏：「臣近任江西觀察使，見丹行事，餘風遺愛，至今在人。其子宙，見任河陽觀察判官。」上曰：「速與好官。」持憲者聞之，奏爲侍御史。《東觀奏記》上。《唐語林》七。

盧昂

1 盧昂主福建鹽鐵，贓罪大發，有瑟瑟枕大如半斗，以金牀承之。御史中承孟簡案鞫旬月，乃得而進，憲宗召市人估其價值，或云「至寶無價」，或云「美石，非真瑟瑟也」。《國史補》中。又《廣記》二四三引。《唐語林》（《演繁露》一五）。

崔清

1 見楊炎4。

2 唐崔清除濠州刺史，替李遜。清辭户部侍郎李巽，留坐與語。清指謂所替李遜曰：「清都不知李遜渾不解官。」再三言之。巽曰：「李巽即可在，只是獨不稱公意。」清稍悟之，慚顧而去。《劉賓客嘉話録》（《廣記》二四二）。

裴均

1 唐裴均鎮襄陽日，里俗妻有外情，乃託病，云醫者所傳是骨蒸之疾，須獵犬肉食之，必差。謂其夫曰：「今日之病，在君必愈，可以致一犬，爲妾斃之，得而食之，死亦無恨。」夫曰：「吾家無犬，何所得之？」妻曰：「東鄰有犬，每來盜物，君可繫而屠之。」夫曰：「諾。」乃依妻言斃之，獻於妻。妻食之餘，乃留之於篋笥。夫出，命鄰告之，遂聞於公。公云：「盜犬而殺，國有常刑。」鞫之立承，具述妻之所欲也。公曰：「斯乃妻有他姦，躓夫於法耳。」公劾之，具得妻之情與外人誣夫之罪，將圖之。公乃處妻及外情者俱付法，其夫釋之。《疑獄集》二。《折獄龜鑑》五。

2 見裴弘泰1。

裴弘泰

1 唐裴均之鎮襄州，裴弘泰爲鄭滑館驛巡官，充聘于漢南。遇大宴，爲賓司所漏。及設會，均令走屈鄭滑裴巡官。弘泰奔至，均不悦，責曰：「君何來之後？大涉不敬。」酌後至酒，已投糺籌。弘泰謝曰：「都不見客司報宴，非敢慢也，叔父捨罪。請在座銀器，盡斟酒滿之，器隨飲以賜弘泰，可乎？」合座壯之，均亦許焉。弘泰次第揭座上小爵，以至觥船，凡飲皆竭。隨飲訖，即寘于懷，須臾盈滿。筵中有銀海，受一斗以上，其内酒亦滿，弘泰以手捧而飲。飲訖，目吏人，將海覆地，以足踏之，捲抱而出，即索馬歸驛。均以弘泰納飲器稍多，色不懌。午後宴散，均又思弘泰之飲，必爲酒過度所傷，憂之。迨暮，令人視飲後所爲。使者見弘泰戴紗帽，于漢陰驛廳箕踞而坐，召匠秤得器物，計二百餘兩。均不覺大笑，明日再飲。回車日，贈遺甚厚。《乾𦠆子》(《廣記》二三三)。《玉泉子》。

張聿

1 張聿宰華亭，治政凛然，凡有府使賦外之需，直榜邑門。民感其誠，指爲「赤心榜」。《清異録》上。

郝玼

1 郝玼鎮良原，捕吐蕃而食之，西戎大懼。憲宗召欲授鉞，睹其老耄乃止。《國史補》中。

2 涇州將郝玼自貞元末及元和中，數於涇州擒殺西人。及築臨涇城，西戎畏之。贊普鑄一金郝玼，號曰：「有能得玼者，賜金玼焉。」《大唐傳載》。

3 憲宗朝涇將郝玼，蕃中皆畏憚。其國嬰兒啼者，以玼怖之則止。《資暇集》下。

胡　洓

1　潘之南七十里至辯州爲陵水郡，辯之守曰胡洓，故淮西吴少誠之卒。瞗張荒陬，多法河朔叛將所爲，且好蹴鞠。南方馬痹小，不善馳騁。洓每召將吏鞠，且患馬之不習，便更命夷民十餘輩肩輿。洓韡揮杖，肩者且走且擊，旋環如風。稍怠，洓即以策叩其背。亟鞭亟走，用爲笑樂。……後一歲，洓以罪聞，詔流於九直。《投荒雜録》（《廣記》二六九）。《南部新書》庚。

楊元卿

1　楊元卿元和中自淮西背逆歸順，闔門被屠。其子延宗，曾任磁州刺吏。開成中，與河陽軍人謀逐帥以自立，爲其黨所告，寘於極典。勅曰：「特寬今日覆族之刑，以答當時毁家之效。斃於枯木，非謂無恩。」《南部新書》壬。

李進賢

1　見劉瞻6。

李　錡

1　見韓皋3。

2　李錡之擒也，侍婢一人隨之。錡夜則裂衿自書筦擢之功，言爲張子良所賣，教侍婢曰：「結之衣帶。吾若從容奏對，當爲宰相，揚、益節度；不得從容，受極刑矣。吾死，汝必入内，上必問汝，汝當以此進之。」及錡伏法，京城三日大霧不開，或聞鬼哭。憲宗又得帛書，頗疑其冤，内出黄衣二襲賜錡及子，敕京兆府收葬之。《國史補》中。又《廣記》二七五引。《南部新書》戊，《唐語林》六。

杜　秋

1　杜仲陽，即杜秋也，始爲李錡侍人，錡敗填宫，亦進帛書，後爲漳王養母。太和三年，漳王黜，放歸浙西，續詔令觀院安置，兼加存卹。故杜牧有《杜秋詩》，稱於時。《南部新書》壬。杜牧《杜秋娘詩序》。

2　見唐憲宗鄭氏2。

李　銛

1　李銛，錡之從父兄弟也，爲宋州刺史。聞錡反狀，慟哭，悉驅妻子奴婢，無長幼，量其頸爲枷，自拘于觀察使。朝廷聞而愍之，薄貶而已。《國史補》中。《桂苑叢談·史遺》。《唐語林》四。

劉闢

1 唐劉闢初登第，詣卜者葫蘆生，筮得一卦，以定官禄。葫蘆生雙瞽，卦成，謂闢曰：「自此二十年，禄在西南，不得善終。」闢留束素與之。其後脱褐，從韋令公於西川，官至御史大夫，爲行軍司馬。既二十年，韋病薨，使闢入奏，請益東川。詔未允。闢乃微服單騎，復詣葫蘆生筮之，揲蓍成卦，謂闢曰：「吾二十年前常與一人曾卜得無妄之隨，今復得此卦，非曩昔賢乎？」闢即依阿唯諾。葫蘆生曰：「若審其人，禍將至矣。」闢不甚信。乃歸蜀，果叛。憲宗皇帝擒之，戮於藁街。《獨異志》上。

2 元和初，陰陽家言：「五福太一在蜀。」故劉闢造五福樓，符載爲之記。初，劉闢有心疾，人自外至，輒如吞噬之狀。同府崔佐時體甚肥碩，闢據地而吞，眥裂血流。獨盧文若至不吞，故後自惑爲亂。《國史補》中。又《廣記》二八九引。《南部新書》辛。《唐語林》六。

吴元濟

1 孫瑜，字叔禮，宣公奭之子也。嘗知蔡州，蔡有吴元濟祠。瑜曰：「元濟叛臣，何得廟食？」撤其像，以裴度易之，人莫不喜。《曲洧舊聞》九。

李師道

1 唐元和中，李師道據青齊，蓄兵勇鋭，地廣千里，儲積數百萬，不貢不覲。憲宗命將討之，王師不利。而師道益驕，乃建新宫，擬天子正殿，卜日而居。是夕，雲物遽晦，風雷如撼，遂爲震擊傾圮，俄復繼以天火，了無遺燼。青齊人相顧語曰：「爲人臣而逆其君者，禍固宜矣。今責降自天，安可逃其戾乎！」旬餘，師道果誅死。《宣室志》七。又《廣記》三九三引。